逝者如斯

画家李伯安资料续集

张黛 编

河南美术出版社
·郑州·

图书在版编目（CIP）数据

逝者如斯：画家李伯安资料续集 / 张黛编．—郑州：河南美术出版社，2020.1
ISBN 978-7-5401-4857-7

Ⅰ．①逝… Ⅱ．①张… Ⅲ．①李伯安（1944-1998）-人物研究 Ⅳ．①K825.72

中国版本图书馆 CIP 数据核字（2019）第 196087 号

逝者如斯：画家李伯安资料续集

张黛　编

责任编辑　孟繁益
责任校对　谭玉先
装帧设计　刘　梅
美术编辑　谢　珂
封面摄影　韩学中
出版发行　河南美术出版社
地址：郑东新区祥盛街 27 号
邮编：450016
电话：（0371）65788198
制　　作　郑州宏文阁图文设计有限公司
印　　刷　河南瑞之光印刷股份有限公司
开　　本　889 mm × 1194 mm
印　　张　17.75
字　　数　360 千字
版　　次　2020 年 1 月第 1 版
印　　次　2020 年 1 月第 1 次印刷
书　　号　ISBN 978-7-5401-4857-7
定　　价　80.00 元

2019 年 9 月 10 日至 10 月 20 日，李伯安作品藏族群众水墨人物长卷《走出巴颜喀拉》捐赠展在清华大学艺术博物馆展出，同时举行李伯安捐赠作品研讨会。

前排左起：

清华大学美术学院教授唐薇、清华大学美术学院教授刘巨德、河南省美术家协会主席刘杰、《雕塑》杂志执行主编宋伟光、清华大学美术学院教授杜大恺、清华大学艺术博物馆常务副馆长杜鹏飞、北京服装学院教师李飒、清华大学前副校长王明旨、清华大学美术学院教授王宏剑、中央美术学院教授王颖生、厦门大学艺术学院教授李文绚、中国艺术研究院研究员郑工、北京大学艺术学院教授翁剑青。

后排左起：

清华大学美术学院教授胥建国、中国教育电视台导演制片人姬晖、郑州轻工学院易斯顿美术学院院长石品、海燕出版社社长黄天奇、李伯安三弟李季安、李伯安三弟媳孙海红、中国美术馆展览部主任裔萼、清华大学艺术博物馆副馆长苏丹、清华大学艺术博物馆策展人徐虹、中国美术馆副研究员邓峰等。

河南美术馆李伯安作品展开幕式
2018 年 5 月 9 日

清大艺博馆常务副馆长杜鹏飞为
李伯安之子李飒颁发收藏证书

清华大学艺术博物馆

这里是李伯安历时10载，备尝艰辛，多次增删，几易其稿而创作的，也是百年美术史继《流民图》《矿工图》之后的又一伟大杰作，更是中国美术史上最富民族精神，最具震撼力的史诗性和里程碑式的藏族群众水墨人物长卷《走出巴颜喀拉》的家。

展览名称：二十世纪杰出的现实主义画家——李伯安作品展
展览时间：2018年4月28日—5月31日
展览地点：河南省美术馆1号、2号展厅
开幕仪式：2018年5月9日
主办单位：河南省委宣传部、河南省文化厅、河南省文联、中国美术家协会、中原出版传媒集团
承办：河南省美术馆、河南省美术家协会

展览顾问：马国强、丁中一、陈钰铭
学术主持：殷双喜
策展人：化建国、刘杰
行政统筹：高领
艺术总监：于会见

研讨会参加人：
邢啸声、胥建国、王　林、鲁　虹、孙振华、杨小彦、黄少峰、尹　丹、韩学中、韦辛夷、曹新林、席卫权、袁汝波、李健强、石　品、常平安等。

冯骥才（左一）、陈钰铭（左二）、黄天奇（右二）、乙丙（右一）在中国美术馆李伯安画展上

啸声在接受上海电视台采访（张明泽摄影）

日本企业家西部基夫曾资助李伯安创作《走出巴颜喀拉》，可惜他3年后去世。这幅照片记录了西部基夫在世时和中国的画家们在桂林相聚的情景，聚会中确定了由李伯安画黄河，张复兴画长江。

左一：西部基夫　左二：王勤　左五：李伯安　左六：张复兴

2005 年李伯安妻子在徐悲鸿纪念馆访廖静文母子

为了给儿子买房，2005 年被迫卖掉的《开光大典》第 4 稿局部

被李伯安作品打动的德国教授和他的中国博士生（张明泽摄影）

川流不息的观展者

一对在李伯安作品前恋恋不舍的美国夫妇（张明泽摄影）

山西省委宣传部、山西省文联、山西省美协主持的李伯安画展开幕式

上海市委前副书记龚学平（前排右一）率众参观李伯安画展

在留言簿前留言的观众（张明泽摄影）

西部基夫在1992年赠送李伯安的小礼品

《李伯安》光盘封面，光盘包括7个部分。四川美术学院的教学片介绍的是《太行人》组画，后面分别是中央电视台和河南、广东、山西、上海、凤凰电视台在李伯安各处巡展期间拍摄的专题片，凤凰电视台的新闻做得尤其突出。

黄永玉先生和前去拜访的小波·哈维的亲友们

前排左起：姚小波（左一）、黄永玉（左三）、美国文化学者哈维（左四）、张黛（左五）

上海李伯安画展期间，刘勃舒先生主持的研讨会（张明泽摄影）

上海李伯安画展海报（张明泽摄影）

上海电视台现场采访两位联合国教科文组织官员详见专题片《巴颜喀拉之魂》

嵩山公墓 9 区 5 台最后一排李伯安墓（付强摄影，刘勃舒题碑字并撰写墓志铭）

1989 年李伯安在四川美术学院举办画展并讲学

李伯安带儿子和外甥出游（张黛摄影）

1998 年 5 月 2 日，李伯安去世。当年秋天，洛阳博物馆前馆长王绣主持举办国内第一个李伯安遗作展

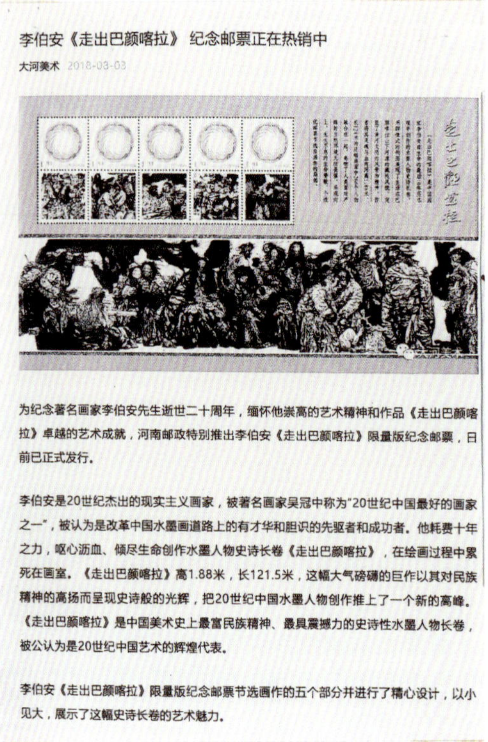
李伯安《走出巴颜喀拉》 纪念邮票正在热销中

大河美术 2018-03-03

为纪念著名画家李伯安先生逝世二十周年，缅怀他崇高的艺术精神和作品《走出巴颜喀拉》卓越的艺术成就，河南邮政特别推出李伯安《走出巴颜喀拉》限量版纪念邮票，日前已正式发行。

李伯安是20世纪杰出的现实主义画家，被著名画家吴冠中称为"20世纪中国最好的画家之一"，被认为是改革中国水墨画道路上的有才华和胆识的先驱者和成功者。他耗费十年之力，呕心沥血、倾尽生命创作水墨人物史诗长卷《走出巴颜喀拉》，在绘画过程中累死在画室。《走出巴颜喀拉》高1.88米，长121.5米，这幅大气磅礴的巨作以其对民族精神的高扬而呈现史诗般的光辉，把20世纪中国水墨人物创作推上了一个新的高峰。《走出巴颜喀拉》是中国美术史上最富民族精神、最具震撼力的史诗性水墨人物长卷，被公认为是20世纪中国艺术的辉煌代表。

李伯安《走出巴颜喀拉》限量版纪念邮票节选画作的五个部分并进行了精心设计，以小见大，展示了这幅史诗长卷的艺术魅力。

《走出巴颜喀拉》明信片

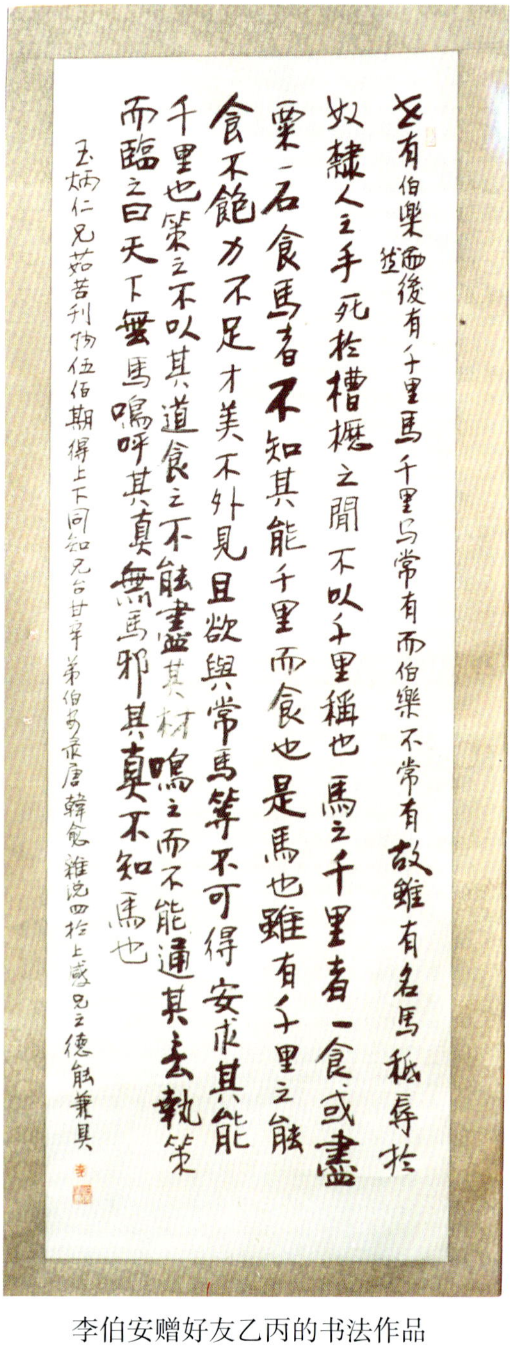

李伯安赠好友乙丙的书法作品

李伯安自己剪贴整理的 14 盒各类资料

蹲在画前作画的李伯安

李伯安和朋友在作品前

父与子：李伯安和他的儿子

李伯安和四川美术学院的朋友

李伯安和河南美术出版社的领导与同事一起讨论选题

李伯安少时自画像

广州李伯安画展时的两本留言簿

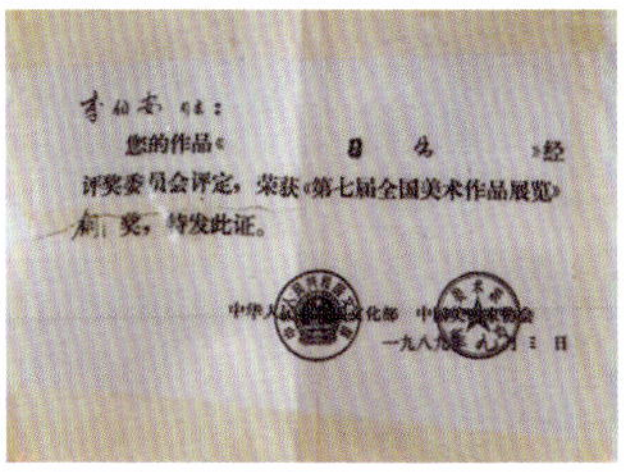

李伯早期作品《日出》曾在全国七届美展中获铜奖①

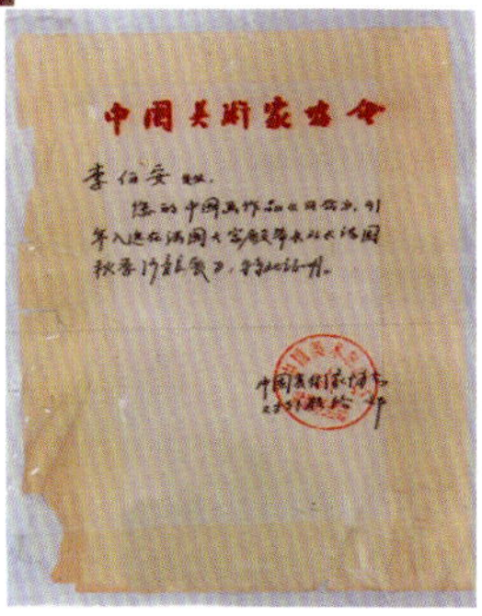

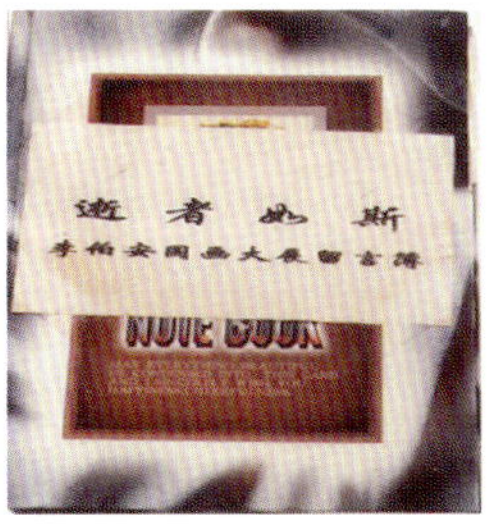

上海李伯安画展时的留言簿（2本编有页码，凡文章引文，均有确切出处）

上海美术馆和广东美术馆的收藏证②

1976年出版四条屏，李伯安画的《毕业归来》

贵州钱文观之妻付汉芬寄赠绣品2幅

2001年上海李伯安画展期间的张黛

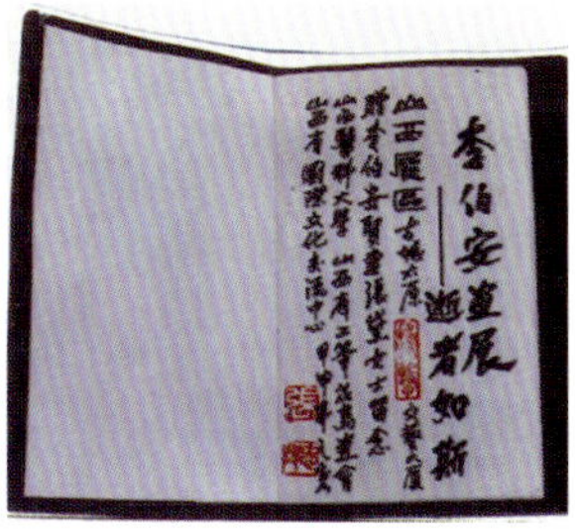

深圳李伯安画展时，张黛和《羊城晚报》、广东电视台的朋友们在一起

李伯安与其早期作品留影

上海李伯安画展研讨会
前排：左一乙丙、左二邢啸声、左三副馆长陈龙、左五张黛

上海李伯安画展时，刘勃舒先生主持召开的研讨会及看画展的观众们

广东美术馆主办的李伯安·走出巴颜喀拉学术座谈会

广东美术馆的展览大厅

李伯安和韩国朋友在画室留影

上海李伯安画展开幕后的展厅

专程赴沪的江苏美术家协会副主席（中）和朋友们合影

如痴如醉的观展者

开幕式后的欢庆

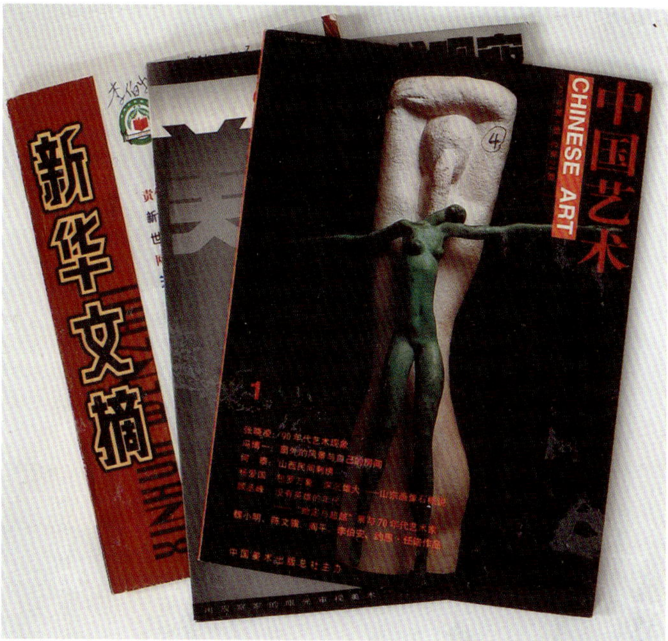

《迎春花》杂志是首个向全国介绍李伯安作品的杂志

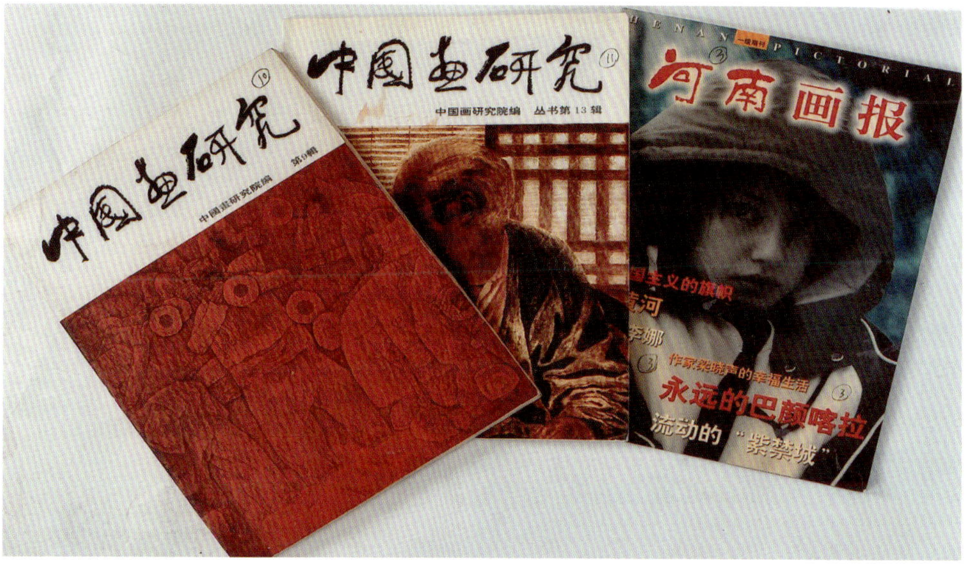

部分介绍李伯安作品的杂志

《走出巴颜喀拉》之二《开光大典》素描稿　之十九

《开光大典》素描稿　之一

《开光大典》素描稿　之二

《开光大典》素描稿　之三

《开光大典》素描稿　之四

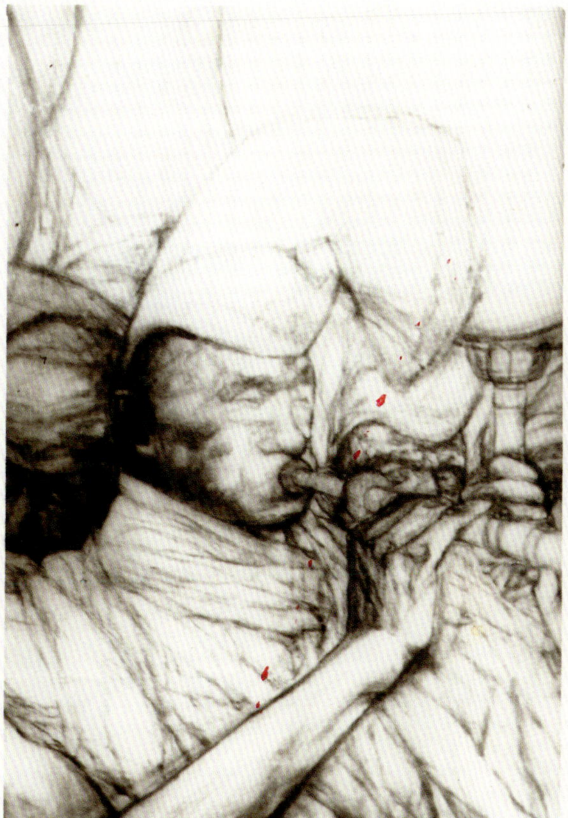

《开光大典》素描稿　之五

《开光大典》素描稿　之六

《开光大典》素描稿　之七

《开光大典》素描稿　之八

《开光大典》素描稿　之九

《开光大典》素描稿　之十

《开光大典》素描稿　之十一

《开光大典》素描稿　之十二

《开光大典》素描稿　之十三

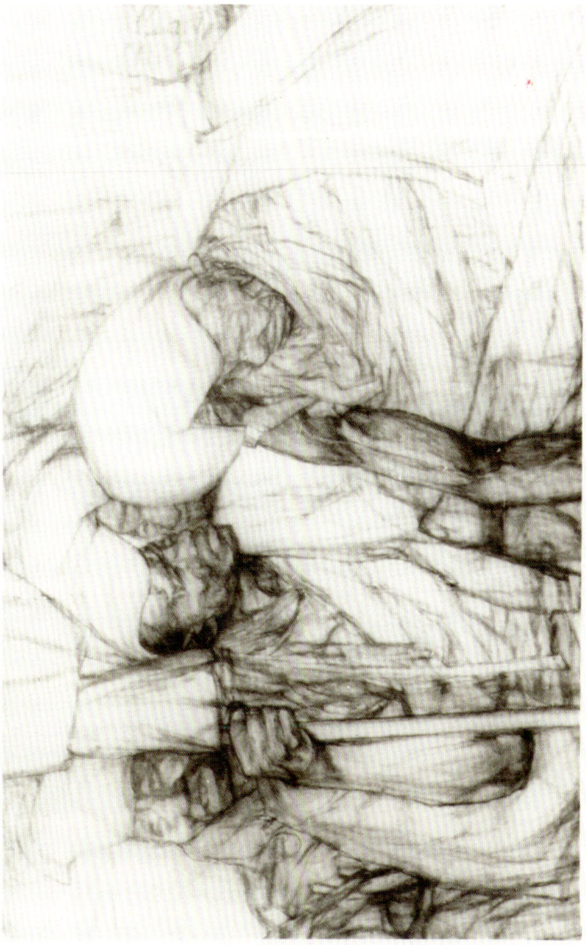

《开光大典》素描稿　之十四

李伯安创作的水墨藏族群众人物长卷《走出巴颜喀拉》（1.88m × 120m），创作于 1991 年—1994 年，共分十部分

《开光大典》素描稿　之十五

《开光大典》素描稿　之十六

《开光大典》素描稿　之十七

《开光大典》素描稿　之十八

目 录

一、评 介

二、回忆录

三、传记与年表

四、访谈及报告

五、杂 记

六、其他

七、清华大学李伯安捐赠作品研讨会部分发言稿

《日出》（60. 5cm×132cm 1985 年）全国七届美展铜奖

很高兴河南没忘记李伯安（代序）

——《河南日报》记者专访冯骥才先生

冻凤秋

20多年了，冯骥才一直惦念着画家李伯安和他的《走出巴颜喀拉》。

5月22日午后，在天津大学冯骥才文学艺术研究院那座满墙爬山虎、绿意葱茏的高大建筑里，在那间散发着古雅书卷气息的会客厅里，76岁的著名作家、画家、文化学者冯骥才搁下手头正在创作的长篇小说，搁下古村落保护的诸多事物，接受本报记者专访。

得知河南美术馆正在举行李伯安画展，他说，我很高兴河南人民没有忘记李伯安。河南本来就是文化大省、文化强省，中州自古就是中华文明的腹地，能看出自己的宝贝，懂得珍惜本土的英才。因为这个展览，我对河南充满敬意。

20年来，李伯安及其创作的《走出巴颜喀拉》得到河南省省委、省政府的高度重视，被评价为以工匠精神倾注心血打磨精品的杰出典范。画作曾相继在洛阳、北京、上海、郑州、广州、深圳、包头、太原、西安、重庆等地展出，在全国范围内引起强烈反响。每年，省委宣传部和社会各界都会组织相关的画展、研讨会和纪念活动，河南美术出版社相继推出《李伯安画集》《逝者如斯——画家李伯安资料集》《李伯安水墨人物长卷〈走出巴颜喀拉〉及其手稿》等。在李伯安去世20周年之际，为期一个多月的“20世纪杰出的现实主义画家——李伯安作品展”在河南美术馆举行，这是建馆以来规格最高的展览之一，开幕式和研讨会上，来自中国画院、中国美术学院等全国各地的知名专家学者对李伯安的艺术及其精神进行了深入探讨。

他问：展览结束后，能不能把《走出巴颜喀拉》复制品长期陈列？他又问：能不能有一个家，一个李伯安美术馆，可以永久地展示这幅经典作品？这是他的心结。

自1995年与李伯安初见，只不过一面之缘，只不过看了画作的放大照片，冯骥才就直觉到一种天才的气息，他认为这是一位当世非常伟大的艺术家。他鼓励李伯安画下去，承诺画作完成后为他在中国美术馆办画展。

那时，他甚至想写一本《李伯安传》，像法国作家罗曼·罗兰写《贝多芬传》那样，以一个画家的角度，用画家的感觉，写出画家李伯安心中那些“大太阳的夏天，刮风的夜里，流动的光，闪烁的星辰……”,他说不清楚自己为什么那么激动，后来，当他忙于民间文化遗产保护工作，身陷在千头万绪的事物中时，他觉得自己是在漩涡里，成为一个思想的机器。他挣扎、痛苦、焦虑，他觉得自己像俄罗斯作家列夫·托尔斯泰笔下那个在奶罐中苦苦挣扎的老鼠。但正如故事中所写，在这不断的挣扎中，奶竟然变成了奶酪。他由此意识到，对艺术家来说，向着艺术高峰攀登是困苦的，但这个过程中会有很多意外的收获，会有灵感的突然降临，会有才情的闪亮爆发，这是只有真正纯粹的艺术家才会得到的快乐。

3年后，当得知李伯安因为连续数小时作画，累倒在画室门口，留下未完成的杰作时，他震惊，痛心，惋惜。那时，他和李伯安一样，深受颈椎病之苦。几米远的路都不能走，有一次，晕了8个小时，感觉天旋地转。但奇怪的是，等李伯安画展在中国美术馆开幕时，他的颈椎病竟然奇迹般地被医好了。他约了几位朋友一起去看画展。他看到画家的血肉和灵魂都融进了这幅画里，他看到中华民族灵魂的深刻呈现，看到黄河文明的浩荡闪耀，他挥笔写下《永恒的震撼》一文，他断言：在中国人物画令人肃然起敬的高度上，站着一个巨人。

在冯骥才心目中，李伯安就是一个无比纯粹的艺术家。在艺术市场化的当下，画作的价值和市场价格并不对等，当很多人放弃对艺术本身的专注和追求，而去学习各种炒作技巧时，真正的经典就会被忽视，被冷落。也因此，李伯安的巨作没有得到更广泛的关注。在他看来，一个国家、一个民族的文化大厦是要靠一些伟大的作品和伟大的作家、艺术家来支撑的，任何时代的创造最终还是要落实到经典。我们理应把《走出巴颜喀拉》放在文化的金字塔塔尖上。它诞生在有着悠久灿烂历史的中州大地，它也理应在这块土地上被珍视，珍藏。

过往的20年，冯骥才数次呼吁建立李伯安美术馆，他说，我们一定要想办法把这件事做成！这比举办一两个文化节、文艺晚会，比搞一般的文化设施要更有意义！

他期待不只是美术界，不只是文化界，社会各界有识之士都来关注、支持这件事。

起身告别的时候，他眼里怀着希望的光。

2018年5月

（作者系《河南日报》副刊《中原风》主编）

时代呼唤大家力作

——画家李伯安给我们的启示

王全书

最近几年，画家李伯安的名字越来越响亮，越来越多的人怀着热爱甚至崇敬的心情，谈论这位当代画家和他的作品。

李伯安是河南美术出版社的一名副编审，1998年5月在他54岁时，因颈椎病引起严重脑缺血而倒在正在创作的画作前。作为一位画家，李伯安生前名气并不大。但是，在他逝世后，却获得了殊荣。全国146位画家为他捐画筹款，中国美术家协会、中国国画研究院、上海美术馆和河南省有关单位共同为他在郑州美术馆、中国美术馆、上海美术馆和河南博物院等地举行了画展和讨论会，出版了画集。他的画作《走出巴颜喀拉》引起了轰动。

产生这种现象的原因是什么？在年长于我的李伯安“十年磨一画”的日子里，我与他有过多次接触和交谈。2000年5月和2001年9月，我又多次参观了李伯安画展，认真拜读了他的画集和有关资料，我想，原因只有一个，时代造就了李伯安。李伯安为我们这个伟大的时代，为我们这个伟大的民族奉献出了伟大的作品。

李伯安自20世纪70年代开始业余绘画创作，专家们把他的作品分为四个部分，太行系列、头像系列、素描手稿和长卷《走出巴颜喀拉》。他的这些画作都有独特的创造，特别是《走出巴颜喀拉》，更是一件具有深刻丰富的思想容量、高超的艺术价值的中国水墨人物画的杰作。

李伯安魂牵梦绕的是通过人物画创作，来表现他对中华民族亘古久远精神的理解和体悟，尤其是想在世界画廊上，来展现我们伟大的民族。为了完成这一使命，他最终选择了黄河。他的宏愿是创作一幅浩浩人物长卷“大河上下”，从黄河发源地一直画到黄河入海口，用群像式的构架，让代表中华民族的汉、满、回、蒙古各族百姓，拥黄河而前行，九曲回环，一泻千里，归入大海。令人万分惋惜的是，他的这个宏大的构思没有完成，只画完了黄河源头的藏族，这就是中国水墨人物画长卷《走出巴颜喀拉》。

我们通常不轻易把“伟大”一词送给一位当代艺术家，因为评判艺术的价值需要时间，但是由于颀长、白皙、文弱的李伯安这幅气贯长虹、大气雄强的作品，对民族精神和黄河文明的描绘而呈现出来的史诗般的光辉，绘画界几乎不约而同地达成这一共识。一个民族，尤其像世界上人口最多的中华民族，在世界上必须有自己的声音，政治的，经济的，军事的，文化的，体育的，等等。在文化上，《走出巴颜喀拉》是我们当代中华民族的黄钟大吕。我们经常呼唤精品、力作、大作的出现，《走出巴颜喀拉》就是对这种呼唤的极好的应答。

李伯安艺术创作成功的内在依据，在于他献身艺术的人格精神。

李伯安是一位以艺术为生命的艺术家，就个人遭遇而言，他不是幸运者。他早年就读的郑州艺术专科学校，在20世纪60年代三年困难时期被撤销以后，为了生计，他曾经当过建筑队的小工，卖过汽水，在小学当过代课教师，在工厂当过工人。但他穷且益坚不坠青云之志，底层百姓的生活经历，苦难的磨炼成为他艺术创作的底气，无论什么情况下，他都不会扔下手中的画笔，他到乡村、街道，为人画像，为小报画插图。

调到出版社后，他利用一切机会提高自己的艺术水平，他无数次地深入太行山区，废寝忘食地进行写生。他试图从底层百姓身上提取中华民族的伟大精神，找到属于自己的绘画语言和风格。他还利用业余时间为报刊画20余年人物插图的机会，阅读了大量文学作品，了解时代精神的走向。

李伯安用生命的最后十年，画出《走出巴颜喀拉》。这是一个艺术殉道者感天动地撼人心魄的历程。不朽的《走出巴颜喀拉》，共有266个人物，第267个就是李伯安。李伯安因此而永垂画史。

时代呼唤大气、大度、大家、大作。李伯安的出现，使人们增强了信心。我们的文艺大军是大有希望的，我们的社会主义文艺是大有希望的，我们要努力实践江泽民同志“三个代表”的重要思想，采取更加切实有力的措施，促使更多的《走出巴颜喀拉》式的大作、精品出现，促使更多的李伯安式的文艺家出现，促进社会主义文艺事业更加繁荣。

此文刊《人民日报》2002年3月17日8版
（作者系河南省省委原副书记、宣传部长）

开放性的视野（代前言）

——试论《走出巴颜喀拉》对现实主义、表现主义、浪漫主义、抽象艺术、超现实主义和传统线描的借鉴

李飒

父亲去世已有21年多了。18年前，母亲编了一本《逝者如斯——画家李伯安资料集》，以帮助大家了解他。而今对于父亲的画，相关研究逐渐增多，越来越多的人认识到他作品的价值。毫无疑问，《走出巴颜喀拉》是继中国古代人物画长卷张择端的《清明上河图》，20世纪徐悲鸿的《愚公移山》、蒋兆和的《流民图》和周思聪的《矿工图》之后的又一伟大的作品，她的出现，将中国水墨人物长卷提到了一个新的高度。她与中国画传统一脉相承，又汲取古今中外大家们的精髓，20多年来，新增了很多新的关注和讨论。然而，作为李伯安之子，从小耳濡目染，管中窥豹，愚有一得，借母亲为父亲编续集之机，将这点体会一一道来，以求与同道共勉。

父亲在很多方面都对我产生了影响。在艺术上，对我最大的影响就是他的艺术作品中特有的“开放性”。在他的艺术实践和观念中没有中西艺术的隔膜，无论是哪一个中西艺术家的作品，只要觉得有所帮助，他都会毫不犹豫地拿来认真学习，把不同艺术种类、不同艺术家、不同艺术风格的长处，借鉴到自己的作品当中。因而在他一生的艺术实践中，始终没有把风格完全固定下来，而是不断地进行演变。

他在艺术的创作中非常善于学习。他会在画作的旁边摆放着自己制作的“资料板”（一种可以站立在地上的T形木板），把他喜欢或觉得可以借鉴的艺术家的资料订在资料板上，在他作画的时候用于参考。我曾经看过他的创作过程：在他画《走出巴颜喀拉》的过程中，他的资料板上就曾经粘满各种艺术家的作品，比如：雕塑家罗丹的《巴尔扎克》，雕塑家布德尔的《拉弓的赫拉克勒斯》，油画家列宾的《查波罗什的哥萨克人写信给苏丹王》，罗马尼亚油画家巴巴的《炼钢工人》《疯子王》，版画家珂勒惠支的《磨镰刀》《死亡的召唤》，席勒的素描《自画像》《男人与女人》《死神与少女》等作品，还有一些我记不得名字的美国陶艺家的作品，也有传统中国画的线描作品如徐悲鸿先生收藏的《八十七神仙卷》。作为一个中国画家，他不但从传统中国画中吸取线描等绘画形式，而且也善于从西方艺术的各种艺术语言（油画、雕塑、版画、陶艺、素描等）中吸收、借鉴。他是一个有着极为开放的艺术视野的人，在他心里，“各种艺术是相通的”，只不过是南橘北枳，环境不同罢了，并没有中西艺术的界限和区别。而是博采中西，广纳百川，真诚地去学习所有人的长处，不但充分吸收传统中国画大写意的用笔和技巧，也将西方艺术中擅长的人物造型和强调黑白明暗对比的特点充分运用在自己的作品中。

他在工厂当美工的经历，使他不得不习惯领导随时布置的任何任务，不管哪个画种，不管什么形式，只要宣传工作需要，他都必须学会。这使得他在参加各种展览布置、各种运动宣传中都可以游刃有余。

他的资料板上也还出现过他的好友——中国画家刘进安的作品《田横五百士》。有一次，他的学生陈钰铭送了他一本《陈钰铭线描速写集》，他和我认真分析钰铭叔的线描的优点，并不住赞叹，鼓励我多加学习。他也很愿意从他的艺术好友和学生那里汲取营养，他是一个有着强烈的艺术渴望，视野开阔，没有门户之见，没有师生之分，没有中西之分，非常善于学习的人。

他的主要作品水墨人物长卷《走出巴颜喀拉》有一个非常重要的特点，就是艺术风格的不断演变。这幅长卷总长约 122 米，描绘了生活中 266 个藏族人物，分为 10 段，是 20 世纪下半期中国最具震撼力的水墨史诗性长卷。由于这段长卷是在长达 10 年的时间（1989—1998）内绘制的，直至他生命的最后一刻（1998 年 5 月 2 日，他在长时间画画后刚走出画室就倒在门口时，长卷也并未最终完成）。这幅壮阔的水墨人物长卷风格并不统一，但这恰恰形成了他自己的特点。在漫长的 10 年过程中，长卷综合展现了现实主义、表现主义、浪漫主义、抽象艺术、超现实主义、传统线描等不同的艺术风格。

1. 现实主义

整个 20 世纪，现实主义是中国画的主流。原因也很简单，现实主义具有文化启蒙、历史反思、推动中国文化现代转型的作用。1918 年，年仅 23 岁的徐悲鸿在北京大学画法研究会发表演讲《中国画改良论》，开篇就说：“中国画学之颓败，至今日已极矣。”他对中国画中的人物不能真实描绘对象的方式提出了激烈的批评，主张以“求真”的现代精神，以西方绘画严谨、科学的方式（素描造型）改造中国画。

《走出巴颜喀拉》长卷第一段《圣山之灵》，那一排弓腰站立着的藏族群众，其表现手法借鉴了油画和雕塑的语言特征，凝重浑厚，具有明显的纪念碑性，这是典型的现实主义的特征，这一艺术手法与法国现实主义画家库尔贝的《打石工》有异曲同工之妙。

现实主义的一个重要的价值在于赋予普通人的生命以极大的尊重。库尔贝的《打石工》在画面中描绘了两个在路边采石的工人，衣衫褴褛，神情苦涩。库尔贝用写实的手法和“纪念碑式”的构图（在西方艺术史中，过去这一形式只用来描绘神话题材、贵族肖像和重大的历史事件）描绘了两个生活在底层的普通人。一个普通人第一次在艺术史上具有了英雄般的形象，这在当时是极为惊人的。当时保守派攻击画家说，他把“卑俗的乡下佬”引到“高贵的”艺术中来，这是无文化的表现。但真正触怒他们的，是一个“下等的劳动者”居然在画面中第一次拥有了和贵族一样高大的纪念碑式的形象。

《圣山之灵》中描绘的那些平凡而辛劳的藏族群众，被塑造成了过去只有贵族、英雄才具有的气势雄浑的形象，甚至具有某种崇高感和悲壮感。他的这种描绘，当时并非出于参加美展的需要或命题创作，而完全是发自于心，情真意切，态度真挚，是一种对普通人生命价值真正的礼赞。现实主义不是照相写实主义，《圣山之灵》所表现出来的赋予普通人生命价值的崇高感和史诗般的宏伟气魄是很难伪装出来的。他虽然描述的是黄河源头的藏族群众，但其立意高昂，气势恢弘，展现了求索自强的精神。正像中央美术学院院长范迪安所说：“他画的虽然是藏族群众的生活现实，但在作品中寄寓的是对整个中华民族历史命运的深切关怀，表现的是中国人抗争、希望、奋斗的生命力量。”

2. 表现主义

在经过了最初《圣山之灵》的绘制之后，父亲并不满足于现实主义的表现形式，并不希望简单地将这种风格不断地复制，将现实主义的艺术语言风格贯穿始终，而是选择了一条更为艰难的道路，在长卷的绘制过程中尝试更多艺术风格的实践。20世纪初欧洲的表现主义绘画反对对对象客观的描述，运用夸张的方式处理人物造型，甚至是扭曲和变形，以强调主观性，作品具有某种悲剧的意味。在《走出巴颜喀拉》的第4段《哈达》中，画面前面站立着一个弯腰的藏族老妪，她头发凌乱地披散在背上，随风飘起，身体几乎弯成弓形，艰难地抬起头部，双手举起位于头部下方。同《圣山之灵》中逼真、写实、厚重的雕塑感风格不同，这里几乎是一种平面化的处理，整个老太太在画面上被压成了一个薄片，沧桑而脆弱，而其身后黑压压的背景中是一排双手举起哈达的藏族群众。这些藏族群众的形象相互连接在一起，很难辨识，却像一排黑色的山峰矗立在那里。画面最左侧隐藏在背景中的一幅巨大的面孔看向观众，具有某种超时空的特性。整个画面中人物的处理运用了夸张和变形的手法，用主观性的处理方式表达生命的厚重感和历史的凝重感。

这种表现主义的手法并不仅仅应用在长卷的绘制中，父亲在小幅的藏族群众头像和独幅藏族群众肖像的艺术实践中，也大量地进行了运用，比如《盼》《虔诚》《乐》等近似方形构图的藏族群众头像的描绘中，夸张变形的人物造型、岩石褶皱般的脸部刻画、沧桑倔强的生命状态、粗硬的墨色线条、淋漓的墨色渲染、版画一样强烈的黑白对比，将表现主义的风格运用得心应手，挥洒自如。

3. 浪漫主义

《走出巴颜喀拉》长卷尾声的第9段《赛马》（也是李伯安在生命最后一两年所画），这一段作品的风格就具有明显的浪漫主义的特征。19世纪浪漫主义绘画在同当时的古典学院派绘画相抗争的时候，打破了古典绘画均衡、稳定的构图，画面极具动感，造型、动作处于不平衡的状态，而“激情”是浪漫主义最重要的特征。在《赛马》中，父亲采取了一个比较罕见的视角——正面视角——进行描绘。画面中一排奔腾的赛马正面朝观众飞驰而来。这些马匹四蹄飞跃，鬃毛奓起，骑手彪悍而神情紧张，马蹄踏起的灰尘用墨色渲染皴擦将马匹和骑手裹在其中。画面充斥着动感、不均衡的构图、强烈的不稳定性和激情，尤其令人印象深刻的是马头的刻画，眼睛和鼻孔都用黑色的墨块填堵，使得马头像一个个狰狞的骷髅，这种对生命的理解和感悟，又同德国浪漫主义对生命意义的思索颇有些相似之处。

4. 抽象风格

在长卷大约绘制到一半的过程中，父亲突然对第一段《圣山之灵》雕塑般凝重的写实风格有些不太满意，认为画面过于实在，不够通透，于是决定在这一段的前部增加了一段长约7米的抽象风格的水墨渲染。这一段后加的抽象水墨渲染，墨色的处理极其微妙，变化丰富，一层层的墨色叠加非常丰富，隐藏着大量的细节，让这一段画面变得更加灵动自然，缓解了后半段的过于沉重的气氛。画面变得更加完整，起承转合更加自然，也展现了他对抽象艺术的理解，以及对水墨语言的透彻领悟。

5. 超现实主义

长卷最后一段《天路》（实际上是早期所画，紧接着第一段《圣山之灵》之后完成的），在其尾部是一段未画完的作品，包括一些天葬场景中还未上墨稿的木炭线描描绘的秃鹫。在这一部分作品的尾部，出现了一些不同时空的重叠。一些朝圣者的不同比例、不同时空中的人物出现在了同一画面中，这显然借鉴了20世纪初欧洲超现实主义的绘画风格，西班牙画家达利尤其擅长此类艺术语言。他常常在一幅画中将现实与梦境混合，不同的时空进行重叠，传达着某种神秘感，注重对精神的分析和呈现。

6. 传统的线描风格

对中国画的传统，父亲同样非常重视。

在长卷绘制大约三分之一的时候，父亲在同好朋友王乙丙伯伯交流后，决定从中国传统绘画的经典，吴道子的《八十七神仙卷》当中借鉴传统线描的艺术形式。于是在第二段《开光大典》中，他把第一段《圣山之灵》的厚重的油画和雕塑风格放下，而是对人物刻画采用了更为平面的方式，画面中一排排密集的僧侣形象除了裸露在外面的面部和胳膊简单地用墨和赭色渲染，占据画面大部分的僧衣和长号等乐器都用黑色的细长线条来勾勒，再简单地皴擦渲染。这部分整个画面被墨色勾勒的线条充斥着，飘逸而不失凝练，充满了形式感。

当然，以上提到的不同的艺术风格，父亲在创作过程中并不只是运用在单独的画面段落中，而是在整个长卷中都有混合的应用，只是各自偏重不同。整个长卷的绘制过程是一个艺术家不断探索艺术实践的过程。在创作中，父亲有着开阔的国际艺术视野、包容的心态、极强的求知欲、惊人的学习能力和谦逊的性格，这些共同促成了他在《走出巴颜喀拉》的水墨人物长卷的绘制过程中孜孜不倦地学习和持之以恒的艺术实践，最终呈现了这样的不同艺术风格混合的状况，而这才是一个艺术家永不满足，真诚地面对艺术的状态，也体现了他整个艺术生命的历程。

虽然这是全球化的时代，也是文化多元的时代，每一种文化形态都有各自存在的理由和价值，但这也是巨大变革的时代，堂堂正正的黄钟大吕毕竟不同于轻哼吟哦之音，历史的转型时期，国家需要重器，民族需要魂魄，艺术需要尊重个体生命的价值。这样一幅耗尽心血的艺术长卷，如果作者心中没有大愿景，没有强烈的文化使命感，不能持之以恒，最终忘乎所以，以命相搏，是绝对创作不出来的。但这也是他的愿望，愿逝者安息。

父亲的作品最终能够被清华大学艺术博物馆收藏，其间，我父亲的学生，清华大学美术学院教授胥建国叔穿针引线帮了很多忙。今年9月，学校将举办作品收藏展。这是父亲去世后，《走出巴颜喀拉》第12次面对观众。作为家属，我们感到十分幸运，也盼望这幅长卷能够得到更多的重视和研究。

此文虽为奉母命而匆匆挥笔的急就章，然个中三昧，早已在心中反复回味多年。父亲的精神遗产很多，仅其在艺术作品中特有的“开放性”的视野和体系，就够我受用终生。

李飒2019年6月5日夜于罗马湖畔

（作者系北京服装学院教师、李伯安之子）

为李伯安历次画展所撰前言

冯骥才

李伯安画展在北京、上海、深圳、广州、西安、重庆和包头等地展出时，引起石破天惊般的轰动，因而被认作是20世纪末中国美术界乃至文艺界的一件大事。它带来的思考是：李伯安生前为画坛上的盲点，去世之后却惊动天下，如此表现，在当代的艺术家中，唯李伯安。这个颇似凡·高的现象，在媒体高度发达的今天，几乎是个奇迹！其中的缘故，除去他那些具有永恒震撼力的作品之外，再有便是——他始终对名利毫不理睬，面对艺术而背向市场，纯粹的理想主义，绝对的精神至上，以及对艺术一种宗教般的虔诚并至此不渝。当代艺术家很少有人能达到这样的境界。故此，他这一切都是留给我们的具有启示意义的宝贵的精神财富，他用他的一生，回答了艺术家在消费时代何去何从这个巨大的困惑。我深信，这一切都还将具有永久不灭的价值。画家在未来所获得的知己必将多于今天，历史一定会证明，他的作品是20世纪历史中珍贵的艺术遗产。故而，站在这一点上，我们企望着“李伯安美术馆”能在中华文化的腹地——中州出现。到了那一天，我们也才算是真正地认识和拥有了这位旷世罕见的奇才。

今天，李伯安的绘画又在三晋展出，相信他的艺术在这块中国文化的腹地一定会得到更多的知音，作为杰出的艺术家没有能够亲自参加他的展览是令人深觉遗憾的。但是，他的作品能够拥有更多的知音则是一个艺术家的幸运和莫大的幸福，希望李伯安的在天之灵，能够感受到这种幸福。

2004年4月

（作者系中国文联原副主席，作家、画家）

按语：2001年4月—2018年5月，此文用于从上海、深圳、广东、河南博物院、太原、包头、西安到河南美术馆为李伯安举办纪念20周年展的多次画展。北京中国美术馆和洛阳博物馆因办展时间太早，此文尚未面世，未来得及用。

藏族群众肖像·河汉

藏族群众肖像·忧

藏族群众肖像·风霜

李伯安画展寄语

杨力舟

巨幅长卷《走出巴颜喀拉》威震画坛，李伯安的名字亦轰动画坛。这一力作在中国美术馆展出，为二十世纪八九十年代之国画人物画树丰碑，以卓然拔群之姿屹立世界东方，于当今人物画创作薄弱之境况，弘扬李伯安的艺术道路与作品，其意义就更加不同凡响。

李伯安对艺术的虔诚，正如西藏同胞对藏传佛教那样的虔诚，李伯安热爱藏族群众亦如藏胞笃信教义一样忠贞不二。故而他十年刻意磨砺，含毫运思，架构大作。握管九朽，潜入心扉。挥毫写形，曲尽其态，意传画外。把众多的男女老少藏族同胞的魂魄尽收腕底，情超理得。

李伯安笔下人物造型与气质、个性和特征十分丰富，变化且精到。笔墨简繁经营而得当。细密处刻画深邃，省略处挥写潇洒。大块黑白与长线条对比，辉映交响，真正达到窥造化而见天性、模写尽而观神工。

李伯安英年早逝，国之损失，艺苑痛悼。所绘长卷浩瀚充溢，画竭而力无穷，笔竭而艺不终。《走出巴颜喀拉》夺天功破陈规，英名不朽，画史永存。

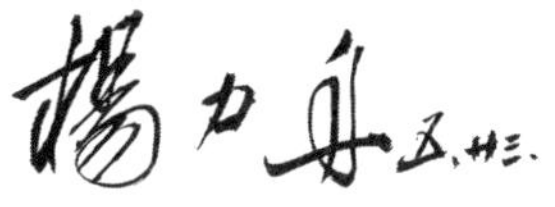

2000 年 5 月 23 日于北京

（作者系中国美术家协会原副主席，中国美术馆原馆长，画家）

冯骥才：致敬河南！

——请给李伯安的作品找一个家

相　茹

那天，著名作家、画家、文化学者冯骥才先生，坐在会客室里等着接见河南画家乙丙推荐的一个默默无闻的美术编辑。乙丙先生说那个美编画了一幅画，新奇震撼！请他一定要见一见这个非凡的人物！也一定要看一看那幅辉煌巨作，并保证他看了一定不会后悔！

于是，冯先生便静静地耐心地等待着这个被朋友冠以非凡头衔的画家，也期待着那幅能带给人震撼的画作……

客人来了又走，走了又来。冯先生没能等到那位无名画家。

他自己也出门看了几次，没发现什么貌似画家的人物。

直到朋友过来了，才告诉他那位叫李伯安的画家已经在门外等了很久很久。

“初见李伯安，他拿着一叠放大的画作照片站在那里：清瘦，白皙，谦和，平静，绝没有京城一带年轻艺术家那么咄咄逼人和看上去莫测高深。”

这是冯骥才先生在《永恒的震撼——李伯安》一文中对李伯安的描写。他没有想到的是，这个画出令人震撼巨作的画家，竟然是个文质彬彬的白面书生！这是李伯安留给他的第一印象，不留胡子不留长发，是一个不像艺术家的艺术家。

“可是他一打开画作，忽如一阵电闪雷鸣，夹风卷雨，带着巨大的轰响，瞬息间就把我整个身子和全部心灵占有了。我看画从来十分苛刻和挑剔，然而此刻却只有被征服、被震撼、被惊呆的感觉。这种感觉真是无法描述，更无法与眼前这位羸弱的书生般的画家李伯安连在一起。但我很清楚，我遇到了一位罕世和绝代的画家！”

这是冯先生初见李伯安画作《走出巴颜喀拉》的感受与评价。

只是，他仅仅看到了李伯安带来的画作照片而已。

冯先生像看到了珍宝一般激动不已。

他对李伯安打保票说，等到你这幅画完成，我们一定帮你在中国美术馆办展览庆祝，让天下人见识见识你李伯安。

当时默默无闻的李伯安，脸上浮现出了一种带着腼腆的感激之情。得到大作家、大画家的赞扬和鼓励，李伯安有了更大的创作动力。

他们的这次会面是在1995年的郑州。冯骥才先生53岁，李伯安先生51岁。

李伯安投入了更多的时间和精力，来完成这幅前无古人的画卷。

从此，冯骥才先生开始了漫长的等待，这一等就是3年。期间，河南画家乙丙先生告诉他，李伯安画得很苦，几易其稿，几进藏族聚居区，付出了全部的精力，而且患上严重的颈椎病。

冯骥才先生依然充满了期待，因为他知道艺术一如炼丹，从这“苦”中能感觉到那幅巨作肯定被画家锻造得日益精纯，愈发壮阔。

与李伯安仅有一面之缘的冯骥才先生，苦苦等待了李伯安3年，最终等来的却是李伯安猝然辞世的消息。他震惊，痛心，惋惜。

1999年11月24日至12月1日，北京，中国美术馆二楼大厅，李伯安画展盛况空前，人潮涌动……

冯骥才先生来了。当时他患有跟李伯安先生一样的颈椎病，几米远的路都走不成。有一次，晕了好几个小时，感觉天旋地转不能直立。但奇怪的是，当李伯安画展在中国美术馆开幕时，他的颈椎病竟然奇迹般地被医好了。真的是冥冥之中两个艺术家的心灵感应起了作用？我不敢妄言，但的确神奇到难以置信的地步。

冯先生约了几位朋友一起去看画展。他看到画家的血肉和灵魂都融进了《走出巴颜喀拉》里，他看到中华民族灵魂的深刻呈现，看到黄河文明的浩荡闪耀，他说：“现在，我才找到伯安早逝的缘故。原来他把自己的精神血肉全部搬进这幅画中了！”

震撼之余，冯骥才先生挥笔写下《永恒的震撼——李伯安》一文。这个中国文坛、画坛德高望重的作家、画家和文化学者，用作家的非凡文采和画家的独特视角对李伯安作品做出了振聋发聩的评价，字字珠玑，句句震撼，读来令人激情澎湃。

这评价至今尚未被人超越！

他在文中断言：在中国人物画令人肃然起敬的高度上，站着一个巨人。

他在文末预言：今天的人会更多认定他的艺术成就，而将来的人一定会更加看重他的历史功绩。因为只有后世之人，才能感受到这种深远而永恒的震撼。

毋庸置疑，李伯安就是这个文化艺术巨人！

2018 年 5 月 22 日，河南日报记者冻凤秋前往天津拜访了冯骥才先生。

百忙之中的冯先生停下手头的工作，接见了来自李伯安故乡的记者，了解关于李伯安的情况。

他说他想写一本《李伯安传》，像法国作家罗曼·罗兰写《贝多芬传》那样，以一个画家的角度，用画家的感觉，写出画家李伯安心中那些“大太阳的夏天，刮风的夜里，流动的光，闪烁的星辰……”，只是杂事缠身，身不由己，至今未能动笔。

他说不清楚自己为什么提起李伯安和他的画作就那么激动。但他就是那么激动。并沉湎其中不能自拔。

他还说李伯安的巨作没有得到更广泛的关注。在他看来，一个国家、一个民族的文化大厦是要靠一些伟大的作品和伟大的作家、艺术家来支撑的，任何时代的创造最终还是要落实到经典。我们理应把《走出巴颜喀拉》放在文化的金字塔塔尖上。它诞生在有着悠久灿烂历史的中州大地，它也理应在这块土地上被当作宝贝珍视，珍藏。

李伯安辞世 20 年，冯骥才先生数次呼吁建立李伯安美术馆，他说，我们一定要想办法把这件事做成！这比举办一两个文化节、文艺晚会，比搞一般的文化设施要更有意义得多！

当他得知河南美术馆正在举行李伯安画展，他说，我很高兴河南人民没有忘记李伯安。河南本来就是文化大省、文化强省，中州自古就是中华文明的腹地，能看出自己的宝贝金贵，懂得珍惜本土的英才，是慧眼识珠的表现。

因为河南美术馆这个李伯安画展，我对河南充满敬意。

致敬河南！还请给李伯安作品找一个家！他又说。

一面之缘，20 多年的关注与期望，20 多年的念念不忘。这是一种什么样的情感？这是一种什么样的友谊？我无法完整地表达出来，我只能说，这是两个艺术家在艺术世界中灵魂交融、惺惺相惜的一种不能用言语表达的高尚情怀！

冯先生已经是 76 岁高龄，他依旧关心着李伯安，从未忘记过李伯安。因为他从内心深处敬佩李伯安，深知李伯安作品的艺术价值和历史意义！

话里话外，他的言语中透露出殷殷的期待，期待不仅仅在艺术界文化界了解认识李伯安，更重要的是让社会各界都来认识了解李伯安，让李伯安精神发扬光大。

一部河南史，半部中国史。河南是中华民族和华夏文明的重要发源地，为了推广宣传河南文化，弘扬传播河南精神，河南人需要做的还有很多很多。

我不知道这 20 年，在中国，在河南，有多少有关文化艺术方面的奖项，一定不会少。只是这些奖项，皆与李伯安先生无缘。尽管他的艺术成就被很多艺术大师肯定褒扬。这不能不说是一种深深的遗憾！

我不知道这 20 年间，有多少媒体雨后春笋般涌现，只是这些众多的媒体，成千上万的信息，竟然没有发出关于李伯安先生的些许铿锵有力的声音。尽管他是河南作为历史悠久文化大省的骄傲。这不能不说是一种深深的遗憾！

我不知道这 20 年间，有多少电影电视剧戏剧上演，也不知道有多少相声小品歌曲传播。只是这些日益繁荣丰富多彩的艺术表现形式和文学作品中，难觅李伯安先生的影踪。尽管他德艺双馨影响深远。这不能不说是一种深深的遗憾！

李伯安先生去世20年，一面之缘的天津画家冯骥才先生对他的成就赞不绝口念念不忘。但是，在李伯安先生的故乡河南，除了文化艺术圈内人士，有多少人知道李伯安其人？又有多少人了解李伯安的艺术成就和伟大精神？这不能不说是一种深深的遗憾！

具体该怎么做才能让我们不留遗憾？

从冯骥才先生的期待中可以看出，我们河南迫在眉睫的工作就是：给李伯安作品一个家，一个李伯安美术馆，永久地展示这幅经典作品。

20年来，河南省内省外的艺术家们一直在多方努力，为李伯安美术馆的建立奔走呼唤，也希望有更多的人参与进来，特别是政府有关部门。不要空谈，杜绝浮夸，实实在在地为河南的这个艺术巨人建造一个安身立命的场所，为他那些举世罕见的巨作找一个家，从而让更多的人，全方位了解欣赏他的作品，继承他的伟大精神。这该是一件造福后代的千秋伟业！

李伯安伟大精神的构建，不啻于在河南重新塑造出一个艺术界的焦裕禄、史来贺、任长霞、常香玉等。

榜样的力量无限大。

在美术馆参加李伯安新书发布会暨李伯安精神研讨会的时候，我悄悄问冻凤秋，冯先生说到李伯安的时候，眼睛里真的闪着光？

她点头，抿着嘴，神色凝重。

我深深地吸了一口气，心里对冯骥才先生充满了敬意。

我想，23年前的那次遇见，该是李伯安先生艺术生涯中的一个转折点。

在此，请允许我向我读他的小说《神鞭》时候就开始崇拜的作家、画家、文化学者冯骥才先生，表达我深深的谢意！遇见他，不仅是伯安先生之幸，也是泱泱文化大省河南之幸也！

天国之中的伯安先生，您会感到欣慰的，对吧？

本文写于2018年5月27日23点

一、评介

荣宝斋出版社2005年版《走出巴颜喀拉》长卷序

程大利

伯安离开我们已经6周年了，今天想起他，仍为他的英年早逝而惋惜。历史上的陈师曾、陈少梅、徐悲鸿、傅抱石都是早逝的天才，但他们都曾照亮过美术史的星空。诚然，中国画是大器晚成的艺术，但相当多的画家进入不惑天命之年后虽笔致老熟却激情缺失，人物画家尤其如此。所以，天才画家的每个年龄段都值得研究，而作品本身则是画家在历史上定位的决定因素。

李伯安是位优秀的美术编辑，同时又

是一位纯粹的艺术家。他的审美追求是悲剧式的。崇高与雄浑是他醉心的境界。他天生喜欢黄天厚土、大漠雪原，喜欢表现农民和社会生活底层的人和事。这不仅仅是一种心结，更是一种审美的取向，一种与生俱来的“大美”气质的反映。他画的太行人物，画的各类习作都追求着一种质朴、沉厚的精神境界。他花费10年心血创作的人物画长卷《走出巴颜喀拉》是一幅记录着生命激情的力作。他没有画完就倒下了，可能是太过劳累，也可能是激情的挥泄到了极致，画家竟在作品前逝去。以生命为代价的绝响也是悲剧式的，将永远地打动观众，成为美术史上生动的一笔。

《走出巴颜喀拉》是一件巨幅长卷，高1.88米，长122米。分为《圣山之灵》《开光大典》《朝圣》《哈达》《玛尼堆》《劳作》《歇息》《藏戏》《赛马》《天路》，共10部分，刻画了266个人物的活动，可视为一篇民族生活的史诗。画面以黄河为背景，展示了雪域文明特有的凝重、雄浑、淳厚和深沉。他在运用写实手法的同时又强调了表现因素，扩大了黑白对比的力度，强调造塑的雕型感，把东方精神和西方语汇融成一体，大大拓展了水墨的表现力，创造了20世纪水墨人物画的发展高度。无论是精神含量还是技术因素都值得后人认真总结。这幅画展示给读者的远远不只是技巧，而是一种理想和精神，一种震撼人心灵的美好品质。从这个意义上讲，《走出巴颜喀拉》可以看作是一件具有里程碑价值的作品。

作品是画家的镜子。你是什么，它就是什么。一点儿也作不了伪。执着、严谨和顽强，历来是大画家必备的素质。伯安也是如此。他对艺术的虔诚，直如藏族群众对于佛教，是一种九死不悔的状态。藏族群众叩着长头翻过千山万岭乃至雪山荒原；而伯安可以十年如一日地挥汗在画室，独享寂寞。中国传统画论认为，中国画的精神活动是人格的印证。“人品既已高矣，画品不得不高。”中国画家的人文状态和人格修养在画上均有反映。伯安的正大、光明、纯粹和他所追求的苍茫、沉厚、雄壮在作品中一一得到印证。他离去了，但他的作品留下了。正是因为艺术的不朽，人类的文明才会光彩迭生。

人格精神是中国画家终身的课题。中国画是精神化的艺术，中国书画家的人格修养和人文修养不仅决定着中国画的发展，也决定着中国文化精神的延续。我们学习和纪念李伯安，意义还不只是造型艺术价值的本身，笔墨文化和浸透其中的人格价值乃是关乎中国文化和民族尊严的大命题。我写到这里，一点儿也没有拔高什么。当我们震撼之后，冷静下来再看看李伯安的《走出巴颜喀拉》和他的所有遗作，自然会联想到上面我所提到的问题。

（作者系中国美术出版社总社原总编辑，人民美术出版社原总编辑）

《开光大典》（上）

李伯安与他的《走出巴颜喀拉》

啸 声

对于文化，20世纪无疑是一个“颠覆”的世纪。一切传统均遭受质疑，任何反叛都得到鼓励。艺术，在曾经经历辉煌之后，堕落了——尽管有各色诡辩在将腐朽说成神奇，把肉麻当作有趣。

难怪，巴尔蒂斯要说：“20世纪是比赛丑的世纪。”同样，吉奥·波莫多罗会叹道：“现在的人都不敢说‘这多美啊！’了。”

诚然，这并非全部。

中国的情形又是怎样的呢？

中国艺术的尴尬局面

中国艺术，作为世界上一种独立的美学体系和表现体系，具备数千年的优秀传统。从商周青铜到秦俑汉石，从南北朝石窟的佛教艺术到唐宋五代的山水绘画，特别是宋元以来文人画的兴起，到明清之际登峰造极……都使这一中国传统在历史演变中，不断发出耀眼的光辉，充分显示出无穷的生命力。

然而，进入20世纪，中国艺术遇到了前所未有的难堪。一方面，早已失去时代和文化背景的文人画依然作为最强大的传统势力，在将中国艺术逼进死胡同，虽然有黄宾虹、齐白石、李可染这样杰出的艺术家励志革故，终究难挽颓势。另一方面，西画东渐，却被虽欲鼎新却错误理解的一派当作规范，来改造中国艺术，竟使中国艺术进不能达到西方的高度，退又无法固守自家的优秀传统。后一种情况，在20世纪80年代重新开放的中国更为严重。玩弄新奇模仿西方，追名逐利讨好西方，在中国艺术必须“现代化”的口号下，成为中国艺坛的奇观。与之对立的，是节节败退的守旧派，他们囿于对传统的教条认识，还在玩弄笔墨游戏。

总之，中国艺术处在“异化”和“僵化”的两难之间。

中国艺术的现代演进

任何一个民族的艺术现代化，都只能是从自己的昨天走到自己的今天，而不能走到他人的今天甚至昨天。借鉴，是借他人之长以为己用，而不是用以改造自己。西方抒情抽象艺术从中国书法艺术及其美学思想获得灵感，正是很好的说明。

在中国艺术的现代演进过程中，山水画领域的黄宾虹和李可染，花鸟画领域的齐白石和潘天寿，人物画领域的徐悲鸿和蒋兆和，以及周思聪和李少文，除了从造化、从古人、从民间之外，无疑也从其他民族有所借鉴，成就各自的探索。

显而易见，一则20世纪的中国艺术不曾达到其曾经有过的诸多历史高度，二则它因种种缘故而被推到世界艺坛的边缘，所谓的“中国现代艺术”只有副模糊不清的面目，或者只给人一些假象，而掩盖住上述探索的实质和成就。倘若没有横空出世的人物，没有惊天动地的作品，中国艺术虽然也在不断发生变化，但是终于无法树立起自己标志性的形象，而极易使人误以为它不是传统艺术的蹩脚重复，就是外来艺术的拙劣翻版。

很幸运，在20世纪的最后10年，在中国出现了这样一位人物和这样一件作品。这便是李伯安和他的《走出巴颜喀拉》。

李伯安其人

李伯安，1944年出生在中国有“九朝古都”之称的洛阳，自幼受到作为中华文明摇篮的黄河文化熏陶。他15岁进入郑州艺术专科学校，有志于成为画家。可是，由于家道中落，加上3年自然灾害，他被迫于两年后辍学，去赚钱养家。他当过小学教师，做过工人。从1975年起，他先后在河南人民出版社和河南美术出版社任美术编辑，直到1998年骤然去世。

李伯安很早便作为肖像画家开始了自己的艺术生涯。他为许多文学作品画过插图；还以自己创作的水墨画参加国内的各种展览。1989年，其人物作品《日出》在中国第七届全国美术展览中荣获铜奖，开始引起美术界注意；此作还与其他国内作品一起，于1991年送展巴黎大宫殿艺术博物馆的法国秋季沙龙。

然而，这位初展才华的新人旋即销声匿迹，他作为外地画家刚刚获得的有限名声又重归沉寂。中国艺坛几乎全然忘记了他。

李伯安做什么去了？

胆识非凡的宏图

这位受中华文明哺育的黄河之子，坚持将艺术当作严肃崇高的事业，拒绝把艺术视为艺术家可以不受时代、社会和民众检验的个人行为，远离现代大都会人欲横流的腐蚀，一心要表现人、表现中华民族、表现中华魂。

早在创作《日出》之前，李伯安就曾经11次深入太行山区，考察风土人情，收集创作素材。当地生存条件极其艰苦，而民风的淳朴善良和顽强乐观，不但极度地感动了他，而且为他的艺术创作注入新的因素，他感到中国绘画的传统笔墨已经不足以表达他心中强烈的感受。

待到1988年他到黄河源头藏族群众居住地区采风时，一种十分新鲜陌生却又似乎熟悉的感觉引发他深思。藏族群众的体貌和服饰、习俗和语言，都与汉族群众不同。

但是，其淳朴善良和顽强乐观，则并无两样。而中华民族大家庭中的其他成员，回、蒙、满等民族，也莫不如此。他们全都被同一种精神凝聚起来，共同建造了光辉的、悠久的、丰富多彩的、独立于世的中华文明。而从地理上将他们串联到一起的伟大黄河正是最完美的象征。于是，他萌生宏愿，要从这条自巴颜喀拉山的腹地流出、横贯中国、东入大海的中华母亲河两岸，逐一表现藏、汉、回、蒙古、满五族（其中唯满族不在河边），为整个中华民族写照，讴歌中国精神。

他深知，为完成这件大事业，必须付出毕生精力。为此，他息影画坛，集中全部力量，默默无闻地埋头苦干起来。

一曲传世的藏族赞歌

李伯安从表现大河之源的藏族群众入手。

在李之前，也有一些中国画家被藏族聚居区独特的地方色彩和风土人情吸引，欣然描绘藏人藏景。可是，他们或多或少有猎奇之嫌和流于表面之弊，很像18、19世纪法国的“东方画派”。李伯安的情形大不相同，他站在赞美中华民族精神的高度，要通过对藏族群众生活方方面面的描绘，揭示他们的灵魂，把他们的本质展现给世人。这便使他在出发点上已经大大超越了前辈。

他使用中国毛笔和中国墨，在中国宣纸上画出高 1.88 米、长 122 米的长卷，分《圣山之灵》《开光大典》《朝圣》《哈达》《玛尼堆》《劳作》《歇息》《藏戏》《赛马》《天路》10 段，冠以《走出巴颜喀拉》的画名。这幅略施淡彩的水墨巨作，把我们带入到藏族群众的精神世界。李伯安笔下的 266 个人物，是生活在虔诚信仰和艰苦生活中的男女老幼。他们在劳作中恪尽天职，于休息时充满亲情，他们敬奉神明出于至诚之心，参与圣事无比庄严肃穆——他们扮演神剧会全身心投入，赛马夺魁则是那样意气风发——他们活着时有不可动摇的尊严，死后也要把灵魂托付给神鹰灵鹫……我们看到的，不是物质的简陋，而是生命的壮丽；不是头脑的愚昧，而是信仰的崇高。

这是一曲对藏民族的伟大赞歌。

划时代的中国绘画里程碑

中国人物画在历史上，出现过像顾恺之的《洛神赋图》、顾闳中的《韩熙载夜宴图》、武宗元的《八十七神仙卷》、永乐宫的壁画《朝元图》等这样的人类艺术宝库中的绝世佳作。然而，文人画的兴起，在美学观念和表现形式上取得突破性成就，却又不可避免地产生负面影响，使那些不思进取的庸才，束缚在山水之情和花鸟之趣的狭隘题材上，只是一味地玩弄笔墨游戏。曾经辉煌的人物画，受到冷落，只在民间的佛道艺术中还略占一席之地。艺术的高雅脱俗，其实是脱离了社会和人生，使得中国近现代艺术在侈谈笔墨和妄求神韵的道路上，走进死胡同。

20 世纪，有些志在振兴中国艺术的画家，注意到上述弊端，便重新关注人物画的创作，前有徐悲鸿的《愚公移山》和蒋兆和的《流民图》，后有周思聪的《矿工图》和李少文的《九歌》组画。他们从观念到题材再到技法，都有不同的突破和创新，开拓了中国艺术的新生命。

正是在古代传统和现代探索的基础上，终于诞生了李伯安的《走出巴颜略拉》。这件画作，不论从立意之高到构思之精，还是从篇幅之大到气势之雄，或是从笔墨之新到表现之强，都是具有史无前例的划时代意义的，是 20 世纪中国艺术最伟大的作品，是中国绘画史上不可磨灭的里程碑。

《走出巴颜喀拉》对传统的继承与发展

李伯安的长卷反映出藏民族的精神世界，正体现了中国美学中最关键的理论：传神。所谓传神，是通过对外形的描绘去揭示人物的精神或事物的本质。这在刻画单个人物时，已非易事，要表现人物众多的群体，则更其艰难。李以博大的胸怀和开阔的视野，以及驾驭全局的能力，做到了这一点，他笔下的每一个人物都是体现藏魂的有机成分。而且，为了更好突出作品的精神品格，画家又借用传统的简化甚至抽象手法，去处理背景和道具，只在作品的开头和结尾（《圣山之灵》和《天路》）以及中间个别地方（《玛尼堆》）略加描绘，而在大部分情况下只做中性背景。即使描绘背景，他又深谙阴阳相生、虚实相成的道理，让我们看的是玄远而充满神性的景致。

但是，李伯安又并不满足传统人物画偏向静态的儒雅之风，而使自己的画面或者充满沉着稳重的节奏，或者洋溢激情澎湃的动感。显然，这是画家的传神新举措。

同样，他为了达到格外有力地传达精神的目的，在中国绘画两大要素“笔”变化的线条和“墨”（不同的色调）的运用上都有突破。他的线条恣肆狂放，力度空前，他的墨色幽深玄奥，魅力无穷。

至于在造型方面，他大胆吸收西方绘画的某些长处，融化到自己的技法之中。我们从他的人物头像上看到德国女版画家珂勒惠支的影子，又从其高棱深沟的宽大衣袍上想起罗丹的《巴尔扎克》……令人甚感欣慰的，是这种借鉴而不是改造，丰富了画家，助他将中国绘画的优秀传统推向新的发展阶段。

我们完全有理由说，有了李伯安的《走出巴颜喀拉》，中国绘画从昨天走到了今天，中国艺术进入了中国的现代。

呕心沥血的创作过程

自1988年至1998年的10年间，李伯安在数次更改小稿之后，着手创作大画。他边画边改，总是对自己不满意，不断将新的想法加入进去。例如，他经过反复思考，认为最初的《圣山之灵》一段恰恰缺乏了灵气，于是精心构思，加出7米长的序曲，从原来的虚无中放出的灵光，照到若隐若现、似有似无的幽明两界，最后落在一群转经藏妇的身上。这里的虚无蕴藏着深不可测的玄秘，这里妙不可言的水墨变化引发我们生出超然的浮想。新添的序曲堪称全画的灵魂，它表现了圣山之灵的降临，象征了藏民族的精神。这一开篇的大手笔，与压卷天路中灵魂飞升而趋向崇高神圣的象征之意互为首尾，既使如此巨作神完气足、天衣无缝，又完美体现这个伟大民族身上人性与神性的浑然一体。

又如，他对《开光大典》一段一改再改，从最早的6米一遍遍延伸，一直画了7遍，总感不满意，即使确定了长达19米的第6稿，又有新的构思，便再起第7稿。可是，也正是在落墨不多的这一稿未及成形之时，画家撒手人寰，从此丢下了画笔。

《开光大典》第7稿未完：从严格意义上说，《走出巴颜喀拉》也同样未完，画家对另一些段落还想重画；更不用说，歌颂以黄河为象征的中国五大民族的宏愿终成遗恨……

不过，我们毕竟有了虽未完成却已经如此震撼人心的《走出巴颜喀拉》！

中国杰作属于世界

李伯安生前虽说已小有名声，但是远非中国艺坛的前排人物。他去世后，由于学生和朋友的奋力推荐，有识之士的群起相助，其伟大遗作终于为他在中国赢得身后的荣名。

然而，他在世界范围内，却依然是一个彻头彻尾的无名之辈，并没有几个人知道竟然还有这样一件中国现代艺术最典型、最伟大的代表作存在。其实，李伯安和他的《走出巴颜喀拉》让世界了解，只是时间问题。

就像米开朗琪罗的《创世纪》和《末日审判》不仅属于意大利人民而且属于全人类，戈雅聋子庄园的“画”不仅属于西班牙而且属于全人类，《走出巴颜喀拉》同样不仅属于中国人民而且属于全人类。

在当今的世界艺坛上，如此宏伟博大、如此崇高美丽、如此充满人性、如此震撼心灵的佳作已极其罕见。艺术在许许多多的人手里，早就变成了智力游戏，甚至变成了恶作剧。

将李伯安的大作介绍给世界，是我们的责任，也是我们的荣幸。

2002年于北京

（作者系中央美术学院退休教授，曾任西班牙国家画院特邀院士）

附：啸声关于《走出巴颜喀拉》的10段说明

一、圣山之灵

188厘米×1300厘米

所谓“圣山”，是指中华民族两大母亲河黄河和长江发源处——巴颜喀拉山，同时在广义上又是指孕育中华精神的神圣山腹。画家借地喻人，从这里展开了对黄河源头居的住藏民族的描绘。

出现在长卷序曲部分的，是一群朝拜圣山的藏族群众，其中多半是不同年龄的女性。他们合目转经，全身心沐浴在圣山的灵光之中，让自己的灵魂欣然接受伟大山神的抚慰。这是整个藏民族的形象：虔诚、高尚、纯朴、坚毅。他们自己便是一座崇高巍峨的大山。他们衣袍的褶皱，在画家笔下不正是有着山岩般的结构和纹理么？

我们注意到站在人群前面的小女孩，她天真纯美，沉浸在人神融汇的美妙憧憬中。显然，她受圣山之灵启迪，尽管尚且懵懂。她又是一个象征，我们还会在长卷的末端再见到她。

朝圣人群这一部分于1991年完成。但是，画家并不满意，在经过反复思考后，终于几年后在长600厘米的人物部分前面，加了一段长700厘米的景色部分，成为现在我们所看到的样子。

添加的一段，是抽象与具象的巧妙结合。不论是实在分明的石幢和牦牛头骨，还是隐约依稀的法轮和人类骷髅，都是由浅到深、浓淡变化难以捉摸的水迹晕染得到完美的结合。于是，奇异的景观出现了：虚与实、光与影、灵与肉、人与神、此岸与彼岸都交织到一起，相反相成，谱出一曲歌颂圣山的庄严赞歌。

在这里，弥漫画面的光，便是圣山之灵，便是民族之魂。

这也是李伯安的神来之笔，是他天才的展现，是他对中国传统笔墨的发展。

在藏传佛教中，信徒祈祷时推动寺庙里的大转经筒，或转动手中的小转经筒（又称玛尼轮，转经筒上都刻有“唵、嘛、呢、叭、咪、吽”六字真言），转动一周表示诵念一遍六字真言。

二、开光大典

188厘米×1800厘米

开光是佛教重要的仪式之一。信徒为佛造像，不论是塑像还是画像，完成后要选择吉日供奉起来，举行庄严隆重的仪式，由一位主持法师面对佛像，握笔在空中作象征性的“点眼”动作，意思是为佛像开眼之光明，佛于是想象看世界——看人心。在藏传佛教中，这一仪式尤其不同一般。参与的喇嘛都要穿上全新的袈裟，或持经幡，或提香炉，以乐队为先导，高高举起佛像，列成浩浩荡荡的队伍，缓缓前行。乐队中以两支3米多长的圆筒喇叭最引人注目，它们的两端由两名高大壮实的喇嘛用专门的龙头架抬着，另外两名训练有素的乐师在另一端吹响喇叭。乐队中，还有吹大腿骨喇叭的，击打大钹小铙的，敲击皮鼓的……总之，鼓乐齐鸣，旗幡招展，呈现一番宗教气氛十分浓烈的感人景象。

毫无疑问，这一场面深深感动了画家，他从中看到万众一心、共赴盛典、要在崇高神圣的共同事业中奉献各自的精神境界。为了传达不仅是宗教而且更是人文的精神内涵，画家煞费苦心，甚至七易其稿。我们现在看到的是第6稿（1996年），是一幅19米长的震撼人心的大画。画家关注的是举行庆典的僧众，而巧妙地将尚未打开的佛像举过众人的头顶，举到外面。画家笔下的喇嘛们，神情专注，各司其职，在肃穆而又热烈的氛围里形成一个整体，体现一种精神。

在这一波澜壮阔的画面上，画家突破了中国传统人物画的儒雅静穆风格，为了加强表现力度，他大胆以西方造型的三维写实手法刻画人物的面部和双手，使之在线条占统治地位的画面上醒目地出现在观众面前。至于这一段画上的线条，其力度之强，变化之大，在以线为主要特色的中国绘画中，是史无前例的。画家用刚劲粗犷的线条，竭尽轻重徐疾和浓淡干湿变化之能事，将人物与器物的形象勾勒得无比生动，尤其是画中人物袍服深沟高棱的衣褶和器物饰带飘动飞舞的态势，使这段表现开光盛典的画面变成一曲铿锵激越、充满激情的线条交响乐。这幅作品的气势之大，使我们面对它时，仿佛站在了咆哮奔流、一泻千里的黄河岸边，不得不有大河东去之叹。

在创作《开光大典》的过程中，画家记起了北宋武宗元的《八十七神仙卷》，从中颇受启发。为了加强人物衣袍线条的力度，罗丹《巴尔扎克》的形象又清晰地出现在他的眼前，使他化为己用，成就了革新中国线条的壮举。

画家特别钟情于《开光大典》，在完成第6稿后又不满足起来。1998年，他再次动笔画第7稿。可是天不从人愿，第7稿刚刚开始，画家即猝然辞世。

三、朝圣

188厘米×900厘米

在《开光大典》中，只有两个俗人，即匍匐在地、跪迎盛典仪仗的两位老妇人，一数念珠，一转转经筒，《开光大典》表现的是僧，是神圣与庄严；《朝圣》则描绘的是俗，是信仰与虔诚。为了朝拜圣地，为了参加宗教大典，男女老幼的藏族群众会不避风雨，不辞辛劳，从遥远的四乡八方出发，一路磕着长头，风尘仆仆地赶去。佛像开光是一方盛事，朝圣的人众便会像潮水般涌来。

《朝圣》一段完成于1996年，是画家在前期创作中获得许多经验之后的精彩画段。他笔下的这群朝圣者，性别、年龄、相貌、个性、姿态、动作……各不相同，但在画面上前后有序，疏密有致。而在富于节奏变化的几组人物中，画家精心构思并按照构图的需要，着重刻画了3个形象：前队中合掌俯拜的少妇、中间挺身直立的青年男子和后面手捧哈达的壮汉，其中，最耐人寻味的，是那位风华正茂的青年。他神情内敛，若有所思，完全沉浸在只属于他个人的精神世界里，在周围人群中尤其显得与众不同。他的出现——即画家特意设置这个人物——既打破了单一的结构，又拓宽并加深了精神的内涵。画家没有表现山高水险的朝圣旅程，而是仅仅点染几抹浓云，在晚风中流动，以最俭省的手法为朝圣者的长途跋涉做出巧妙的暗示。

这些朝圣者，勤劳善良，在艰难的生活环境中无怨无悔地生活和奉献。他们朝圣拜佛，与其说是祈求福祉，不如说是完成心愿。我们透过信仰的虔敬，看到的是人性的光辉。这使我们情不自禁地要想到戈雅那幅杰出的《圣世西多罗的朝圣行列》，显然，两位艺术家隔着遥远的时空竟然不谋而合了。

《朝圣》与《开光大典》用飘动的长线、不同笔墨的浓淡变化和线的盘旋回环使之呈现不同的韵律。磕长头，又称等一身头，即信徒叩拜明，双手合十，停顿，举过头顶，依次从头、口、胸前三次停顿，再屈身，跪膝，全身匍匐于地，最后起身。这便是礼跪拜的隆重礼仪，通常也称“五体投地”，即头、双手和两脚都贴地面。

四、哈达

188厘米×600厘米

同样完成于1996年的《哈达》，格调大变。浓黑的墨色像密匝不透的乌云，笼罩住一组敬献哈达的人物，除了佝偻着身躯、发如乱草的老妪和高举哈达、仰面朝天的男丁，其他人的身形和面目都无法看清，只有手捧的哈达飘然在目，传出一份内心凝重的感情。

哈达在藏族人民的生活中不但用于敬神，也用于民间日常来往的礼节上，在婚礼中作为贺礼，在葬礼时以表哀悼。可是，画家在这一段中，展现了一派阴森沉重的景象，我们并不知道发生了什么，但是可以感受到一定出现重大变故，出现了超出人力可抗拒的打击。向冥冥之中主宰生灵的神敬献哈达，表示人的敬畏之心，同时也表达了人在命运面前的坚忍。画家的笔触变得宽大、厚重、沉着、盘曲，将人物的袍服勾勒得宛如磐石岖岩，在晦冥之中岿然不动，与翻飞飘扬的哈达形成对比。

这是一曲慷慨的悲歌，是藏族群众性格中闪光的亮点。

长卷发展到这里，节奏变得缓慢沉重，“墨”的地位上升，在营造氛围上，在传递情感上，在剖析灵魂上，起到了无可代替的作用。同样，这种大胆的浓墨渲染，也不见于中国传统的人物画，只有在描绘出没于浓云的神龙时才庶几可以比拟。

五、玛尼堆

188 厘米×900 厘米

在藏族居住的地域，往往在山顶的隘口或十字路口，耸立着大大小小的石堆，上面通常插着木棒，木棒上缠满布条或纸条，有时还在木棒上系上绳子，绳子的另一端系在附近一棵树上或一块上山石上，绳子上面也缠满布条或纸条。这些布条和纸条上写着咒语，叫作“风马”，而石堆上的一块块石头，也一般都刻着六字真言或其他经文，这便是藏族聚居区独有的玛尼堆。最初它是藏族自然崇拜的产物，后来转变成为神灵崇拜（特别是战神和山神）的象征——在某时候，幼婴夭折后会被埋在玛尼堆下，称“压葬”。总之，在藏文化中，玛尼堆已经成为独特的标志物，它凝聚着民众祈求神灵保佑平安和消除灾殃的心愿，是维系着人与神、生与死、过去与未来的纽带。

《玛尼堆》一段完成于 1997 年，至此长卷的前半部结束，在洋溢着浓厚宗教气氛的种种僧俗活动之后，到这里归于平静。画家破例地描绘了一幅自然环境中的真实景象：这里有石堆，有风马旗，有经幡，有一位绕玛尼堆转圈诵经的行旅之人，还有一位向一座玛尼堆致哀献哈达的男女；而这一切在天高云淡的背景上，显得出奇的宁静，似乎人的灵魂融化到玛尼堆所体现的神灵的光明之中。

在阴郁沉重的《哈达》之后，出现明亮静谧的《玛尼堆》，使画家和观众都松了口气。这是长卷中唯一一段天人合一的情景交融、赏心悦目的画曲，画家的娴熟笔墨，已经隐遁到人物与景物的形象里面，让人忘记画家的技巧，仿佛一切就应该如此。毫无疑问，这是艺术创作中的最高境界。

从《玛尼堆》之后，即长卷的后半部，展现的主要是生活。

六、劳作

188 厘米×900 厘米

长卷从这里开始，转入藏族日常生活的各个方面。《劳作》与《歇息》，是姊妹两联。

藏族是一个农耕民族。由于雪域高原的自然条件十分艰苦，种植业在其农业中的地位远不如畜牧业，只局限于河谷半原地带，且以种植青稞为主，兼有小麦或者水稻。对于藏族群众，放牧牦牛、藏绵羊和藏山羊，在生产中有着格外重要的意义，因为他们腹中的食物和身上的衣服，在很大程度上取决于这些牲畜。

有趣的是，画家既没有去描绘蓝天白云之下牦牛遍布草原的放牧景象，又没有去表现丰收时藏族群众收获青稞时的繁忙和喜悦，显然是因为草原放牧和农田收割在其他中国画家的藏族题材作品中屡屡出现的缘故。画家敏感地捕捉住另一个极富特征的劳动场面，即在风和日丽的日子，四邻的男女村民聚在一处，纺线织布，其乐融融，仿佛在进行一场愉快的社交活动。通常，在藏族有女子捻线、男子纺织的分工；如今这个界限已经不太分明了。画中的线椎和织机，仍然是最原始的那些。但是，劳作作为生活不可分割的部分，劳作的乐趣则是通过画家的笔，向我们做了明白的交代。

画家于 1996 年完成《劳作》，但不满意。这里是画家在1997年重画的第2稿。

七、歇息

188厘米×900厘米

《歇息》对于《劳作》，不论从内容上还是形式上，都是十分匹配的上下联。可是，在表现藏人的社会属性、特别是情感交流上，画家在这一段中做了更深入细致的发掘。显然，这是一次在重体力的集体劳动中时间较长的休息，是一次身心的彻底放松。有人在讲述什么趣事，使周围的人听得津津有味；有些人在你一言我一语，家长里短地谈得热闹，另一些则沉默无言，只想歇一口气，或者想自己的心事；有一位还不肯歇手，在继续打着酥油，至于那位壮年的母亲，大抵刚刚喂过孩子，略得闲暇，也全神关注地听起别人谈天说笑……

这是一种超越亲情和友情的和睦融洽，是充满人性光辉的社会和谐，是现实而不是乌托邦。正是在这段中，画家笔下精心刻画的人物终于在脸上露出了微笑。这些面孔，长期受到高原强烈紫外线的照射和风霜雪雨的磨砺，都已是皮肤粗糙，皱纹纵横，留下了岁月的刻痕，然而，这些看似丑陋的笑脸，在人性光辉的照耀下，绽放出感人的美丽。

这段《歇息》和《劳作》一样，是画家1997年的第2稿，画家在人物的造型上，显示出炉火纯青的技艺；在笔墨技巧上，大大发展了中国绘画的传统，不但有“笔”有“墨”，而且“笔”和“墨”相得益彰，极度增加了作品的表现力。

八、藏戏

188厘米×900厘米

在藏族群众的戏剧和舞蹈中，宗教内容占据着主导地位，基本上以颂扬佛法、镇魔酬神、除恶扬善、伸张正义为主题；而且，剧与舞往往紧密结合，剧中有舞，舞中有剧。藏戏和藏舞，都在宗教庆典上进行，既娱乐神灵、又教化民众。但是，无论何时，对于民众而言，它们都是“狂欢节”上的主要节目。

在《藏戏》一段中，画家并不想去表现一出特定的戏，或一场特定的舞，而是综合了藏戏和藏舞的印象——其中想必以称作“羌姆（hcham）”的戴面具的歌舞为主。在这场表演中，画家画了3位戴白色人脸假面的舞者，以及5位顶着“凶神恶煞头”的舞者。在藏传佛教的神佛谱中，长着2只眼并头戴5个人头骨冠的，就有胜乐金刚（Bde-mchog或Samvara）、欢喜金刚（Kye-rdo-rje或Hevaj）、怖畏金刚（Hjigs-byed或Bhairava）、法王（Chos-rgyal或Dharmaraja）、四面观音（Zal-bai-ba或Avalokita）等。这些面目狰狞的神佛，代表无边的佛法，震慑妖魔，护佑众生。他们和白面人一起，踢踏跳踉，盘旋起舞，不外乎表现神佛战胜妖魔，善战胜恶，于是功德圆满，普天同庆。

在这一段中，画家只描绘了中间那位人面舞者手舞足蹈的姿态，画曲的动感主要凭仗各个舞姿前俯后仰、左盘右旋的形象和舞者衣裥及饰带的飘然舞动造成，从而以一当十，极其巧妙地表现出一场神圣而神秘、古韵悠扬而眼花缭乱的演出。

《劳作》和《歇息》的静态画面，到《藏戏》则告结束。从运动体现的生命力，由此开始得到有力的表现。

《藏戏》完成于1996年。

九、赛马

188厘米×900厘米

赛马，在藏族的节庆，特别是欢庆丰收的节日中，成为一项重要的娱乐健身活动，它包括飞马夺标、俯身拾物和马上骑射等几项内容。这是一切游牧民族生活中不可或缺的部分，是对往昔战争的记忆，是对紧张的放松，是英雄意识的宣泄。

李伯安让我们感到震惊的是，他没有像其他画家（比如埃德加·德加）那样，从侧面去描绘赛马的场面，而是出人意料地让骑手驾驭的马群面对观众，即从正面，向我们冲过来。毫无疑问，正面表现如此激烈的运动，其难度之大可想而知。我们的画家为了突破前辈艺术家的模式，为了在中国绘画中创造新的传统，敢于知难而进，而且他获得了空前的成功。

这些马，鬃毛奓开，四蹄翻飞，贲张的鼻孔中似乎喷出火焰。这些骑士，紧张得扭歪了面孔，从睨视的目光里，透露出志在必得的决胜之心。这场狂烈的赛马，是生命力的迸发，是民族精神中永远进取的体现。我们可以并不夸张地说，在这一段中，马如幽灵，人赛天神，整个场面，犹如飞沙走石的狂风，又似凭空炸响的惊雷。

为了营造如此空前的磅礴气势，画家除了在人物与马匹的造型上竭尽夸张之能事，还在笔墨运用的力度上、光影变化的神奇上、虚实对比的巧妙上，以及背景的渲染和空间的构成上，都匠心独运，既一丝不苟，全力以赴，又举重若轻，一气呵成。在中国绘画的创作中，历来讲究借笔墨打发胸中意气，也就是说，画家只是借助笔下的形象，去表现精神上的追求。可是，真正能够做到的，为数甚少。李伯安做到了，他创造了中国绘画史上的奇迹，也为世界艺术宝库增添了一宗无价的财富。

《赛马》完成于1998年初。

十、天路

188厘米×3000厘米

不同民族有不同的死亡观念和丧葬习俗。在这方面，藏族群众显得与众不同，既不同于汉、满、蒙古、回等中国的其他民族，又不同于世界上的任何民族。

藏族相信佛教的灵魂不死和生死轮回（samsara）观念，又相信得到解脱（moksa）的人可以免于轮回，灵魂可以升入天堂。为此，在丧葬中使死者的灵魂早升天堂，便是至关重要的事。至于尸体，已成无用之物，可以有天葬、水葬、土葬、火葬和塔葬等多种形式。毫无疑问，天葬最为奇特。天葬又称鸟葬，是将尸体送到山顶石台（称天葬台），肢解后召来大群秃鹫，吃光碎尸。肢解尸体由天葬师专职；肢解前和肢解时还须有喇嘛诵经，超度亡灵。尸体喂鸟，大致有两个含义：一是效仿佛祖舍身饲虎的善行，二是鸟是连接下界与上天的象征。不明究竟的人以为天葬的景象十分可怖，那是对不同民族的独特风俗的误解。

在《天路》（1995年）一段，画家似乎在对藏族精神的升华做出概括的描述。前面出现过的许多场面和人物，在这一段中做了重新组合，其中有《开光大典》的喇嘛，有转经朝山的老妇们，有休息中的母子，有那个曾受圣山之灵启迪而不免懵懂的天真纯美的女孩，此时已然走出童稚时期，开始对生命与死亡进行思考，画家在《天路》中破例地采用了超现实的手法，让3位老妇巨人的形象浮现在众人的背景上，想必她们走到了生命的尽头，在踏上上天之路之前回顾度过的一生，卑微而又尊严，无怨无悔地面对命运，面对生死。

《天路》是10段中最长的一段，几组人物错综复杂的组合，虚实变化的巧妙设计，最后那群自空而降的神鹫……都将我们带入一个崇高神圣的精神境界。

这便是住在大河之源的伟大民族。

2006年于北京

（作者系中央美术学院退休教授、曾任西班牙国家画院特邀院士）

力拔山兮气盖世

——李伯安的人物画

邵洛羊

2001年4月6日，“李伯安画展”在上海举行，看到了《走出巴颜喀拉》的全部原作，我久久地伫立在画幅前，不禁击节赞叹，那是“唐、宋、元、明、清，均无此品”的划时代的中国人物画的上上之作。

“迹与天地久，落日荡长河。”巴颜喀拉山为黄河、长江两大母亲河之源，借以作画，大可显示我们的民族精神，从20世纪70年代初起，年轻的李伯安就年年从豫北深入太行山区。“在那敦厚朴实的太行人身上，体现着中华民族的风骨。我的情感亦随着一次次的体验到升华。……我眷恋着这山，这水，这人，眷恋着这里的一切。”（李伯安《情溢太行》）

1985年间，新潮美术风起，颇有腾趋全国之势，李伯安不为所惑，坚信中国水墨画有树大根深的生命力，以自己的认识和艺术方式，表达了对传统的信心，但也感觉到仅以旧的笔墨技法来创作现代人物画，有不足之处，他借鉴一些西方的光影技巧，并引入外来版画和雕塑手法，结合大面积的重墨泼墨，把纵横腾跃的线条运行得刀斫斧凿，铿锵有力；经营特色，则侧重于强烈辛辣的黑白对比，挥洒得点线错落，团块峥嵘，呈现出崭新的撼人新貌。他清醒地道白：“在汲取外来营养的同时，我没有在传统的轨道上偏离多远，那是由于我对线对墨韵有根深蒂固的崇拜。”（《情溢太行》）

亘古以来，我炎黄先民，开天辟地，久历艰辛，练就了全民族坚韧强毅的意志，屹立傲骨正气，曲曲体现在审美情感上崇尚单纯、朴厚、强毅、深沉……于色彩感觉却情钟黑白，亦即“玄”与“素”。玄黑之色其力无边，深不可测。老子《道德经》中云：“玄之又玄，众妙之门。”三代夏、商、周时，色崇玄，视“黑”为正色。民间黑漆墙门，乃显示敬畏与恒久。唐代绘画，竞趋绚丽，王维慧目哲心，情意玄远，藻绘山川，揭示“夫画道之中，水墨为上”。将中国画的气骨和要旨，归综到黑白上，“知白守黑”，也即体现在“笔墨”上。李伯安乃大山长河之子，深沐蒙养，他对中国画中的“黑白”体司，发乎天性而深且厚，遂能从画中迸发出中国人民最深厚、最强烈、最威猛的时代喊声。

创制《走出巴颜喀拉》历时10年，画卷高1.88米，长122米，真人一样高大的群像有266人，呕心沥血，人画两化，鸿篇巨制，史所罕见。全图氤氲着壮阔、雄强、浑朴、苦涩、凝重、苍茫、粗犷，感到有扑人眉宇的浓重真情和虔诚的宗教心，巍巍森森，气象万千。以《走出巴颜喀拉》之一《圣山之灵》为例，虽非全图，却也大可领悟到它的伟大。

盛唐吴道子，北宋武宗元，明末陈洪绶，现代李伯安，是中国绘画史的四根擎天柱，撑起了人物画领域的朗朗乾坤。

李伯安，可算得当代中国画坛人物画中的一面旗帜。

2001年4月15日载《新民晚报》

（作者系上海中国画院原顾问，著名美术评论家）

墨海绝唱

——李伯安水墨人物画《走出巴颜喀拉》探析

甘超存

引言

近几年，“李伯安遗作展”在全国各地陆续展出，让许多人认识了这位已逝的优秀画家。他倾尽10年的心血创作的水墨人物画《走出巴颜喀拉》，震动了20世纪末的中国画坛，这幅作品的横空出世才使得这位沉默已久的优秀画家李伯安凸显出来。他纯熟高超的绘画技法和意象生动的人物形象深深地震撼着人们的心灵，这种震撼是来自画家自身的坚强意志、求索创新的精神和对藏族聚居区劳动人民诚挚的爱。

人类文化的传承好比一棵巨大的根茎，艺术家及其作品就是促使这根茎生长的养料，正是因为这些优秀的艺术家，才使得艺术这棵大树更加丰满鲜活，充满生命力；艺术史也正是有了他们才缤纷多彩。在整个20世纪，不仅是文化蓬勃发展时期，也是中西借鉴与融合的时期。很多画家踏上了改革中国水墨画的新道路，李伯安便是这条道路上有才华和胆识的先驱者和成功者。

第一章　李伯安简介

略

第二章　《走出巴颜喀拉》的主要内容及其与宗教的联系

1.《走出巴颜喀拉》的主要内容

《走出巴颜喀拉》是李伯安创作的巨幅水墨人物画长卷，它通篇长121.5米，高近2米，生动地刻画了266个人物，其作品内容按创作时间划分为10部分。

第1部分是《圣山之灵》。此段长13米，高1.88米，绘于1991年至1995年。画面前一部分是长长的序曲，烟雾迷蒙，气势磅礴，深浅墨色互为渗透，布满了整幅画面。画面中，隐约可见牦牛的残骨、部落的图腾崇拜物和神秘面具，不断让人感觉整个画面透露出严肃、凝重、华贵、扣人心弦的气氛。

第2部分是《开光大典》。全长19米，高1.88米，绘于1990年至1998年。整幅作品描绘了一排排整齐的喇嘛仪仗队，举着经幡旗，吹奏着长短喇叭号，敲打着法器，气势浩浩荡荡，场面十分震撼。在蓝天白云的映衬下，喇嘛们神态严肃，衣襟随风飘逸，富有动感，口中不断念通诵经文，给整个大典笼罩上了一层庄严神圣的气氛。

第3部分是《朝圣》。此段长9米，高1.88米，绘于1996年。画面上密密麻麻的经幡后面站立着一群朝圣的信徒，领头的是一位青年男子，隔着经幡，紧随其后的是10个藏族群众，他们边走边拜着上天。整个画面透露出严肃、凝重的气氛。

第4部分是《哈达》。此段长6米，高1.88米，绘于1994年。画面上，有一老妇昂视天空，手握佛珠向苍天祈福。另有一群人赤裸着脊梁背朝观众。最左面有一个若隐若现的巨大的神秘头像，这让人感觉到无处不在的狂热和敬畏。除了前面躬身的老妇外，画中所有的人都背朝观众，给人们一种遐想。整个画面笔墨凝重，深厚，人物情绪激昂，如痴如狂，呈现出一派夸父追日的献身精神。

第5部分是《玛尼堆》。此段长85米，高1.88米，绘于1997年。画面前景是一组扎满经幡的木柱和一位手持经轮的信徒，一段距离后又出现三个藏族群众。四人站立着，表情惬意恬美。整幅画面天高云淡，宁静安谧，风清日暖，充溢着人和自然的和谐统一。

第6部分是《劳作》。此段长9米，高1.88米，绘于1997年至1998年。整幅作品为藏族群众的生活劳作场景，人物安排疏密有致，形象鲜活，朴实动人。

第7部分是《歇息》。此段长9米，高1.88米，绘于1997年至1998年。这是一幅表现藏族和平友好的生活的场景。画面最后有一位壮汉好像是在召唤未归的人们。

第8部分是《藏戏》。此段长9米，高1.88米，绘于1996年。这一段反映了藏族群众日常娱乐活动或是宗教祭典活动。画面上出现了大小不同的20多个藏戏中特有的面具，伴随乐声狂舞，把藏族群众的热情一次次推向高峰。

第9部分是《赛马》。此段长9米，高1.88米，绘于1997年。整个画面共分4部分。画面上，骏马你追我赶，尘土飞扬，充满无限的斗志，给人一种一往无前的超越之感。

第10部分是《天路》。全长30米，高1.88米，绘于1991年至1995年。上面几个不同时空人物的凸显，升华了《走出巴颜喀拉》这幅作品的内在精神意义。从这部分可以看出李伯安开始脱离写实性较强的画法，从而进一步拉开与现实的距离，寻找理想的表现手法。

《走出巴颜喀拉》让李伯安走入了梦境，让他完全进入了艺术创造的宫殿。也使他的情感与思维更加接近宗教和神话，更加依赖审美情感体验去把握世界和自我。在面对死亡时，李伯安以宗教思维方式和情感内容不断去书写着绘画艺术的意义。

此作的浓笔泼墨重绘，以及由此给人带来的震撼力，是其他画作所无法替代的。而其艺术精神和艺术价值都值得我们去深究。

2.《走出巴颜喀拉》与宗教的关系

雪域高原及其藏族群众自古以来被浓厚的世俗文化与宗教文化所包围。在此影响下，藏族群众的生活与宗教密不可分，由于西藏文化作为地方文化的独特的载体之一，一些民俗节日很多都是由原始的祈祷神会、祭祀、典礼仪式等这些单纯的宗教活动逐步演变而来的。尤其以藏传佛教为载体的文化形式，已成为藏族群众的核心文化，在某种程度上一直影响着藏族群众的日常生活、历史、文化，并产生了广泛而深远的影响。李伯安也正是在西藏宗教文化的熏陶下完成巨幅画作《走出巴颜喀拉》的。

《走出巴颜喀拉》不光反映的是藏族群众宗教生活的场景，而更多的是注入了李伯安个人的强烈情感及他对藏族群众、藏族聚居区的理解。在此基础上，我们不能以作画时间仓促地拼接作品，应按其情感的表达、事物发展的规律进行更好的排序。

我个人理解，它依次应为：《劳作》、《赛马》、《歇息》、《朝圣》、《圣山之灵》及《天路》前半部（瑞兽以前部分）、《开光大典》、《藏戏》、《哈达》、《玛尼堆》、《天路》后半部。而又可以将这10段划为3大部分进行分析：第1部分为《劳作》、《歇息》、《赛马》；第2部分为《朝圣》、《圣山之灵》和《天路》前半部（瑞兽以前部分）、《开光大典》、《藏戏、》《哈达》；第3部分为《玛尼堆》、《天路》。

第1部分集中反映了藏族人民总的生活劳动场景，是对生活劳动的一次真实描写。《劳作》、《歇息》与《赛马》完成于1997年。在《走出巴颜喀拉》《劳作》、《歇息》这一部分，李伯安把不同时间段的场景组合在一起，形成丰富的生活劳动场面。在青藏地区，随时都可以看到藏族群众辛勤劳动的场面，这些劳动场面往往都会与一些宗教活动相联系，形成高原地区别具一格的地域式风情文化。例如，春播节，又称播种节，它是反映藏族群众劳动场景较有代表性的节日。春播节是小牛第一次上套试耕的日子，在每年正月特定的吉祥日子里举行。在春播节的前几天，藏族群众会酿青稞酒，准备华丽的衣装。到了播种时，由两个长相与生年属相均符合的妇女与几位长者，穿上节日盛装，并将准备好的食物用工具盛着去祭祀农业神和土地神，之后回来一起到破土的田地上向天敬酒，在每年村祭。参加的人们会衣着漂亮、脑门上涂抹油，以示吉祥，之后大家高采烈地分成几堆喝茶饮酒，酒后再由几个人在开耕的土地上烧香，树经幡，唱颂词，祭拜神灵，准备试耕。这些仪式也显示了宗教在藏族群众日常生产、生活中的重要性，他们信奉天地会带来好的丰收，信奉佛祖会保佑他们的子孙平安。从上文中不难看出《走出巴颜喀拉》中劳作和歇息的场景和春播节场景相似。李伯安在这段画中不只是想体现出藏族群众的生活场景和宗教信仰，而更多的是想通过藏族群众的生活和信仰展现出他们的智慧和吃苦耐劳的精神。

赛马是草原重要的传统体育项目，这一运动至少每年举行一次，有时根据宗教节日会多安排几次。西藏的民族信仰与西藏的赛马有着紧密的关系。我们看到赛马期间临时的这种交流只是藏族群众间举行的盛大宗教祭祀活动，是一种宗教式的英雄崇拜与神灵崇拜。我国藏地区流传赛马这种娱乐方式，也有说法是曾抵御外敌，也有说是歌颂英雄格萨尔王。

格萨尔王为他的国家的统一做出了巨大的贡献。所以人们把他拥戴为王，对他的崇拜一直延续到现在。因此，力量、智慧和勇敢成为藏族群众崇拜的对象，也成为衡量男性价值的标准。李伯安选择赛马这一宏大场面，不但是想展示画面的观赏、智慧和勇敢成为藏族群众的对象，也成为衡量男性价值的标准。不但是想展示画面的观赏美、力量美、动态美、文化美、力与美的结合、美与善的统一、人与自然的和谐，更是想表达出藏族群众那种勇敢、勇往直前的精神。

第2部分《朝圣》、《圣山之灵》和《天路》（《天路》这一段中瑞兽以前的部分）、《开光大典》、《哈达》是通篇画卷反映宗教色彩最直接、最强烈的几幅。从整体上看，此幅作品风格各不相同，或许是画家不同时期所作而形成的缘故。

朝圣是藏传佛教的传统习俗，青藏地区高山林立，湖泊较多，加上自然界无法解释的因素，在藏族群众心中，高山湖泊等地便是神灵居住之地。他们将一生中到拉萨朝圣当作满足自己的美好愿望，最幸福的事情。李伯安在朝圣篇中描绘出藏族群众全身伏地叩拜，转经轮，在寒风中行走的场面，进而表现出了藏族人民虔诚的信仰，和不怕任何困难，勇往直前的崇高精神。

圣山之灵，言外之意就是高山上的神灵，这是上文中所提到的神灵居住之地，是朝圣的终点，也是人的灵魂与天沟通之地。《圣山之灵》之后的一篇是《开光大典》。开光大典，众所周知，是为神佛、佛塔、庙宇举行的开光的仪式。通过这些仪式，迎来“神灵”居住，以便信徒们去膜拜。这开光后的神物不仅仅是为了让信徒去膜拜，而是让众生开启心门，铲除心垢，进而发散出众生内在的智慧之光。李伯安通过这一场面，向我们折射出藏族人民尊重神灵，尊重逝者，尊重众生的美好心灵。

藏戏（又称法舞、饮木、阿吉拉姆、跳神）和哈达是在开光大典与盛大宗教法会时所跳的舞蹈与所用器具。这种戴着神像面具，伴随着鼓钹、号角等法器的舞蹈，常常会将宗教盛会的气氛推向高潮。同时，藏戏还有另一作用，就是用于民间娱乐，借藏传佛教这种形式去达到劝善、禳灾驱邪的目的。哈达是献给神灵、佛祖的圣物，也是藏族群众中普遍的一种礼节性用品，也是向神灵、佛祖、逝者、生者表达自己的纯洁、忠诚、诚心和尊敬之意。

第3部分是《玛尼堆》、《天路》。作者通过这一部分表达出生人死轮回的过程，以及从现实的路到非理性的路的一种微妙转换，画中的描述也述说了玛尼堆是藏族群众礼拜的地方。而《天路》后半部天葬是藏族聚居区独有的一宗教式丧葬习俗，在举行葬礼时人们都会微笑面对一切，对生死坦然面对。

李伯安的《走出巴颜喀拉》具有一种宗教般的感染力。千百年来，藏族群众心怀对自然界与天神的敬畏，时刻实践着佛与众生完全统一的宗教理想。

第三章　解读李伯安水墨人物画《走出巴颜喀拉》的艺术语言特色

1. 造型特色

李伯安的人物画总体上属于写实性绘画，他笔下的人物形象是现实生活感受和写实绘画手法的完美结合。

这些手法在《天路》结尾处便可以清楚地看到，《天路》中3种比例不同的头像，出现在同一时空，使人感觉有种超现实感和离奇的梦幻感。这种表现手法在中国传统人物面长卷中是前所未有的。同时，也促使了他的艺术语言逐渐地由“写实”向“意象”的转化，笔墨语言也随着“意象思维”的深化和变化而不断地转化，使画面的表现技法和情感表达更加丰富多样。

2. 画面构图：求大、求满、求巧

《走出巴颜喀拉》之大，首先体现在尺幅上。是目前为止，画史上规模最大的一幅。其次是体现在场面上，作品气势宏大、气势逼人，给人一种崇高、敬畏之感。

其次是《走出巴颜喀拉》中所体现的满，作品大部分运用了顶天立地的构图方式。使画面有一种密不透风的拥挤感，从而也使得整个画面更显饱满，富有张力，给人一种力能扛鼎之感。

再次是它的巧妙之处，犹如大型交响乐：具有独特的构图形式，画面的10部分都有它各自的构图中心和表现特点，使作品在整体上形成多变的构图样式。这种变化不但不失作品的整体感，而且还能为画面构图增添丰富的样式，对《走出巴颜喀拉》意境表达的营造上起到了积极的作用。

3. 线与墨

李伯安为了适应巨幅画作《走出巴颜喀拉》的需要，对线进行了空前大胆的创

新和充实。从而使中国水墨画艺术语言有了一种惊世骇俗的效果。

用墨方面，李伯安注意黑白对照，干湿互用，善于用浓墨与焦墨，并兼用淡墨、破墨、泼墨、水墨，酣畅淋漓中达到浑厚华滋的效果。同时，成功运用了大量焦墨，追求“刚、野、拙、峻、犷、古、重”等格调，但他又能从对立面中深刻把握诸多辩证关系，以至达到墨韵通达之效。

他虽然在作品中借鉴了大量的西方绘画艺术语言，却并没有远离中国的传统笔墨。他把中国的笔、墨、纸、水运用得淋漓尽致，为中国水墨人物画添上了浓浓的一笔。

4. 多种艺术因素融合

李伯安与西方艺术因素的完美结合，丰富了画面的节奏感，同时，强化了中国水墨画固有的虚实、浓淡与黑白的比较，进而达到出神入化的境界。

李伯安立足于现代社会生活，从民族传统的基点出发，借鉴吸收外来艺术，这是中国画创新发展的途径。徐悲鸿、蒋兆和、李伯安等画家的成就都证实了这一点。他们根据自己的需要，不同程度地借鉴了西方艺术，但他们画的是国画。他们既继承了传统，又突破了传统。李伯安的画属于“现代国画”，而非现代人物画的古代画。

第四章　李伯安水墨人物画《走出巴颜喀拉》给我们的启示

李伯安的《走出巴颜喀拉》被公认为是当代绘画的精品，而他在画品、艺德、做人，特别是在做人的修养上更堪为楷模。他的艺术实践和艺术追求给人诸多的启示，从某些方面揭示了精品巨作产生的成因，值得我们深思。

从画品上来说，他从不跟风作画，宁愿清贫于世，也要守住自己的精神家园。

从艺德上来讲，他对绘画艺术精益求精，从不急功近利。十年磨一画的创作精神，在当今画坛并不多见。

中国有句古话：“大音希声，大象无形。”这是文化先哲所揭示的艺术创作的一条重要规律。只有像李伯安这种胸襟开阔、心无俗累的人才能将这样的精品奉献给人间，青石长存可以使人的思想升华，进入一个新的境界！他在绘画艺术上的成就，也将会对21世纪画坛的新生代带来历史性的影响。

结语

李伯安先生是20世纪伟大的艺术家，他的绘画艺术不仅源于现实生活，而且更具有典型的时代性。他独树一帜的艺术成就，辉耀着现代的画坛，为当代文化注入了崇高的气质和理想，也将中国水墨人物画期盼已久的对中华民族崇高精神的弘扬推向了一个崭新的高度。作品《走出巴颜喀拉》从宗教和艺术的视觉切入，以哲学话语为基点，力图对生命、存在、精神家园这类为数千年的思想家、哲学家所关注的终极性命题予以解读。同时，当今之世，社会发展迅猛，人们热衷于由科技带来的高水平、高质量的物质生活享受，这便更能突出李伯安先生绘画艺术的一种圣洁品质。

他的绘画将人们的情绪引向一个神圣的宗教般的梦幻世界，同时也能让人们感受到纷纷扰扰的现实生活所带来的浮躁心理。在这个浮躁的社会里，像李伯安先生这种埋头苦干的画家不多，今天他虽然离我们而去，但无论时间如何变迁，历史依然会把那意义重大的作品保留给后世的人们。他的《走出巴颜喀拉》堪称20世纪画坛不可或缺的经典佳作，将会毫无愧色地永远载入我们的美术史册。

（此文为作者硕士毕业论文）

世纪之交的辉煌

——写在上海“李伯安画展”开幕之前

乙　丙

2001年4月6日—4月28日，在上海美术馆举办的“李伯安画展”是上海市委宣传部、中国美术家协会、中国画研究院、上海美术馆四方联合主办的。届时，河南省委宣传部副部长刘大为，中国画研究院院长、中国美协副主席刘勃舒，上海市美协主席、上海美术馆馆长方增先将出席开幕式。这是继在北京中国美术馆举办的盛况空前的“李伯安画展”之后，在中国本土举办的又一次李伯安作品的展示盛会。方增先先生在画展《前言》中写道：

这是一个非同寻常的画展。

中原画家李伯安在他生命的最后十年，以羸弱之躯历尽艰辛创作了中国美术史上难得一见的、最具震撼力的、彪扬民族风骨的煌煌巨制《走出巴颜喀拉》。十年一画，画家在画前倒下去。

画家生前还没有看过他的《走出巴颜喀拉》完整地挂起来是个什么样子，就连其中较长的段落也没有完整地展开过。我们是先画家而睹其大作的。

正如冯骥才先生所言：他的画体现出一种虔诚感——那种对皇天后土的深切执着的情感，浩翰又豪迈的整体感，回荡其间的元气与雄风，匪夷所思的构想，给人以强烈的震撼。李伯安的确是把自己的精神血肉全部融进这幅画中了。

画家死后，是朋友们，是朋友们的朋友们，是囊括中国画坛大半精英的146位画家自愿捐画为他出的画集、办的画展。

上海美术馆能办这么一个非同寻常的画展，我感到十分荣幸。

李伯安生前是河南美术出版社的一位编辑，一位优秀的国画人物画家。他的水墨人物长卷（1.88米×122米）以中华民族的母亲河——黄河为构思依托，用群像式的构图，从黄河之源圣山巴颜喀拉画起，通过一组组苍茫凝重的艺术形象和浩然大气的节奏安排寄寓了大河东流去的万古豪情，彪扬了中华民族赖以生存、发展并能够自豪地屹立于世界民族之林的黄河文明。作品以他高昂的立意、恢宏的气象、精湛的刻画和独具个性的艺术语言，把20世纪中国水墨人物画创作推上了一个新的高峰。1998年5月2日，画家溘然倒在了正在创作中的人物长卷之前，再也没有起来。

李伯安生前几近默默无闻。他没有办过个展，更没有出过画册，连本小册子也没有。他去世后，由他的学生，《解放军画报》美编、画家陈钰铭和朋友们共同发起，由画家们自愿捐画为他出画集、办画展。此情此义，旷古未闻。

1999年10月，中央电视台《美术星空》播出了关于画家李伯安的半个小时的专题片《生命的读解》。片子以激荡的情怀、排山的气势、精湛的语言和气势磅礴的画面，推出了画家李伯安和他为之融进全部血肉灵魂的《走出巴颜喀拉》，在全国，尤其是文化艺术界引起强烈反响。

1999年11月，《李伯安画集》出版。应该说这是中国画家专集中的最高规格，庄重、大气、豪华。中国文联常务副主席冯骥才，中国美术家协会常务副主席刘大为为之作序，中国美术家协会副主席、中国画研究院院长刘勃舒为之题写书名和碑名和墓志铭。冯骥才高瞻远瞩地写道："在中国人物画令人肃然起敬的高峰上，立着一个巨人。今天的人会更多地认识他的艺术成就，而未来的人一定会更加看重他的历史功绩。因为只有后世之人，才能感受到这种深远而永恒的震撼。"刘大为在《序言》中写道："李伯安真的倒在了这幅可能还未真正彻底完工的巨幅画卷之前，他真的为自己崇高的精神追求献出了生命，李伯安是为重振民族风骨而殉道！为大中华重新崛起而殉道！他为重振民族艺术那久违的泱泱大国雄风而殉道！"刘勃舒先生说："在20世纪终将结束之时，李伯安用他的旷世巨作和自己的生命为我们整个文化事业画上了一个完美的句号。李伯安是我们这个时代画坛的伟人，是20世纪的骄傲，《走出巴颜喀拉》前无古人，与日月同辉，是我们留给后人的珍贵财富。"

李伯安去世后，其作品继在洛阳和郑州展出之后，1999年11月24日—12月1日，中国美术家协会、中国画研究院等6家单位在中国美术馆联合举办了"李伯安画展"，近千人参加了开幕式。中国美术家协会在京的5位主席、副主席全部到场。观众踊跃，好评如潮。清华大学美术学院教授、著名画家吴冠中先生感叹："李伯安是20世纪最好的画家之一。"画坛前辈、坐着轮椅来看画展的老画家罗工柳说："《走出巴颜喀拉》是我们这个伟大国家在这个伟大时代所涌现出来的伟大画家的伟大作品，是国宝。李伯安为此而牺牲，这是令人非常遗憾的，但这种牺牲是值得的。"中国美协副主席、中国美术馆馆长杨力舟表示，愿意收藏李伯安画展上的全部作品，并为"画展"寄语："巨幅长卷《走出巴颜喀拉》威震画坛，李伯安的名字亦轰动画坛……李伯安英年早逝，国之损失，艺苑痛悼。所绘长卷浩瀚充溢，画尽而力无穷，笔竭而意不终。《走出巴颜喀拉》夺天功破陈规英名不朽画史永存。"画展获得了空前的成功。

1999年12月13日—15日，中国画研究院在李伯安家乡洛阳举办了"'世纪回顾'李伯安艺术研讨会"。来自全国各地的40多位画家、理论家参加了这次中国最高学术层次的艺术研讨会。与会者怀着对20世纪末一位最纯粹的艺术家的崇高敬意，研讨了李伯安的创作道路和创作成就。一致认为：李伯安的人物长卷《走出巴颜喀拉》是中国美术史上当之无愧的经典之作，是我们民族的瑰宝。艺术家们共同倡议：建立李伯安纪念馆。洛阳市委、市政府已初步决定在小浪底的黄河之滨建立"李伯安纪念馆"。中国画研究院院长刘勃舒异常动情地总结说："李伯安的精神和李伯安的艺术是中华民族的宝贵财富，它昭示着21世纪中国画坛的希望。李伯安是河南的骄傲，是中国的骄做，是20世纪的骄傲。"

中国文联副主席、著名作家冯骥才先生已决定撰写《李伯安传》，冯先生说他要像罗曼·罗兰站在文化史与音乐史的高度去写《贝多芬传》一样，要站在文化史和美术史高度去写《李伯安传》。在中国，像冯先生这样的脚踩文学与美术两只船的大作家能够满腔热情地自荐写《李伯安传》，确乎苍天开眼。

《人民日报》《文艺报》《中国文化报》《文汇报》等许多报纸和刊物，都以很大篇幅刊发了关于李伯安其人其画的评述，并由此生发了对中国美术家和艺术家纯粹意义的认真思考。

《人民日报》（2000年6月26日·4版）就李伯安其人其画刊发专论《一幅巨画的启示》。盛赞“《走出巴颜喀拉》被公认为是当代绘画艺术的精品，而李伯安在艺德、艺品，特别在做人的修养等方面更堪为楷模”。称道：“李伯安鄙夷不良文化倾向，安于清贫，不媚世俗，守住自己的‘精神家园’”。他所追求的，是“刻画出我们伟大民族的风骨与灵魂”，认为“只有像李伯安这种胸襟开阔、心无俗念的人，才能将这样的精品奉献人间，青史长存”。明确指出“李伯安的成功艺术实践和他高尚的艺术品德是我们学习江泽民同志‘三个代表’重要论述，思考先进文化的深刻内容，推进有中国特色社会主义文化建设的生动教材”，由《人民日报》对一个画家和他的作品作如此评价，前所未见。

如今已经昂然屹立于世界民族之林的中华民族，在世界上当然需要有自己的声音，而李伯安的《走出巴颜喀拉》，当之无愧的是我们民族的黄钟大吕。目前，一些有识之士已在卓有成效地进行着把李伯安的《走出巴颜喀拉》推向世界的工作。

《走出巴颜喀拉》通过对藏族人民生活、劳动、娱乐等活动的生动描述，热情赞颂了河源藏族群众热爱生活、热爱和平、乐观向上的精神。客观上配合了党中央“开发西部”的国策。《走出巴颜喀拉》向世界昭示：藏族是中华民族大家庭中的一员，和其他民族一起，共同创造了伟大的黄河文明，有评论家高屋建瓴地指出：《走出巴颜喀拉》在政治上的意义，可以和文成公主与松赞干布联姻比肩。略加品味，真乃金玉之言。李伯安属于世界，更属于中国。李伯安的艺术和李伯安的精神，是中华民弥足珍贵的精神财富。

（作者系李伯安挚友，美术评论家）

有意练功　无意功成

——忆伯安

徐恩存

人世间，生老病死乃寻常之事，不同的是，有的人虽生命已逝，却以其业绩永远活在人们心中，艺术家则以其作品延续着他的生命之光，延续着不灭的精神。

画家李伯安以50余岁的年龄辞世，是令人惋惜的。他的艺术事业正如日中天，才刚刚拉开辉煌的帷幕，本应有更大的作为，却不幸猝然倒在画室中。这固然是一种不幸，但作为画家，他却找到了足以安魂的价值定位。

李伯安是当代著名中国画人物画家。在短短的50余年的生涯中，他苦恋中国画艺术，心无旁骛，笔耕不辍，在写意人物画方面做出了卓越的建树。他的作品为人们所熟知，为人们所喜爱。作为画家，他始终认为应该在自己的艺术中寻求生存的意义，因而他的作品不独技巧娴熟，而且意蕴隽永，深入到了精神层面，譬如他的巨幅创作《走出巴颜喀拉》，便是把生命灵魂的悲壮感，大气磅礴地展示出来，其气、其势令人震撼，他那个性化的笔墨语言与独抒性灵的表现方式，忧患的主题，得到了淋漓尽致的发挥。

在他的作品中，也分明道出了一种对艺术苦苦求索的灵魂之苦。作为中年一代画家，注定了他必然要走过一段精神的苦难历程。20世纪60年代，青年李伯安学业未竟便走上了工作岗位。为了习画，他不得不利用业余时间寻师访友，以提高自己的技艺，著名画家黄胄、卢沉、周思聪、贾又福、方增先、刘国辉等人都是他艺术上的良师益友或知音。“文革”中，他虽处风雨飘摇的时代，却时时不忘绘画艺术，在一个个不平静的夜晚，躲在斗室中苦练技艺。十年“浩劫”结束，他精神为之一振，思想和技艺都日趋成熟。在短期进修之后，他迎来了创作的黄金时期。作品风格日趋明朗，笔墨语言特点鲜明，尤其以宏大主题、磅礴气势、史诗风格见长。而其更为显著的特点，是始终保持着同当代人现实生活的密切联系。因此，他的人物画创作，造型严谨，形象生动，既具形式意味，又具笔墨情趣。他把目光投向他熟悉的山乡，他描绘那片热土，描绘父老乡亲，描绘生命的悲壮。他的作品虽笔墨淋漓酣畅却不失厚重，他为我们留下了一尊尊20世纪末的人物雕像。

李伯安作品的美学特点是极其鲜明的，作品中充满了悲悯之情，他是一位苦难型的画家，笔下充满了苦涩、悲壮与忧思的形象，使画面弥漫着阳刚之气与力度，冷峻与坚硬的气息，令人为之怦然心动。事实上，透过表象，我们看到的是一颗充满良知的心，那是一颗细腻、善良、敏感而又温情的心，他正是将苦难引向光明，引向希望，给人以勇气和信心。这构成了他作品中内在的庄严感和崇高感，是对生命意义的追问与超越，并体现出一种理想主义的艺术特点。这使得他得以在同代人当中脱颖而出，卓然超群。

今天的世界，名利聒噪，“安贫乐道”的古训已显得不太合时宜，李伯安却清心寡欲地执着于自己的艺术理想与追求。我在读他留下的大量遗作时，心底里受着一种感动：他对艺术怀着近乎忘我的热忱，对朋友奉献着善意与友情，他以自己的人品和画品证明着自己的特立独行，不趋时尚，不求闻达。他留下的是一个做人的标准，他留下的是一位优秀画家的人格光辉。读他的作品，似乎倾听着关于人生价值遥远关怀的安魂曲，看到李伯安的坦然与宁静，看到一颗甘于寂寞的灵魂。

李伯安和他的绘画属于我们的时代，古老的土地孕育了他的生命、创作，也成为他最终的归宿。

李伯安如同群星璀璨的夜空倏然划过的一颗流星，却在当代中国画坛闪烁出一段异样的光辉。呕心沥血与内心充实结晶为李伯安的艺术，这是画家唯一的生命寄托；“有意练功，无意功成”，这是对李伯安的准确写照。

李伯安走了，留下的是他的艺术成就，是他及他作品的魅力。他以其作品和人生，创造了一个令人难以忘怀的中国画家的形象。他的猝然离去，更令人为这位英年早逝的画家惋惜不已。

世纪末，似乎是个文人凋谢的时期，说明一个时代已经进入尾声。展望未来，前程锦绣，“太阳每天都是新的”。千秋历史，百代风云，多少良才俊杰殁于黄土，但是，他们的英名永在，事业永在，精神永在。

李伯安便是这样一位生命与艺术精神永在的艺术家。

（作者系李伯安挚友，美术评论家）

苦乐参半话伯安

徐恩存

中年人物画家李伯安先生的遽然辞世，令朋友们十分悲痛，在深感生命的某种严酷的同时，也为痛失一位优秀画家而深深惋惜。

正值盛年，创作进入收获时期的李伯安，以人物画技巧的娴熟、结构宏大而享盛誉，特别是他长于主题性创作，并以造型严谨、讴歌乡土的现实主义的浪漫风格给人们留下了难忘的印象。

作为中年一代知识分子，李伯安与同代人一样，经历了太多的磨难与坎坷，生命经验使他渐渐走向内心，因而，他显得比常人更内向、更淡泊，但是，他都在自己的创作中展示了内心的力度和思想的浩瀚，数年来，他甘于寂寞，偏于一隅，不趋时尚，不求闻达，潜心于绘画研究，虽然失去了很多，却成就了心爱的艺术事业，在伯安来说，此生足矣。伯安的一生，是苦乐参半的，是性情与理智兼备的，从而形成了他独特的艺术家面貌。

从作品传递出的信息与气质来看，伯安是苦难型画家。数十年来，他的足迹遍及了黄河流域，走遍了黄土高原，他的目光始终未离开养育他的故土，他的良知紧系着父老乡亲。他通过自己的画笔，通过形象塑造、通过一幅幅作品，展示了他对生命与存在的关注，并且结合自身生存感受，以独特角度表现了古老民族千百年挥之不去的忧患与苦难，以及在向现代社会迈进过程中的艰辛曲折，艺术中的苦难，使伯安的作品具有了更深刻的精神含量，具有了不同凡响的思想力量，也更具有了震撼人心的美感魅力，因而，他所表现的苦难不是一般意义上的，而显示出一种终极的色彩。同作品一样，画家的生命也历尽苦难，两者相融，使他的作品具有了深沉的特质，还未来得及将这一思想推进、延伸、强化，便猝然离去，精神还未曾结出硕果，事业未竟、便飞鸿远逝，余音杳然，壮志未酬身先死，对于画家来说，的确是一种“苦难”。

120米长卷《走出巴颜喀拉》，是集伯安学问、修养、知识、技巧、气质、观念于一体的一件代表作，也是他以生命投入呕血明心的艺术结晶，现实主义手法、浪漫主义气息、东方诗性，以及266个藏族群众形象的刻画，使这一宏大主题以史诗般的磅礴气势展示了历史、现实与未来三部曲，让人们在苦涩的美感中，看到苦难的迷雾正在消散，光明在前，在浩瀚的宇宙天地中，唯有大写的“人”顶天立地。画家在这幅作品中寄寓了太多的东西，倾诉了他多年对生命的艺术的思索，表现了他对生存现状与忧患意识的认识和理解。在艺术上，伯安极重整体气势的营造，整幅作品如同山呼海啸、山摇地动一般，渲染了面对苍穹的生命信念与命运的沉重感，营造了庄严、雄浑的整体气氛，特别是墨线的运用，长线、短线，变化丰富，节奏、韵律、力度恰到好处，其虚与实、疏与密、浓与淡、疾与徐等都极见功力，线的美感被表现得淋漓尽致，艺术形象因而各具气质、特点，笔墨韵致融入个体形象表现与整体氛围的营造之中，并得到很好的发挥。可惜的是，背负着沉重使命与责任的画家，为此已耗尽生命能源，耗尽了精力，噩运已经悄悄地逼近了他，他终于未能完成这件巨作，倒在了作品前面……

熟悉李伯安的朋友们，无不为伯安的艺术信念和事业心所感动，伯安生前人品、画品俱佳更为人们称道，对他的辞世，朋友们在悲痛之余，想以实际行动表示怀念，经张江舟、王颖生最初的提议，张道兴、田黎明、徐恩存、马国强、唐勇力等人的发起，倡议为李伯安出版画集。王乙丙、陈钰铭、郭自修、张复兴、刘进安等办个人展览，以告慰在天之灵，向全国百余位画家发出吁请，捐赠作品为出版李伯安作品集集资，短短时间，便收到了来自全国各地百余位画家作品 140 多件，有不少人寄来了两幅作品，有的写来了令人感动的信件。足见同仁们对这一行动的热忱、理解与支持，这是格外令人感动的。伯安生前是一位清贫的画家，他的朋友们多是清贫之人，但对支持出版李伯安作品集却都是各尽所能，慷慨相助，使这一行动在短时间内得到成功，对此，伯安是可以感到欣慰的了。

全国各地朋友的支持及李伯安画集得以出版，显示了一种对文化的关怀，一种对精神价值的尊重，一种对当代精神活力的肯定和弘扬。

我们只能以这样的方式，将我们大家的许多难以言说的心情，清晰有力地表达出来。

1999 年 4 月 3 日

（作者系李伯安挚友，美术评论家）

艺术之魂何在？

——李伯安《走出巴颜喀拉》的启示

钟家骥

水墨人物画家李伯安走了，他年仅 54 岁的生命之躯，倒在了鸿篇巨制《走出巴颜喀拉》前，他的灵魂消融在走出黄河之源的浩荡人流中——化为永恒。

“在中国人物画令人肃然起敬的高度上，站着一位巨人。”（冯骥才语）“把 20 世纪中国人物画画上了一个圆满的句号，把中国人物画提高到了一个顶天立地的阶段。”（刘勃舒语）

“20 世纪人类绘画之巅峰。”（观众题字）

当然，对李伯安其人其画的历史定位最终仍需历史裁断，但不可忽视的事实是：在河南、北京、上海的每一次展出，从未见到哪一位国人画家能引起观众如此深沉的轰动；未曾听到如此发自肺腑的广泛赞誉对无名艺术家的追认、缅怀和崇敬。悲哉、壮哉！李伯安。

悼念死者是为了活着的人。时逢当今画坛乃至艺坛上的“阴盛阳衰”、粗制滥造、急功近利风行，李伯安现象越发给世人留下了广阔的反思空间。在此，我所能做的，也只是对这一复杂社会现象的某些局部感悟——艺术之魂何在？

情感——永恒的艺术之魂

百米长卷《走出巴颜喀拉》仿佛一首交响乐，那沉浑凝重的旋律，无数次激起欣赏者的情感波澜。在观众的言谈和媒体评论中，对《走出巴颜喀拉》用的最多的词是“震撼”，它是一种难以言表却真情实感的心理共鸣。如果作者对艺术缺乏宗教般的虔诚、不求回报的忘我投入、情真意切的造型语言，纵使是重大题材，恐怕也难“震撼”人心。难怪人们常把艺术与宗教相比，正如一位智者所言“艺术是没有宗教教义的宗教”。

没有情感就没有艺术，它是艺术必须承载的基本内容；艺术题材、功能及艺术形态的多样化，绝不意味着“情感”内核的消亡：情感的艺术表现是超于题材、功能和形态的共通诉求，是艺术的真魂所在。否则，所谓艺术只能是图解式说教、机械式模仿、新材料展示或技能性卖弄。艺术如果不能用情感化的造型语言、整合成自律的整体，表现特定的心理状态，那么，我真不知艺术还有什么立命之本和存在价值？

李伯安的《走出巴颜喀拉》，基本上做到了“情”与“形”的对应交融，情即形、形即情，内形式与外形式的和谐统一。它所传达的思想、观念就蕴涵在充满情质的笔墨整体造型关系中。

有人说：当代艺术只是为了表明某种观念。然而，观念如果不能转换为情感化的艺术语言，倒不如用语言文字直接表述来得清楚明白，又何必用造型图解观念，转弯抹角、劳神费解？

有人说：现代艺术就是要变形、变色，才能张扬主体性。倘若不是凭借情感的有色眼镜、因情而变，那么变形、变色岂不成了纯粹的视觉游戏？那些苍白无力、故作姿态的变形劣作实出于此。艺术需要游戏，但游戏不等于艺术。连平民百姓都懂得“情人眼里出西施”的道理，却被一些所谓艺术家遗忘了！《走出巴颜喀拉》中的“形、色”之变，之所以顺理成章、不生，正是因作者把握住了“依情而变”，并非只是“为变而变”的视觉游戏，为我们提供了有益借鉴。

有人说：现代艺术必须研究新材料、新技法，现代艺术已经进入了材料时代。诚然，材料、技法确实带有某种时代性，但它不是艺术的全部。对艺术创作来说，如果不是因情选材、缘情择法，就难免陷入材料、技法决定论的误区。不同的情感张力导出不同的张力式样，不同的张力式样依据画家偏爱，选取与之相合的材料、技法诉诸表现，才是艺术创作之本。材料、技法本身并无优劣，就材料论材料、就技法论技法，妄争高下，着实于创作无补。《走出巴颜喀拉》恰恰是在如火如荼的“笔墨”论争时，默默诞生的一幅“以情为帅”的“笔墨”骇世之作。

情感表现既是艺术创作的基本动因，也是艺术创作的目的。非此，画家岂不成了制造花样翻新、麻木不仁的“行画大师”？而那些以“主题决定、题材押宝”的画家，岂不成了制造各类标语口号供应商？二者异流同源：对艺术缺乏真诚。应清醒看到，艺术多元化并不意味着对艺术情感的懈怠。说到底，艺术之真在于情。

情感——永恒的艺术之魂。

人民渴求艺术的阳刚之气

情感有阳刚、阴柔之分，艺术也有阳刚、阴柔之美，各存其理，本无优劣。然而长时间以来，艺术界“阴盛阳衰”，少见具有心灵震撼力的阳刚之作，不得不令人深思。究其因无外两点：一是艺术家把关注社会、关注民生太多地转向了关注自我；二是心浮气躁、急功近利、拜金主义之风盛行，严重腐蚀了艺术家的良知与责任。“玩艺术”的心态，不仅使艺术创作日趋小品化、习作化，并由此泯灭了无数有才能的艺术家。

另有一类伪艺术家假借艺术多元化，出于急功近利、狂想成名的极端个人主义目的或缘于某种不便直言的政治动机，不惜把美术变成丑术，将西方的艺术垃圾奉为楷模，且有过之而无不及。它已不属本文讨论的话题。

我们无意且无权苛求艺术家，都去追求艺术的阳刚之美。但从艺术内功的角度看，广博的情感体验毕竟是作品底蕴丰实的前提，对各种风格流派的艺术家均有益而无害；从社会学的角度看，任何艺术家都并非生活在真空里，出于艺术良知与责任，关注人生、关注社会、关注民生，本应在情理之中。所以如何扩大生活视野、感悟现实生活，是富有进取精神的艺术家无法回避的课题。艺术家只有在对个人情感与社会情感的自觉关照中，才能升华净化，使个人情感和社会情感水乳交融，为艺术创作提供强大的情感内驱力。情感体验的厚积薄发，不仅为不同题材、不同功能、不同式样的艺术作品提供了丰厚的情感底蕴，而且有利于诞生艺术的阳刚之作。

应当看到，由于多种复杂的历史与现实原因，依上所说，身体力行实属不易。正因如此，人们才急切渴望艺术家创作出充满阳刚之气的艺术作品。

李伯安是一个埋头耕耘、默默奉献的平民艺术家。他的成功来源于对生活的热爱，来源于丰富的人生阅历，来源于对社会、民生的感悟。宽阔的生活基础和深广的情感体验，使李伯安最终摆脱了文人笔墨的狭窄情怀，用粗犷生辣、浑厚质朴的笔墨构筑了他的鸿篇巨制，这或许正是《走出巴颜喀拉》引起震撼的另一个原因。

艺术的“阳刚之气”有无数的梯度和式样，每一个有志于此的艺术家都可以找到自己的位置，所以《走出巴颜喀拉》的启示只是启示，并非模式。

艺术家需要自觉的情感升华

艺术家是谁？艺术家不是高人一等、不可一世的精神贵族，不是名利熏心的投机商人，不是花团锦簇、虚情假意的官僚政客，它只是社会分工中的一种职业身份。从此意义上说，艺术家与平民百姓并无殊异。所不同的是，有良知的艺术家，在情感世界有超于常人的自我净化能力，使世俗情感升华为艺术情感。只有当个人情感融入社会情感的大背景时，艺术的阳刚之作才有望出现。这一过程既是痛苦也是愉快的——近乎于涅槃式的自我精神超越。

李伯安正是在这种自我奋争中，创作出了震撼人心的《走出巴颜喀拉》，作品中透露出的人格魅力、情感境界、奉献精神和阳刚之气，深深地打动着每一个观众。

无须否认，李伯安《走出巴颜喀拉》的初始创作动机中，并非没有功利色彩。该画最初是一个日本人的订件，既然是订件，自然要涉及酬劳。这时的李伯安无论从心态上，还是方式上都大同小异，利益动机与艺术动机相伴而生。但当他进行了一段创作前期准备工作后，他似乎触摸到了题材、形象与自身情感的契合点，淡化了初始的利益动机，开始寻找抒情达意的突破口。特别是那位日本人的猝然去世，彻底断绝了他的利益期待，使他不得不重新审视继续创作的意义，陷入了进退两难的尴尬境地。在此关键时刻，作者凭着对绘画的热爱、对构思与自身情感的共鸣以及错综复杂的责任感，情思奔涌、欲罢不能，最终调整了自己的得失观，毅然选择画下去。这种敢于自觉净化的浩然之气和精神境界，着实令人高山仰止！

但凡优秀艺术力作的孕生都有一个共同特征，即排解功利性，就是说，作者的创作心态离功利越近则离艺术越远。在此，我们无意排除作品出世后的功能性与含金量，而是说，只有当艺术家把创作心态调整到无功利状态或视有为无时，才能最大限度地保持艺术情感的浓度和纯度、恪守艺术家的心灵净土。“视有为无”是指在创作中，不为已知的功利所累，自觉排解由功利带来的负面影响。这意味着艺术家犹如虔诚的教徒，把全部身心无私奉献；意味着对诸多欲望的忍痛割舍；意味着“有所为、有所不为”的“大智若愚”，意味着“无为而为”的高功远利。从这种意义上说，“艺术是没有宗教教义的宗教”应断然不错。当今社会，每个人有每个人的生存方式，每个艺术家都有自己的理想和追求，不能统一也不该统一。本文旨在阐发笔者对李伯安其人其画的个人体会，无非希望艺术同行能放眼社会民生、拓展胸怀，广泛积累情感体验，多一点自律、多一点责任，力争创作出更多更好的作品，以此共勉。

李伯安画展在上海展出时，上海一位市长在参观展览时说：“上海为什么就没有这样的画家?”

（此文根据笔者在上海“李伯安作品研讨会”的发言增改）

2001年5月—8月从上海到厦门

（作者系厦门大学退休教授，美术评论家）

一代英杰　画坛丰碑

——忆李伯安

郭志全

吾出生天府蜀中，后移居古都洛阳，与李伯安也称半个老乡，然素未谋面，留下终生之憾。

话还得从1991年我应邀赴四川美院讲学说起。讲学月余，临别拜见白德松老师，先生闻我供职于洛阳大学，便问起我知道李伯安其人否？答曰：从未听说。先生告我：前段你们河南李伯安来此讲学，技艺精湛，甚得广大师生好评，并专为其录制《中国人物画法》教学磁带一盘，并托我给他带回去。言语间，先生对李伯安大加赞赏，褒奖有加，近乎崇敬之意。白先生谦和宽容让我佩服之至，而对李伯安便大不以为然。其一，白德松是我对川美崇敬的为数不多老师之一，况其人20世纪70年代创作的《西双版纳的故事》连环画早在全国风靡。而今日对一个河南青年画家如此高看似乎有些过誉，“长别人志气，灭自己威风”，颇不服气。其二，吾平生好交业内豪杰，海内名流大师无不登门领教，在河南工作五六年间，对美术界出头露面之人也略知一二，唯独这位李伯安从未耳闻。其三，平素十分自信自己的鉴赏能力，不经过目，且能轻信。仗其先生薄面，应允带磁带返豫。一来了却先生心愿，二来也可见识一下这位尊驾，考验白先生的眼光。后因磁带后期制作久拖未完，也因自己急促返程，未能如愿。

时隔一年有余，一日，在洛阳一友人家做客，得见正厅中堂高悬一幅6尺水墨人物，所画一剽猛藏人，势如巨峰突兀，顶天立地，远视笔墨纵横，气势夺人，近观头手结构严谨，形神飞扬，精妙绝伦。通幅画水墨淋漓，唯嘴唇淡施朱磦，眼白微染花青，站在画前令人为之一震，画家以势造境，以形夺神，如入大化，给人以高山仰止，“一览众山小”的逼人气势。尽管主人几间房屋满挂明清字画、当代名品，风骚却全被此画占尽。不由我当众竖起大拇指失声惊呼：“此画天下第一也!”欲问何人所画，原来正是无名之辈李伯安。

吾研习山水数十年，一生追求雄伟高峻、豪迈奔放的英雄主义。一向以“画分十三科，山水为上乘”而自豪，视花鸟、人物不逮。今日得见伯安大作，一扫当今人物画那种犹疑、怯弱、琐碎、小家子气，彰显中国笔墨之伟力，令人叹为观止，足以压倒诸多山水名流笔下的太行五岳之尊。至此，方折服白先生高瞻远瞩，慧眼识才之目光。

尔后，一直寻访这位无名英杰，中原高人。一日，儿子（洛阳师专美术教师）告我：李伯安昨晚来美术班找我，恭称“郭老师”，拜托我教他的外甥学美术，并谦和地留下通讯地址、电话。我当即拨通伯安电话，自报家门，讲明慕名造访之意。对方满口应承，并谦和地说，要向我“讨教”。口吻中充满谦虚好客之意。之后，一则因公务穷忙，不得脱身；再则，总认为近在咫尺，有的是机会，便一拖再拖，终未如约见面，直到不久前噩耗传来，方知其乘鹤仙逝，不由大恸。哭我画坛痛失英杰，悲壮士一去不还。

我这个人平日勤于书斋，荒疏社会交际，就更难光顾美展画厅，偶然几次在中国美术馆拜读世界大师名作，也是乘兴而去，失望而归。过去只见过一张李伯安大作，未见全貌，最近，专程返豫观看“李伯安画展”，不由大为震惊，他以居高临下之气度、魄力和勇气，用中国笔墨简单工具打造了千秋中华民族之魂，百米长卷，人物叠起，群情震荡如排山倒海，苍苍茫茫间皇天后土如梦如幻、如歌如诉，史诗般地回荡人心。他的笔下再现了汉唐气象，找回了民族的尊严。他是一个伟大深刻的灵魂，具有不知从何而来的神秘的见解与冲动之潮，和任何一个真诚灵魂一样，不知道自己是什么，为何舍命求索，也不在乎别人把他当什么。他在浓重的墨相中挥舞着这根神密的魔棒，在黑暗中寻觅眼的新光，在周围的宇宙中突然使一切成为神一般的美。他曾以无声的模糊的惊奇之情，在这个世界匆匆而过，他将所有沉睡着的潜能唤醒成为思想。他说出的正是所有人远不曾说出而又渴望说出来的，人们从痛苦的麻痹的酣睡中觉醒对他做出思想的回音。

站在李伯安鸿幅巨制面前，不由得使我想起了张择端的《清明上河图》，罗丹的《地狱之门》，达·芬奇的《最后的晚餐》，苏里柯夫的《近卫军临刑的早晨》，特列恰可夫的《库尔斯克省的教会行列》等历史画卷。

如果能再给李伯安20年，我相信21世纪初，世界艺术圣坛上屹立的一定是这位来自东方的巨人。

1992年6月于郑州
（画家，评论家，李伯安未谋面之知音）

《李伯安的水墨艺术》电视教学片解说词

白德松

画家，这一令人肃然起敬的称谓，只有当它舍弃了孤芳自赏的情趣，立志于民族和整个进步人类的心灵关照，才具有确切的含义。李伯安怀着对劳动者群众的崇敬，近年来多次到太行山区体验生活。作为一个对劳动者神圣的歌者，他呕心沥血，完成了一批令人激动不已的作品。

《太行山人》便是他的代表作之一。画家笔下的这些农民，集数人于一体，如擎天之石，乾坤之柱，虽饱经风霜，却巍然耸立。构成了这盘亘于九州之中的铜墙铁壁，这是我们伟大民族风骨的象征，也是国家艺术意志的原始动机。这幅画，仅在纸上着墨，就连续用了3个多月时间。在这100多个日日夜夜里，我们可以依稀感受到画家那超越自我的心绪。这就是力图在那狭小的视觉经验之外，去猜测和建造一个理想而又鲜活的世界，这一精神寄托，不仅在于在这片黄土地上，描绘那数千年文明史的缩影，还在于对那许多过去、现在和将来，那未可知的领地，做一个遐想，那不可用语言和文字所能记述的内在蕴涵，会是怎样的精神形象，使中国人自立于环宇的一侧。

为了使艺术达到主题内容内在的真实，李伯安选取了典型化之路，这就是珍惜自己的丰厚体验，占用大量的有用素材和得心应手的艺术手段，着力于北方当代农民典型形象的塑造。画面上这些可触可摸的艺术形象，他们不仅有着外在特征的丰富性，更具有内在精神的深厚性。那扑面而来的生活气息，正得源于画家以心作画，向作品倾注了自己的满腔热情，赋笔墨予灵魂的强烈生命力。

审美的直觉经验告诉我们，对于可视性艺术而言，造型问题据一切形式因素之首，李伯安避开了情节与故事的纠缠，受艺术个性的驱使，直奔形象，从而形成了画家乐意于肖像画的特色。

这些给人以强烈刺激，令人难以忘却的形象，除一般的典型画法之外，是李伯安对意象造型法则的特点。意象，实际上是接通具象与抽象的中介，概述其规格不外乎有三层意思，首先，它必须以生活为依据，同时又排斥对生活原型的模仿和机械复制，进而是其对总体特征的主动把握，最后，是一个新的整体形象的出现。这里，主动把握是画家创造性劳动的关键环节。作为主动把握，说到底是画家为总体特征的表现，找到一种新颖而恰当的形式。李伯安经过自己长期的艰辛努力，终于为自己找到了不同于他人的形式风格和语言，那就是用刀劈斧凿的笔法，蘸以最饱和的墨色，造就这些形象犹如雕塑般沉重，使太行人的特有气质得以凸现。

李伯安主动把握的另一点之长，是对眼神的别致刻画和处理，力求把眼睛，而不是把眼睛本身画在脸上。意思是说，虽然作为眼睛的生理结构，并没有做十分明确的勾画，但那闪烁不定，或处于眼窝深处的眼之神情，得以那表面的体现，显得格外的深邃莫测。在忽隐忽现中，感知眼神内含的丰富，使之成为审美联想的引导。

这就让我们确认，为创造一种新的审美模式，作为一个艺术家，除着力于优秀传统的继承之外，更以其大智大勇，不避泊来之嫌，使罗丹、珂勒惠支、科·巴巴等大师的艺术精神，在中国画的笔墨之间大放异彩。为中国画未来发展之一端，提供了极为可贵的实践参照。

当然，作为主动把握的形式语言，并不等于造型就是一切，对画面构成的巧妙运思，是同样重要的一环。

中国画，就其总体形态，就比较学意义而言，近似于所谓表现主义绘画以内，它所具有的特征之一，是抵制第三度空间的表现，而注重平面展开的布局和章法，其目的是有意避开物理学这一概念的牵扯，使出现在画面上的诸形象因子，呈点、线、面有节奏的组合，隐寓着某种音乐性，汇生命之力在构图中摇弋。同时，行笔运墨在抽象意义上，随心所欲的运用，这正是艺术美意味埋藏很深的张力在结构上达到的协调和统一，从而使形式的艺术价值具有令人兴奋的表现性。

中国画有史以来，经历了许多变迁，作为艺术技巧的笔墨意义，却始终支持着中国画自立于世界画坛。笔、墨二字，就其造型意义和抒情意义来说，一般是易于理解的，但对于在抽象意义上某种相对独立的审美价值的领会，以使人感到某种困惑，从更远意义上，即从艺术自立性上，对笔墨的认识，提到了“通达”二字的境界，目的在于体现其艺术意志时，能取得主观上的极大自由，而不被笔墨所累。从视觉效应上讲，李伯安的人物画墨色浓重而不沉闷，对比强烈，与版画的黑白世界相灵通，在笔墨的豪放处不显得粗野，于精微处未显于刻板，洒洒脱脱、朴朴素素，避去了炫耀的浮华。至于笔法、墨法的传统功夫，在不经意处也显示了画家运用的自如。而更重要的是，画家死死把握住笔墨服从于艺术意志的根本，并不以为笔墨情趣就是目的本身。事实上，李伯安的人物画，使人为之动心的，并不是笔墨技巧及其功能上的效应，而是那些光彩夺目、内含浩渺、咄咄逼人的艺术形象。

写于1989年—1992年
于四川美术学院国画系

（作者系四川美术学院国画系原主任，画家）

《走出巴颜喀拉》之二《开光大典》（下）（188 cm × 850 cm）

论李伯安及其水墨人物画的崇高美

常　安

在中国，古代美学中没有“崇高”这个概念。先秦时代虽有“崇高”这一美的形态，但那时是用“大”来表述的。直到近代，王国维在康德、叔本华美学思想影响下，才明确地把崇高作为美学范畴和形态提出来。

崇高是西方美学理论的重要范畴。它最初是由公元1世纪罗马美学家朗吉弩斯提出来的。同一世纪的德国哲学家康德则进一步把崇高分为两种，即数量的崇高和力量的崇高。数量的崇高的特点在于对象体积无限大；力量的崇高的特点在于对象既引起恐惧又引起崇敬的那种巨大的力量和气魄。苏联哲学家车尔尼雪夫斯基更进一步认为，崇高是伟大的美。他主张用“伟大”来代替“崇高”这一术语。

其实，中国美学中的阳刚之美（又称壮美），比较接近于西方的崇高。至当代，著名美学家宗白华先生几乎完全把崇高视为壮美，崇高本质上是与美、善密切联系的。

总之，崇高是一种庄严、宏伟的美，它以巨大的力量和慑人的气势，给审美主体以刚烈、豪迈、奔放、激荡的审美感受。当代已故画家李伯安的水墨人物画，尤其是他的百米长卷《走出巴颜喀拉》，从形制，到内容，再到精神境界，都充分体现了崇高这一美学精神。可以说，崇高构成了李伯安及其水墨人物画的主体风格，在中国绘画史上具有特别的意义。

任何人站在李伯安的画作前，都会有一种强烈的震撼。著名作家冯骥才看了李伯安的作品后激动地说：“一打开他的画作，忽如一阵电闪雷鸣，挟风卷雨，带着巨大的轰响，瞬息间就把我整个身子和全部心灵占有了，我看画从来十分苛刻和挑剔，然而此刻却只有被征服，被震撼，被惊呆的感觉。”（《永恒的震撼》）这里，作家将艺术领域里的崇高，通过自然形态的描述来显示其对审美主体的巨大吸引力，正所谓“崇高的审美客体以巨大的体积或雄伟的力量、气势向主体的精神世界冲激而来，使主体首先感到是势不可挡，因而引起某种敬畏感，继而派生出奋发的自尊感，激起品奋的精神境界，从而把主体自身提高到崇高对象的雄伟高度，获得审美的愉悦”（张松泉：《美学简论》）。

李伯安的作品之所以能带来如此大的震撼力（崇高感），从艺术表现手法和思想内容上，主要有以下几个方面：

1. 叹为观止的鸿幅巨制

前面已经说过，西方美学家几乎都把数量与力量的巨大作为体现崇高的主要因素，而李伯安的水墨人物画，尤其是《走出巴颜喀拉》是具有这样的显著特征的。《走出巴颜喀拉》，122米长，1.88米高，其中有266个真人般大小的人物形象，体态各异的奔马、丰富多彩的服饰、各式各样的法器，以及繁复的背景细节，其造型之复杂，工程之浩大，技艺之精湛，气势之恢弘，在中国乃至世界绘画史上都是少有的。著名画家刘大为感叹道：“在整个美术史上，如此工程浩大充满着悲壮的宗教般殉道者热情的个人创作又能找出几幅呢?”（《民族风骨世纪巨制》）。

在中国绘画史上，人物画巨制委实不少，如敦煌及永乐宫的壁画，唐代吴道子的《朝元仙杖图》、五代顾闳中的《韩熙载夜宴图》、北宋武宗元的《八十七神仙卷》、现代蒋兆和的《流民图》，以及20世纪80年代后出现的一些大型壁画，虽显示了巨幅人物画的发展，但像《走出巴颜喀拉》这样丰富、生动、富于变化、大开大合、具有巨大震撼力的史诗般的人物画长卷是绝无仅有的。人们站在这幅巨作前，确有一种临着“陡峭的悬崖”“迅雷疾电的黑云”、毁灭威力的火山、“扫空一切的狂风暴雨”的感觉。这又体现了它“力量”上的巨大。

其次是交响乐式的结构。

应该说，在当代巨幅绘画中，还很少有哪幅作品像《走出巴颜喀拉》这样讲究结构的。在如此繁复的结构中，画家娴熟、从容地把握了节奏和韵律在复杂中求单纯，在变化中求和谐，在宏大中求精致。这里，创作主题将“数量”和“力量”两种因素交织在一起，使整个“乐曲”产生摄人魂魄的崇高魅力。

2. 飞瀑跌崖似的线条

李伯安为适应鸿幅巨制的重大题材的需要，对线进行了前无古人的大胆创新和丰富充实，从而使其国画语言具有一种惊世骇俗的效果。中原绘画史上，人物画曾出现过两个制高点，即唐代的吴道子和北宋的武宗元。吴道子的线在古代被誉为“吴带当风”。武宗元是学吴道子的。李伯安与武宗元是同乡，都是河南孟津人，李伯安从武宗元那里汲取精华，以飘逸的长线构成稠密错叠的衣纹，于统一中求变化。可以说，李伯安从观念到实践都把改造过的线造型推向了极致，充分展示了中国画中线的表现力，而且从中可以看出永乐宫壁画的雄浑气魄。

李伯安曾说：“我对线和墨韵有着根深蒂固的崇拜。”然而，他却从罗丹的著名雕塑《巴尔扎克》中那从颈到脚、一泻而下的大幅度的推泥中领悟到泼墨大写意的笔墨意韵来。为了求得“重槌击鼓”的效果，他创造出一种加粗加宽的线，并把这种线与光影结合，使繁密有力的衣纹层层叠叠，如飞瀑跌崖、电击长空，令人惊心动魄。这种劲健、粗犷、豪放、顿挫有力的线，强化了画面的视觉冲击力，给人一种崇高感。

3. 对比强烈的黑白块面

对李伯安来说，传统国画的语言形式显然不够。为表现力量感和矛盾冲突，李伯安常常把西方现代版画和雕塑的特征融入自己的国画中。为此，他将黑白版画对比强烈的艺术特征和表现手法与现代构成意识有机地结合起来，使画面形成强烈的黑白对比效果和丰富的节奏感。

4. 苍劲、枯涩的焦墨

焦墨在中国画里是很难运用的，而大面积的运用则更困难。然而，李伯安在其《走出巴颜喀拉》中成功地大面积运用了焦墨，开创了中国人物画大幅度运用焦墨的先河，与淡墨形成了鲜明的对比，对画面气氛的烘托发挥了极大的作用。同时，焦墨所形成的苍劲、古拙、枯涩，也强烈地增强了画面的崇高感。

5. 雕塑般的人物形象

李伯安善于用光影塑造人物面部，以线描刻画衣服、饰物，使光影块面与线描结构形成对比、互补和统一。其人物阴影下的面部犹如铁铸，突出了肤色的高原特征，也使若明若暗、乍阴乍阳的水墨得以发挥。可以说，一个个雕塑般的人物刻画，不仅倾注着画家深深的同情与关怀，也充分显示了画家对于崇高美的追求。画家以赤子的纯情与虔诚，以艺术家的热烈与激情，刻画出那一双双刚毅的目光、凸出而棱角分明的额骨、刚劲有力的双唇、高大健壮的身躯、剽悍威武的气质，体现了顶天立地、威武不屈的民族性格，而在惨淡中能看到现实的生命状态，在苦难中激起对理想人生的向往。这在一定程度上体现了“悲剧”的力量，即崇高。

总之，李伯安以其超尘拔俗的气度，将以上这些最能引起“恐怖”“惊恐”“狂喜”“痛感”“想象”等绘画元素（形式因素）有机地结构在一起，形成震撼力，从而使审美主体产生精神上的快感，心灵上的震动，即崇高感。

作为人物画家的李伯安，充分抓住了最能体现力量美和精神美的人物系列，不仅成功地塑造了这些崇高的艺术形象，同时也增强了艺术作品的崇高，更确切地说，是艺术作品所表现的精神、思想的崇高。

首先，太行系列

刻画太行人形象是李伯安在20世纪80年代情有独钟的题材。在他看来，太行是个多见石头少见人的山的世界，这里的人们祖祖辈辈与山厮守着，日出而作，日入而息。漫长的岁月已将人的躯体融入山的厚实、山的浑朴、山的胸怀、山的性格。（《情溢太行》）太行山人形象上的感人之处还在于：长期受山风的浸润，黑里透红，若山风雕就。敦厚朴实的太行山人是他体现中华民族顽强生命的精神载体，充满才情又别开生面的一体地折射出一种强大的情感震慑力。伯安赞美的是民族脊梁。伯安塑造的是民族风骨。其中也融进他的灵魂、他的血肉。（《椽笔擎天泣鬼神》）这是崇高由自然性向社会性的升华。如那头顶夸张着的巨大红日，像巨石般矗立着的太行人（《日出》），肩如坚石的挑山工（《华山挑夫》），黑白块面与直线分割中体现出力量感的姥姥们（《姥姥们》）。这里，画家挖掘到了一种常人难以察觉的深沉内蕴，又有着强大震撼力的精神力量，即一个民族的精神力量。

从1971年开始，李伯安几乎年年深入太行，在那里探取水墨人物创作之源。他作品中的沧桑感与悲壮感，既源于个人的生命体验，也打着时代和环境的烙印。这些烙印潜移默化在了太行人系列中。

其次，黄河系列

20世纪80年代，李伯安把创作题材转向了黄河。黄河乃中华民族的象征，华夏文明的摇篮，她像母亲一样孕育了亿万儿女。在黄河岸上居住的古代中国文明的祖先们，没有像那些居住在南方的人们那样享有一种安逸而易于为生的环境。

李伯安一踏上世界屋脊巴颜喀拉山，便被这里雄伟壮阔的高原、粗犷的民族生活、虔诚的宗教信仰与自然抗争相容的生态环境所震慑，深深地感受到黄河文明内蕴的深沉力量。

再次，青藏系列

青藏题材曾是新时期绘画创作的热门，

蜂拥的赶潮者很多，其中陈丹青的油画《西藏组画》最有影响。水墨作品虽然不少，有影响的却不多，李伯安的《走出巴颜喀拉》的问世，改变了这种状况。

李伯安的绘画由太行转向黄河，又由黄河转向青藏高原，是自然而然的变化。巴颜喀拉山位于青藏高原，是黄河的源头，也是中华文明的源头。抱着探源之心，李伯安沿河上行，多次到青藏高原和甘南藏族自治州考察写生。李伯安所塑造的太行山人、黄河老农及藏胞等系列人物形象，虽然面貌粗犷诡奇，甚至丑陋、狰狞。但这种“丑”和崇高之间往往有某种一致性。丑本身不一定是崇高，而丑和引起强烈恐怖（这种恐怖夹杂着快感）的那些性质结合在一起，就会显得崇高。李伯安这些“丑陋”形象的整体造型犹如大山巨石一样雄险豪壮，体现了与自然抗争的力量之美以及与自然融为一体的和谐之美，他们身上闪烁的精神之光竟使其“丑”转化为崇高。

冯骥才评价李伯安说：“当艺术家将自己的生命转化为个崭新而独特的艺术生命后，艺术家的生命便得以长存。就像李伯安和他的《走出巴颜喀拉》。”（《永恒的震撼》）。为了艺术这个“灵魂的载体”，李伯安心甘情愿地撇下人间的享乐，像苦行僧一般将血肉之躯熔铸到作品中去，直到把自己消耗得“弹尽粮绝”。

李伯安是累死的。为了创作《走出巴颜喀拉》，他几次赴青藏高原。尤其在那位与他签约的日本商人去世后，他便不得不一边筹资，一边作画。为节省时间，他常吃住在画室，用开水泡干馍就咸菜充饥。严重的颈椎病，常使他眩晕得难以作画，他怕耽误时间而怠于治疗，于是又患上了甲亢。病痛的折磨使他难以忍受。他似乎感到了生命的紧迫，强烈的使命感促使他挺着身躯，抓紧点滴时间拼命地去画。但他最终还是未能完成他的巨幅画作，未能走出圣山，倒在了他的画作前，再也没有起来。

李伯安作为一个画家，生前没有办过画展；作为河南美术出版社的美编，没有出过本画集，连一本小册子也没有。然而，他却在这无声无息中成了一名民族艺术和民族精神的殉道者。刘大为这样赞叹道：“曾几何时，我们听到无数要为艺术献身的豪言壮语。可是，为着崇高、伟大的精神追求而无私无畏真正献身如李伯安者，又有几人哉！”著名画家刘勃舒面对李伯安的巨幅画面难以抑制感情地说：“我们这个时代是伟大的时代，我们这个时代是出伟人的时代，李伯安就是我们这个时代画坛的伟人，李伯安就是20世纪画坛的骄傲。”

李伯安《走出巴颜喀拉》这幅气贯长虹的作品，以其对民族精神的高扬和对黄河文明的形象描绘呈现出史诗般的光辉，是“伟大心灵的呼声”。英国人李斯威尔说：“没有灵魂的高尚的伟大，最高贵的艺术作品和自然必定会永远黯淡无光。”（《近代美学史评述》）《走出巴颜喀拉》在柔靡之风四起、小品极度流行、民族虚无主义泛滥的世纪末，以其高亢的旋律，回应着世纪之初对汉唐雄风的呼唤，启示着新世纪自主、自信的大中华艺术崛起。这是怎样的一种崇高啊！

2005年6月于虚静斋

（作者系美术评论家）

1999年11月，“李伯安画展”在中国美术馆展出（开幕式）

时代的强音

潘耀昌

对于时下铺天盖地的印刷品攻势倍感厌倦以至麻木，收到《李伯安画集》时，我开始还以为是常见的那种不惜工本、精心炮制的自我包装材料。本人孤陋寡闻，画家李伯安的名字虽有所闻，但仅此而已，既不了解这个人，也没留意他的艺术，更不知他英年早逝。待打开画集读过作品和文章之后，不由得激情涌动，敬意油然而生，这时才意识到它沉甸甸的分量。在被某些“走火入魔”的前卫艺术和各种宣传大战搅得昏天黑地的艺坛，终于领受到一股感人的炽烈气息。从字里行间流露的真情可以感觉到，画集中所有的文章都非应景之作，而是肺腑之言。李伯安的这个遗作展完全是一次出自道义和责任的民间的自发行动，旨在让更多的人，特别是圈外的广大观众，认识、纪念这位真诚、执着的艺术家，我感觉到这一愿望实现了。

人物画是传统国画的弱项，但是，20世纪中国画最值得赞许的成就是人物画，因为人物画更多的与时代的精神相关联。我在2000年第一期《美术观察》上写过一篇文章，题目为“不要忘记20世纪中国艺术中的精神”。我指的是中国人为摆脱封建主义压迫，帝国主义欺凌，而救亡图存、强国富民的强烈愿望，和为了实现这一目标而忍辱负重，卧薪尝胆，憋足了劲的爬坡精神。中国艺术的现代性首先应该体现在这种精神上。这种精神充满了忧患意识和悲剧色彩。此外，现代性是一个动态的概念而不是终极的目标，它应该是当代的，同时也预示着未来进步的方向。现代性不是简单的西方化，更不是照搬西方的样式，而是以全球的胸怀兼容并蓄地审视世界文化遗产，并反映出世界观和生活经验的全球化、国际化的程度。我在李伯安先生的画卷《走出巴颜喀拉》和《太行人》上看到了中国艺术的现代精神。李伯安的画卷，造型、构图、用线、用墨、用色都属上乘，而且强烈体现出20世纪中国人的精神面貌，因此，从任何角度看，都具有现代性。李伯安的画卷使中国人的现代精神得到张扬。他的画卷是一种象征，就像沟通东部和西部的黄河那样，是一条连接中华民族的纽带，是以黄土地的精神、以黄河的精神，谱写时代的赞歌。这一画卷以雄强的气势胜，以人物的强度胜，以民族的伟力胜，以浩然的正气胜。李伯安塑造了中国人民引以自豪的形象，这是位中国画家以自己的生命奏出的时代的最强音。虽然李伯安不像前卫派那样受媒体的青睐，也没有像某些前卫派艺术家那样制造耸人听闻的“事件”，去炒作、去包装，而是抱着“子不语怪力乱神”的原则，不求时尚，只是踏踏实实地描绘自己的所见、所感，却因此拉近了他的艺术与观众的距离，得到了同道的肯定、社会的认同，并被视为楷模，这就是李伯安的人格和艺术的魅力所在。

统一考试、统一标准、统一模式的现行制度，忽略了人的个性，不利于特殊人才的脱颖而出，剥夺了许多偏才的培养和发展的机会，埋没了无数英雄，令人扼腕。希望李伯安现象能够引起我们的反思。虽然，在所谓国家干部的指定仕途上，李伯安屡试屡败，是个失败者，但在艺术上，在自我奋斗的道路上，他无疑是个强者，是个成功者。

2001 年 4 月

（作者系上海大学美术学院退休教授）

李伯安《走出巴颜喀拉》的艺术成就

邢晓舟

在 20 世纪即将结束之际，李伯安，这位在寂寞之中苦苦探索艺术的画家英年早逝，而他尚未完成的巨作《走出巴颜喀拉》却为中国艺术带来了无限的生命气息。

这幅长卷的艺术成就是重大的，它使李伯安赫然成为中国绘画史上的一名巨匠。首先，《走出巴颜喀拉》具有崇高而深厚的精神内涵。画家所要表现的，是藏族这个古老的民族在群体意义上的精神特质，是一种最自发也是最本质的属于共性的东西。他选择了他们最基本和最朴素的活动加以描绘，要以博大雄浑和正气浩然的画面震撼人心。画家在创作的时候已经与他所描绘的对象，即那些与高山大地共生息的伟大人民，融合化一，完全进入了一种忘我、无我的状态。李伯安的绘画是一种超越了艺术家的小我的大艺术，它丝毫不像当代潮流所推崇的那样，纠缠于个人的情结，或沉醉于特异的状况。在此意义上，李伯安的水墨人物画与范宽和郭熙笔下的大山大水具有异曲同工的崇高境界。而自 20 世纪，甚至更长的时间以来，我们所缺少的，也正是这种能够纯净灵魂的道正意远的艺术。要表现强大的精神内涵，就必得探索具有表现力的形式。李伯安也做到了这一点。应该说，在“洋为中用”的探索中，他的国画取得了突破性的成就。在《走出巴颜喀拉》那些巨幅的画面上，我们可以看到李伯安坚实的传承传统的笔墨功力，也可以看到西方雕塑和版画的刀法力度和体块构成对他的启发。素描式立体造型和线条白描被十分和谐地结合在一起。整个画面既具有整体的意象性，又具有局部的写实性；既在人物集聚成的大块之间构成的有力而分明的节奏，又不乏变化丰富的渲染或肌理效果。

李伯安通过他诚恳而勤奋的探索，使他的艺术达到了内容和形式的相辅相承、和谐统一。他把国画造型手法推到了一个前所未有新的高度。

2001 年 4 月于上海李伯安研讨会发言稿

（作者系上海博物馆原归国博士）

逝者如斯

马国强

为伯安写点文字以寄哀思的念头久矣。3年前的5月2日上午，伯安仙逝，我记得是在当日下午得知的，大惊，即刻飞车前往伯安家证实噩耗并吊唁。当晚便利用职权在报纸上登消息刊发讣告，及至一切忙完，伤悲之情再次充溢心头，难以自已。因年龄相近，并同为人物画家，不由得一种“兔死狐悲”、惺惺相惜之感涌上心头。催我命笔成文，竟连续收到王澄、乙丙二兄两篇悼文，命我速速刊发，其情难却。以伯安兄当时的身份，其发稿规模已远远高于其他同级艺术家，我们的编辑已有违“规”之嫌了，再发多文，实在不妥，只好作罢。伯安逝世后3年间声名日隆，朋友、学生、相知也多了起来，由于不想给人留下攀附的印象，更因一直找不到一个“由头”，而新闻界的人又讲面子，一直没有再动笔。

及至伯安3周年祭日过后，忽一日，收到伯安夫人张黛亲自登门送来的河南美术出版社出版的《逝者如斯——画家李伯安资料集》，连夜秉灯通读，难以释卷，竟不成寐。不死的伯安，跃然纸上，直令看透世事如我者竟唏嘘不已。叹画事之多艰，叹人生之苦短，叹伯安之早逝，惜伯安身后所未见，百般感叹之余，忽然想到为这本书写几句话，让更多美术界的朋友知道这本书，通过读这本书知道李伯安，岂不是个“由头”吗？

这的确是一本好书，我想，起码应是河南美术出版社近年来所出的好书之一。集美术性、资料性与可读性为一体，于学理阐释缜密严谨，有很强的专业性，于人文描家，亲人忆亲人，情真意切，娓娓道来，大部分文章都像散文，可读性很强。绝大部分熟悉的名字忆出了我所不知的大量伯安和伯安以外、美术界和美术界以外的事情。我与伯安相识20多年，真正可说得上君子之交淡如水，相知却不深。画家是十分个体化的职业，而我又充其量算得上一个业余画家，繁忙的正业之余又要耕墨犁研，耽误了与包括伯安在内的许多画家“相知”的时间和机缘，这不能不算是一件憾事。但与伯安却称得上“神交”，这种神交是以学术的纯粹为基础的。伯安的《走出巴颜喀拉》及其他作品在我主持的画报与报纸上以整版的篇幅数次推介，而伯安在其主编的《现代人物画库》中，则将我选入其内。这些对于其他画家而言是很难得的机遇，于我们之间竟然互道感谢都没有，更不用说互相请酒啦。一是顾不上，二是每遇画界偶有活动往往擦肩而过，难有私下晤谈之机，以致在闻其去世噩耗上门吊唁时方登伯安家门。伯安去世后，分别在北京、洛阳、上海等地搞了几次重要的展览活动，而我却因“正业”忙碌而匆匆尽量赶去参加，尽管没能全都参加到底，但却多少弥补了生前于伯安留下的遗憾。

作为画家的、编辑的和处世为人的李伯安，是一个复杂的人格与画格的统一和心底狂澜、细致入微与大笔泼墨、谦恭随和与自信执拗、重情尚义与入世随俗而再次凸现。此书的可贵之处除了理论的严肃性和学术品位外，还有闪现出编著者和作者不为学者和逝者的求实之光，这就是与伯安距离最近的好友在回忆文章中对伯安性格不足部分的分析。

2001年6月——深夜于郑州

（作者系河南省文联原主席，河南省美协原主席，画家）

媚俗伤骨

——中国画流行病批评

聂危谷

一位批评家于20世纪80年代所作的预言似乎并不灵验，中国画逃过了“穷途末路”这一大劫——不是作为“保留画种”，而是堂而皇之，昂首挺胸地跨进了新世纪的门槛。

其实，批评家的忧患意识并非杞人忧天。当下中国画华丽的外表难以掩盖其精神的病态与空虚，中国画的病患不一而足，而媚俗则是中国画坛最大的流行病。媚俗的劣根性在媚骨，媚俗危害之大，却至今未能引起学界与画坛的反思。

一、从题材、内容到形式、情调，中国画的媚俗无处不在。

人物、山水、花鸟——妖冶的古今美人，风骚的文人墨客，虚假的民族风情，娇媚的青山绿水，矫饰的明清古居，甜腻的花鸟鱼虫。这些挥毫必揽式的俗套题材早已令识者乏味，却因其能娱俗人耳目而充斥画坛。更有甚者，裹小脚、套肚兜的病态裸女，贵妃出浴式丰肥性感的唐妆美人，搔首弄姿的时装女郎。再配上流行小调与打油诗一般的淫词秽语……这些愈加俗不可耐的内容亦屡见不鲜。

工笔、写意、水墨、彩墨——扭捏的造形、轻盈的用笔、讨巧的构图、可人的设色；或绣花般地精描细绘，或调情式地戏笔弄墨。媚俗的内容与形式沆瀣一气，勾勒出风情万种、阴盛阳衰的中国画流俗面孔。即使是那些汲取古今中外生辣艺术风格的中国画，也难免落俗。比如徐渭的破芭蕉、八大山人的瞪眼鸟、毕加索的变形女，只要经过当下中国画家的五味调和，便可即刻变成性温味甘、老少咸宜的大杂烩。

公开与地下绘画交易中俯拾皆是的媚俗小品、行画、应酬画、礼品画、公关画，以及迎合官场的官样画，已经使中国画损筋伤骨，堕落到奴颜婢膝的田地，而尝到了媚俗甜头的中国画家，则对此浑然不觉。从大腕级别到无名之辈，当中国画家关起门来沾沾自喜，饭后茶余津津乐道，无非是获利厚薄，或者是浮名与虚衔的时候，中国画的现状与前程，就不得不令人担忧了。

当艺术殉道者李伯安惊世骇俗的鸿篇巨制《走出巴颜喀拉》被发现的时候，美术界不免为之震惊：当今中国画坛居然还有这么好的画家？居然还能产生这么伟大的作品？然而，李伯安为中国而燃起的一丝希望之光，又随其孤魂悄然飘逝。关注下李伯安的创作动机与画风转变是颇具启发性的。当日本商人愿资助伯安创作以及在日本修一亚洲最大规模美术馆（圆形），并将伯安作品长期陈列其中为条件预约此画时，虽然此间从未提过画酬与订协议合同之类，仍在口头上，双方一拍即合，伯安一口答应。李伯安画得比较写实和拘谨。而当口头之约随日本商人去世云散后，李伯安失去了名利的诱惑，无丝毫痛苦和思想斗争，自然而然地决定继续画下去。并且从此摆脱一切束缚，直抒胸臆。因此，这幅力作的后半部的艺术魅力超过了前半部。

难道自古英雄多磨难是一种无法抗拒的历史宿命？艰难的岁月曾经造就了潘天寿的铮铮铁骨，林风眠的低扬激越，李可染的沉雄浑厚，石鲁的不屈不挠。其人格魅力与艺术个性统一而鲜明，阳刚之气则是他们的共性。而如今，面对金钱与浮名的诱惑，中国画家能否拒绝成为玩主雇佣的奴画制造商？特别值得一提的是，不要以为炮制奴画的只是些三流或不入流的画家。有眼力的读者，只要从题材、内容、形式、情调四个方面去衡量一番，就不难发现，当今享誉画坛的名流，下笔即俗者比比皆是。

二、媚俗的病根是媚骨。今日有不少浮而不实的中国画家，一个比一个会摆派头、做味道。

按语：此文铁骨铮铮，最难得言之有物且又理直气壮，很能自圆其说，十分难得。网上搜来，下文难寻，惜乎不全！

著作《在河之南》摘录

郑彦英

由杜甫的献身，不禁使我想到了李伯安。

20世纪80年代中期，我在文学月刊《奔流》上发表了一篇描写太行山人生活的短篇小说，李伯安为我的小说画了一幅插图。山民脸上那刀刻般的纹路至今给我留下深刻的印象。后来在一个朋友的聚会上，我和伯安相遇，经人介绍，互相握手寒暄几句，他给我的印象是文弱书生，此后很少接触。

1999年春天的一个黄昏，摄影家张明泽先生突然约我去喝茶，说有重要事情告诉我。见面后，他将一沓照片在长条桌上铺开来，于是，一幅名为《走出巴颜喀拉》的长卷画作出现在我的面前。

我当即被画作中那宏大的气势震撼了。禁不住问："这是谁的？"

"李伯安的。"

"我想看原作！"我大声说，弄得茶馆里很多人对我们侧目。

“没法儿看。”张先生说，“原作长 120 多米，高近 2 米，只有在展览馆才能展开。”

“那，我也得见见伯安老兄，能画出这样的大作品，不亚于愚公移山！”

张先生这才沉重地告诉我：“伯安兄已经去世了，而且是累死在画作前的，你看最后这张照片，这是他百米长卷的结尾，他夫人为之取名“天路”，但他仅仅画出了草图，还没来得及仔细描摹，就……”

我把杯中的茶一口喝尽了，茶很苦。

不久，我专程赶到北京，在中国美术馆参加了《走出巴颜喀拉》的展出仪式。而且，我在仪式开始前一个多小时就先人一步到达中国美术馆二楼展厅。

我虽然已经看过照片，但站在大气磅礴的原作面前，我又一次被震撼了。巨幅画作分为 10 个主题，每一个主题，都让我长久流连。而且，我虽为作家，画作中所表现出来的博大而神秘的意象，放射出的以水墨为主调的色彩的魅力，却让我很难用准确的语言加以表达，所以选其一段，展示于下：

我知道这次展出在目前比较浮躁的画坛肯定会引起轰动，但我没想到，画坛中许多我只闻其名未见其人的重量级人物都参加了这次对他们没有任何功利的仪式。其中许多人物的发言，更进一步增强了我对《走出巴颜喀拉》的认识。文化部中国画研究院院长、中国美术家协会副主席刘勃舒先生动情地说：“人物画画到如此境界，我认为前无古人，后无来者！我们这个时代是伟大的时代，我们这个时代是出伟人的时代，李伯安就是我们这个时代的伟人！”中国美术家协会常务副主席、著名画家刘大为先生认为李伯安作品造型的复杂、功夫的精湛、工程的浩大，以及技巧与风格的全新创造，都令人钦佩不已！我们的画坛多年来少见如此气势磅礴、豪气逼人的作品了！在文学和美术上造诣皆深的冯骥才先生激动地说：“伯安是累死在画前的，是累死在这伟大的作品前的，但对于他的死，没有任何一家媒体发消息。因为他太没名气了，在当今这个信息时代，竟然给一个天才留下如此巨大的空白，这是对自诩为神通广大的媒体的一种讽刺，还是表明媒体的无能与浅薄？”

发言还很多，赞扬还很多，我就不一一列举了。我长久地思考着冯骥才先生的话。

确实，在此之前，伯安是毫无名气的。为了这幅长卷，伯安画了整整 10 年。

在这 10 年里，他没有、也没有时间去与别人争名额有限的职称，所以临去世，他的职称还是副高。在这 10 年里，一些和他同年毕业的人已经身居高位，但他不惊不羡更不去跑。在这 10 年里，懂行的画商出高价要他画 500 幅太行人物，每幅 500 元，他没有为之动心。尽管对那时的人来说，那是个遥不可及的天文数字。他并不是不缺钱，他是太缺钱了。起码得有个像样的画室，但他没有。为了画《走出巴颜喀拉》，他竟然在一个小学租了一间废弃的教室，将仅能躺下一个人的权且称为床的木板支在那里，画累了就在那里睡。因为他是一个出版社的美术编辑，他还有必须完成的日常工作任务，这样他才能领到一份赖以生存的工资。所以，他的创作，只能是业余的。如果有钱，还用在业余时间画吗？起码得出一本画册或办一个画展，让世人知道他已经处在一个什么样的创作高度。但他没有钱、也没有时间去折腾这些。

在这 10 年里，他的儿子从小学上到大学，每一步都是需要钱的，他只好从自己的日常开销中去省。

在这 10 年里，他更没有媚俗，去画一些声色犬马追求视觉愉悦的东西，更没有做个人小情小趣的玩味，也许那样，他早就出名了，成所谓的大画家了，成了媒体追踪的对象……

然而他没有，他耐住了寂寞，耐住了贫困，在刚刚着笔《天路》的时候，走上了他的天路……

开展仪式结束后，我禁不住从头开始，重读《走出巴颜喀拉》。

中州古籍出版社的黄天奇先生与我一起重读。

黄先生是深知李伯安的。他对我说："李伯安在这10年的时间里，颈椎病一直伴随着他，而且越来越厉害。但他很少去治，因为他知道治颈椎病没有什么特别的办法，最有效和最直接的办法就是去按摩。省体委的王世伟大夫本就是他的朋友，在按摩上就有独特的建树，但他不去找，他说太费时间。所以他的画室里放着许多颈复康的盒子。后又查出患了甲亢，又是一个要命的病。画到最后一个月的时候，我去看他，他揉着脖子说，'快画完了，我觉得我这油……快熬干了'……果然，一个月后的上午，他在连续画了4个小时之后，一头栽倒在他尚未来及完成的画前……

"他才……54岁，是一个艺术家最好的年华！

"深知李伯安绘画品位和成就的朋友在这巨大的噩耗面前惊呆了，他们本来要等待《走出巴颜喀拉》面世的时候再为李伯安鼓掌欢呼的，但他们没有等到这一天，人都忙，大家只是断断续续地看过《走出巴颜喀拉》，当然看到的也是片段，但在李伯安倒下以后，大家才看到了这幅作品的全部。在这伟大的作品面前，没有一个朋友不为之震动的。

"于是，几个朋友决定，要让世人了解李伯安，要让世人看到《走出巴颜喀拉》，要为李伯安出画册，要为李伯安办画展。

"但仅仅这两项，就需要巨额资金，朋友们进而决定，呼吁全国的画家为李伯安捐赠画作。"

正是有这些朋友的捐画，李伯安的画展和画集才有了着落。

我见到了伯安的儿子，紧紧握住孩子的手。

我哭了。我不记得，我已经多少年没有哭过了。

后来，《走出巴颜喀拉》又在上海、深圳和广州展出，引起了更为强烈的关注和巨大的轰动。评论家认为，李伯安是20世纪最伟大的国画家之一，《走出巴颜喀拉》为20世纪的中国画坛做了一个沉重而灿烂的总结。

伯安如果活着，今年应该59岁了，与杜甫去世的年龄一致，但他毕竟比杜甫早走了5年。一个54岁，一个59岁，若卦在乾位，时在深秋。这时候，我才进一步领悟到，为什么姬昌将伏羲八卦的乾位由南方挪到了西北方，那正是深秋所在的位置。同时想到了那简约而又深奥的卦辞：元亨利贞（元始创造，亨适畅达，和谐有利，贞正坚固）。

思绪飘飘，飘到杜甫，又飘到伯安，终于回来。还在羑里，还在演易坊前。

姬昌、杜甫、李伯安，一个是圣人，一个是诗圣，一个是画家。一个顶着悬在头上的刀演易出了通天达地的《周易》；一个在贫困潦倒走向死亡的过程中写出了不朽的诗篇；一个淡泊名利，不求闻达，熬尽生命之油画出了伟大的《走出巴颜喀拉》。在他们各自的时代里，不乏丰衣足食的人，不乏时运亨通的人，但这些人的灵魂随着他们躯体的死亡一起死亡了，而姬昌的《周易》，杜甫的诗，伯安的画，却又以另外一种形式，若他们的生命一样延续着他们的思想和灵魂。只有这样的延续，才是永垂不朽的。

按语：明泽有情，彦英有情，天地之间，万事万物，唯情长在！此文另辟蹊径，别有洞天。

（作者系河南省文学院原院长，河南省作协原副主席，著名作家）

美国文化学者哈维·韦斯特与黄永玉和李伯安的情缘

立 风

2005年9月26日，艺术家哈维·韦斯特携夫人姚小波，应著名画家李伯安夫人张黛女士及河南博物院之邀，飞抵郑州。

哈维早年毕业于美国华盛顿州立大学美术和美术史专业，获硕士学位，接着被聘为宾夕法尼亚州立大学美术系教授，曾先后担任美国4家艺术馆的馆长。

那是1985年初，应中国有关方面的邀请，哈维来中国筹办赴美国大型文物展“天子：中国皇室艺术展览”（下称“天子展览”）。

此后5年，他穿梭于北京故宫和西雅图博物馆之间。1989年，展出中国从周代到清代近300件国宝的“天子展览”在美国举办。

“天子展览”吸引了120多万美国观众。

命运之神就这样把一个西方艺术家带到了中国艺术的大门前。

“李伯安是一位伟大的画家。”

哈维夫妇此次郑州之行，用他自己的话说就是冲着李伯安的画来的。“他是一位伟大的画家”，一听到我们说出“李伯安”三个字，他随即脱口而出。哈维知道李伯安纯属偶然。一次，著名画家黄永玉邀请哈维夫妇到家里做客。二人很自然地探讨起艺术，直至深夜。黄老谈兴甚浓，随即拿出收藏多年的历代著名画家代表作品集让哈维欣赏，在叹为观止之余，哈维问黄老：“中国当代著名的画家是谁？”闻此言，黄老摘下眼镜，慢慢将画集挪开，缓缓地说：“中国当代著名的画家是河南的李伯安。”哈维一下子就记住了李伯安这个名字——不仅仅因为作出这个判断的是中国当代书画大家，更重要的是这位大师的画作也在那个他们刚看过的画集中。

2003年，李伯安画作展在广州美术馆举行。哈维无意间去参观，李伯安先生的代表作《走出巴颜喀拉》就放置在展厅的最前面。当哈维一眼看到这幅波澜壮阔的巨作时，“哇，我简直惊呆了。在那幅画中我听到了历史的声音，冥冥中感觉画中的人物来到了我的身边在和我交流。那种感觉太奇妙了。毫不客气地说，我今生阅画无数，那是让我最震撼的一幅。当时我就作出判断，这就是李伯安的画！”哈维绘声绘色地描述当时自己的感受，一扬眉，一耸肩，一脸的陶醉，当时，他还在一群参观李伯安画展的男女老少中开始兴致勃勃地充当起讲解员。一个高大帅气的金发美国男人在画前侃侃而谈，他的中国妻子在一边忙不迭地进行翻译，这场面实在让人忍俊不禁，十分有趣。

“可现在的问题是，为什么不把李伯安的画介绍到美国、欧洲，介绍到全世界呢？20年前，我组织‘天子展览’，让美国人看到了中国灿烂的古文明、精深的文化和厚重的历史，轰动全美。而今天，李伯安的画难道不是中国文化的体现和延续吗？欣赏李伯安的画，我感到他的生命在动，李伯安的画有股强大的自信，是交响乐，雄壮异常。我觉得只有这么画画，才是纯粹的艺术家。他的生命都变成画了，画传达了他的声音，也成了他生命的一种延续。后来我在黄永玉先生的客厅里看到了李伯安的一幅画，和黄永玉的画相对而挂，我知道，那是中国画坛的两位巨人在对话。”说这些话时，哈维没有停歇，夫人几次要打断他，翻译给我们听，都没能成功。“很遗憾，我没能在李伯安生前结识他，很遗憾，很遗憾。”哈维抿起嘴唇，连连摇头。“现在我们要做的是把李伯安的画保护好，他的创作很艰苦，画纸很薄，一不小心就会被弄破。这可不是闹着玩的。要让你们的孩子也能看到李伯安的画，听到他的声音，这不仅是张黛女士的责任，也是我和姚小波的责任，更是我们大家的责任。”哈维伸出手，优雅地环指一周。我的身子一震，一种拯救艺术的责任感油然而生，此刻，我明白了眼前这位头发花白的外国艺术家为什么会20年如一日，奔走在中国的田间巷尾，为弘扬中国的艺术不遗余力——一个为艺术奔走终生的人，也是个高尚的人。

按语：自2005年广东画展相识起，这位外国老人一直为李伯安画展能够在美国展出努力，虽事未成，但其拳拳之心着实令人感动。

前半部从哈维写给我的简历而来，该文后半部抄自郑州晚报所刊文章《为中国艺术奔走的美国人》。

《走出巴颜喀拉》的谬误与匡正

挨　诗

20世纪末，李伯安的名字与他的水墨人物画长卷在我国画坛引起了强烈的震撼。人们为长卷磅礴的气势和淋漓的艺术表现所惊叹，更被作者的执着奉献并最终溘逝在这幅未竟的画作前而感慨。所有经历过这番感受洗礼的人，无不对逝者怀有一份崇敬之情。

然而，当人们对画作做进一步的审视和评价时便不难发现，在精湛的画作中确实又存在着许多让人费解与不谐和的因素。这些因素直接影响着画卷的整体面貌和质量，却又令人不可思议。这是因为人们看到长卷并非画家本人的构思和他本意愿意结束的模样。而是由于画家的溘逝，由被当时亲情所驱使的亲友们，在未能对逝者真正进入理解与感悟，又缺乏对画作做充分考查论证的情形下，便仓促将画作遗稿自主随意地拼合在一起，因而难免造成许多谬误，而这些谬误不仅无意间亵渎了画作应有的艺术效果和价值，也造成了对世人和整个画坛的误导与蒙蔽，使之形成许多不良情形。因此，对长卷重新以审慎的匡正，还其真正应有的面目，是我们能否真正敬重逝者并对逝者和长卷能否有一个较为准确客观的把握与认识的必要之举，同时也是中国画坛及其美术批评、对逝者、世人及后人应尽的责任和义务。故此本文仅作抛砖引玉之见。

对长卷的谬误拼合

现在人们曾已目见和已付梓在画集中的长卷拼合。其谬误首先表现在段落间笔墨技法及风格明显差距上，具体体现在第一段《圣山之灵》，第四段《哈达》和所谓的末段《天路》与整幅长卷在风格技法上有明显的差距：这些差距是造成整幅长卷不能谐和贯通与严谨的主要因素。

其次，明显表现在整幅长卷中有两大段落的重复：这些重复不仅是内容情节上的重复，而且明显为现代人物造型和画面结构上的重复，主要表现在《开光大典》段中前段与《天路》段中前段内容结构上的重复，和《劳作》段中始端与《天路》第二段中始端劳作场面的重复。还有《歇息》段中局部一妇人、怀拥赤裸幼婴与《天路》段中同一人物造型的再现等内容与造型的重复。

其三，表现在段落间明显的不连贯上，这种不连贯不仅是画面风格技巧的不连贯，而且体现在情节延续和画面结构笔意上的不连贯，其具体体现在几乎从长卷第三段《朝圣》后的各段衔接上。

从这些谬误的现象来看，前两者都是由于拼者明知所谓的《天路》部分为长卷中多部分的初稿，却仍强作拼合所致，后者的谬误则主要是拼者的草率臆断所酿成。

李伯安先生一生以谦谨真诚著称，他的治学与绘画更是有过之无不及，尤其对自己的展出作品，他更是极其认真和考究，何况这幅积他多年心血殚精竭虑的绝世之作，更是倾注了他末年的全部情感，岂容这般混合无序而存示于世，逝者在天有知是不会安逸的，然而逝者生前就不曾被人认识和体恤，死后至今仍不得理解与慰藉，却只有任人臆断而备受谬辱，先生悲甚之久矣。

长卷的创作历程

为了准确地把握逝者的创作思路和意图，有必要对逝者的创作过程有一个基本的了解，1989 年，伯安先生赴四川美院讲学间同日本商贾代理人协约长卷一事后，即开始了构思、草图、采风及资料收集的画前准备工作，当时卷长大约为 50 米，4 年为期，主题构思曾基于黄河流域的人物风情。而藏族风情便成为黄河发源的开篇之作。

经过一年多的酝酿和准备，1991 年初始租房付与绘制。约 3 月画出了《圣山之灵》（6 米）的人物部分。由于初临大画，难免驾驭之生疏，画面显得非常拘谨。因过分固守素描写实的效果而削弱了国画中线的表现和发挥，以及墨韵的通透与相衬，甚至连他以往画作的笔墨也未能发挥出来，人物因此也显得呆板和做作。但考虑到当时期限和进度，曾决定且不做计较，只管先走下去，必日趋驾轻就熟炉火纯青之境，然后回头再作统一。

接着《开光大典》（即现在所谓《天路》初段）的墨稿拉出后，线的造型意识明显有所体现，线条有机的组织与运用也增强了画面的形式语言和写意意境的效果，但因线条缺少变化而使写意笔墨仍显得单薄。尤其画面上写实效果的深入设色后，线条组织的形式感和意境所产生的人景相融的气氛也顿失光彩。同时人物形象也因概念化而多有近似和雷同。绘制一度难以推进。这时他意识到有两种障碍：一是自己的笔墨还很不成熟，尚未形成稳固的风格样式。又突然面对如此尺幅和规模，故而难以把握和发挥；二是缺乏对藏族群众生活的感受和了解，因而制约着他的笔墨与感受的交融，笔墨与形神相分离是画面难以生动的关键所在。然而年龄、身体状况和地域条件的限制，使他已不可能像当年感受《太行人》那样去感受藏族群众了。虽然又有西行之举，但主要也只能依靠尽可能收集更多的资料，充分调动他的间接感受，从而一头埋在笔墨与藏族群众形象交融的探索之中。

直到1994年，他终于画出了一批80厘米左右的肖像作品。皆以藏族群众为题，却一改以往写实的刻意塑造，而强调了笔墨的写意挥洒。构图溢满扑面，笔法苍劲纵横。有鬼斧神工抽象写意之妙，也有信笔涂鸦意趣天成之效。似像非像，似图非图。万般幻觉中，可察人物或喜或悲，或静或狂，或慈祥或狰狞，或苍老或雄健。画者肆意情感和画面笔墨意趣尽在自如挥洒之中。这应该是伯安先生绘画生涯中的重大突破，也是他之前所有作品中最具情感和最具艺术表现力的经典之作。他终于为成就长卷做出了有益的尝试和成功的探索。

这期间，除了这几十幅肖像外，他还画了《圣土》《相濡以沫》《圣愿》《藏娃》等一批反映藏族群众风情的单幅作品。同时为了能从传统笔墨中汲取更多的营养，在整个大画的过程中他还先后画了30余幅传统人物画。这都为他突破以往、成就大画起到了不可估量的作用。

但恰在这时，日本商贾突然病故，当初的口头协约便随故人化作云烟而消散，画作的资费从此也告中断，对伯安先生来说这倒是件好事情，他从此可以从容不迫地纯粹为自己的艺术追求去奋斗了，然而为节省作画资费，他不得不退掉租房搬至新分的私宅内，从而继续将大画向前推进。从现在所谓《天路》一段来看，《开光大典》的后段来看，画风明显地区别于前段而接近后来的探索，这时他已意识到在几十米的画作中很准体现最初的心愿，因此决定放弃当初画整条河的初衷而只画河源藏族群众了。

在不断的探索中，画面从藏传佛教大典画到藏族群众的日常生息，最后以藏族独特的天葬作为尾声，每段间以抽象墨团作为段与段间的空间三渡。这是从当时留学德国的油画家程从林的《迎亲的人们》一画中汲取的灵感，至此原订的50米画作已经基本完成，即长卷的始段《圣山之灵》和所谓末段《天路》两部分。同时还画了《哈达》段落，由此可知现在长卷中的首末两段本是完整的长卷初稿，从画面基调、笔意情节上看都相互贯通。但笔墨技法上还是几经变化。明显可见画者最初不断探索的心路历程。

显然伯安先生对此并不满意，并且有了更多新的构思和设想。结合后来日趋成熟的画风，他便想真正尽兴地重新再画一遍更为理想的长卷。恰于此时，由乙丙牵线他与冯骥才先生邂逅，冯也给了他许多肯定和鼓励，使他更加坚定了不断探索和继续新的创作构想，这是一个更加恢宏庞大的构想。在一直未能摆脱工作、生活、人事、家事以及健康每况愈下的种种困境里，他以非凡的毅力、以挑战生命极限的方式，将自己尽可能地封闭在一个苦行僧般的环境里，从而使他忙碌的一生终于赢得相对较为宽裕的一段时间。

他首先从最引人入胜的《开光大典》入手，一连起了3稿都未能满意，他不再像初稿那样，尽量迁就着将每稿画完，而是稍不满意便推倒重来，因此2稿、3稿都是起了一个头便被放弃，4稿基本上画完，最后还是全部放弃，直到第5稿才基本定下来。以后的创作顺序，若以5稿的大典风格相近而论，有《藏戏》《玛尼堆》两段。随后自《朝圣》始，笔墨渐转愈加奔放，尤其是背景的墨韵逐渐减少了，之前丰富多变的层次，进而概括成较为单一的块。至《劳作》段最为突出。而它却和大典4稿的风格又极其接近。因此是先前而后变，还是先有后者才有前者，则有待进一步的探索与论证。

由此可知，现在长卷中笔墨较为成熟统一的《开光大典》《朝圣》《歇息》《玛尼堆》《藏戏》《赛马》《劳作》7个段落，均是在1995年以后作为长卷的2稿先后完成的，其总长为72米。这就是长卷的整个基本绘制过程。

长卷的试析与匡正

有了对长卷绘制过程的基本了解，再来把握伯安先生绘制长卷的心路历程，便有了一个较为清晰的思路。同时还有一个重要的参照，那就是他为长卷绘制的草图。从这幅并不完整的草图来看，它应该是1995年初稿后始于长卷2稿时绘制的草图，这也为匡正提供了更为确凿的依据。而目前长卷的拼合甚至连这么重要的依据也不顾，其所造成的谬误自然也就昭然若揭了。

据此，本文试做如下探析：

1. 有两幅长卷以时间划分，1995年完成的初稿便是一幅完整的长卷，由《圣山之灵》《开光天典》《劳作生息》《天葬之路》4部分组成。1995年又在《圣山之灵》前加7米序篇来看，伯安先生是有此意的。另外伯安先生逝世时，画板上并非1996年以后的画，也非所谓《开光大典》的6稿，而是1991年的《开光大典》的初稿，即目前长卷所谓的《天路》初段，这段他已数易其稿的巨作此时显然不是欲与2稿画作作协调，而它与一稿追求墨的黑白相衬的基调也不甚相随，所以有理由认为他是欲与一稿作协调。这些迹象都表明伯安先生是有意保留初稿的。

1996年以后的画作则明显脱离了初稿的画风，而追求线条的疏密相衬和舒缓湍急交错的韵律与表现，有山水跌宕起伏之势。而且段落比较规整，基本上是以9米为一自然段，段间也不再有墨团的空间过渡，而主要靠情节和笔意的贯通来自然过渡。因此，段间笔意的衔接是2稿拼组应予注重的一个因素。

另外以9米为段，那么现在18米的《开光大典》亦可分为两段。由于已没有了开光佛像，前段则可以大典为题，后段可以两老妪跪地膜拜为题。由此以草图顺序和画面笔意结构以及情节发展延续上考虑则可排列为《开光大典》《膜拜》《朝圣》《歇息》《转经》《藏戏》《赛马》《生息》八个段落皆以二字为题，亦更显得统一和规整。其中《歇息》与《朝圣》段无论从草图顺序还是从情节、笔意结构的贯通上都紧密相连，而且符合藏族实际生活，各地远道朝圣而来的民众朝拜劳顿后自然会聚集在一起饮茶聊天与歇息，而不是日常散牧生活中很少机会聚集在一起的歇息。

原玛尼堆不宜为题，玛尼堆只是一种崇拜物体而不能代表人的行为，应以转经为题比较贴切，而转经则正是朝圣歇息后的延续行为，随后的《藏戏》《赛马》两段，虽然笔墨上有一定的差别，但画面的笔意结构尚比较连贯，情节上也还通畅。因为二者都是聚集罢惯常的即兴行为和每年收获季节后的庆祝活动。最后仍旧回到日常生活的活动之中，原劳作段在此易题为“生息”更能概括画面含义，同时此段于此还与一稿天葬部分的衔接形成更自然的过渡。而现长卷是将此段以“劳作”为题放在《歇息》段之前，显然是以汉族习俗去套藏族群众生活。因而不仅损没了逝者对藏族群众风情的体会与表现，也造成了各段衔接上的混乱，使画卷整体的艺术体现大打折扣。

另外，现长卷中的《哈达》一段，其画风、结构、情节、笔墨都比较特别，与两幅画稿都很难衔接，若从时间和内容结构上看，只能归初稿《天葬》内容前的抒情描述，因而很可能是被现在段落所取代的剔稿。因为整个长卷中只有此段前后加盖了印章。故可断定伯安先生本已另作单幅画处置了，因而不宜再纳入长卷段落。长卷除去《哈达》一段，不仅可以避免两稿之间的重复现象，还可得到两幅风格各异而各自统一谐调的长卷。而二稿则更具成就和价值。初稿以变幻生涩的笔调表达了画者对这个陌生、神奇而又虔诚的民族则更加贴近生活，表现出画者对民族风情的进一步了解与关注。从而描绘出藏族群众既朴实虔诚又豪爽奔放的性格与生活，笔墨间浸透着藏族群众身上那天性的粗犷和浓浓的酥油气息，使人仿佛置身其中。若此，两幅长卷是否可分别以“圣山之灵”和“雪域风情”为题，因为“走出巴颜喀拉”是基于最初构思的黄河母题。且不说伯安先生早已放弃这一主题，而且“走出巴颜喀拉”之题本身就存在着意义上的含糊不清，是谁走出？是藏族群众还是黄河或是黄河文明，而走出又意味着什么？显然都是不着边际和释意不清，而且与长卷内容也不甚相关。而“圣山之灵”、“雪域风情”这类朴实而又切近内容的题目，不仅同样体现着黄河之源的人文风情，而且也可独立为题。不一定非要与黄河相联系，冠以民族风骨而后快。若此，那《天路》末尾恰巧画家本人命运的象征性写照又意味着什么呢？

2. 只有一幅长卷：从伯安先生溘逝前的言行中，并没有表示过有两幅长卷。依他一贯的创作精神，也许他认为初稿只是创作探索中的一个过程。以他溘逝时的时间和后来2稿的作画速度，年底前他完全可以画出2稿的全部段落，即在已基本完成的72米的8段基础上，继续完成与初稿重复以外的13米始段《圣山之灵》和10余米的末段天葬部分。如此累计约95余米。这与书法家王澄在《悼李伯安兄》一文中所述：伯安很有信心地说：“长卷构思90多米，争取年底全部完成……”的数据恰好相符。由此是否可断定这就是伯安先生意愿中完整的长卷呢？而初稿的首末两段或能重新再画，伯安先生也定会考虑与2稿风格的统一与协调，而2稿也似乎确实缺少首尾的完整性。按照这一认识，亦不妨将两稿合拼成一稿，但必须剔除重复段落。即截初稿的首尾两段接2稿的首尾两端。若此，为了和2稿统一规整，原《圣山之灵》亦可略题为《圣山》。末段天葬部分可仍以《天路》为题。由此仍可为：《圣山》《大典》《膜拜》《朝圣》《歇息》《转经》《藏戏》《赛马》《生息》《天路》10段落。其实天葬部分的用笔已经接近后来的画风，若能全部完成，仍可足100米长卷了。而全卷则可易题为《雪域之灵》，从而体现出雪域人对宗教信仰的虔诚和豪爽奔放的快活生活以及世代生息视死如归的人生历程。好一首雪域民族生命的赞歌！

然而，由于伯安先生已溘逝，如此拼合不知是否符合他的意愿。因为二者的表现风格并不甚一致，水平也有明显的差距。尤其是《圣山》的人物部分不得不是两稿拼合后长卷的遗憾之笔。但作为长卷创作历程的参照，又何尝不是一个独特的始篇呢。而末段《天路》的未了也正是诠释长卷结局和逝者命运的恰好体现，并且给后人留下更多的回味与联想，岂不亦是艺术天成和意外神笔呢？想伯安先生在九泉之下，也会为此含笑而得以欣慰了。

以上是一些粗浅的看法，希望能引出更好的见解。画最终不在于长，也不在于画外赋予怎样高调，而在于绘画本身的谐和、艺术与严谨。一个时代的杰出作品，终归都要属于他的民族所共有，长卷也一样。在作者未及亲自给它定稿命题的情形下，作为他同时代的画界同人，都应该和有义务为其探讨论证，以求共识。这不仅是为逝者，更是为艺术的原则和民族画坛的建构、发展与光大。任何个人都不应该自主臆断、妄自定夺。我们应该从中吸取教训。

区区短见胆冒贻笑于大方之家，不知能否为长卷的匡正起到些作用。但有冒犯之处亦谨来匡谬而坦陈己见耳。尊重逝者意愿，使长卷得以除谬存正应该是每一位真正敬重逝者的共同心愿。但愿都能直言不讳、各抒己见，使其长卷能早有公断。亦诚望各界有识之士能就管见给予批评和指正。

该文曾发表于《美术》杂志

（作者系河南省艺术学院教师）

《〈走出巴颜喀拉〉的谬误与匡正》的谬误与匡正

乙　丙

2002年4月日的《美术》杂志社上，发表了挨诗先生的文章《〈走出巴颜喀拉〉的谬误与匡正》，谈了两层意思：一层是：李伯安先生的水墨人物长卷《走出巴颜喀拉》目前所分的10段，其组合关系存在诸多谬误，并提出了自己的改进意见。我们认为，他的意见很中肯、有见地，有关方面也应考虑吸纳。郎绍君先生在《李伯安画集》编辑之初，在致李伯安夫人张黛的信中，也谈到了几乎相同的意见。此信在张黛主编的《逝者如斯——画家李伯安资料集》中已早挨文一年公开发表，广为传播。所以目前尚无法认定挨诗先生的这一意见是他独立研究的成果。长卷目前的10段分法，我们认为也存在一些问题，例如不该把伯安先生在创作反复中的一些变体画也列为长卷的正式部分。但那也只是妥当与不妥当、周全与不周全的问题，是需要大家切磋的问题。还不是是与非的问题，需要激浊扬清。

挨诗先生的第二层意思是：长卷定名为《走出巴颜喀拉》有些不伦不类，其语义含混，况且李伯安先生“早已放弃了表现‘民族风骨’这一主题”。挨诗先生在很多地方是以李伯安先生代言人的身份在发表意见。我们实在是无法苟同挨先生的这层意思。为什么呢？1995年春，长卷已画了3段。在冯骥才先生主编的《艺术家》（1995年第1期）上首次发表的时候，李伯安先生亲自敲定用《走出巴颜喀拉》作为长卷的题目。白纸黑字，有案可查。记得他当时在定下这个名字的时候心情是少有的激动，觉得这个名字非常确切地表达了他的意思。这是在伯安先生去世的前三年，他头脑是清醒的，意志是独立的。不知道挨先生说的“早已放弃”是在什么时候？我们想，在这个问题上还是以尊重李伯安先生为好，何必强死人所难？不少文艺作品在定名时往往有其来龙去脉，不是简单地对号入座，否则莎士比亚的名剧《第十二夜》的定名就有点狗屁不通了。另外，表现“民族风骨”这一主题，不是胡椒面，不是想撒就可以撒，想不撒就可以不撒：撒上去就长出了“民族精神”，不撒了就变成了“X风情”。在深思熟虑这一宏大主题的统帅下，作品的任何一个单元、任何一个部分，都贯穿了这一主题思想，都蕴含了这一主题意志，都在张扬这一主题精神。这恐怕是个常识性的问题。所以即便由于伯安先生因精力和健康的原因只画了河源的藏胞部分，依然非常充分地体现了他既定的主题意思。口说是虚，眼见为实。展览上那万千观众所感受到的从未有过的强烈震撼，那一双双满含热泪的眼睛，那一行行热血沸腾的留言，此情此景恐怕不是任何一幅什么“风情”所能达成的；不是哪个人、哪篇文章能够强加给他们的；也不是哪个人、哪篇文章能够从他们的心坎里抠得掉的。李伯安先生不是那种和政治贴得很近的人，但他是一个堂堂正正的中国人。他自豪地认为，在他的作品中张扬一种民族精神不掉价。显然，这和时下有些一听到要在文艺作品中体现“精神”就嗤之以鼻的流行时尚有些距离。各走各的路吧，谁都不要强迫谁。愿每种走法都出好作品。

不论是谁，总要客观冷静、心平气和地把话说透。大家都是朋友，真理总会越辩越明。

（作者系李伯安挚友，美术评论家）

走进李伯安画展

——文弱如他缘何创下摄人心魄的永恒震撼？

毛亚珂　张　瑜

常言道“男儿有泪不轻弹”，但一提到李伯安这个曾经非常扎心的名字，还是让杨晓阳、马国强、陈钰铭……在展览现场红了眼眶！

昨日上午，纪念我国著名画家李伯安先生逝世20周年大展在河南省美术馆举行了开幕式。虽在一周前就已向公众开放，但开幕式现场还是挤满了李伯安先生的挚友、同道以及从全国各地慕名而来的粉丝。

一位山西的观众更是在现场不断向记者确认从美术馆到郑州东站搭乘地铁需要多久，从而精准地估算自己的离场时间，“能多待一分钟，就能多学习一分钟”，注目着眼前的画作，他轻声嘀咕道。

李伯安是河南人，他生于斯、长于斯、工作生活皆于斯。生前只顾埋头创作，在社会上默默无闻；去世后却凭借煌煌巨制《走出巴颜喀拉》震惊了美术界，专家们用“巨人”“巨作”“前无古人”“中国的骄傲”这样的词汇来形容李伯安与他的作品。

李伯安的生命中有两座大山，一座是太行山，一座是巴颜喀拉山。通过本次展览，河南省美术馆把这两座大山分别“搬进”了一、二楼两个展厅。一楼展厅全面展出了李伯安先生的巨幅力作《走出巴颜喀拉》，高1.88米，长度达122米，分为10个篇章进行展示。二楼展厅展出了以代表作《日出》为主的近百幅反映太行山山民和黄河的精品佳作。

《走出巴颜喀拉》是李伯安的精神血肉，他用“十年磨一画”的方式锻造而出。其重要部分曾七易其稿，废作盈屋。但遗憾的是，由于当时画室狭小，直到溘然离世，他都没有展开看到过画作的全貌。

“从历代画史到近世画坛，不曾见过如此的画作——它浩瀚又豪迈的整体感，它回荡其间的元气与雄风，它匪夷所思的构想，它满纸通透的灵性，以及对中华民族灵魂深刻的呈现。”向来看画十分苛刻和挑剔的冯骥才在文章中如此评价。

赵刚、宋丽萍、王守国、杨晓阳、赵建成、赵奇、邢啸声、马国强、丁中一、陈钰铭、刘杰、殷双喜……他们有的身担领导职务，有的是文艺界知名人士，但此时他们都是伯安先生恢宏艺术的见证者。

一刻回忆，一段岁月。开幕式现场，寥寥几句的讲述与评价，却使已经远去我们很久的伯安先生的形象更加立体与清晰。

“李伯安是河南20世纪美术史中的重要人物，本次展览正式拉开了河南省美术馆对李伯安先生研究的序幕，接下来将从李伯安创作状态、创作思想等全面进行研究。”河南省美术馆馆长化建国表示。

“有的人活着，他已经死了；有的人死了，他还活着。”马国强则引用诗人臧克家的话来形容李伯安。“我和李伯安先生生前是好友、画友兼酒友。我们常常一起品酒论画，为此受到了他夫人张黛女士的不少批评。同时我们还是‘插友’，曾经一度包揽了当时河南报刊杂志的美术插图。今天我们在此以这样的形式纪念、追思伯安先生，同时还需要思考的是，今天我们究竟应该向李伯安学习什么？我觉得，一是学习他的创作思想、创作道路；二是他在水墨人物画本体的发展。他的画吸取了雕塑、版画等元素，具有强烈的表现色彩，是一个浪漫主义与现实主义相结合的大画家，是20世纪河南乃至中国美术史上的一座高峰。但他同时也在美术史上留下一个值得探讨的话题，都说画如其人，为什么伯安先生作为一个文弱书生，却锻造了惊天地而泣鬼神的永恒震撼？”

李伯安的学生代表陈钰铭现场谈起李伯安生平事迹，几度哽咽。“1998年5月2日中午，伯安先生在画室挥毫近5小时后拟下楼吃饭，起身站立，刚刚带上门，便一头栽倒地上，再也没有起来。他是累死在画前的。老师的生前夙愿就是能在美术馆举办一次个展，离世之后，他的个展在中国美术馆举办，轰动全国。老师是十分腼腆、谦卑的人，看到今天在老家河南办展，想必他在天上也会感到紧张不安。”

20年前，李伯安在自己的画室门口倒下，但正是他成为中国水墨人物画家的又一高峰。

杨晓阳在致辞时说：“为人低调的李伯安，拥有‘谦虚、谨慎、中庸、和谐、包容’的高尚品质。当年因为一些原因，没能把李伯安引入西安美院教学是一件憾事。”

宋丽萍代表河南省文化厅及本次展览主办单位向关心支持本次展览的社会各界人士表示衷心感谢。宋丽萍高度肯定了李伯安先生取得的艺术成就，是我们河南的骄傲。同时，宋丽萍赞扬了河南省美术馆务实的工作态度，期望河南省美术馆深度研究李伯安事迹、作品思想，为河南文化艺术界增光添彩。

开幕式上，李伯安夫人张黛女士向河南省美术馆捐赠李伯安作品，河南省美术馆书记高岭接受捐赠，河南省文化厅党组书记、河南省文化厅厅长宋丽萍颁发收藏证书。

下午，“二十世纪杰出的现实主义画家——李伯安作品展研讨会”在河南省美术馆一楼举行。会上，大家就李伯安的艺术风格、绘画手法以及如何对其加深研究等方面进行了讨论。

四川美院教授王林谈到：“有次在观看吴冠中先生个展的时候，同时看到了李伯安先生的展览，立马被其气势磅礴、豪气逼人的作品所震撼。他的每一幅作品都是中国水墨的一个小型博物馆，深植于中国文脉之中，蕴含了宏大志向。我认为，中国当代艺术史其实就是一部艺术史，李伯安先生是其中一个重要案例，我们可以从不同角度，从形象构思、精神表达、艺术语言等方面，更加深入细致地去解读他。”

合美术馆执行馆长鲁虹则对其作品进行了分析阐述：“李伯安先生的作品明显有西画的元素，除此之外，山水画的皴法、雕塑、花鸟画的泼墨之法，我们也都能从他的作品中探寻一二。在写实人物画方面，李伯安是一高峰。现在许多的重大民族题材的创作沦为工程任务，甚至成为赚钱工具。而李伯安却恪守信仰，直至累倒在画案前。希望我们对李伯安的研究不是浮于表面，而是对其手稿、文献等进行系统整理与学习。”

此次研讨会的主持，著名艺术评论家、中央美院教授殷双喜对鲁虹的意见进行了补充：“纪念研究李伯安，不是只办一个展览这么简单，希望通过各方的努力，我们能搭建一个陈列馆，把我们河南的骄傲李伯安推向国际舞台。”

中国美院教授孙振华则谈到：“首先，李伯安扩充了传统中国画的认知疆域和地域空间，并以惊人的巨作展现了20世纪中国画在新的文化地理学基础上的创新成就。其次，他扩充了传统文人画的审美范畴，把雄奇、悲壮、苍凉、崇高的审美品格带入到传统文人画领域，使传统文人画具有了更为全面多样的美学风范。再次，李伯安对传统水墨本体语言的探索为中国画的创新提供了优秀范本。”

著名艺术评论家、中山大学教授杨小彦则对李伯安作品的现实意义进行了详细阐述。而湖北美术馆馆长冀少峰则希望也能在湖北举办李伯安先生的个展，加强鄂豫两省的文化交流。

在将近3个多小时的研讨会中，20余位专家学者分别从不同层面进行了探讨。我省美术界人士丁中一、曹新林、化建国、席卫权、袁汝波、李健强、石品、常平安等也都做了精彩发言。

（为纪念李伯安逝世20周年，河南美术馆特举办李伯安画展，展出他各个时期代表作品，以飨观众。）

从某种意义上说，中国当代艺术史其实就是部案例史，而李伯安的作品从形象构思到精神表达，再到艺术语言，都给我们提供了一个非常好的案例，我们应该从不同角度去深入解读。

比如，我觉得做一个李伯安手稿展很有必要。李伯安的作品之所以有这样的气势，跟前期的构图有很大关系。在草稿里我们看到，他对人物头像的勾勒都非常简单，但是特别注重眼睛部分，起码有十几种画法，这非常具有表现性，也是一个非常有意思的课题，可以做专题研究。

李伯安先生巨幅长卷之现实意义

闵学林

一、西藏是中国的局部，一位汉族美术工作者，带着使命感，用毕生精力作100多米巨幅，以描写藏族人民的生活，这还是第一回。这与当前党中央所号召的向西部大开发计划是非常吻合的。同时增进了全国人民对藏族人民的了解，也让少数民族地区的人民体会到汉民族地区的人民是如此关注他们的生活，从而促进各民族的大团结。这巨幅的历史意义不亚于唐代西藏的松赞干布与文成公主。

二、伯安的绘画语言是丰富的，有生活，又积极借鉴其他兄弟画种的表现形式，拓展了中国画的表现技法。

三、真诚地告诫大家，伯安的死为什么会让大家难受，因为一个人更重要的是为大家而活着，求索之路遥遥，还望大家保重，用更多更好的作品来满足人民的心理需求。

于2001年4月

（作者系中国美术学院教授，著名画家）

李伯安精神之我见

石　品

在纪念李伯安先生逝世20周年之际，河南省美术馆举办了“二十世纪杰出的现实主义画家李伯安作品展”及研讨会。开幕式名家云集、观者众多，研讨会气氛热烈、好评如潮，使李伯安先生再次走近我们，震撼人心，引人思索。李伯安精神永远活在我们美术人的心中。

李伯安先生那不平凡的人生之路以及以《走出巴颜喀拉》为代表的煌煌巨制，突破了地域和艺术门类的范畴，将现实主义与浪漫主义结合，饱含爱国家、爱民族的真挚情感，气势恢宏，充满了中国精神，是中国人物画的历史丰碑，是中原乃至中国美术的一座高山，是我们美术人、文化人学习的楷模。今天我们纪念李伯安先生，就是要思考如何去继承、弘扬李伯安留下的巨大的精神财富，如何使这种精神成为我们美术人、文化人乃至这个社会前行的正能量，这才是纪念李伯安的真正意义所在！李伯安的精神我用四句话来概括：艺无止境的进取精神，“十年磨一画”的执着精神，甘于寂寞的淡泊精神，牢记使命的担当精神。

艺无止境的进取精神。作为艺术家，他深知艺无止境。因此，他在艺术道路上博采众长、不断进取。他汲取古今中外艺术精华，以先贤为范，向经典看齐，勇于探索，勇于创新，将中国水墨人物画推上了一个前所未有的境地，被誉为“在中国人物画令人肃然起敬的高度上的一位巨人”。

“十年磨一画”的执着精神。他投入全部感情与精力“十年磨一画”，几易其稿，废作盈屋，其中的艰辛与付出令人难以想象。他扎根生活，表现时代，用生命作画，一步步从高原攀登高峰。当他最后倒在画作前，把自己完完全全融入了巴颜喀拉“那一派漫天皆白寥廓无垠的圣境”时，完成了一位艺术家对“执着精神”最悲壮、最深刻的诠释！

甘于寂寞的淡泊精神。李伯安先生敬业乐道、淡泊名利，充分继承了中华传统文化的优秀因子。在几十年特别是创作《走出巴颜喀拉》的最后十年的艺术生涯中，他守得住初心，耐得住寂寞，摒弃功利，不图虚名，坚守自己的艺术道路。他的淡泊精神，令人敬仰。

牢记使命的担当精神。为民立命，为民族立言，这正是艺术家的责任、使命和担当，李伯安无疑是这一伟大的使命的践行者。在他的作品中，从太行山民到巴颜喀拉的芸芸众生，塑造了一个个普通百姓的形象，表现生命、描绘人民，是他毕生的创作追求。他笔下绘就的这些经典作品，思想深刻、艺术精湛、制作精良，体现了中华文化精髓，展现了时代精神内涵，突出体现了艺术家的使命和担当。这种精神，在今天弥足珍贵！

伟大的新时代，我们更加需要李伯安伟大的精神！

该文是作者于2018年5月23日在河南省美术馆“二十世纪杰出的现实主义画家李伯安先生作品研讨会”上的发言稿。

（作者系中国水利文协美协主席，郑州轻工业大学易斯顿美术学院院长）

二、回忆录

相逢于艰苦奋斗之时

——我与伯安几十年

李自强

我和伯安相识相交几十年，情同父子、师生、兄弟、密友，是他的领导，是他的长辈，更是他的长兄。伯安夫妇到我家来，从来都熟不拘礼，我的3个儿子跟他的伯安叔甚至比和我还亲。一次，伯安夫妇在我家盘桓一天，离去时，张黛戏问我妻桂真：“每次来此，都像回家，不知这里究竟是该算娘家，还是该算婆家？”我听了不禁哈哈大笑，随口答道：“算婆家也算娘家！”两家关系，由此可见一斑。

1. 初识伯安

我结识伯安是在1963年。那时，我正担任洛阳市美协秘书和《洛阳日报》美编。那一年，《洛阳日报》停刊，我临时被指派到洛阳市文化馆工作4个月，主抓全市的美术文化工作，负责全市群众美术的辅导和开展各种美术活动。那时的人都很敬业，每天一上班，我就到各区文化馆搞展览，办学习班，经常忙到夜里11点多钟，才能回家。

伯安家和洛北区文化馆斜对门。一次，我到洛北区文化馆指导工作时，看到伯安家胡同门口挂着一个小镜框，框内有一张素描人像，旁边还有标价。仔细看了半天，觉得素描像画得很好，路子很正。心里很奇怪，洛北居然还有这等人才？又不知画像的是什么人？于是，就向洛北区美术干部杜伯达打听。杜告诉我，这是一个失学青年，家里非常困难，除有一个姐姐在拖拉机厂当工人外，家里兄弟3人，加上一个常年卧床不起的老母，无任何生活来源，人又很老实。我踱出文化馆大门，再向对面仔细打量，发现和伯安家胡同口相隔两个门，有一苏州人开的炭精画像馆，生意很红火，不由得就替伯安发愁，心想，挨着这么一家店，这孩子的生意还怎么做呢？素描能画成这样，也算是个人才，该帮帮他！于是，我就交代杜伯达，要他经常给伯安找点活干，适当给一些补助，多少能解决点他家里的困难。杜答应了。

过几天，我又到洛北区文化馆。一进门，就看见两个小青年正在画宣传画。杜伯达一见我来，忙拉过其中一人给我介绍，说："这就是李伯安。"我一抬头，看见他对我轻轻一笑，脸立刻就红了，像个大姑娘，静静地站在那里，没一句话。倒是旁边另一个小青年，伯安的同学徐觉伟要大方爽气得多。徐觉伟颀长白晰、英气自信，和伯安的木讷腼腆、羞涩寡言，恰形成了鲜明的对比。听着徐觉伟滔滔不绝的自我介绍和议论，我不由又看了伯安一眼，见他正目不转睛地看着我。我这一眼，更把他看得手足无措，慌乱得低下了头。我的心颤了一下，不由得生出一股怜爱之情。霎时，觉得面前的伯安根本不是外人，而是一个藏在心底深处很近很近的亲人。就这样，我结识了伯安，开始了我和伯安几十年的亲密关系。

和伯安结识时，我才三十来岁，而伯安年龄尚不足20。我们之间的关系很微妙，像师生，像兄弟，像朋友，有时，也像父子。伯安是传统上人们认识的那种好孩子，很乖、很本分，人又温和、善良、勤快，言语不多，但很真诚，极偎人。我不可能不喜欢他。相识以后，他常常到我的办公室和宿舍找我，我也年轻，上进心正盛，总为自己不是正牌美院毕业生而遗憾，深感自己底子薄，需充电。因此，很喜欢买书买资料，每月工资，除吃饭外，几乎全买了书。苏联的《星火》杂志，是当时一套很重要的美术资料，我从20世纪50年代起，一期未落，全订。在当时的条件下，这些资料对搞美术的人来说，是难得一见的宝贝。伯安每次来，我们都是在一起翻画报，除了议论画，还是议论画。两个人，一个年长喜欢研究，一个年轻求知若渴。志趣爱好的高度一致，为我们日渐加深的情谊，奠定了牢固的基础。

2. 教伯安学画插图

1964年，《洛阳日报》复刊，我回到报社，负责报纸的摄影美术部版面。这时，我和伯安的关系已十分亲近，加上他在美专时的老师，差不多都是我下一、二届的小学弟，因这一层关系，我们俩几乎是一见如故，彼此之间，早已亲密无间，无话不谈。

最初对他的帮助，实在有限得很，只能建议美术馆帮他找点活干。现在报纸复刊，我们自己有了阵地，就好办多了。于是，从这时起，我就开始教伯安画插图。一来是希望他在绘画上有所进步，有所提高；二来也是为了补贴他的家庭生活，减轻些他的负担。从某种意义讲，伯安也算没有失学。他在社会这所大学里学到的东西真不比那些在校生学得少。当然，我也尽自己最大的能力辅导了他，帮助了他。他在美专不足两年，主要是学习了素描，打下了一个很好的底子。而从1964年起，因画插图的需要，开始介入了线描。从铅笔过渡到毛笔。从实质上讲，这些已经为将来转中国画开始做了一些入门的准备，已开始窥视了中国画的门径。

那时，我一边自己画插图，一边带伯安一起画。带他的办法有两点：一是给他书看；二是给他讲解完具体方法后，让他立即实践。比如，伯安刚画插图时，根本不知道从何处下笔，我就跟他讲，插图一般有两种画法：一种是带明暗，有立体感、有粗细、有转折的画法；一种是线描，是单纯用中锋勾描，粗细一样的画法。初学插图，一般可用第二种方法。因此，我和伯安都没有过多运用明暗法。当时书报上的插图，一般也都是用的这种白描画法。为学习画好插图，我找来当时能找到的各个时期的优秀连环画，如：《鸡毛信》《白毛女》等，让伯安看。伯安还有意临了一些，感到很受启发。此外，伯安还临摹了大量的人体解剖图，以及人体的各个骨骼。这些，都使他的插图水平不断提高，很快，他就在洛阳市的插图作者中脱颖而出。当时，《洛阳日报》几乎每隔一两天，甚至不隔天，就有他的插图出现。最多时，每月稿费能发到五六十元，收入甚至比在职的人员还要高。后来，不知怎么搞的，这件事被报社的一位领导知道了，这位领导是伯安未出五服的本家叔叔，大概是为了撇清和避嫌，一天，他突然来到我的办公室，大发雷霆，呵斥我说，这样绝对不行！一个美术青年，收入居然比报社人还高，成何体统！你这样做，是在培养他的资产阶级名利思想，以后不要理他了，不许这么干！

不理他是做不到的，不许这么干，就只好换个办法干！以后，我就给伯安起了几个笔名轮流着使用，将稿费分成几次发。记得笔名有绍武、晶芙等，搞得洛阳市美术界朋友也都莫名其妙，都知道有一个绍武，插图画得好，但又都不知道绍武是何许人。加上洛阳《支部生活》的美编也都是朋友，也不断给伯安派活，经常找伯安画插图。因此，这段时间内，伯安从业务到经济上都比较安定。

1965年，我从《洛阳日报》社调到省《支部生活》。听说我要走，伯安十分失落，情绪很低沉。离开洛阳之前，伯安的母亲提出来想见见我，老人家的意愿，我不能违背。我这才从西大街上穿过小胡同走进了伯安那个十分残破的家。其母瘦骨支离，硬撑着从病床上坐起来，两眼紧盯着我，祈求着说："这么些年，伯安这孩子就靠你了，你要走，伯安咋办，你能不能把他也带走！"我当时很感动。另外，主要是也觉得自己在精神和感情上已离不开伯安，虽觉担子太重，仍不忍推辞，就答应说："你放心，如果有机会，我定会带他走！"我调走后，继任《洛阳日报》摄影美术组的组长是张维成。张维成和我是老朋友，他于1956年从西安美院毕业后，在东关回民中学教书，我通过发他的作品，把他介绍到市文联、周公庙。后又调到《洛阳日报》社，彼此关系很铁。我交代过张维成，又交代了美编豁志，托他们代我关照伯安。除了事业，我还拜托他们在生活上关心一下伯安。伯安年龄已经不小，已到了该谈婚论嫁的年龄。记得张维成当时就反驳说："伯安老实成那个样子，见了人连句话都不会说，哪个姑娘肯跟他？"

我走后，伯安被豁志借到报社工作将近一年，他和报社的关系，一直延续到1969年。这一年，伯安进了东风轴承厂当工人，终于有了一个正式工作。

3. 接触苏俄油画

"文革"中，成立了"文革"政权，即各级革命委员会。革委会要求广大干部到农村插队，接受贫下中农再教育。1969年初，我们全家人又一次来到洛阳，被下放到龙门西山寺沟，后来又转到裴村。这段时光，是我和伯安关系中最亲密的一段的日子。伯安每隔两天就骑车跑几十里路来一趟，和我一起整理苏联《星火画报》，边整理，边在一起议论每幅作品的得失优劣。当时，我在寺沟住上房三间，中间一间是我和伯安的活动室，我们总是一下子就把画报摊了一地，两个人都忙着埋头看画，指指点点，常常看得入迷，饭也顾不上吃。总要我妻桂真喊上两三遍，才能拔出腿来。列宾、苏里科夫都是善于描绘大场面的大师。苏联油画中常常一下子就出现几十个人的宏大群众场面，常常使我们沉醉其中。当时，对这些苏联大师，真是打心眼儿里崇拜得五体投地。那些像潮水、像洪流一样的大场面，翻翻滚滚，无休无止，仿佛印在脑海里，刻在心头上一样，永远忘不了。对我们影响最大的俄国油画，正是巡回画派中的一些重要作品。巡回画派是俄国19世纪13个美院毕业生为反抗保守传统创立的一个生机勃勃的画派。这个画派曾涌现出一大批杰出的画家和伟大的作品，而列宾和苏里科夫则是其中最优秀的代表。列宾的《伏尔加河的纤夫》、苏里科夫的《攻陷雪城》《女贵族莫洛卓娃》《近卫军临刑的早晨》等。列宾在其作品《伊凡大帝杀子》与《沙布洛什人答苏丹王的信》中，表现出细致的心理刻画，在《托尔斯泰像》中表现出强烈的民族精神，表现出能够为社会进步而斗争的力量。这些，都使我们一次次惊叹。列宾不仅在自己的作品中反映出自己孜孜不倦的思索与对于真理的渴望，同时也反映出俄罗斯人的斗争热情。这一切，都不断地打动着我们。而更使我们激动不已的，是列宾通过对伏尔加河上生活在最底层的纤夫的形象描绘，和对沙布洛什人侵略者的蔑视，全力捍卫国土的英雄气概的弘扬，真切地表现了画家自己内心无比热爱祖国的感情。苏里科夫对伯安影响最大的画是《近卫军临刑的早晨》和《女贵族莫洛卓娃》。孀居的贵族夫人莫洛卓娃把整个身心都贡献给人民的宗教事业，被沙皇统治者流放。在被人民夹道送行的流放途中，她仍然不屈地伸出自己的手指，表示自己的坚定信念。画面上莫洛卓娃的坚毅，使我们不由得为之感动。这两幅画，苏里科夫表现了人民的贫困、麻木、愚昧无知与被压迫的悲情，反映了沙俄时代新旧矛盾的斗争，以及人民群众的悲剧性结局。画家那双善于刻画画面上每一个人心理活动的手，使画面的效果达到呼之欲出、登峰造极的地步。这一切，使我和伯安如痴如狂，而最使伯安感动，并对他终生造成最大影响的则是这些画家对艺术的真诚，和用生命追求艺术顶峰的义无反顾的献身精神。列宾的《沙布洛什人答苏丹王的信》一画整整画了13年，这在伯安心灵上引起极大的震撼。因此，他懂得了艺术之路的艰辛和搞艺术必须具备献身精神。所以，他从不心存侥幸，从不梦想一夜成名，也从不为轻易而成的作品唱赞歌，他所主张的广采博纳、厚积薄发从这时的艺术熏陶与教育中，已深深地、不知不觉地溶于他的血液中。他只相信，一分耕耘，一分收获，甚至十分耕耘，一分收获，但从不去盼望一分耕耘，十分收获，甚至不劳而获，他之所以成为一个苦画派，正是从这时在心里埋下了种子。他之所以要画传世之作，也正是于此时的意识朦朦胧胧中立下的宏愿。一次，他边看画边喃喃自语着，这辈子要是咱也能画张这，死也值！那时，我们边看苏俄油画，边议论着。其实，我们国家也非常需要出些描绘大场面的、震撼人心的民族代表作，来和我国美术史上的那些大师作品相映生辉。吸收了大量俄国巡回画派的营养，早已潜移默化地立下了脚踏实地，一步步实现其理想的李伯安，恐怕连自己也不知道。正是从这时起，他开始站在了《走出巴颜喀拉》的起点。

在他的后半生中，每逢创作，他从不畏惧画大场面，从不担心画面上人数太多而不好排列，从不怯于对过多人数的安排与布局。把握宏大场面全局的能力，深入刻画画面上每一个人的心灵世界，通过画面反映民族精神和画家热爱祖国的情感……这一切，从这时起，已开始深深植入伯安的灵魂中。

4. 教伯安画国画

1970年，为了宣扬“文化大革命”的辉煌成就，省革委会委托省博物馆同时筹备举办6个大型展览。省里打电话到寺沟，要我回去办展览。回去前，大约是在1969年底，20世纪70年代初，我和伯安一起给市郊委画了一幅巨型毛主席像。

省里办的6个展览，记起来的只有5个：1. 焦裕禄展览；2. 杨水才展览；3. 阶级教育（长垣县）展览；4. 洛阳龙门煤矿阶级斗争史展览；5. 卫生展览。当时，这6个展览，除汇集了河南省全省的优秀画家外，还借调了一些全国有名的艺术家。我当时在展览组，总体负责这几个展览的美术工作。

洛阳龙门煤矿阶级斗争史展览，主要是由洛阳的一批画家承担的。当时，带队的是张维成，参加的人有杨北、周彦生、王绣、徐觉伟、伯安等。我虽然是总负责，但因很想画画，就和同样渴望画画的陈天然一起下到洛阳这个组里来。我一下子接受了画4幅大国画的任务，不觉得辛苦，只是觉得兴奋，心底里有一个声音在喊：可盼到能画画这一天，可盼到又能拿画笔了。伯安的激动也一样。伯安和徐觉伟合画一幅油画，辛辛苦苦画了几天，觉伟一来，拿起刮刀，当着所有人的面，一下子将画全部刮掉了。伯安不会跟人争执，默默站在一边看着，一句话也没说，但心情很灰，私下里在我面前流露出沮丧情绪，我不住地安慰他。我当时刚画出一幅大国画，反应不错，罗镜泉、邓镇邦都说：就是让中央美院的人来画，也不过如此。伯安看了后很激动，正式提出想跟我学国画。

我的国画是跟叶浅予先生学的。1962年，叶先生带着中央美院毕业班学生周思聪、李宝林到河南来，是我接待。趁这一机会，我求叶浅予先生指导了我国画的画法和技巧。当时，我就凭着这点资本，带伯安入国画之门。我给伯安详细讲解了国画的一般方法。把从叶先生那里“批发”来的东西转身给了他，国画的画法基本上有两种：一种是素描式注重明暗关系的画法。其实，说穿了就是将素描带入国画，使国画肖像人物由平面而变为立体。这种方法的主要代表人物是蒋兆和，其主要代表作品为《流民图》《张衡像》等。第二种是注重结构的方法，这一派的代表人物是方增先。方增先从任伯年那里体会到结构的重要，又学了一些西方的理论，在水墨上学吴昌硕、任伯年，结构上学伯里曼的《艺用结构学》，紧紧抓住骨骼的要素来表现人物的体积感，总结了一种以线描为主、明暗为辅、注重结构的中国画画法，并将此法用于教学，其主要代表作品有《粒粒皆辛苦》等。伯安初学国画，第一张作业画了个老头，我一看，还真是像模像样，出手不凡。于是，就使劲鼓励他，使他不断增强信心，不断练习。

展览工作结束后，省人民出版社恢复，搞展览的领导层全部转到了出版社，我被任命为美术编辑室主任。省里领导又下达了新任务，要求将每一个展览画成一本连环画出版。洛阳挑了4个人留下来，其中就有伯安。几个月来，伯安几乎每个晚上都到我家学习国画，对国画已经初步入门，对人物画的明暗、结构两种方法都初步有所了解，有所认识。

连环画是由几个人合作的，采取的是流水作业法。每人包1—2个人物，构图决定后，一画到底。画完后，我一看，总的水平太差，几乎惨不忍睹，如果就这样出版，质量实在看不过去。该怎么办呢？作为负责人，当时真是发愁死了。意见我是提过了，但心里是一点底也没有，束手无策。要想从根本上改变质量状况，只有一条路——重画！但掂量掂量，又明知工程量太大而时间太紧。不料，伯安却十分沉住气，安安静静地对我说：“别急，李老师，你放心，我来返工，耽误不了。”我不放心，又叮一句：“行吗?”他笑笑答：“没事!”由于实在没有别的办法，只好死马当活马医，答应他试一试，由他一人全部返工。我一边很担心他完成不了这么大的工作量，一边对他这样勇挑重担敢担责任的劲头又十分赞赏。伯安果不食言，由他抓紧时间返工重画的连环画，效果果然大有改观，和初稿完全不可同日而语。

5. 初进太行山

1971 年，我省辉县成了闻名全国的明星县。他们修公路、办水利，热气腾腾，轰轰烈烈，开始被全国报刊争相报道。咱们河南出版社也闻风而起，除自己的美编全体出动外，还借调了一些人，又邀集了全国美术界的一些名流，有 20 多个人，包括陈天然、龚柯、著名版画家莫测、水利局的贺维周、豁志、严文俊等，一齐开到了太行山，这也是伯安第一次正式进太行。

“文革”以来，盼了多少年，画画人终于有了能真正深入生活、面对生活画画的机会，大家都兴奋异常，激动得不得了。伯安不善言辞，但从他的目光中，也可以看出他心中的火焰，也和其他人一样烧得很旺。尽管天下着大雪，二十来个人还是冒雪翻山越岭，在雪地里写生，画了很多速写。这些作品，后来都收在咱们出版社的《辉县人民干得好》速写集里了。太行山，伯安以后又去过多次，辉县、林县都去过多次。在经常往返太行山的过程中，伯安通过我结识了周思聪和卢沉等国内一流画家，社里前后出过两套《工农兵人物写生集》，第一辑选了油画、国画、素描，由朱鸿年责编，第二辑没有素描，由伯安责编，而卢沉和周思聪都是其中的重要作者。

1972 年，我虽在郑州，不和在洛阳的伯安在一起，但已开始为伯安的婚事操心。一次出差到洛阳，结识了洛阳市烟糖公司的女营业员张黛，就动了心思，觉得这姑娘和伯安在气质和学问上都很般配。就将张黛的手套递给伯安，让他凭借这双手套去找张黛。一开始，两人还好。后来张黛要打退堂鼓，说她不想把婚姻当善事做，况且又遭全家和所有的朋友反对。伯安着了大急，到我家来，人整个像一只落汤鸡，一副灰溜溜的样子。我和我妻桂真晚上都睡不着觉，替伯安着急，桂真托人从洛阳叫来了张黛，做了半夜工作，才使张黛回心转意。伯安的婚事终于在 1974 年春节前操办。他们的婚礼在洛阳美术界也是值得大书一笔的。当时洛阳搞美术的人几乎全都去了，因小夫妻经济能力太差，于是，要求赴宴的人每人带一个菜去。豁志是主厨，他从上午 9 点就开始披挂上阵，整整忙了一天。婚礼搞得热热闹闹，喜气洋洋。虽然大家都很穷，但却办得很风光，很隆重！大家都说，我是不在现场的总指挥！

1973 年，省里办画展，伯安画的一幅国画《天下事》很抢眼。这是一幅用 6 尺整张宣纸横放画成的国画，画面上是十几个工人下班后在车间里读报纸学时事的场面。人员较多，男女老少，高高低低，有念的、有听的、有蹲的、有坐的、有站的，画面布局前后穿插错落有致，分明已可以看出俄国油画善于经营大场面的影子。以前学到的东西已开始渗入到伯安的创作之中。在正式作画之前，伯安曾带着草图到郑州征求我的意见。画好后，在洛阳市反响很好，到省展也得到了较好的评价。

这张画，其实是伯安画国画人物群像的第一次尝试。作画时，伯安在墙上贴着卢沉的《机车大夫》和当时比较突出的作品，不时参考他们的画法和风格，在国画上，他一直是以卢沉和周思聪为榜样的。

办完伯安的婚事，我即着手办理伯安的工作调动。客观上，出版社刚刚恢复，百废待兴，人手十分缺乏，伯安的业务能力、人品学识都非常符合咱们社里的要求；而当时的大环境，又需有一定的工农兵来占领上层建筑“掺沙子”；况且，伯安又在出版社时断时续地借调了好几年。主观上，我也确想把伯安调到我身边，一劳永逸地解决他的所有困难。于是，我就向当时出版社的领导林子玉介绍伯安的情况。全面阐述其性格、作风、水平、品质等。讲完后，林子玉忽然反问我一句：“听了半天，这个李伯安的缺点是什么呢?”我一怔，急忙回答，缺点嘛，是有的，人哪会没有缺点，只是我现在尚未想起，暂时提不出来。林子玉听后笑了。经研究决定，同意接收伯安到出版社工作。

1975 年 1 月，伯安的一切调动手续顺利办完，他到出版社来所做的第一件事，就是到偃师县办农民画学习班。当时，为辅导工农兵美术骨干，社里抓了两个点，一个是汝南县王桥乡的农民画，一个是偃师县的农民画，主要目的是培养工农兵美术人才。当时，社里决定老编辑朱鸿年带人去汝南。我、伯安和罗镜泉去了偃师。辅导班上 3 个人分工，伯安负责辅导陈钰铭，这孩子很有灵气，我和伯安在辅导时很注意随时肯定他们的优点和长处，注意鼓励他们进步。

汝南和偃师两个学习班时间不长，但影响还是很好的，主要是播下了美术的种子。后来，出了一些很有影响的人物，成了大器，如陈钰铭、段正渠等。

6. 进一步参与国画实践

1976 年，珍宝岛战役打响。为反击苏修帝国主义，社里准备配合党的方针政策，出版宣传画。由我命题《提高警惕保卫祖国》，由伯安动手，突击画成了水粉宣传画。画面上，两位解放军战士埋伏在边界雪地丛林里，手握钢枪，瞪圆双眼，警惕地监视着边界对方的一举一动。画得很传神，受到了全社上下一致的好评。这是出版社有史以来出版的最大开页宣传画，在《河南画刊》上发表，似乎还印在了封底上。

当时的画刊上还开辟了“辉县人民绘新图”专辑，这就更进一步激发了我们的编辑，包括伯安，都要不断深入生活，不断接触太行山人，才能不断有新的速写、素描等作品出现。后来，我还刻意要求他们补充一些作品，出了一批连环画，宣传画。

那时，社里十分注重编辑的个人业务能力培养，严格规定每年有一个月的业务进修时间。有 2 个月的组稿和作者交流的出差时间，简称 129。具体到美术编辑室，我又加了一个规定，每星期必须有半天时间研究业务。因此，伯安他们的业务学习，客观上讲，条件是很不错的。

伯安到出版社之初，国内美术界涌现出一大批非常优秀的画家，伯安目前条件好些了，也很注意购买美术学习资料，如林墉的连环画《活捉“二阎王”》，刘旦宅的《离骚》四条屏，高小华的连环画《日出之前》《李白与杜甫》，广东杨清宇的人物画等，并长期订购了《美术》和《连环画报》等几份杂志。许多画如梁占岩的《申请入党》、杨力舟夫妇的《挖山不止》等，都在伯安案头常备常翻。伯安对南方画家们高超的技巧和水墨功底充满了敬佩之情，对比他画得好的作品充满了崇拜。但值得称道的是，他的崇拜永远只是佩服的同义语，从来不是迷信的代名词。因此，他能够客观、冷静、从容地如蜜蜂采蜜，采人家的花，酿自己的酒，画自己的画。而这些观摩和学习，一遇到实践机会，就会显出它的成果，给人以惊讶和意外。

这个机会很快就来了。

1976 年社里上选题时，决定出版一套

国画人物4条屏。这一项目过去河南也从未搞过，所以，当时也很显眼。选题受到社长林子玉的表扬。考虑到要表现“文革”中的新生事物，基本上定了4个题目。一是《太行红医》，二是《毕业归来》（大学生社来社去），三是《理论新兵》，四是《送戏下乡》。我画的是《赤脚医生》，伯安画的是《毕业归来》。《毕业归来》这幅画，伯安画得非常出色，比起《天下事》来，显然在技巧上有明显的进步，画面上只有一个人，显得单纯、明朗。画面上，一个刚从农业大学毕业的紫衣女青年，身背行李，脖围毛巾，右手拿一顶草帽，左手端一瓶良种，兴冲冲迎着晨风，踏着野花盛开的山路，在梯田环绕中，健步而来。整幅画，颜色素静清雅，调子欢快明朗，女青年充满朝气的脸庞和回故乡大干一番，立志改天换地的劲头十分感染人。今天看来，这幅画虽然多少带有一点帮气，但仍然很有可取之处。那个风风火火、呼之欲出的姑娘仍然非常可爱。使伯安在国画上开始崭露头角，也是伯安正式继《天下事》之后，又一次参与国画实践。

《毕业归来》的成功尝试，大大激发了伯安对国画的兴趣。在此之前，他一直在心里偏重油画。俄罗斯油画作品对他的影响实在是太大了，他一直无法忘情于那些经典作品对他的震撼，也一直在潜意识里认为：只有油画才能表现重大题材、宏伟场面。而对国画的认识，此时的伯安，无疑是很肤浅的。他虽然很喜欢中国的传统国画，崇拜中国美术史上那座座高耸入云的大山。但是，他始终认为国画不适宜表现大场面、大题材，这一点，在他画《天下事》时就有所感悟，很觉力不从心。他说过，想让国画画出像油画那样的宏伟场面和磅礴气势来，要求国画人物像油画那样画得传神和真切，是无法想象的。但不管怎样，这时的伯安，虽然并未下决心从此以中国画人物画为自己的终生事业，但他最可贵的一点，在于他创作时，时时注意发挥自己长于素描、长于刻画人物的优势和长处。也在于，其实从这时起，他对于国画不宜表现大场面这一点，已隐隐滋生出一种不肯服气、不大肯服输的念头。在绘画学习和创作中，他一直坚持走自己的路，不辟捷径，不图省劲，更不投机取巧，也不互相因袭。他已开始渐渐明白，别人的画再好，那也是人家的东西，自己的东西再差，也是自己的心血，盲目硬性的模仿，必然是死路一条。因此，伯安从不随便去追求别人一笔一画的精彩，而只是从大势上去欣赏别人的长处，在潜移默化和不知不觉中，化他人之长入己画，将自己的灵魂和自己的画融为一体。他已认识到，作品只有在注入了画家本人的感受和生命之后，方能有灵气、有活力。画家只有将自己完完全全融入作品之后，才会有前途，有出息。《毕业归来》的实践，使他多少增强了一些对自己和对国画的信心。

和其他职业相比，在出版社工作，美术实践机会要多得多。初到社里，社里出版了“文革”后的第一本长篇小说《洪流滚滚》，这是一位农民作家李明性的处女作。伯安为此书画了封面。这也是伯安亲手设计的第一个封面。另有不少书报杂志找伯安画插图，这对提高伯安的画艺也间接起到一些作用。

1977年，一次，我和伯安、豁志结伴去林县，县委宣传部派车送我们上太行山。伯安素描底子好，善于实地写生，而豁志善于构想，适宜搞创作性速写。我们几个人从红旗渠渠首引漳河水处开始，途经著名的“青年洞”，一直到石板岩，走到红旗渠尾，足迹踏遍了这条举世闻名的人工天河。林县人民以一县之力，劈山挖洞，将邻县的漳河水引过来，解决自己的吃水和浇田问题，这种战天斗地的精神一直鼓舞着我们。我们白天沿渠搜集资料，画速写与素描，晚上在县委招待所整理资料。忙得十分辛苦，也十分充实。为了画本速写集，我们这一年，前后去了3次林县，主要是为了配合当时的“农业学大寨”“批林批孔”运动。

1978年4月，“农业学大寨”速写集出版。10月，张黛去河南大学读历史系。伯安一人在家边带3岁的孩子边工作，幸亏孩子已送实验幼儿园全托，一周只接一次。伯安忙起来，接孩子的事就由孩子的姥姥和姨姨代劳。那时，社里正在盖家属宿舍楼。伯安常利用午休时间和晚上下班后，去到工地上为民工们画素描、速写，一边练基本功，一边也搜集些素材。

1979年春，伯安曾报考河南大学美术系国画研究生。秋，又报考中央美术学院国画系研究生。两次考研均败北。但因考研需准备资料和做应试准备，倒是给伯安考出了一个正式的专业。自此以后，伯安不再在国画与油画之间挣扎游移不定，而是下决心将国画作为自己终生追求的事业，直至他生命的最后一息。

1979年秋，社里决定：让一批没有学历的编辑去大学里进修，以解决学历问题，伯安趁机也脱产到河南大学美术系进修两年。到学校报过到后，他仗着学校领导老师都是朋友，厚着脸皮基本全在家自己安排进修，学校也有人告状，但我及社里其他领导均睁只眼闭只眼，打个哈哈，不疼不痒，敷衍了事。伯安却利用这难得的两年，一边带孩子，一边自己画画，创作了太行组画，形成了他早期的比较注重向传统学习，比较注重笔墨墨韵绘画语言的习惯。

1981年夏天，我、伯安、杨振熙、王相成等，一起到禹县去画人物写生。记得这一次收获很多，大家都很愉快。

1982年，伯安调至社里封面设计室，脱离了美术编辑室，后来，美术室独立，成立了美术出版社。我因社长总编公务繁忙，已由人物画改画花鸟画。而伯安却一直忙于人物画的钻研与创作，除了逢年过节，伯安都携妻带子到我家来看我以外，平时和伯安的接触就不多了。而伯安业务上的突飞猛进，当在20世纪80年代和90年代，我和伯安的交往，仅是在伯安成功路途上的打前站，是为他后来的事业成功打下的入门功夫和基础。

20世纪80年代末，伯安告诉我，他打算画一幅长卷，通过描绘黄河流域人民的生活状况，来反映黄河文明。我马上敏感地意识到，这幅画一定会不同凡响，它不会次于蒋兆和的《流民图》。以伯安当时具备的实力，以及我对他的了解，加上他的脚踏实地、一丝不苟的创作态度，我预感，这必是一幅杰作。实践证明，我的预感是正确的。

回顾从20世纪60年代到80年代，和伯安密切交往的20年，不禁百感交集。我深感在伯安身上具有的那种不断追求、不断钻研、不断进取、永不懈怠的精神，是十分罕见的，也是十分可贵的。不管别人画画得多么好，年纪多么轻，“文革”中，画坛曾出现过几个风云年轻人物，名气风头很大，但伯安除了羡慕、佩服外，就是不声不响奋起直追，永不气馁。不管别人议论中国画如何不行了，画中国画如何没有前途，伯安一概不听，仍然我行我素，继续钻研中国画的水墨基本功，甚至不惜从头学起，永不言败。其次，是伯安的自信。他始终对自己的事业充满信心。伯安在其追求的过程中，经常时不时会听到些冷言冷语，甚至他的同学们也会出于好心经常开玩笑地说他自不量力，互相打趣他“光想当大画家”。伯安对这些流言，总是付之一笑，一如既往，画自己的画，走自己的路！让别人想说什么就随便说去吧！

仔细观察伯安的画，尽管他在其中加了大量的块面，以加强画面的力度和厚重感，但国画中最根本的线，他并未忽略，线依然是也永远是伯安画中最根本的支撑。这与他年轻时前后五六年一直画插图的经历分不开。从画上可以看出，他用线的底子很扎实，用线的功夫很硬。

伯安生在中原，背靠太行山，面临大黄河。特殊的地理环境、淳厚的文化积淀，造就了他特殊的气质和特殊的风貌。对于他来说，以毕生积聚的实力，在生命的最后10年，做艺术的最后冲刺，将生命的最后一滴血，洒在表现中华精神的河源藏族群众身上，是一件十分自然的事情。20世纪是一个伟大的世纪，这个世纪的风风雨雨，将在人类发展史上占据着至关重要的位置，在这世纪之交，一定会有伟大的作品问世。历史选择了李伯安，李伯安选择了黄河——这个孕育了世界上五分之一人口的母亲河。这是历史的必然！身为中原之子，黄河之子，一生生于斯，长于斯，亡于斯，终生饮用黄河水的李伯安，亦别无选择！

李自强口述　张黛整理

（作者系河南省书画院原院长，河南美术出版社原社长，李伯安的恩师益友）

我在郑州美专教伯安

丘光正

我是上海人，1956年毕业于浙江美术学院，受张漾云老师的鼓动，抱着去画黄河绘太行的雄心壮志到河南工作。但天有不测风云，3年后我落难于政治运动，1959年以先生（不是教师）的身份安排我去郑州美术专科学校教李伯安所在的班级，任班主任，并担任素描、创作两门课程，每周要任课30余节。

这个班级多数是男生，其中有两人画得最好。外表都极似文弱书生，是江南才子般的中原子弟。一个是张青渠，另一个则是李伯安。他那瘦弱的身躯，白净清秀的脸颊，温文尔雅的言谈，彬彬有礼的举止，勤奋钻研的精神，和这个班级被极左思潮所俘虏的几个女生比，更显示出性别上、性格上和人品素质上的不同。

伯安当时的几个作业使我印象深刻，以至于相隔三四十年后的今天，仍然记忆犹存。一是一次素描作业。我布置的是一个画民间老艺人车泥坯大花瓶绘制装饰国画，伯安对模特的神态与素描作业的基本要求刻画与表现均好，是全班第一。二是创作作业，要求画生活素描。我带他们到与学校一墙之隔的白庙村，及右邻大铺村去搞构图及环境人物素描。在这方面，甚为年轻的李伯安已充分显示了他的才能。我所有的要求，他都踏踏实实一点一画地去做了。甚为年轻的李伯安在以后及至最近几年中，曾多次和我交谈，包括现今命名为《走出巴颜喀拉》的长卷，我记得最早取名为“大河上下”。他告诉我，日本人要为此建立一个专用圆形美术馆陈列此画。在我去豫西为武汉军区绘制《葫芦兵》时，因天雨交通受阻住在洛阳军分区招待所，伯安几乎每天都来看我陪我，纵横交谈绘画事，当时他已基本摆脱无业困境而去洛阳市文明街小学任代课教师。

西行途中

我深感伯安是我的正宗的好学生，我是他入学绘画的首批教师之一，是主课的主要启蒙老师。一个人年轻时接受的教育是终生难忘的，我曾对伯安谈过，我年轻时如何想象着终生以绘制黄河为事业的。也曾给他讲过达·芬奇《最后的晚餐》的绘制经过以及如何在画上深入对人物内心刻画和耶稣与犹大用同一人为模特的趣闻，告诫他们要牢记内心的修养和善良。并告诉他们列宾如何以13年的时间深入少数民族地区收集当地具有浓厚风土气息的形象创作《沙布洛什人答苏丹王的信》的过程。

现在伯安长辞于我，总说白发人送黑发人，不辞而别的伯安给我带来巨大的悲痛。

我赞扬伯安，他是我的好学生，而且也是我的好老师，是我学习的好榜样，伯安用他的一生，完成了我和我们这一代人一生追求而未达到的事业。我羡慕伯安，他赶上了改革开放的好时代，我深感我要向伯安学习。

1. 学习他对艺术的忠诚和酷爱。不管是顺境还是逆境，他对艺术怀有始终如一的真挚追求，我了解和深切感受并理解河南少数人的过左、过火、过急行动，我也深切感受并理解河南人的刻苦耐劳及其超绝的聪明才智和勇敢拼搏精神，河南出了许多政治上、建设上建立丰功伟绩的人，而伯安是在艺术上刻苦拼搏并以超绝的智慧在绘画创作上取得丰功伟绩的人。他是我在河南从事高等美术教育25年来，培养出的上千名美术家中最优秀的代表，他是我教的众多学生中最优秀的、作品贡献最大、称得上是大师级的人物。

2. 学习他认准目标从不懈怠。我认为伯安的创作方面是经过深思熟虑的，《走出巴颜喀拉》立足于代表中国5000年文明的黄河流域，描绘的是藏人与天地山河大自然的拼搏。运用的是我国几千年最古老的绘画形式，通过不同的形象刻划以及创新的方法，气势恢宏地表达了画中人物及画家本人的感情。

3. 学习他甘于清寒的生活。记得1990年左右，我协助筹建交通大学美术专业去郑州招生时，伯安向我谈到此画，我劝他先向日本人要部分经费以利开支，他唯唯诺诺良久，呢喃道：是有一点资助，但想留下，包括节衣缩食，存点钱为以后出画册用。因有理想有追求，因而其为美术拼搏的精神不减。

4. 学习他为人谦和与人无争。他性格外柔内刚，我要好好学习，实质上，这种性格对缓解社会矛盾和人际关系很有必要。

伯安去了，给我带来无限悲痛，我以有伯安这样一个学生而自豪，我为他感到骄傲，我要在有生之年，向他学习，做一个像他那样的人。

写于2001年，上海美展李伯安艺术研讨会发言稿。

（作者系上海大学教授）

“文革”中的李伯安

——我与伯安相处的日子

豁　志

伯安去世后，我作为他的老师和忘年交，很想写篇文章纪念他，但几次提笔，几次哽咽，以至一直无法成文。

我是1964年秋天认识伯安的。初识伯安那年，《洛阳日报》社刚复刊，要求图文并茂，自强是报社美编室的领导，工作量很大。当时我的工作单位在交通局，与报社只隔一条路，再加上我是业余出身，曾历经过几个单位，从建筑行业到机械行业，又到交通局，各方面都很熟，近水楼台先得月，给《洛阳日报》画插图就成了我经常的业余工作。当时插图量非常大。有一次，我去报社领任务，遇到一位年轻人也在那里画插图，自强介绍说，他叫李伯安，彼此点点头就算认识了。其实，在正式结识之前，双方都先于见面而知道并熟悉对方的画。

见面以后，自强对伯安说，这一篇文章你回去看吧。他走后，自强给我介绍伯安，我这才知道，1961年伯安失学后家有病母，本人无工作，生活一直没有着落，在西大街摆了个镜框为人画像，我说我也见过，边上还有一行字“要画像，看本人，不画照片”。自强说他每个月有十几元钱的收入，进去一看，对伯安很赏识，让伯安到报社来并对他说：“我给你找活干有点收入，不然，这样下去会把手画坏的。”后来又找了一个代课教师的活，两下里一凑，伯安收入尚可，他的生活问题就解决了。自强又说，伯安现在不大会插图，让我多帮帮他。以后我和伯安经常在报社见面。一次，我们一起回家，要共同经过一段路，伯安问我说自强老师让我问你，怎样画人体？说洛阳市大专院校毕业的人不少，但真正能画插图的人不多。我告诉他，想画好插图有两条路，一是画速写，找动态，二是找人物动态画得好的连环画反复临，再结合看看人体解剖书就可以迅速提高。院校毕业的学生画不成连环画，是实践经验太少。后来，伯安找来《铁道游击队》的连环画认真学习，插图水平迅速提高，进步很快。

认识伯安几年以后，我于1965年调到报社，见面的机会就更多了。这年8月，自强调到省委组织部《支部生活》工作。临走时，自强交代我，伯安请你多操心。所以伯安依旧每周来报社一两次。画插图有两种情况，一种是早就准备好的文章，一种是临时上文章即兴画，每个星期上2—3次，一年多以后，伯安的插画越来越熟练，越来越好。但好景不长，1966年12月，报社参加“文化大革命”，没有任何人通知，稿费就停了，伯安的生活立即陷入困境，大家都束手无策。

“文革”期间

虽然是“文革”期间，但由于伯安的

画不错，因此，他在外面画画的事情不断。当时要搞红海洋，每家商店前布置标语、悬挂红旗什么的，大家依然在这种场合经常见面。1968 年 1 月 25 日，报社又复刊了。造反派掌了权。1969 年伯安招工进了洛阳东风轴承厂。

当时我是同情二七派的，维成是保守派，报社不用维成，美术人员不够，我就把伯安借调过来。稿费虽没有了，但还可以发一点点津贴（交通、夜班一天 2 角钱），聊胜于无吧！一个月有十五六元钱。伯安就愿意干这事，又可以有一点收入。这样干了两年，报社又有了变化。《洛阳日报》（革字第 1 号）新闻部是抄两报一刊的，又停了，人员又各回各处。这次不仅伯安留不住了，连我也失业了。报社来了工宣队、军宣队，报社的人也分了。1972 年 2 月 28 日，报社正式解散。在此之前，1970 年就已经停刊，伯安早已去了。报社的军代表到文化局掌权去了。为纪念毛主席延安之艺座谈会上讲话 30 周年，中央下文件需各省搞大型美术展览，说 8 个样板戏不能满足需要。在此情况下，洛阳市要组织创作组。主要人员是市里同情二七派的，主要是抽调市直系统的美术干部。另外，下面抽一些美术界骨干，叫我当创作组组长。我怕当官，但拗不过军代表，只好勉为其难。最后决定组员有：王绣（王绣后来为洛阳博物馆馆长）、周彦生、贠书涛、郑宏洲、杨北、于西昌、孙新义、岳西岩、李伯安。抽调时，阻力最大的是周彦生（周彦生后来在广州美院国画系做教授，花鸟画很优秀）和李伯安，两人是美专同学，在年轻人中很出色。领导对他们不熟悉，又都是临时工。但我坚持要他们来，我跟军代表据理力争，坚持要他们进来。1971 年 5 月 1 日，创作组扎摊后，李伯安从此开始迈向美术创作的第一步。

参加创作组搞油画创作

创作组在 1971 年 7 月正式成立，在国际饭店开了 7 天座谈会，后又搬到文化馆继续开，定下了人员和创作标题。

1. 毛主席给洛阳前线指挥部的一封信（油画）
2. 林副主席来到红二连（油画）
3. 洛阳解放（油画）
4. 毛主席在工业展览馆参观洛阳东方红拖拉机（油画）
5. 焦支线上人民斗争的凯歌（国画长卷）
6. 毛主席给洛阳日报社题字（国画）
7. 焦支会战英雄（雕塑）
8. 洛阳解放英雄谱（雕塑）
9. 中国应当对人类有较大的贡献（版画）
10. 九大代表在生活中（国画）

我当时是组长，岳西岩当副组长，分任务时，我俩不约而同建议将毛主席写信的一张给伯安，但伯安不敢接，为此，我做了许多工作，我欣赏他的素描功底，坚持要他画。

他一上手，素描构图都很好，但一深入就不行了。大家在一起给他提意见，出主意，想办法。中间出了点事，林彪在温都尔汗摔死了，创作停了下来，要修改选题，但伯安的选题没有变化。

创作组坚持到 1971 年底，当时的社会不是十分安定，夜里经常听到打炮声，我们弄了几个铺，搞得太晚了就不回去了，我、岳西岩、伯安常住在那儿。创作期间，我们去过一趟西安取经。所谓交流，其实只是看了看画展，展厅全是画的毛主席在陕北，总感觉油画不像油画，水粉不像水粉，倒像是年画，只是心里想了想，嘴上谁也不敢说。趁机又搜集了一些《星火》

杂志资料，这些对伯安来说，还是很新鲜的。当时对油画的画法有两种看法，一种以为应该亮堂，像当时流行的红光亮；另一种则认为应该更深入更真实。事实上，红光亮还是大占上风。此行，李伯安对同为工人画家的李世南充满好感，很喜欢他的画。

1972年5月，画展在北京开幕了，洛阳的画一幅也没选上。市里给了10个名额去北京参观，其中就有伯安，伯安在这次的集体创作中，表现很抢眼，给大家留下了深刻的印象。这次创作组后来解散，我是四面楚歌，有人攻击我画了林彪，让我一直抬不起头。

再参加创作组，搞国画创作

到了1973年，洛阳市又搞创作组，由张维成领头，为中国画连环画画展搞创作，地点选在洛阳日报社原址。要求大家画国画、连环画，伯安这次画的是一群工人在车间休息时聚在一起读报，名为《天下事》。对伯安说，这次又是一个新画种，他在西安参观时，对李世南画的《百工起义》很是赞赏，非常钦佩。但这次画展洛阳又是一幅画也没评上，尽管我们大家从中都受益匪浅。画展在广州展出时，又给了我们10个名额，僧多粥少，矛盾白热化，但伯安是没有争议的，他们10人住在珠江边上的大厦14楼，而我们几个自费的则是通过关系住在市委招待所。但也有好处，他们只许住三天，而我们则住了一个多星期才走。

这次展览对大家触动很大，伯安很善于学习，他对国画的兴趣愈发浓厚。在此之前，他一直对油画很入迷。在去广州的路上，车在长沙停了一下，我当时有些灰溜溜的，被打入另册，伯安很不忍，一直跟在我身边。在长沙待了一天，去看了橘子洲头，路很长，大约有5里，大家都打了退堂鼓，最后只剩下我和伯安俩人坚持到底，很有点豪情满怀的意思。于是，和伯安一起下水，一手托衣服，一手划水，一直游到岳麓山，到中流击水一番，顿觉海阔天空。

在省出版社创作连环画

1972年3月，我和伯安到省里搞了一个连环画《矿工怒火》，周总理嫌当时书太少，让多出些书。一本小人书，参加了诸多河南人物，参加者有邓邦镇、陈天然、张维成、周彦生、李伯安等。时间安排4个月，回来后还到洛阳煤炉厂去体验生活。这个画画完后，河南出版社又给了一个脚本《支农线上》，3个人画，我和周彦生、李伯安。1974年调到出版社以后，和伯安共同创作了国画4条屏。伯安画了工农兵大学生学成后的《毕业归来》。

1974年创作改变了洛阳美术的面貌，以前美展几乎全是习作，以后再搞画展，创作画多了，能占到作品中的80%。从此，市里凡举行美术活动，伯安都是当然人选，他很勤奋，也有韧劲，又有灵气，一点就通，几年来成绩斐然，站到了市里艺术界的前排，也为他以后参加省里活动引起省里美术界注意奠定了基础。1973年12月1日，去辉县（出版社组织）。洛阳只去了我和李伯安。我们这一组有陈天然、杨振熙、严文俊，等共5个人。在辉县待了一个多月，回来过了春节后又去了。主要是出版社要出一本速写集。严文俊速写最好，能直接提起毛笔就画，陈天然是创作型速写，伯安则是要从头学习。前辈们的经验都对他有很大启发，陈天然的一番话更使伯安受益匪浅，他在大家交流所画头像时说："画速写人物，像不像是次要的，关键是画神，要考虑美感。"伯安在大家的带领下，进步很快。

1974年，我和伯安一起去出版社，画

了一张宣传画，几个连环画，又去辉县补充一些批林批孔的内容。这年出版社要添人，定了我、伯安和严文俊。这年省里美展，展出了伯安的《天下事》和我的《风华正茂》。

一次，伯安在画室看天然老师作画画山水，一时找不到画笔，天然老师随手拿起一张宣纸，用手团了团，饱醮墨汁，在宣纸上大张大合，恣意纵横，伯安只看得目瞪口呆，张口结舌。从此，他懂得了一个道理：写文章，可以嬉笑怒骂皆成美文，画画，则天地万物均可为画笔，只要胸中自有丘壑，那么，一切物品在手，全都是笔，都能画出好画了。这大大解放了他的思想，打开了他的思路，并由此举一反三，广征博引，引出许多感悟和顿醒，如天门大开，从此，走起这条路来，颇觉顺畅无比。

在调到出版社的前10年，伯安实际上和高尔基的青年时代一样，一直在上社会大学。因革命形势需要，他画过版画、宣传画、油画、国画、连环画，补了速写，补充了他在美专时没有学的创作画。洛阳市和伯安年龄差不多的大中专毕业生大多画不了插图，搞不了创作，而伯安和他们恰恰相反，通过多画多学，在实践中学习，提高很快。伯安的外表看起来清秀文弱，但他的性格十分要强，甚至有些偏执，但也可能正是这些，才成就了他。

2004年于郑州

豁志口述　张黛整理

（作者系河南美术出版社原副编审）

我和伯安是发小

徐觉伟

我和李伯安是同乡、同学，又是邻居，同住一条街，伯安家住洛阳市西大街东头，我们家住西大街西头，两人又同样出身不好，不同的是我们家是外来户，而伯安家是当地户，这就对他很不利，因为历史的旧痕总抹不去，会纠缠不休。

有一次，我父亲对我说：“在街上碰见伯安正拉着架子车，我看了很难过，就请他，一起吃了顿饭。生活很苦，压力很大，办事处不给安排工作，只得在街道上搞点搬运、干点杂活养家糊口，伯安常提到你，关系不错，借书给他是好朋友，你要常去找他，一起出去玩，好好聊聊。”有一次我问伯安有啥难处需要我帮助，伯安自尊心很强，只说他姐姐在拖拉机厂上班，有时给家里点补贴。每次见伯安，总想请他一起吃饭，他不去，说想借我的书看。我说你尽管去我那里拿，有很多俄文画册，还有中国画册，所以伯安经常找我借书。伯安很勤奋，经常可以在《洛阳日报》上看到伯安的插图，每幅插图稿费3元，也可补贴家用。李自强老师在《洛阳日报》当美编，李老师说每幅插图稿费当时是2元，给伯安3元是为了解决他点困难。在我们最困难的时候是李老师帮助了我们、支持了我们，李老师是年轻人的伯乐，是我和伯安的恩人。有一天，伯安找我，说李老师联系叫我去工人文化宫上班。对于一个沉闷在家的年轻人来说，真是天上掉馅饼。我问伯安：你咋不去？伯安说我妈有病，离不开人。我说找点木板钉个小车，咱俩推着你妈，出去转转，别老闷在家里，对你也有影响。伯安说，我妈身体太弱，不能出去见风，一见风就咳嗽得厉害。伯安家庭出身不好，母亲有病，生活困难给伯安带来很大的精神压力。有一次，我约伯安一起到他家后面的洛河大堤散步，两人走着说着，伯安说有个俄国作家曾说，一个青年人到了思想成熟的年龄，就会感到是被关在一个无从逃脱的牢笼里。我说咱们现在最痛苦，徐悲鸿当年可以离家去上海求学，遇到知音，还资助他去法国留学，咱们现在实在是想也不敢想。我说，咱们下河游泳吧！我先脱衣服下到水里，伯安忍不住也跟着跳了下去。一会儿岸上聚了很多人看，有人说：你们喝酒了吧（因为当时已11月份，天阴又冷）。我说："没喝，就是解闷。"伯安善意地笑笑说："比喝酒难受多了。"在水里玩一会儿再上岸，确实感到清醒很多，也感到轻松了。上岸后我还请伯安一起吃了包子，本来想再喝碗馄饨，伯安说："不行，我得赶快回家，我妈等急了，我得回去给我妈熬药、做饭。"无奈，我也真能体会到伯安作为一个孝子的心情。记得在伯安病逝前一个月，有一天，我去出版社找他，刚坐一会儿，伯安就说："不行了，觉伟，我得赶快回去吃药。"

我和伯安一起共事是1958年在洛阳六中上初三时，学校勤工俭学，成立了美术社，陈应麟老师是主管，是我和伯安的启蒙老师，把我俩抽调到美术社，安排我当美术社社长。有一次，陈老师派我去粮食库画幅画，是给一个古建筑模型涂色，我约伯安一起去，到现场我俩都不知怎么画，伯安说："完了，出来完不成任务，回去没法交代。"领导看我们很为难，就让我们走了，仓库领导看我们年轻也未责备，后来还付给学校美术社200元劳务费，这就是我俩第一次合作的狼狈和收获。

后来我俩同时考进了郑州美专，后改名为河南艺术学院美术系，同分在乙班，我还当了乙班班长，以后和伯安走得更近。有一个星期天，我和伯安去德化街外文书店看书，发现一本俄文原版的《托文斯泰作品插图集》，我当时想买，可是口袋里钱不够，差一角钱，很着急。伯安眼尖，一眼看见丁中一老师在二七广场阅报栏看报，就拉着我赶快跑到二七广场找丁老师，想借钱买《托尔斯泰作品插图集》，丁老师一听也想买，但可惜店里只有一本，无奈丁老师只得把钱借给我让我买了。

还有件事使我终生难忘，有一天下课我去食堂吃饭，刚走到饭厅门口，伯安很害怕，追上我紧张地说："你赶快回教室看看，有人贴你的大字报。"我当时一惊，赶紧跑回去，果然见教室后墙贴着一张大字报，说我和学生去白庙拉菜时，看到农民吃饭时只吃些红萝卜，没有馍，我说没有馍怎么能吃饱，于是说我攻击社会主义，还说我同情右派老师邱光正。有一天下午劳动挑水，我要替邱老师挑水，邱老师没同意，我看大家有点累，就宣布大家休息一会儿，这就成了同情右派，阶级立场模糊。我看了后很害怕，就哭了起来，也不去吃饭。看此情景，在场的几个班干部就商量，先把大字报揭下来，以后再说，就这样事情很快得到平息。后来听说音乐系一个学生因说了一句错话，被学校开除学籍，为此我非常后怕，也非常感激伯安冒险给我及时报信挽救了我，使此事没能扩大影响，造成严重后果。

入学第二年，我们分了专业，当时大家都想分到油画和国画班，想当画家，不想分到工艺美术，我被分到油画班，可伯安偏偏就被分在工艺美术专业，这对伯安思想上又是一次打击，可是伯安内心虽然承受着很大的压力，却始终没有抱怨，当时班里还有一个同学因为不愿学工艺，一时想不开，得了精神分裂症，伯安却毫无任何怨言。

第二年我们这一届被宣布为重点班，谢瑞阶院长要求派最好的教师教我们这一班，我们油画班是邱光正老师教素描，王老师教色彩，伯安暗中求邱光正老师教素描，张琪恩师教工艺。

1962 年，学校合并到开封师范学院（现在的河南大学），当时宣布三、四年级学生跟去，一、二年级学生都回家安排工作，这使我们正热心学习的青年人又遭到一次无情的打击，洛阳的同学回家，被安排去拖拉机厂工作，我和伯安没去，因伯安的母亲有病，实在离不开，另外是不想放弃绘画。离校后我和伯安合作过 3 次，一次是伯安约我给区文化馆画一张油画；一次是给老城百货楼画一张宣传画，也是伯安约的我，我很乐意去；“文革”中，李自强老师抽调我俩去省博物画院筹备一个展览，其中有一张画是表现解放洛阳，因为画的是油画，伯安谦虚，甘愿做模特让我画，中途我因有事离开，伯安一边向自强、陈天然学习，一边就单独将此画画完。

后来伯安去洛阳东风轴承厂工作，在工会放电影。我去过伯安工作的地方，一间不足 $10m^2$ 的小黑屋，除了放映机，里面有一张桌子，一个凳子，一张空床，我说：“伯安你以后去电影公司取片，可以找我，我在电影公司放映队画过幻灯片，跟他们很熟。”伯安说：“不用，太麻烦。”伯安当放映员始终没去单位找过我，为了不给我添麻烦。伯安想看书就去找我借，而且都能及时还给我，有的书还精心包上书皮，“文革”一开始因为我们两家出身都不好，都被抄了家，而且大量的书被列为“封、资、修”被红卫兵烧掉。为此伯安很痛心，因为多是我的书，伯安心里总是很愧疚，后来伯安去美术出版社工作，经常去开封送书给我，至今有两本精装书，我还保存完好，一本《现代商标标志创意图典》，一本是《现代标志符号创意图典》，都是世界比较先进的设计图典，是工艺美术教学最实用的参考资料，我后来到省工艺美术学校工作，这些书对我从事设计专业教学都很有参考价值。我女儿去上海读大学，学的也是设计，此书成为她爱不释手的工具书，很多专业老师也都借去看，评价很高。

其实烧书的事，我并不在意，我安慰伯安说：“我家被抄，书烧了两架子车，虽然心痛但也无能为力。”没想伯安一直都还记在心上，以至十几年后还记着给我送书补偿，真是够义气，够朋友，够兄弟。伯安还想办法帮我联系带有 CN 刊号的报纸发表文章，出版书籍，使我顺利评上高级职称。

1985 年国家下发文件，凡是从学校参军和参加工作，可以按毕业生补发毕业证。为此全省各地的同学需到郑州找省文化厅要求补发毕业证，开始，补发的不是正规的毕业证，后经过大家努力，领导才同意重新补发正式的毕业证，但是只同意给郑州市的同学补发，不让给外地同学说，当时在郑州的同学都重新领了证。伯安觉得这事不公，不但没去领证，还特意到开封告诉我通知李元星、赵本敏几位同学，赶紧去郑州，找文化厅换证，我和李元星几位同学都很感动，及时赶到郑州到文化厅换了证，这对我们以后评职称、升职都起了关键的作用。

伯安逝世已经 18 周年，回忆往事，伯安默默无闻，无声无息，埋头于事业，遇事从不忘朋友，不忘同学，是个永远可以共患难、共进步、共享信息的挚友。

2016 年于郑州

（作者系河南艺术专科学校副教授）

天幕一颗星

——怀念伯安

王继兴

李伯安，是人类艺术天幕上的一颗璀璨之星，更是我景之仰之心幕上的一颗璀璨之星。其实，我和他并不相识；但是，我和他也有另外一段缘分。他远行10年了，我觉得他已离开很远很远，又觉得和他很近很近……

因才情横溢、作品不朽却英年早逝而令世人无限扼腕叹息，这10年间伯安先生是极其典型的一位。生前，他淡泊名利，睥睨炒作，甘于“面壁十年”，终将自己的全部激情、全部心血、全部生命和全部灵魂化作了一幅不朽之作《走出巴颜喀拉》。

对于他的人品、人格，对于他的画品、画格，我国文化艺术界的重腕评论家，都站在学术的前沿、世界的平台乃至历史（特别是绘画史和艺术史）的高度，做出了很中肯的评价。比如，刘骁纯称他“是个殉道的艺术家”；翟墨称他的作品是“中华民族的无价之宝”；林木说“他的生命也将永远与他的不朽的艺术同在”；刘勃舒说“李伯安就是20世纪画坛的骄傲”；刘大为说“李伯安如同一个巨人矗立在20世纪的中国画坛”；冯骥才称他是“罕世和绝代的画家”；黄永玉说：“中国，有他一个就够了”；上海时年85岁的著名评论家邵洛羊把他和盛唐的吴道子、北宋的武宗元、明末的陈洪绶并称为“中国绘画史上的四根擎天柱”，并说是他们“撑起了人物画领域的朗朗乾坤”……这样的盛誉和评价，对于当代画家来说，有几个敢于企及呢？更有几个能够企及呢？

回顾起来，伯安先生“面壁十年”的前期，我还在《河南日报》任总编室主任。由于伯安先生生前自囚艺术牢笼，默然磨剑，了无声息，加上我职守编报夜班，晨昏颠倒，很少涉外，所以我和他不仅无一面之缘，甚至我连他的名字也不曾听闻。

那时候，报社的校对、检查、资料、图书、时事、美术和出版编辑统归总编室领导。一天，美术组组长吴懋祥先生颇为郑重地对我说：“河南美术出版社有位年轻画家，人太老实，平时很少在报刊上发表作品。其实他的画画得相当好！我们的美术专版给他发几幅作品如何？”

吴懋祥先生是位极有声望的著名老画家，所以我特别敬重他，便道：“您老认为可以，自然可以、当然可以。”后来，作品见报之后，我才知道这位年轻的画家叫李伯安。

事情就这么简单。

时过不久，伯安竟托吴懋祥先生捎来一幅作品赠我。那是一幅四尺斗方，取唐代著名诗人王维《辋川闲居赠裴秀才迪》一诗的诗意。虽然笔墨粗辣，构图简略，但一具山石、一丛红叶，已将苍翠寒山、孤烟落日的意境写出来了。特别是那位倚杖老者，长髯若飘，闭目听蝉，仅寥寥数笔，其潇洒的意态、安闲的逸情、旷达的心境、高远的胸襟便呼之欲出了！画幅的右边，除题有“寒山转苍翠，秋水日潺湲。倚杖柴门外，临风听暮蝉”的诗句外，还特别题写有我的名字，我自然十分珍惜地珍藏起来了。事后，我只给他打了个电话表示感谢，却未能够当面致谢。再后来，我奉命去筹备《大河报》，夜以继日的奔忙使我失去了更多与书家画家直接接触的机会。

1998年，突然石破天惊：李伯安为百米巨作《走出巴颜喀拉》累死了，年仅54岁。犹如响雷炸天，顷刻噩耗惊世！当他的《走出巴颜喀拉》走出他的空旷而简陋的画室，走出郑州，走出河南，一步步走向社会、走向全国、走向五洲四海的时候，世界艺术的天幕上，豁然亮起一颗璀璨之星！

这些年来，我时常凝望这颗璀璨之星，默默地表达我越来越浓的敬重之情，也默默地承受着越来越重的痛惜之情！

该文撰于2008年

（作者系《大河报》原总编辑）

斯　人

徐豫生

后笔如椽　旌表如厦
辉矣煌矣　辉矣煌矣
溯本开源　诲人奋发

斯人无语　大影无形
大作如炬　生于冥冥
辉矣煌矣　出深宏远
撼天动地　万物倾情

追记2001年10月14日伯安先生画展随感题诗

（作者系河南人民出版社原办公室主任）

观李伯安画展畅想

周鸿俊

天宫派出李伯安，
传播画艺来人间。
博览古今书万卷，
艺海探宝荡舟船。
花花世界都看透，
倾心钟爱两座山：
一座美名为太行，
一座怀抱黄河源。[①]
李伯安，要画山，
手在后，脚在先，
踏遍太行三万里，
饮遍巴颜喀拉泉。
太行春秋化在胸，
巴颜魂灵融心田。
倾注汗水调七彩，
挥洒心血染画面，
勾勒太行英雄谱，
个个英雄似山岩。
攒足浑身劲，
默默绘长卷。
长卷定何名？
《走出巴颜喀拉》山。
笔下生风洒墨雨，
风风雨雨整十年。
送走多少冰冷夜，
迎来多少酷暑天。
一遍两遍三五遍，
笔笔不苟苦登攀。
伯安十年磨一剑，
画卷艺高史空前。
浩浩一百二十米，
数百藏胞入画卷。
老偕幼，女偕男，
男女老幼心相连。
人流如同黄河水，
排山决岭破雄关。
《圣山之灵》[②]真虔诚，
《开光大典》[③]多威严，
顶礼膜拜齐《朝圣》[④]，
敬献《哈达》[⑤]捧心肝。
《玛尼堆》[⑥]上见慷慨，
《劳作》[⑦]场上人不闲，
稍事《歇息》[⑧]蓄精锐，
斑斓《藏戏》[⑨]乐无边。
《赛马》[⑩]阵上斗勇猛，
《天路》[⑪]茫茫追神仙……
真善美，浸长卷，
盖满地，铺满天。
面对画卷壮胆略，
面对画卷强信念；
面对画卷鼓士气，
面对画卷斗志添。
长卷教人更爱国，
教人更爱大中原；
教人更爱河南人，
教人更爱李伯安……

观长卷，声声叹，
观长卷，泪涟涟。
雄奇工程近尾声，
伯安倒在画卷前；
没有留下一句话，
匆匆忙忙离尘寰。
伯安身去人未死，
携带画稿升云端；
呈请玉皇审画稿，
征求众神提意见。
集思广益再挥笔，
神品之上把花添。
他日再看此画卷，
不知又上几重天！

2001年5月2日

（作者系河南省文化局原局长，河南诗词学会会长）

三、传记与年表

李伯安艺术生平小传

张　黛　综述

李伯安（1944.7—1998.5.2）河南洛阳人，1961年肄业于郑州艺术学院，曾任河南美术出版社副编审。他是一位生前在美术领域耕耘一生，但识者寥寥，死后却凭借其作品被奉为经典而横空出世声震画坛、心甘情愿为艺术殉道的黄河赤子。

其最具代表性的作品《走出巴颜喀拉》是作者拖着羸弱之躯，先后3次奔赴黄河之源，闯青海、进甘南，去体验生活在河源藏族群众的古朴与浑厚、去捕获这一古老民族的圣洁与纯净，去探寻他们在缺氧酷寒的环境中无所畏惧乐观向上而生生不息的源泉。历时10载，备尝艰辛，多次增删、几易其稿，终于抢在死神之前，基本完成了这幅高1.88米，长122米，共分10部分的鸿篇巨制。画面展现了266个藏人形象，而李伯安，正是我们虽无法看到却又分明存在于画面的那永远不朽的第267个身影。

作品气势磅礴、顶天立地，被公认为是20世纪中国水墨画的辉煌代表，是中国美术史上最富民族精神、最具震撼力的史诗性和里程碑式的水墨人物长卷，是继宋代张择端的《清明上河图》、近代蒋兆和的《流民图》以及周思聪的《矿工图》之后的又一传世佳作。她的出现把20世纪中国水墨人物画创作推向了一个新的峰头。

作品以其高昂的立意、恢弘的气象、精湛的刻画和独具个性的艺术语言，深刻表现了生活在巴颜喀拉山下黄河之源的藏族群众风貌，突显了黄河文明的风骨和精神。画未完而命已尽。画家尚未来得及彻底完成融入他全部血肉和灵魂的画卷，尚来不及展开看一眼他为之终生努力即将完成的作品全貌，终于油尽灯灭魂灵飞升，手握画笔倒在画前。

他是死难瞑目的。因为他原计划是要画整条黄河的。

画卷最初的目的是想通过描绘生活在黄河两岸的汉、藏、回、蒙古等各族人民的劳作歇息、祭祀娱乐以及各种宗教和社会活动来表现出5000年来历尽磨难的中华文明诞生、成长、延续至今而薪火不断的精神力量。而长卷名字的多次更改，如：《大画》《大河上下》《黄河魂》《黄河儿女》《藏魂》以及定稿的《走出巴颜喀拉》等，均精准地体现了这幅画永恒不变的主题和内容上的几度变迁。

李伯安一头扎进河源，就被深深吸引而无法走出，不得不放弃原先的宏伟计划，而将有限的精力和生命全部投入到河源藏族群众身上。

黄河作为中华文明的发源地和哺育者之一，历来被看作是中华民族的象征，黄河所象征的文明、精神和气度，从河源藏族群众身上以及伯安早期描绘的太行人身上正一脉相承、渊源极深。画家曾从太行人身上体验到的中华民族的风骨，也同样从更为强悍神秘的巴颜喀拉藏人身上，深深地体验到。这样，在李伯安笔下，黄河精神形象就转换成了巴颜喀拉藏人形象，对巴颜喀拉情状、性格和气度的刻画，就具有了象征中华文明与精神的意义。

黄河走出巴颜喀拉山，意味着一个伟大古老的文明摆脱桎梏、摆脱束缚，走出国门、走向大海、走向世界、走向宇宙，重新复兴、重新大放异彩的决心和毅力。

李伯安读过郑州艺术专科学校，但没来得及读完，学校就停办了，他在几乎自学的基础上完成了自己的美术专业学习。为了生活，他搬过砖、和过泥、打过小工、卖过汽水、骑车去农村走门串户画过肖像，也帮人推车上坡赚个小钱，后来又当过小学代课教师与洛阳东风轴承厂美工。在工厂当美工，使李伯安要应付几乎全部属于“美术”的工作，从油画领袖像的绘制，到宣传报栏上所需要的水粉画、木刻、连环画，以及组织参加的多种运动、活动展览和宣传中的美术活动。此类多画种的美术实践活动，使几乎是自学成才的李伯安有着从美术学院单一画种毕业的学生那里极难具备的丰富的多技能美术实践能力。此后，由恩师李自强调入河南美术出版社担任美术编辑，又极其大量地介入了需要坚实造型和复杂构图能力的文学插图和连环画绘制工作，因此，当李伯安在后来一心从事中国画人物画创作时，就很难以较为固定的模式去看待传统意义上的国画了。全国第六届美展时，李伯安是以连环画《新娘子抬轿》入选。第七届美展时，李伯安一幅水墨人物画《日出》已以全新的技法风格让水墨人物画界耳目一新，那幅画获的是铜奖。四川美术学院白德松邀请其个展，并制作了21分钟的教学片，为他的太行时期做了个漂亮的小结。

但《日出》后，几乎整整10年，这个本该趁获奖的东风接连露脸以扩大效应的画家却从此销声匿迹，他已一心扑在他的巨幅长卷的创作中而无暇他顾了。在为世人留下他生命的绝响、一幅殚精竭虑尚未完成的卓绝水墨人物画长卷巨作后，悄然远去。

李伯安作品的主要成就表现在5个方面：

1. 充满激情的描绘，使李伯安作品具有强烈的精神性

与人物画界不少喜欢对某一场景、某一事件、某一活动，尤其是一些政治色彩浓厚、时效性很强的事件予以准确客观的报道性写实性描绘的倾向大不相同，李伯

安似乎在从事绘画之初，就想通过人物画的创造，来表现他对中华民族亘古久远的深沉精神的理解与体悟。这或许得益于他出生于九朝古都的洛阳和终生生活于中华文明的发祥地中原的缘故。致使李伯安人物画的强烈的精神性不仅与当代众多人物画家唯写实与外自我的西式思维有原则的差别，也因此而与中国的缘情言志的艺术传统有着一脉相承的历史亲和性。

经过十几年太行山的磨砺，李伯安早已不愿十分客观冷静地照搬生活，而是充满激情带着火热的期盼去表现他努力挖掘出的一切。

他想画一幅传世之作，这是他毕生的人生追求。

这是他在“文革”时期看到苏俄画家列宾用13年完成的杰作《沙布洛什人答苏丹王的信》后萌生的幻想。而现在，他已具备了将幻想变为现实的条件和能力。在这拟将创作充满家国情怀、黄钟大吕般巨作的规划面前，一切小情小趣、凡人琐事均微不足道、黯然失色。

为此，他像出征的将士，充分做好了累死画前的准备。

而画家死于创作中的作品前，正是他的另一个人生追求，也是他毕生向往的幸福。

为此，他淡然拒绝了为港商作画、脱离贫寒的机会。其实，他只是想离政治、金钱、权力远一些，再远一些；而离艺术近一些、近一些，再近一些。

1989年前，李伯安对太行山人情有独钟。十几年来，他难以数计地反复深入太行山，对太行山人那种在“多见土石少见人的世界”中顽强地生存的精神极为感动。“这里的人民祖祖辈辈与山厮守着，日出而作，日入而息。漫长岁月已将躯体融入了山的厚实、山的浑朴、山的胸怀、山的性格。”（李伯安：《情溢太行》）李伯安在太行人那里看到的并非是简单的“生活”，既非对风情的猎奇，亦非对贫困的“反映”，甚至，也不是一般意义上的对勤劳的赞美或对乡土生活的肯定，这位中原儿子的过人之处在于，他从开始创作起，就试图从山民形象中去提炼那种中华民族5000年文明赖以独自屹立于世界的伟大精神，这才使李伯安在太行山人那里挖掘到一种常人难以察觉的非生活、非政治、非事件、非时尚的深沉内蕴。李伯安的成名作《日出》，那巨石般矗立着的墨黑的太行山人及那轮夸张的巨大红日其象征意义不言而喻，那黑白分明简洁劲健的《太行人》是如此，《华山挑夫》石头般坚硬的肩背是如此，就连《姥姥们》那黑白块面和直线分割中所体现的力量感，《中条山北望》的纯山水的同样黑白的冲突，不也同样植根于那伟大的民族精神的表现之中吗？

1989年以后，是李伯安创作的第二阶段。这一次，他想表现的是黄河，这无疑是从太行山人的表现中所体验到的民族精神的升华。正是这个二十几年来盘踞胸中的心愿，使他此前和此后的创作道路与绘画界的同行们大相径庭。而他对黄河题材的选择，一则是他身为黄河儿女对黄河浓厚感情的自然流露，二则使他力图对中华风骨、对博大深沉的中华精神的表现，找到一个极为准确但也极为困难极具挑战性的角度。

水墨人物长卷形式，由古代的把玩性转到近代《流民图》的展览性，表达的多为悲而不壮的人道情怀，而在长卷上刻画人物，即能使观者萌发一种巨大的力量意识和精神迸发，使观者热血沸腾油然而生出崇高感，萌发使命感，始于这卷《走出巴颜喀拉》。

2. 向西方各种艺术形式的借鉴与东方意向思维的有机结合

进入20世纪，中国艺术遇到了前所未

有的难堪，改革进程中的困惑将中国艺术逼进了死胡同，使其在画大场面大题材时，进不能达到西方的高度，退又无法固守自家的优秀传统，处在“异化”和“僵化”的两难之间。

幸好，李伯安及其作品的出现，改变了这一现状。

李伯安是画国画人物画的，而国画又是一个传统程式性极强的画种，更多地适于表达超远、淡泊、孤高、虚静的古代文人心境。然而，李伯安要表现的却是古代艺术中所罕见的雄肆、浩大、悲壮与崇高，是气贯长虹的精神与力量。传统画法，显然远远满足不了李伯安作品中需要表现的强度力度和气势。他曾说过：“中国画的传统是在延续中继承着，传统的模式常常难以尽述我今天对太行的感受和构思。自然就产生了向别的画种和艺术形式寻求借鉴的愿望。”（李伯安：《情溢太行》）

他说：“在罗丹、布德尔和苏联雕塑家的作品中，那震撼心灵的力度和厚度有力地撞击着我。珂勒惠支、阿克塞尔·彼得森的版画和木雕，那刀雕斧凿的迹痕，正是表现太行人所需要的刚直浑朴的线。……举世共知的巴尔扎克塑像，在雕塑家那潇洒的推泥动律中，包含了多少中国画那一泄而下的泼墨大写的笔意。”（《情溢太行》）在《一点感受》中，李伯安尤其欣赏“在雕塑和版画中，那丰厚的团块结构，在大黑中透出的分量与气势”。李伯安为了求得“如重（锤）击鼓”的效果，创造出一种“加粗加宽”“重而平实、不求墨韵”的线，并把这种线与光影适当结合起来，使水墨“变得充满可能性和魅力无穷”。（冯骥才：《永恒的震撼》）

李伯安熔西方、自然、传统于一炉，并在构图方法和形式上借鉴了苏联油画，以及后来接触的大量西方宗教题材的巨幅油画群像，这实在使他在大画的构图上受益匪浅。

李伯安向西方画种的借鉴是为了增强画面的表现力，但他的艺术思维方式却立足于东方的意向思维的根基。这种情况突出地表现在他的人物造型观上。

早在1989年前创作太行人时期，李伯安已有摆脱素描写实而向黑白块面的强烈冲突转化的探索。从其《太行人》群像中可以看到，人物面部的从结构出发的概括的块面处理已经呈现。其他如《家门口》《姥姥们》以及那幅著名的《日出》，则更以简洁而强烈的视觉效果呈现出上述特色。甚至就在表现《黄宾虹像》上，已可以看出李伯安的强化结构的形式语言在逐渐成熟，并开始呈现鲜明的个性特色。

1994年前后，一批70厘米和90厘米左右的巨幅头像习作，使李伯安这种意向式造型手法愈益自觉。李伯安在这些头像中，已开始夸张和强化眼、鼻、嘴、唇的力度，他或者以一片浓墨的脸部映衬出嘴唇的力度。神态的大线条般的刻画和浓重的块状墨团、焦墨的粗重直线、白色的几何团块，一起构成了中国人物画史上少见的以结构为特色的人物造型样式。

在《天路》结束的部分存在着3种比例相差悬殊的人像，即与全画统一比例的人像及大于此种比例三四倍乃至六七倍的头像。这种特殊的传统人物画长卷中前所未有的处理，预示着李伯安艺术由精确写实向粗犷的意向造型的过渡。此后，李伯安在《藏戏》和《哈达》这两段还一再使用这种手法，以超大比例的面具和头像混糅入群像之中，这种意象的表现性至此愈发自觉。《开光大典》《哈达》《藏戏》到《朝圣》，李伯安已经开始逐渐摆脱素描写实和谨慎刻画的束缚，而在纯水墨基础上逐渐向结构的雄肆的画法过渡。而到了《劳作》《歇息》《玛尼堆》《赛马》各段，那种跌宕起伏豪放洒脱强化结构的形式表现就已经十分自觉而纯熟到淋漓尽致了。“长卷浩瀚充溢，画竭而力无穷，笔竭而艺不终”，一种立足于中国传统思维的意象机制和西方艺术的某些特点的结合，在一部部作品的实践探索中逐渐成熟，使其绘画语言已完全打破中国传统绘画之藩篱而卓然自成一家。

艺术手法的变幻和纯熟带来的变化是显而易见的。大画《圣山之灵》和《天路》是第1稿，无论整体结构还是具体描绘，都相对拘谨，一字排开的空间缺乏变化，缺少了一以贯之的宏伟气势。而从2—9共8部分的第2稿，出现了飞跃和升华——其势如潮，此起彼落，节奏分明又一气呵成。

3. 对笔墨迷信的适当破除

《走出巴颜喀拉》的面世是一个分水岭。自此，改变了水墨人物画画大事件、大场面、大题材时束手束脚力不从心的局面，完美地诠释了中国水墨人物在新形势下对大作品效果的成功逆袭。美术界在保留传统水墨手法创作出陶冶性情、净化心灵的优秀作品的同时，又出现了完全不弱于西方艺术作品表现出的力度强度、气势震撼的中国水墨人物作品。这应该是双赢局面。

李伯安大胆向西方艺术的借鉴，并不影响他对传统笔墨的无限敬仰。他分明说过：“我对线和墨韵有着根深蒂固的崇拜。”而事实上，我们也的确可以在他的一些古典题材的小品，如《原上清秋图》《山林雅集图》《西塞山前白鹭飞》《长安文苑图》及《王冕画荷》等本来就画得不多的古典小品中寻觅到他的并非不讲究的传统式笔墨。尤其是墨韵，我们无疑可以在《才上眉头》的诙谐中找到造型的简练和水意盎然的墨韵。而《草妞》和《豆蔻》中的寥寥数笔，其传神的精到令人惊叹叫绝，其他如：《近黄昏》《月光》《岚》《太行秋意》《暖阳》《大千先生小像》《沧桑》以及《黄宾虹像》中都有着精心的墨法处理。

传承数千年的中国水墨技法无疑是我们美术史上最珍贵的艺术遗产。但这并不说明，这一传统技法能亘古不变地适应所有的题材和画面。李伯安所以要去西方油画、版画、雕塑中寻找新的语言，是作品的需要，也是时代的需要。伯安说过一些有趣的话：“线是中国画的语言特色，但也不是中国画所专有的……”黄宾虹云：“笔墨常变，笔墨精神不变。”石涛云：“笔墨当随时代。”

李伯安的艺术向人们展示了中国传统水墨画语言向当代多元素水墨语言转化的可能性，为水墨如何表达人们在社会转型期的诉求，创造出具有时代特征的新艺术成果，做出了有益的探索和贡献，被认为“夺天工破陈规”，承前启后、继往开来。毫无疑问，李伯安是改革中国水墨画道路上的有才华和有胆识的先驱者和成功者。

4. 人物形象具有典型性和突出的地域特色

李伯安的成功之作有两大类：头像和全身人物群像。纵观李伯安作品，一个十分重要的特点是人物形象的地域化和典型化。无论是头像，还是人物群像，都一以贯之了他的这一特点。头像中几乎全部是面部特写，形象充满画面而不留天地。他远离风情式的描绘，带着强烈的表现其内在精神的欲望去强化、去突出。他的许多独幅画乃至一个头像，都有饱满的笔触和充沛的质量，以致显得生机勃勃而活力十足，使他的笔墨成为苍、劲、苦、辣的浓笔重墨。

不同地域的人物各有特色。如太行时期，作品强调的是朴拙憨厚，善良勤劳，外和内刚、智慧和执着，中原农民的形象触目可辨跃然纸上。到了藏族群众时期，人物的特色显然不同，这里的地域环境更加严酷艰辛。因而，藏族群众肖像显然具备典型的高原风格，他们鼻窦粗大、嘴唇宽厚、目光犀利，牙齿不太健全，脸上带有浓重的高原红，大多有各种伤疤，一眼望去，有着强烈的高原民族彪悍、粗犷、狂野、英气勃发、威武不屈的显著特点，将生、辣、辛、猛，推向了极致。

太行人时期，伯安画人时多次失败苦闷不已时，却在一次无意中抚摸山石时突然顿悟，他认识到，太行人几千年来与山石为伴，与大山共生共存，其实，山早已有了人魂，人亦有了山态，山人合一、天人合一，两者浑然一体。于是他主动大胆采用水墨画传统的画山、画石至画树皮的办法，去画人的脸、手、腿、脚，主观地去表现他心目中的山人形象，意外取得了不俗的效果。《沧桑》《秋高图》《汉子》《老窑》那一张张面孔分明是刚刚从田地归来的活生生的中原农民。而当他面对藏人时，更是将其形象，用画雪山、画高原、画风刀霜剑，甚至画苍鹰的笔触去描绘去表现。肖像《风霜》《山鹰》分明都有着一双鹰的眼睛。给人的感觉完全是一只拟人化的鹰，或者是一个拟鹰化的人，却又无丝毫牵强之感，其形象虽普普通通却个个威武强悍。李伯安笔下的太行人和藏人，分明各自具备了太行山的风貌和巴颜喀拉山的严峻。这两个群体形象，虽各有其相似感和趋同感，其身份处境却经纬分明，毫不含糊。他们通过一条黄河，通过几千年的交汇融合，你中有我、我中有你，有了密不可分的血脉相承、骨肉相连，共同展现出大中华黄河文明的精神和气度。

5. 多种艺术形式的融合，使其作品风貌愈益大气雄强

从李伯安画太行山人开始，追求民族风骨的需要，对多种艺术形式的借鉴，逐渐形成的老辣奔放的画风，使他的一些幅面不大的作品也显得大气雄强。这在《姥姥们》《家门口》《压酸菜》《老人》《高庄集市》上都可以看到。此期的代表作《日出》和《太行人》更是这种整体的、结构的、简洁的、块面的、黑白冲突的画面的典型。我们在此期的《西河大鼓》和《姥姥们》中，同样可以找到这种游刃有余地处理众多人物和复杂场面的能力。

到李伯安为黄河文明的题材所激动时，他的对中华精神、民族风骨的表现激情已不可遏止。为达此目的，他辗转反侧，夙夜难寐，反复斟酌艰难探索，仅《开光大典》一段，他就重画了7遍，出现在我们面前的成品是他的第6遍。

他西为中用的长期实践，他力图集中国画南宗与北宗优势于一体的大胆尝试，他表现悲壮与崇高的艺术愿望，以及他已表现出的强烈的个性与气势，都使这幅画具备了一种超常的不可抗拒的永恒的魅力。

长卷共分10段，段段精彩绝伦。《圣山之灵》的肃穆，《开光大典》的庄严，《朝圣》的虔诚，《哈达》的狂热，《玛尼堆》的超然，《劳作》的艰辛，《歇息》的亲和，《藏戏》的欢乐，《赛马》的激烈，以及《天路》中那饱含人生哲理的天葬结尾，就连那神鹰的飞姿，都给人以极强的的视觉冲击而令人久久回味。此画灿烂辉煌波澜壮阔，堪称经典之作。

要奋斗就会有牺牲，死人的事是经常发生的，此画身负3条人命。

李伯安生前，曾得到了日本企业家西部基夫的资助，但此人也命不久长，只在看到大画第一部分的复印件时震惊莫名后，因癌症医治无效而去世。他总算也为自己的理想努力过，奋斗过，愿他安息。

李伯安死后，是朋友们，是朋友们的朋友们，是遍布中国各省、囊括中国画坛大半精英的146位画家自愿捐画，为他出画集、办画展。

伯安去世4年后，他的挚友王乙丙一直在为宣传大画、宣传伯安而不遗余力，却也因病不治而不幸撒手人寰，他也该是死不瞑目的吧？在另一个世界里，盼他们一路走好！

伯安甘于寂寞不求闻达九死不悔，所以才能超然物外、心无旁骛、静水深流。他的人物画饱蘸心血与肝胆，宏观地把握时代的脉搏，而不局限于具体事件，不罗列不重复，从需要出发，从中挖掘中华民族整体的精神力量，展现了中华民族必然复兴必将重现辉煌的愿景。

几十年如一日，长期致力于东西方艺术文化交流的中央美院退休教授、西班牙国家艺术院特邀院士啸声连连赞叹，在当今的世界艺坛上，如此博大、如此崇高美丽、如此充满人性、如此震撼心灵的杰作已经十分罕见。

就像米开朗琪罗的《创世纪》和《末日审判》，不仅属于意大利人民，而且属于全人类，戈雅聋子庄园的“黑画”不仅属于西班牙人民，而且也属于全人类，李伯安的《走出巴颜喀拉》同样不仅属于中国，而且属于全人类。

李伯安和他的《走出巴颜略拉》让世界了解，只是时间问题。

《走出巴颜喀拉》——20世纪中国画坛一个大写的句号。

李伯安——一个不该被美术史忘记的画家。

此文根据冯骥才、刘勃舒、郎绍君、林木、刘骁纯、啸声、乙丙、刘大为、范迪安、杨力舟、殷双喜、翟墨、徐恩存、易英、白德松、韩国榛、刘国辉、周俊杰、苏叔阳、孟会祥、黄天奇等多人文章内容整理汇编而成。其中，林木文章占篇幅较大。

2019年5月12日于郑州

（作者系河南人民出版社原文史编审，李伯安夫人）

魂系巴颜喀拉（文学传记）

——记画家李伯安

黄天奇

1998年5月2日在黄河流经的这片土地上，河南郑州倒下了一位年仅54岁的画家，画家手里，沾满了炭笔的黑灰，画家面前，是他耗尽心血，历时10年尚未彻底完成的作品，气势磅礴的《走出巴颜喀拉》。

一年半后，在中国美术馆的大厅里，一个相对陌生，名不见经传的名字，在画坛，迅速传遍了大江南北，长城内外。

他的死，震动了中国画坛。

为了为他的遗作出画集、办画展，由他的学生陈钰铭牵头，有全国146位画家响应，纷纷为他捐画筹款。

深圳、广州、重庆、太原、西安、郑州、洛阳等，从洛阳到郑州，从郑州到北京，从北京到上海，从上海一次一次画展的轰动，一浪浪如潮的赞誉，排山倒海，奔腾而至。人们称他是“罕世而绝代的画家”“20世纪画坛的伟人”“艺术的殉道者”。

他，就是李伯安。

实际上，他是一个普通得不能再普通，平凡得不能再平凡的人。

1944年7月15日，李伯安出生于洛阳市老城区西大街。他自幼寡言罕语，体弱多病，性情温和，乖得出奇，从不给大人添麻烦，总是与家里养的狗和猫亲亲热热地待在一边玩。由于体弱，长辈和老师们都鼓励他多运动，于是，他便成了运动场上活跃人群中的一个。篮球、足球、羽毛球、游泳、踢毽子……他几乎无所不爱。然而，作为足球队的守门员，他可实在算不上出色，出色的是他的学习成绩和他参加学校美术社学会的绘画。

一次偶然的意外，使他终生与绘画结下了不解之缘。

那是在1959年夏季，李伯安初中毕业。提前招生的艺术院校吸引了他的一个朋友，在朋友的怂恿下，似乎也有点跃跃欲试的伯安遂伴友投考。孰料一心想考入艺术院校的朋友名落孙山，不经意的伯安却榜上有名，可他也因此而失去了报考其他院校的资格。无奈，15岁的伯安只好悻悻背上满书包的理化书，怀着有机会再考医学院的幻想，跨进了郑州艺术专科学校的大门。

然而，伯安的运气实在是太好了，他遇上了几位非常优秀的老师。老师们大多毕业于浙江美院，其中两个还戴着“右派”的帽子。能够得天下英才而育之，使得他们喜出望外。这些老师教学起点极高而且责任心极强。很快，入学时并不出色、常常感到苦闷的伯安，素描成绩迅速脱颖而出。这，实在得益于他的班主任，那个批改作业十分认真的上海人邱老师。

课间的10分钟休息时间，从未有同学从容地出去过，一个个同学如饥似渴扑在画板上，就连去厕所都是一溜小跑，来去匆匆。伯安刚入校门时，还贪玩，急得用头顶足球往墙上撞，发愁没人陪他去打球。但不久，他就感到时光太快，恨天太短了。

伯安仿佛一下子掉进了童话世界中的知识宝库，眼前的一片新天地简直令他眼花缭乱。渐渐地，一颗不安分的心平静下来，代之而起的，是对知识的贪婪渴求和对美术的空前迷恋。他第一次知道世界著名大师们的名字，以及他们那些千古不朽的伟大作品。此间，他虔诚地拜读了俄国巡回画派画家列宾费13年时间完成的作品《沙布洛什人答苏丹王的信》。漫长的13年啊，只为了一幅画！他不由颤抖着惊奇地睁大了眼睛；他仔细观察着达·芬奇先后用同一个模特儿在《最后的晚餐》中画出的耶酥和犹大，从中品味着一个人可以是天使，也可以是魔鬼的哲理；在欧洲后印象派画家凡·高的《向日葵》中，他用心在感受着那一片灿烂的金黄和那充满阳光的辉煌；在《伊凡雷帝杀子》中，他似乎嗅到了从画面传来的浓浓的血腥味，雷帝的两只疯狂的眼睛，使他想起了用来做模特的乡村中正在待杀的山羊；他忘不了《女贵族莫洛卓娃》在流放途中，坚定地向天空伸出的两根手指；他忘不了《伏尔加河的纤夫》中那一行行深陷大地的脚印；他更忘不了《梅杜萨之筏》上求生的人群扬起的白布和木筏上狼藉的尸体……古代大师们的瑰宝更使伯安着迷。永乐宫壁画的宏伟气势，《清明上河图》的自然亲切，《韩熙载夜宴图》的真实生动，都使伯安战栗不已，久久难忘。这一切，使少年伯安渐渐明白了艺术的真谛，并深陷其中而不可自拔。

古今中外，为艺术献身的艺术家前仆后继，络绎不绝。远在荷兰的凡·高，近在北京的王式廓，都深深打动着伯安。为了绘画，凡·高舍弃了自己，甚至弟弟的一切；为了完成一幅油画作品《血衣》，王式廓献上了自己的生命。站在王式廓的《血衣》素描前，伯安心中涌起的，其实是一腔羡慕之情。他认为，一个画家能够死在自己的画前，如同战士战死疆场，正是死得其所。他多次告诉自己的朋友，既然死是人生不可避免的必然终点，那么，他希望他最好能倒在自己的作品前。

艰苦的学习，营养的不良，使李伯安患上了肺结核，但当时他并不知道。白天下午低烧，时间一长，就不再放在心上。浑身乏力，只当是没吃饱饭。再说，又哪有条件看病呢。若干年后的体检，发现他肺部密布的二十几个钙化点，只能证明他生命力的旺盛和超好的运气。

那些年天寒，李伯安身上衣裤皆单，正值国家困难时期，物资极端匮乏，正长身体的伯安，似乎从未敢放开肚皮吃过一顿饱饭。冬天，学校集体去挖金水河，河水寒冷刺骨，肚子又没吃饱，然而，伯安还是抢先跳下河去。他没觉得太冷，因为他心里有一团火。他心目中追求的那个隐隐约约的目标，使他一直和现实脱节，活在自己的理想中，幻觉中。此时此地，老师们在伯安心中种下的，是一颗随时随地愿意为艺术殉道的种子。

短短两年的习艺生涯，奠定了李伯安一生事业的基础。

艰难人生

1961年，正当李伯安在艺术上如饥似渴、在绘画的崎岖山道上艰难跋涉时，忽然接到一个通知，学校停办了！对于一个正在上进的少年，这是一个多么残酷的消息，是一个多么大的打击！懵懵懂懂的李伯安一下子呆住了。虽然，起初他似乎并未感到这对他意味着什么，他甚至轻易地不假思索地拒绝了市里对他工作的安排，没有到拖拉机厂报到。要知道，当时那是个多么令人眼热的单位呀！他甚至没意识到一个饭碗、一个如此重要的铁饭碗对于他和他的家庭的意义。潜意识中，画画才是他的一切，做了工人，还有机会画画吗？他天真地固执地认为，学校还会开学的，总有一天，他仍然会坐到教室里去，他不相信，仅仅两年，学习生涯就结束了。然而，久卧病床的老母，仍在上学的俩弟，一贫如洗又毫无经济来源的家，却几乎使他陷入绝境。他不得不面对现实，开始一边自学画画，一边想办法寻找机会挣钱。

为补贴家用，他曾给人家盖房子的工地搬砖、和泥，曾和弟弟到关林的庙会上卖过汽水。弟弟卖得快，而他却卖得少，有时甚至连汽水瓶也要不回来，因为他为了给人画像，常常把汽水白送给人家喝。

1964年，李伯安大弟书安考取了华中工学院，这使得他继续上学的梦想彻底破灭。他深知，一个如此贫穷破败的家庭绝供不起两个大学生。看着美专的同学纷纷报考广州美院，他退却了。在那个十分讲究“红五类”“黑七类”出身的时代，出身不好的他必须正视家庭的困境和自己的出身。

身为长子，刚刚成年的李伯安过早地体会了生活的艰辛，尝够了世态炎凉。他常常两手空空地望着药店的柜台，那里有能救他病母的良药而不可得。望着车水马龙的大街，他在药店门前徘徊，茫然不知所措。迫于生计，他只好在文明街小学代课。然而代课的收益却很难凑够老母的药费。为了给母亲治病，他一方面利用星期天背着画夹，骑着车子下乡为农民画像，赚上一点钱；另一方面，他不得不努力提高画艺，以求在各类报刊上画插图赚取稿费。

1964年—1969年，李伯安在小学代课时发现班上有一个因贫穷而面临失学的学生，伯安心颤了，他默默地从自己32元的工资中抽出5元钱递到这个他刚认识的学生手里，月月如此，年年如此，直到这个学生毕业走出校门。

穷且益坚，不坠青云之志。贫困的生活，并未消磨掉李伯安的意志，在那衣食不足的年代里，他和朋友们时时对未来充满了憧憬。一次，他指着《沙布洛什人答苏丹王的信》，感叹地对朋友郭友昭说："咱们这一辈子，如能画出这样的画流传于世，也就不虚此生了。"

命运对李伯安是垂青的。此时，他幸运地结识了时为《洛阳日报》美编的李自强。

一张贴在门前并附有标价的素描人像，吸引了李自强关注的目光；洛北区文化馆干部对李伯安的介绍，勾起了李自强强烈的爱才之心；一次偶然的相见，奠定了双方维持终生的师生情谊。

从此，李伯安摆脱了失学的困境。有李自强的循循善诱，手把手的教授，伯安迅速地掌握了当时的插图画法，很快在洛阳美术界独树一帜，而每月的插图稿费，则大大缓解了家里经济上的紧张局面。

1969 年，李伯安应招到洛阳东风轴承厂当学徒工，很快成了厂里宣传科的 13 个人中唯一的非党员和台柱，并为以后跻身于市里、省里的各种文化活动，提供了条件。

1970 年，李伯安参加了省革委会委托省博物馆筹办的 6 个大型展览之一——洛阳龙门煤矿阶级斗争史展览。在此期间，跟李自强学了些国画的基本常识与画法。展览结束后，洛阳的几个人一齐动手，将展览的内容画了本连环画，然水平太差，几乎惨不忍睹。刚调入出版社的李自强十分发愁，束手无策，要保证质量，只有一条路——重画！可工程量十分巨大，时间又紧，行吗？不料伯安却十分笃定，由他一人全部返工。重画后的连环画确实大有进步，和初稿完全不可同日而语。

由于那个时代强调工农兵到上层建筑掺沙子，已调任河南人民出版社美术编辑室主任的李自强，几经努力，终于将李伯安调到了出版社。从此，李伯安的学习、工作、生活条件得到了根本的改善，几乎可以说是飞升。

从 1975 年到 1998 年，李伯安历任河南人民出版社、黄河文艺出版社、河南美术出版社的编辑，他恪尽职守，兢兢业业，从来没有因为他的艺术创作而耽误他的编辑工作。相反，更多的是因为他的艺品和人品的感召力，使他认识和凝聚了一大批堪称一流的艺术家，使他能够非常出色地完成他的编辑任务。他和杨振熙合编的《中国山水画库》《中国花鸟画库》《中国人物画库》《中国逸品十家》《中国牡丹》等，都屡获大奖，为出版事业做出了自己的贡献。

然而，没有学历、没有文凭的李伯安，在开始讲究学历、讲究职称的出版社，很快便感到了一些不适宜。但他没有管这些，他不愿把精力耗在无谓的闲事上。真正吸引他的，是如何改善学习绘画的时间和条件。为此，他萌发了考研的念头。1979 年他先后报考中央美术学院、河南大学美术系，但两次冲刺均告失败，这使他最后一次失去了踏进学校大门的机会，从此，他再也无法进入美术这一领域里的正规军。然而这并没有消磨他的意志，由此，他开始了向更高层次的追求。

情溢太行

在李伯安的生命中，有两座山，其中太行山即是他魂牵梦萦的第一座。

1971 年，"农业学大寨"的浪潮使河南辉县成了闻名全国的明星县。当时，李伯安被借调到出版社，和来自全国的作家、画家以及出版社编辑一齐来到辉县，这也是李伯安第一次进太行。从此，伯安连续十几年，每年都进太行山采风。

这已是“文化大革命”的第5个年头，被打翻在地的臭老九知识分子们，失去画画权利的画家们，一旦得到了可以搞创作的机会，个个像飞出鸟笼的小鸟一样，欣喜欲狂，创作情绪十分高涨。伯安不善言辞，常常静静地待在一边，津津有味地听大家慷慨激昂高谈阔论而悄悄从中受益。

从1971年开始，他常常随出版社组织的活动，进太行山写生。集体行动时，因不时被途中的人和景物牵动，伯安常常会不知不觉地落在大家后面。一次，天黑了仍找不到他，作家侯钰鑫回头找去，才发现他在九峰山的村头上，对着一个大碾盘，画得如痴如醉。在那每天翻山越岭，冒雪写生的日子里，他常常起早贪黑漫山遍野地跑，经常误了吃饭和钟点。他感叹太行山是座宝山，一辈子也画不完。民工休息时，他便在旁静静地写生。人们注意到，伯安最爱画的是山里汉子和老人，特别强调他们脸上的皱纹、颧骨和厚厚的嘴唇，刻画得结实而又粗犷，很有沧桑感。一次，他到了石门口，途中遇山洪暴发，落脚石门村，他便钻到石坎下的羊圈里，画那位怡然自得的牧羊人，把满世界的风雨忘个干净。

太行人在那种“多见石头少见人”的环境中仍然顽强地生存、劳动，使李伯安极为感动，并试图从中提取那种中华民族5000年文明赖以独自屹立于世界的伟大精神。

到1979年在郭亮（辉县地名）深入生活时，他的老头像和老婆婆像已画得极为精彩，粗黑有力，达到了超常的洞察与传神的刻画。在太行山山顶的农家小院里，闪烁的繁星下，李伯安长长地舒了一口气，他终于找到了自己的绘画语言和路子。因此，在以后的创作中，他一直表现出一种超常的自信和坚毅。

对农民形象的情有独钟，使李伯安从一开始就十分注意深入挖掘他们的内心世界。他常常利用每一次出差，去尽量接触农民，去认真捕捉他们的特点。他曾对好友徐小龙说：“鲁庄人很有特点，就像在那山岩上生长的小树，桠桠杈杈，有种和命运抗争的力度，硬朗得很，形象多好……”他评价小龙的画：“……老人无依无靠，椅子上这一根独棍棍，对点明主题、揭示人物都起了作用。加之背景处理，土窑洞洞口的一块黑色当中，压抑凄凉，无形中增加了画面的份量。”

十几年深入太行山的丰厚体验，使李伯安受益匪浅。他多次写道：“在那盘桓于九州之上的大山里，在那敦厚朴实的太行人身上，体现着中华民族的风骨，我的情感亦随着一次次的体验得到升华。”太行人的淳厚古朴，常常使李伯安动情。一次，他和同伴们到一座山顶写生，人还在半山腰，山顶的住户却已经为他们做好了午饭。原来，这里的山民把每一位进山的人都当作自己的客人。招待进山的客人，在他们看来是天经地义的事。端起盛满糙子米掺豆角的干饭，伯安一下子感到激情难抑。这种饱满深厚的感情贯注到笔下，使那一个个、一群群的太行山人，似山风雕就，如钢铸铁浇，像擎天之石、立乾坤之柱，虽饱经风霜，却巍然屹立。画面上那扑面而来的生活气息，正源于画家在生活中获得的艺术感受。正因如此，他在20世纪80年代的太行组画《压酸菜》《打山楂》《姥姥们》《家门口》《高庄集市》《西河大鼓》《沧桑》《老窑》等，便不能不大放异彩。其代表作《太行人》是幅用大块黑白对比构成的水墨写意画，用笔大胆泼辣，简洁劲健，虚实处理独具匠心，形象朴素，个性突出。发表后，很快引起美术界不少同道的共鸣。此画在京展出时，中国画研究院画家谢志高在这幅画前激动不已，认为李伯安画出了他自己“很想好好画的太行山人”“这样的好画在平常的展览会上难得一见，马上引起强烈的共鸣。于是，仔细寻觅画上题款——李伯安，并立即将之介绍给院长刘勃舒，引起刘院长的高度重视。《日出》画面上那巨石般矗立着的墨黑的太行山人及那轮夸张的红日，其象征意义不言而喻。作品以其特殊的风貌，不同凡响的处理，获得了全国七届美展铜奖。为李伯安这一时期的创作，做了精彩的总结。不少画家朋友们，正是从这幅画开始，认识了李伯安。

魂系巴颜喀拉

1988年以后，李伯安的心飞向了他生命中的第二座山——巴颜喀拉山，那是我们的两条母亲河黄河和长江的发源地。

身处中华民族发祥地黄河流域的李伯安，试图从黄河源头开始，分段表现黄河流域的人们，试图从中挖掘那伟大而崇高的中华民族精神。他对黄河题材的选择，二十几年来的探索和思考，使他自己找到一个极为准确也极为困难极具挑战性的表现角度。

这一年，来河南出差的《迎春花》主编杜滋龄看到了伯安的画，立刻意识到自己遇到的是“中国人物画界杰出的一位大画家”，马上安排《迎春花》杂志重点介绍。远在重庆的四川美院国画系系主任白德松看到了这份杂志后，“不觉怦然心动。我也是学人物画的，画了几十年，竟不料当代有如伯安的人物画能使我佩服的”。虽然，他“熟知当今画坛豪杰并起”，但仍然“单单要请伯安来校讲学”。伯安的四川美院之行，在这所西南最大的艺术院校引起了极大的轰动，给全校师生留下了深刻的印象，并留下了伯安平生的第一个电视教学片——《李伯安的水墨人物画》。此外，他无意中又撞上了专程在中国寻访画家的日本代理王先生。王先生的老板西部基夫有志在日本建立一个超过目前亚洲所有美术馆规模的大美术馆，并望有一批大型优秀画作陈列其中。这样，他们迫切希望寻找一批画家为其新建的美术馆绘画。要求这些画家极具实力，年届中年，目前又名气不大。李伯安因正好符合这些要求而被一眼看中。

而此时的伯安，已开始引起国内美术界有识之士的赏识和关照，中国画研究院院长刘勃舒先生亲自提名，让他连续三届参加了中国画学术研讨会；中国美协副主席刘大为热情邀请他到解放军艺术学院讲学；西安美院、湖北美术学院来信、来公文，邀请他调到他们那里工作……

多年的积累，多年的磨炼，此时的李伯安，无论是从艺心态、艺术修养、绘画技巧，还是个人风格、艺术语言，都进入了成熟期，他正需要有一幅大作品，来全部释放自己的能量，不然，何以验证他1988年进川前的第一次西行呢？

1989年，伯安还摆脱了一个可以摆脱贫困的机会。那是一个趾高气扬的台商，他要李伯安给他画500幅农村生活小品，每幅500元，却十分意外地被拒绝了。对于以艺术为生命的伯安来说，虽然月工资仅有几百元，但钱固然重要，什么东西能比自由创作更重要呢？

正在寻找艺术突破口的伯安和来自日本的王先生的巧遇，不言而喻，对双方都是一件大好事。对方庆幸找到了一个根本不讲价钱的实力派画家，而伯安却庆幸自己终于得到了梦寐以求的，可以随心所欲全面展现母亲河风采的机会。而十分精明的日本人，只提出资助，就像我们常常资助失学学子学费那样，却从没提过半句要订合同或协议之类来约束双方，大概如果他们对画出来的作品不满意，大可拍拍屁股一走了之。双方都不必对对方负责任，此口头协议，说穿了就是，真是无公地道。复兴曾专程来郑与伯安商议此事，颇有些忐忑，伯安劝他，不必担心，殊不知，其实，他们此举其实也甚合伯安之意。隐隐之中，伯安未必情愿让自己的心血流落海外，尤其是妻子十分厌恶的日本人手中。无论如何先把画画出来才是正事。

大画的最初设想是从黄河之源画起，包括青藏高原、黄土高原太行山脉，一直画到黄河的入海口，通过对两岸藏、回、蒙古、汉、满等各民族人民生活、劳作、娱乐、宗教活动的生动描述，来反映中华民族历五千年而不衰的黄河文明和生生不息、顽强向上的民族精神。然而，李伯安最终完成的只是黄河之源藏族群众的一部分，其余部分尚来得及着手，只有他已经收集的一部分资料，在默默地诉说着主人的雄心和无奈，如：西北的花儿聚会，蒙古的那达慕场面，还有藏族聚居区群奔的牦牛，虽有草图也已无暇落墨了。

1988 年、1989 年、1990 年的 3 年里，李伯安靠一支笔、一架相机（西部送了伯安一架相机和一个钟表），踏入甘南和青藏。连续三年的奔波，加上对大量资料的整理和筛选，使整个大画的酝酿和构思渐渐成熟。从 1991 年开始，他终于下决心租赁省地矿厅招待所两间废弃的教室，将多年的愿望付诸笔端。

一进入具体创作，伯安已形成的粗黑、狂放、深沉的灵魂选择，使他一下子融入他原来仅当作开头部分的藏族聚居区风土人物，而无暇他顾。他终于找到了与他的创作灵感、他的技巧和方法、他的风格个性最吻合的题材，他找到了真正能令他发疯发狂的世界。暴风骤雨般的创作激情使他将青藏这一部分不由分说一下子扩展为长卷的全部。

像地下岩浆喷涌，像千年的火山爆发，李伯安迫不及待扑上画板。顾不得条件简陋，顾不得吃饭休息，这时，伯安的灵魂已和面前的画面紧密地融合在一起。

3 个月过去了，大概是因为前期的准备工作太充分了吧，伯安自己也未料到，第一段竟画得如此顺利。6 米长、约 1.88 米高的画面上，出现了 3 组朝圣的藏族群众，虔诚严肃的神态、安详平和的面容、朴素大方的装束，展现着一个民族倔强淳厚、纯净无瑕的灵魂。这幅画惊呆了所有前来看画的朋友。在大家的肯定和赞扬声中，李伯安感到所有的劳累都一扫而光，感到前所未有的充实和安慰。现在，他对画好这幅大画的信心更足了。

然而，从大画的第二部分开始，却遇到了障碍。形象的过于写实，用色过于浓重和局部的过于投入，严重地影响了总体气韵和节奏的把握，严重影响了他希望表现出的所想表现的一切。整整三年多啊，他仅仅画了 30 多米。为了排除干扰，他不惜在同一画面上，同时绘上三种比例相差悬殊的人像，这种特殊的中国画人物画中前所未有的处理，预示着李伯安开始由精确写实向粗犷的意向性造型，由客观再现向主观表现的过渡。这一试验，的确给了他新的灵感和激情。

为摆脱困境，他又一次求助自然。他相信："天、地、自然所具有的灵性，能够在人的身上产生出一种感应，使得人和自然之间在精神上相互融合。"（李伯安：《古·西·自然均入我画中》）并力图在自己的作品中体现这种融合。这期间，他又一次负笈西行。他要到藏族聚居区重新感受那里的原始、古朴和蛮荒，他要到藏族群众中去重新激活他的创作的灵感和才能。此时，他年近 50，诸病缠身，事实上并未完全完成预定的计划就返回了。他感到了自己体力上的力不从心。眼看伯安进展艰难，妻子不忍了，劝他，这已经画得很好了，还改什么？非累死不可吗？李伯安沉默有顷，长叹道："我辈画画人，正当画不惊人死不休才心甘啊！"

长 19 米、高 1.88 米的《开光大典》已画到了第 5 遍，仍然无法让伯安满意。而从日本传来的西部基夫去世的噩耗，更使他灰暗的心境雪上加霜。已投入心血五六年的大画，至今仍支离破碎。内外交困的伯安，顿感一片茫然。

其实，这时他又有了一个可以踏进仕途的机会。新任的出版局局长从侧面了解到他在美术界的影响后，有意让他出任美术出版社的副社长。消息传来，伯安惊惧交加，脸色发白，他有自知之明，深知自己根本不是那块料；他更明白，和别人不同，自己何尝有一天能离开这幅大画？幸好，这件事有惊无险，平安过去了。

恰在此时，著名作家冯骥才先生来了，他来参加郑州的一个文学活动。经朋友乙丙介绍，冯骥才先生见到了“清瘦，白皙，谦和，平静”的李伯安。看到李伯安的画作，顿时“被征服、被震撼、被惊呆”，他清楚地意识到，他“遇到了一位罕世和绝代的画家”。没有半分钟的犹豫，冯骥才立刻向这位处在困境中的画家伸出了自己的双手。他鼓励画家什么都不要管，只管去画，有关出画册、办画展等，他都亲自操办。伯安的眼睛湿润了。

在画板上徘徊了近4年的伯安，毅然决定将这幅长30多米、高1.88米的段落卷起来，再次从第2段《开光大典》画起。这一遍已是第6稿了。

至此，伯安便一发而不可收，进入了他创作生涯中的辉煌期，画得越来越顺手。他自己也感到奇怪，曾对妻子说：怪了，如今怎么画得这么快，这么好，这么顺，简直像行云流水，可任意为之。一切都好像瓜熟蒂落，水到渠成！仅3年时间，他画完了长卷10段中的7段。整个画面，出现了飞跃和升华，其势如潮，此起彼落，节奏分明又一气呵成。他的笔墨——那阳刚的块面和遒劲的线描，既表现结构，也表现光照，严谨而自如，丰富又单纯，显示质量感、空间感，适当保留光影又不失笔墨灵气，与作品的崇高风格融为一体。其绘画语言，已完全打破传统绘画之藩篱而卓然自成一家。走出一条既非全传统，又非纯西化的广采博纳、西为中用的新路子，创造出一种博大雄浑、粗壮有力，适宜于表现重大题材之新型国画语言，并以自己多年之艺术实践，彻底打破了中国画不能画重大题材之局限。他对中华精神、民族风骨的不可遏制的表现激情，他向西方艺术的借鉴与融合，他力图集中南宗、北宗优势于一体的大胆尝试，他表现悲壮与崇高的艺术愿望，以及他已表现出的强烈的个性与气势，都使这幅画具备了一种超常的不可抗拒的永恒的魅力。

长卷最终在冯骥才主编的杂志上发表时，正式定名为《走出巴颜喀拉》。这幅画共分10段。《圣山之灵》的肃穆，《开光大典》的庄严，《朝圣》的虔诚，《哈达》的狂热，《玛尼堆》的超然，《劳作》的艰辛，《歇息》的亲和，《藏戏》的欢乐，《赛马》的激烈，以及《天路》的富有人生哲理的天葬结尾，都给人以极强的视觉冲击而令人久久回味。这幅长122米、高1.88米的鸿篇巨制，共绘制了266个形象各异、神态不同的人物。李伯安，正是画面上、巴颜喀拉山上，那第267个永远不朽的身影。

逝者如斯

斯人已去，作品永存。

在洛阳、郑州、北京、上海的几次画展上，李伯安得到了数不清的知音。家存的两本上海留言簿上，洋溢着观众火一样的激情。

“李伯安的画是神画”，是“世界美术之宝”。——民间艺术金牌获得者郑家清

“我也是一个画家，今年80多岁了，我看到的画展，这是最好的一个。”——朱怀新

“我感到非常震撼，这是我看过的展览中最强大和最具表现力的。”——亨特（澳大利亚）

“他可以带给画坛一个米开朗琪罗的新时代！”——宋晓亮（美国）

“在李伯安的杰作面前，任何关于中国画出路的讨论都是多余的。”——蔡岳云

北京画展上，一位观者在《前言》前伫立了许久，提笔把“中国美术史不会忘记李伯安”改成了“人类美术史不会忘记李伯安”。

86岁的中央美院附中老校长丁井文在7天的北京画展中来了8次，78岁的老艺术家马萧萧专程从青岛赶来……

画展吸引了北京美术界、评论界的巨子们……

中国美协常务副主席刘大为先生说：“李伯安如同一个巨人矗立在20世纪的中国画坛，以其严肃、严谨而卓越的劳作、楷模般地警示着投机、浮躁，不肯艰苦劳动而专务‘炒作’以博名利乃至哗众取宠的当代画坛某种日下世风。”

中国美协副主席、中国美术馆馆长杨力舟先生说：“《走出巴颜喀拉》威震画坛，夺天功破陈规，英名不朽，画史永存。”

上海美术馆馆长方增先先生称李伯安画展“是一个非同寻常的画展”，并认为“上海美术馆能办这么一个非同寻常的画展，我感到十分荣幸”。

中央美术学院副院长范迪安先生说：“《走出巴颜喀拉》的确是当代美术中的一部经典之作。”相信“李伯安的大画展示在世界任何一个博物馆、美术馆的宽敞空间都不会逊色”。

香港水彩画研究会会长、心源美术出版社社长沈平买了一本李伯安的资料集《逝者如斯》。来信写道：“看展时，百感交集，不能自主。”书看完后，“不止一次流下眼泪。”还谈到：“我们的艺术家在找‘观念’，找‘突破’，离现实主义愈来愈远，香港更是如此。但我们仍要坚持信念，学习李伯安。”

扬州大学艺术系教授黄耿卓专程赴沪，三天内去了美术馆4次，深深感叹：“说李伯安是中国美术史上前无古人的一个巨人，真是当之无愧。”

上海《文汇报》摄影美术部主任徐裕根在画展期间组织江浙几个城市的画院院长、文化馆馆长观展和讨论，并在组织专版时写道：“李伯安先生的成功，是我们民族的骄傲。”深信“到国外展出时，同样也会引起轰动”。

贵州画院画家钱文观的妻子付汉芬来信谈道：“我流着眼泪在看每一篇文章和资料，平生第一次擅自做主，寄来了一幅丈夫的大画，希望能为李伯安尽一点微薄之力。”

上海的媒体以极大的热情，报道着关于“李伯安画展”的一切，《解放日报》评价道：“生命是有限的，但用生命孕育的艺术是永恒的。”上海电视台在专题片《巴颜喀拉之魂》结尾处深情地感叹道：“李伯安画展虽然结束了，李伯安也走了，但李伯安的精神永存。”

正如刘勃舒先生为李伯安撰写的墓志铭中写的那样：“……其水墨人物史诗长卷《走出巴颜喀拉》，前无古人，顶天立地，挟黄河奔流一日千里之宏伟气势，现中华民族昂扬奋发之向上精神，雷霆万里，大气磅礴，无愧为世纪之作、经典之作。画以人显，人以画名，其人其画，终为世人所知，为画史永存。”

没能走出巴颜喀拉的李伯安，以他自己特有的步伐，最终必将走进中华民族不朽的艺术史册。

（作者系海燕出版社社长）

李伯安新年表

李 飒 搜集整理

1944 年 7 月 5 日（出生）

1. 出生于洛阳市老城区西大街 26 号，父李宗汉，母于琳，姐弟 4 人，排行第 2。幼时，独自卧床，醒亦不哭，见人辄笑。

1950 年—1956 年（7 岁—13 岁）

2. 进入文明街小学读书。

3. 午睡时装睡，待母酣，遂一跃而起，跟小朋友一起跑到洛河学游泳，初始进展甚慢，别人都已会游 2—3 米远，他仍在水边扑腾。时隔不久，他已一口气能游上 20 米，但同伴仍在 2—3 米处。

4. 因生来体弱，被家人责之以运动，于是，开始半强迫半自愿学习了跳绳、乒乓球、踢毽、羽毛球、象棋、斗牌等诸技，均后学而先精，使众人惊讶不已。

5. 功课独占鳌头，理化尤为师长赞赏。

6. 唯怕生人，见之则不安，瑟缩尴尬，唯唯而已。

7. 因不善与人交往，先与家中老猫亲近，猫走失后，又与家中大黄狗玩耍，每天上学均由大黄狗相送至校门口，每到放学时大黄狗早已等在校门口相接。

8. 家中生活困难，课余常至上坡坡陡处，等重车经过，遂助推上坡，盼能得几个零钱，补贴家用。

9. 有相者曰，此子天性温良淳厚，貌似柔弱至极，实则至刚至韧，其命看似步步蹉跌，实则每至关口，必有贵人助。

1956 年—1959 年（13 岁—15 岁）

10. 进入洛阳六中读书。

11. 期间，加入美术社，受教于陈应麟老师，常常被带出去画广告，画素描，实践机会颇多，从此，海阔天空。

12. 1958 年，赶上“大跃进”，参加勤工俭学，大炼钢铁。一次与觉伟去涧西拾废铁，从铁丝网里钻进铜加工厂大院装了几麻袋，见人来即惊慌失措，丢下麻袋，仓皇而逃，全身上下伤痕累累，一无所获，所幸人尚安全。

13. 1958 年前，家里原有一些院落，可以靠房租为生。后自愿全部交公后，从此再无经济来源，靠卖祖上留下的盘子、古镜、字画勉强度日。

1959 年—1961 年（15 岁—17 岁）

14. 初中毕业陪友考美专，不料，友名落孙山，己却榜上有名，心恋医学院，尚有不甘，但政策不许，只好身负全套理化书，快快前往省会郑州报到。

15. 刚入校时，尚不收心，每每看到众学友课间不休，苦苦作画，十分不解，没人玩，自己则头顶足球撞于墙上，以解苦闷，但自知技不如人，心中也颇忐忑。

16. 不幸中之不幸，又被分至最不喜欢

的工艺班，看到分配到油版雕的同学们喜气洋洋，终决心苦练赶上，以至在画一只本泥坯大花瓶时，脱颖而出，大获好评。西画班师资雄厚，安常腆颜蹭课，并努力做作业。

17. 老师们多为中国美术学院毕业生，经多年运动，忽有教书育人之机，大喜过望，其艺术水平、责任品德均系一流，虽头顶“右”派帽子，但诚心教书诲人不倦。

18. 创作时，常被老师带至与学校一墙之隔的白庙村及右邻大铺村去搞构图及环境人物素描，伯安均循规蹈矩一一完成。此时，伯安尚不知，此心此刻早已沦陷到艺术之中而不可自拔，终生与之相伴而不悔。

19. 1959—1961 年三年困难时期，上午上课，下午去野外挖野菜喂兔子。并经常被组织去黄河边上的花园口河滩上挖一种野草水红花，据说此草加工后可食。一次。与觉伟两人和另两位同学一齐受命去挖水红花，4 人早 7 点喝了碗稀饭，每人一个馒头，就拉着架子车上路，直至晚上 8 点才回到学校。路上饿极，摘路旁柳絮充饥，回校之后，腹疼不已。

20. 一次，为疏通河道，冬天挖金水河，天寒衣单腹空，水已结冰，无人敢下，伯安不声不响第一个跳下去，虽然冰寒刺骨，但觉日子有了奔头而不觉其苦。

1961 年（17 岁）

21. 一次，安与伟同去德化街书店，见店内有《托尔斯泰作品插图集》，大喜，奈囊中羞涩，安眼尖，见丁中一师也在二七广场，两人急奔至丁，拟借钱买书，师亦兴致勃勃，欲购，惜店内仅存一本，只好由安与伟买下。

22. 又一次，伟见安面带惧色急奔而来，连连大口喘气曰：汝速回，有人在教室贴你大字报，说你去白庙村时，讥农民吃不饱，还同情“右”派。伟大骇，急寻班干部哭诉，几人商议先将大字报揭下来，暂平息此事。后听说音乐系一同学因一句错话，被开除学籍，两人面面相觑，均后怕不已。

23. 晴天霹雳，1961 年学校先由开始的放三个月假，直至永久解散，伯安无奈返洛。

24. 失学后，领导曾安排安至洛阳拖拉机厂上班。然安一心画画，拖厂又路途遥远，需横贯整个洛阳城，一来无法照顾病母，二来时间都用在路上，十分可惜，无时间作画，遂拒。但他不知，他拒的是当时人人羡慕的国营大厂铁饭碗。

25. 辍学归来，家徒四壁，父母分居，母病弟幼，亲戚虽多，与路人无异，为筹措生计及药资，安沿门托钵，求人接济，受尽冷眼。

1962 年（18 岁）

26. 开学消息杳如黄鹤，伯安遂独自乘车前往学校，尚不死心，在校门口久久徘徊，黯然而归。

27. 生活无着，前途无望，伯安与觉伟在冬天（11 月）脱光衣服跳入洛河畅游，路人大惊。然一番河中击水后，浊气吐尽，方觉一身轻松。

28. 觉伟自家条件很好，伯安常去借书，还时，均细心修补过，有的还包了书皮，深得觉伟好感。

1963 年（19 岁）

29. 伯安一生中最重要的贵人——李自强来到洛阳。

30. 自强时任洛阳美协秘书和《洛阳日报》美编。然，该年《洛阳日报》停刊，被临时指派至洛阳文化馆工作 4 个月。伯安家和洛北区文化馆斜对门。一次，李自强去该区文化馆指导工作时，无意中发现伯安家胡同口挂一小镜框，框里为一素描人像，边有标价，不觉眼前一亮。不意洛阳竟有此等人才，意欲相帮。又见旁有苏州人开的炭精画像馆，不由为伯安担忧。因爱才心切，遂拜托洛北馆杜伯达关照伯安。后在文化馆偶遇伯安与觉伟，觉伟白晰颀长，侃侃而谈，大方自若。而伯安却木讷寡言，腼腆羞涩手足无措，自强心中一颤，怜爱惜才之情油然而生，从此，奠定了两人之间亦师亦友的终生友情。时，自强30岁，伯安尚不足20岁。

31. 在自强的帮助下，觉伟去了工人文化宫上班，伯安则去了农校街小学（后又转至文明街小学）代课。期间，曾资助一贫困学生直至其毕业。

1964年（20岁）

32.《洛阳日报》复刊，自强回报社，其工资结余均用来购买苏联美术杂志《星火画报》。和伯安在一起，均是在翻弄《星火画报》，指指点点，兴致盎然。

33. 该年秋，结识在交通局工作的画家豁志，厮缠终生。

34. 从此，自强开始教伯安画插图。同时，伯安在与豁志同路回家时，请教他如何画人体。

在自强的帮助指导下，伯安临了当时几本著名连环画。如：《白毛女》《鸡毛信》《铁道游击队》等，以及大量的人体解剖图，进步迅猛。同时，《洛阳日报》也大量采用他的插图。收入十分可观，甚至超过了当时一般正式工人的工资，被一位当领导的伯安亲属得知大怒，于是，自强取迂回战略，给伯安多取了几个笔名轮换使用，稿费也分多次发放，再加上刊物《支部生活》美编是自强好友，伯安又多了一个阵地，因此，此时的伯安经济、工作均很稳定。

35. 此年，伯安弟考入大学，家无余资可供两个大学生，伯安大学梦碎。

从此，伯安安心在社会大学锻炼、进修、成长。

1965年（21岁）

36. 伯安良师益友自强被调至省《支部生活》，豁志被调入《洛阳日报》，安母求自强带伯安走，自强无奈，转托豁志及继任《洛阳日报》美术组组长张维成关照。

37. 自强走后，伯安被借调报社工作近一年，和报社的关系一直维系到1969年。

1966年—1967年（22岁—23岁）

38. 全国发生“文化大革命”，自强全家被下放到洛阳龙门西山寺沟，后又转至裴村。

一切稿费取消，伯安生活陷入困境。

伯安每隔两天，便骑车跑几十里路去看一次自强，两人一起整理苏联出版的《星火画报》，边整边评，将画报摊了一地，常常因埋头看画，如痴如醉，害得自强之妻桂真要喊三四次才得吃饭。伯安对油画中控制大场面的能力佩服得五体投地，对巡回画派的创新精神和大胆革除旧弊的做法充满了敬仰。

对其中的代表作《沙布洛什人答苏丹王的信》更是百看不厌，爱之若狂。

正是此时，伯安萌发了要像他们一样画传世之作的朦胧憧憬和愿望。

39. 安常借伟书，不意“文革”中，两家均被抄家，所有书籍被红卫兵付之一炬，安为不能保护好书痛心不已，总觉得欠觉伟一笔账，后伯安到出版社工作，常去开封为觉伟送书。觉伟至今仍保留其所送《现代商标标志创意图典》和《现代标志符号创意图典》两书。并积极为觉伟联系报刊发文章，为觉伟工作、评职称顺利通过颇有微劳。

1968年（24岁）

40. 1月25日，《洛阳日报》复刊，造反派掌权。豁志将伯安借调报社。虽无稿费，但尚有少许津贴，交通费和夜班补贴一天补两角钱，每月收入十五六元，可聊补伯安无米之炊。

41. 此时，已和省出版社编辑一起去太行山。

1969 年（25 岁）

42. 伯安至洛阳东风轴承厂正式参加工作。成为编制 13 人，其中 12 人是党员的宣传科一员，其间，常被市里各种活动抽借。一日乘梯子在高墙作画时，一拖厂北京女子坐其身后，目不转睛，直盯半天，伯安自觉此情无以为报，退避三舍。

1970 年（26 岁）

43. 报社再次停刊。

44. 为宣扬“文革”的辉煌成就，省“革委”委托省博物馆筹备 6 个大型展览，要自强回省负责。临行前，自强与伯安一起为市政委画了一幅巨型毛主席像。

被抽调的画家们，都在河南省博物馆集合，集体作画。自强和陈天然（著名艺术家）都参加了洛阳一批画家负责的洛阳龙门煤矿阶级斗争史展览，伯安和觉伟同画一幅油画，伯安辛苦几天，却被觉伟拿刮刀一下刮净，心境很灰。

当时，自强刚完成的一幅国画赢得众人赞赏，伯安十分激动，直接提出要跟自强学国画。自强的国画是跟大画家叶浅予学的，很得其精髓。伯安在自强的指导下，先临了一遍《艺用结构学》，画了个老头试笔，被自强夸奖说，像模像样，出手不凡。

45. 为响应党中央号召，由市“革委会”领导亲自主抓，由豁志具体负责的美术创作组正式成立，伯安有幸加入。（豁志：《“文革”中的李伯安》）

46. 这一年，省出版社成立，自强被任命为美术编辑室主任，省里要求将展览画成连环画出版。由几人合作采用流水作业，每人画 1—2 个人物，完工后效果惨不忍睹。自强十分发愁不安，伯安安慰自强别急，由自己一人全部返工试试看。自强无法，也只得死马当作活马医，听天由命。不料，伯安加班加点赶工完成后，果然效果好了不少，自强这才放下心来。（李自强：《相逢于艰苦奋斗之时》）

47. 其间，创作组曾去西安取经，看到一大批油、光、亮的画毛主席在陕北的画。又乘机搜集了一些《星火画报》杂志资料。

48. 此年，河南辉县成了全国闻名的修公路、办水利、办小工厂的明星县，河南出版社闻风而起，组织了一批国内名画家，借调了本省的一些新秀等 20 多人一起开赴太行山。

1971 年（27 岁）

49. 1971 年算是伯安和出版社以及国内优秀画家第一次正式进太行山。

借此，伯安结识了一批国内一流大师，并参加了《辉县人民干得好》连环画和《工农兵人物写生集》。

50. 冬寒，伯安弟买了一件短棉大衣，兄弟 3 人穿上均不合适，但无人敢去商店退货，其姐周日回家，掂起棉衣去店里退回，其母扬扬得意，称赞女儿能干。

1972 年（28 岁）

51. 5 月，画展在北京开幕，洛阳推了光头，市里给了 10 个名额去北京参观，其中就有伯安。

52. 自强去洛阳出差，在朋友家无意中结识了烟糖公司营业员张黛，认为和伯安很般配，于是将张黛丢在他家的手套递给伯安，让他以此为由接近张黛。为坚张黛信心，自强之妻桂真曾与之彻夜长谈。

53. 1972 年春与张黛同游龙门石窟附近白居易墓，大发思古之幽情，同翻《普希金诗集》，李伯安喜欢的是画普希金的列宾，张黛则喜欢诗人普希金。

1973 年（29 岁）

54. 由市“革委会”决定，洛阳由张

维成牵头，重又组织创作组，伯安画了幅一群工人下班后围在一起读报纸的场面。参照陆沉的《机车大夫》，名之《天下事》，在省里获大家好评。其间，被借调省博参与布展，只是又没入围全国画展。中有高干之女对其颇有好感，倾心交谈，并赠其礼物，安有自知之明，回避退缩，久不联系，自然作罢。

55. 画展在广州举办，又有10个名额，伯安在榜。此行受益匪浅。其间，与豁志在橘子洲头下水，一手托衣，一手划水，直至岳麓山，想起毛主席曾在此中流击水，浪遏飞舟，顿感豪情万丈，鹏程万里。

56. 1973年12月同去辉县1个月，伯安在大家的带领下，进步很快。

1974年（30岁）

57. 春节前伯安结婚。豁志主厨，从早9点即披挂上阵，直忙一天。因小夫妻经济能力太差，自强硬性规定每位莅临者必携菜一盘，于是，集中了洛阳美术界几乎全部人马的婚宴挤在厅里开宴，幸而婚房是新盖商业房，顶屋大厅，地方够大，在自强的远程操控下，热闹非凡，痛快淋漓，而花费却不多。

58. 伯安、豁志一齐借调至出版社画宣传画、连环画，又去辉县补充“批林批孔”内容（实际上是一种考察）。

1975年（31岁）

59. 由于当时大环境要求，工农兵必须占领文化、教育等上层建筑，豁志、伯安、严文俊正式调入出版社在知识分子中“掺沙子”。

调出版社前，为厂里画整墙油画《毛主席去安源》，在调到出版社的前10年，伯安其实和高尔基一样，一直在上社会大学，社会美院。

60. 1月，办完调动手续后，伯安行李未解，即到偃师办农民画学习班，伯安负责辅导陈钰铭，后来出了一些很有影响的人物，如陈钰铭、段正渠等。

61. 一次，伯安又上太行山，上至山腰时，山顶炊烟袅袅，山顶人家已将一大碗冒尖的高粱糙米饭和酸豆角儿端上来，十分自然地让他们吃饭，伯安不由十分动情，对山民的纯朴忠厚深有体会。

62. 4月17日，儿子李飒出生，安喜之不尽，有了儿子，就有了负担，也有了希望。只是儿如母懒，似父憨，专挑二老缺陷承，真是天才。只盼儿子平安就好，快乐就好。

1976年（32岁）

63. 与苏联珍宝岛战役打响。由李自强命名的《提高警惕，保卫祖国》由伯安执笔，画了一幅对开水粉宣传画，反映颇佳，为出版社有史以来出版的最大版单幅画。

64. 画刊上开辟了“辉县人民绘新图”专辑，为此，伯安不断深入生活，经常去太行山，不断有新的速写、素描、连环画、宣传画出现。

65. 社里上选题时，拟出版一套反映“文革”新生事物之国画条屏，伯安负责画工农兵大学生毕业返乡的紫衣少女，甚得好评。

66. 安母病，安返洛侍疾时，贫人治病，十分艰难，幸遇女医生贤惠温雅，全力相助，且含情脉脉，安且喜且感且忧且惧，忙声明家有悍妻，虽心有感激，却退避三舍。

67. 社里出版第一部由农民作者李明性写的长篇小说《洪流滚滚》，李伯安第一次尝试为书籍画封面。

68. 其妻张黛由洛阳十九中调入郑州八中教书，夫妇儿了团聚。

1977年（33岁）

69. 自强、豁志、伯安结伴去林县，去探求以一县之力打通太行山，引漳河水用来吃水和浇田的人工天河红旗渠，县委派车把他们送上太行山。几人从红旗渠渠首引漳河水开始上路，途经青年洞，一直到石板岩，走到红旗渠尾，为出版速写集，一年就去了3次林县，配合了当时的“农业学大寨”和“批林批孔”运动。

1978年（34岁）

70. 4月，《农业学大寨》速写集出版。

71. 10月，张黛在“文革”后大学恢复招生中中榜，赴河南大学历史系读书。儿子3岁，被安排至省实验幼儿园全托，1周接1次。

72. 几年来，已大量购各种书籍。在更高的平台上为迅速开阔眼界和提升水平创造了条件。

1979年（35岁）

73. 春，伯安报考河南大学美术研究生，未果。

秋，又报考中央美术学院研究生，未果。

但众考生在大礼堂里打地铺，一个个斗志昂扬，兴致勃勃聊天彻夜的经历，使伯安终生难忘。

不忘去太行山采风。

其间，曾利用午休和晚上下班后的时间到单位正动工的宿舍区，去对着劳动的工人画速写和写生。

趁每年1个月进修假或与同事结伴或单枪匹马，数次进太行山。

1978年—1988年，为伯安创作第一高峰期《太行人》《压酸菜》《日出》《华山挑夫》《打山楂》《姥姥们》《家门口》等作品均创作于此时。

1980年（36岁）

74. 秋，社里决定让一批没有学历的编辑去大学里进修，伯安趁机脱产到河南大学美术系报到，报到后完全自由行动。此时，孩子已被张黛安排到省实验幼儿园全托，每到周末接回来一天，常常因忙，拜托其岳母和妻妹代劳。开始太行组画的规划与创作。

75. 11月，为创作需要，开始多次独自进入太行山采风。

76. 继续赴太行山采风，开始画太行人组画。

1981年（37岁）

77. 夏，自强带伯安、振熙、相成等一起去禹县写生。

78. 伯安购得许多名家之作，学习参照，如林墉的《活捉“二阎王”》，刘旦宅的《离骚》4条屏，高小华的《日出之前》，专著《李白与杜甫》等，均使他受益匪浅。

79. 一次，去陈天然老师处看陈作画，一时找不到笔，天然随手抓过一张宣纸团成团，饱醮墨汁，在画上淋漓作画，伯安只看得目瞪口呆，惊骇异常，眼界大开，豁然开朗，好似开了天眼，顿悟一切狗屁规矩在画出好画面前，均不值一提，不拘一格才是正道，天地万物，皆可为纸笔。白猫、黑猫，能画出好作品才是大道。

80. 妻离家求学。一日，出差在外的伯安忽接幼儿园电话，言儿得猩红热已隔离，安火速归郑，然夜已深，园门不开，安忧心如焚，束手无策，待天亮接回儿子，儿已独自在小黑屋待一夜矣。

1982年（38岁）

81. 伯安调至社里封面设计室。

82. 开始为乙丙负责的《百花园》《小小说选刊》《散文选刊》画插图。

83. 开始为河南最大美学期刊《莽原》画插图。

84. 开始为资格最老之期刊《奔流》画插图。

85. 开始兼《文学知识》美编。

86. 妻张黛大学毕业，分配至省人民出版社工作。

1983 年（39 岁）

87. 出版系统分家，被分配至文艺出版社《名人传记》任美编。

88. 参与绘制连环画《周恩来在河南》。

89. 拜访中央美院名教授卢沉。

90. 连环画《新娘子抬轿》入选全国六届美展。

91. 开始为《传奇故事》等杂志绘插图。

92. 坚持到太行山写生。

93. 脱产到河大进修，结识张江舟。

1984 年（40 岁）

94. 安背画去湖北画院自荐，得汤文选院长和唐小禾副院长盛情款待。待返郑，调令已至。

95. 河南书画院院长陈天然闻讯，征求李自强意见后，立刻抢先将伯安调入。

96. 安妻见伯安从不卖画，羡别人卖画致富，给伯安下最后通牒，若 45 岁前画不出名堂，即“自甘堕落”，卖商品画为生，总不能既不成功，又甘心受穷吧，安漫应之。幸很快即现转机。安笑曰，好险。继续赴太行写生，继续创作《太行组画》。

1985 年（41 岁）

97. 7 月任河南中国人物画研究会首届副会长。

98. 创作《太行人》获省展一等奖。

99. 为《图书十二生肖》的故事画插图 13 幅，并获奖。

100. 1985 年，国家下文件，1961 年失学者，凡从学校参军或参加工作者，均可补发毕业生毕业证。开始补发的证件不正规，需重新补发正式毕业证。但只补郑州学生，让对外地学生保密。伯安虽已补发，但为外地同学鸣不平，悄悄特意专程赶到开封，委托好友李原星和徐觉伟悄悄通知各地同学都来领取。这一证件的补领，为同学们以后的职称晋升和后半生提升层次等都起到了很好的作用。

101. 用 600 元（几乎是一年的工资）购一整套日本版的《世界美术》，欣喜若狂，因当时工资每人每月尚几十元，伯安不要家里钱，拼命画插图，自己解决。书一到手，爱不释手，有空就翻，如获至宝。

1986 年（42 岁）

102. 作品《猎手》获河南省首届中国人物画一等奖。

又从画院调回美术出版社画册编辑室。

1987 年（43 岁）

103. 《名将粟裕》参加建军 60 周年画展。

104. 天津《迎春花》杂志总编杜滋龄来郑，河南美术界闻风而动，个个画家均捧作品登门求拜，而杜于众多画家中选中了不善言辞，只会将画摆出来，腼腆讷言的伯安，并立刻认识到他不是一个地域性的画家，而是一个全国性的大画家，于是积极主动约稿，决定尽快在杂志上专题介绍。

105. 《太行人》获省美协举办的画展一等奖。

106. 到河南大学美术系举办个展并讲学。

1988 年（44 岁）

107. 《迎春花》以水墨人物画家身份为伯安发专题人物介绍，由乙丙撰文，这是伯安首次在全国美术界正式亮相。

108. 年末酝酿创作反映黄河文明的巨作，即后来定名为《走出巴颜喀拉》的长卷，不过当时只以大画唤之。此举甚得乙丙击节赞叹，并有不少好主意、好建议源源而出。伯安自此已开始搜集各种有关黄河之源藏民资料。

109. 借挚友乙丙相机，独自深入青海藏族聚居区采风。

110.《福禄村》插图获1987年第二届奔流佳作奖。

111. 赴河南大学美术系办个展并讲学。

112. 安与杨振熙合作责编的《现代山水画库》获中南各省整体设计二等奖，次年获省一等奖。

113. 此时已出现用脑过久后脑发木现象。

1989年（45岁）

114. 1989年，朋友们均为如此李伯安居然在美术界悄无声息着急，动员他至北京中国美术馆去办个展，展费可由大家凑。其妻笑答，展画的钱，家里永远都有，随时都有，不劳大家费心。于是，在钰铭敦促下，伯安肩扛手提带着作品前往中国美术馆以求通过审查，恰遇中国文化部和中国美协主办的二届特邀新人新作展评委会在审查参展画家名单，伯安作品被众评委一眼看上，评委们当场拍板，决定让伯安参加次年在中国美术馆举办的新人新作展。可参展作品15幅，并且无须出展费。

其实，这是不合规矩的。按正常流程应该由各省美协先推荐，逐级审查才行。伯安破了这个例。

此展规格很高，一届时，河南仅有一人参加，而这个人是大画家陈天然。据说他的画在日本要排长队付高价方可购得，而在当时的中国，均为不可想象之天价，的确是天文数字。

次年，二届新人新作展在京举办。中国画研究院研究员谢志高看到李伯安的《太行人》大为惊讶惊叹又惊喜，且十分激动，认为李伯安替他完成了自己多年来的心愿，画出了他想画而未能画出的画。

于是，激动的谢志高将这事告诉了时任中国画研究院院长的刘勃舒，并再次陪刘一起观赏《太行人》。自此，刘记住了李伯安这个名字，在以后数年内举办的活动中，每次都邀请李伯安参加。

其创作组长王迎春专门正式找伯安谈话，商议中国画的出路和创作问题。其夫杨丽舟时任中国美术馆馆长。夫妇二人均为美术界翘楚。其时，整个中国美术界为中国水墨的前途、优劣争论得一塌糊涂，评论家们个个剑拔弩张，理直气壮，大人物们唇枪舌剑，你来我往，各不相让，气氛十分紧张。而伯安却独偏一隅，丝毫不关心这些身外事，只是埋头拉车眼看前方，休管他人论短长，沿着自己选定的方向，继续搜集黄河沿岸人群资料。不管不顾，只管走自己的路。

115. 1989年，四川美术学院国画系系主任白德松因看到《迎春花》上介绍伯安其人其画的资料，顿觉眼前猛然一亮，没想到中国画居然可以这样画？大感振奋，于是，立刻通过《迎春花》和河南省美协联系李伯安，力邀其赴川美办个展并讲学。

其间，四川美院历经两年，认真拍出了教学片《李伯安的水墨人物画艺术》，这也是伯安有生以来第一个专题片。

展览期间，看过画展的师生对伯安十分敬仰，但见到伯安本人土里土气，毫无艺术家风采和气度，泯然众人，却又十分失望。一学生手指伯安，十分疑惑地问，他是李伯安？他是画家？恰白德松听见笑答道，他是画家！他是大画家！

116. 画展迎来两名不速之客，赴日华侨王勤及其友山水画家张复兴。王勤受雄心勃勃的日本企业家西部基夫之托，在中国物色实力派画家（价廉质优），创作美术作品以充实他准备在日兴建的亚洲最大美术馆。二人同时看中了伯安，三人一见如故，所谈尽欢，相见恨晚，决心代西部基夫邀请伯安参与其事。

117.《日出》入选七届全国美展，并

获铜奖；同时获河南七届美展一等奖。

118.6月，《年的来历》获《传奇故事》首届“冰熊奖”优秀连环画绘画奖。

119. 文学作品插图《当传奇消失的时候》，获中南六省区装帧设计年会插图作品一等奖。

120.《鹌鸾情仇记》《乱世风流情》获首届“冰熊”优秀插图奖。

121. 责编《现代山水画库》套书，获河南省优秀图书一等奖。

122. 已勾出大画第一部分草图，广泛征求朋友意见，全面收集大画资料。

123. 一日，与本单位心仪女编辑相谈甚欢，忘记午饭，及至家对妻坦白后，坦言决不玩火，无精力也无时间更无心情。

124. 台商港商频频登门，安均好言相拒，并赠书画。

1990年（46岁）

125. 电视教学片《李伯安的国画人物》完成后期制作，白德松撰解说词。

126. 文化部和中国美术家协会在中国美术馆举办的新人新作邀请展，展出画作15幅。此展是他走向全国的重要一步。

127.《河南画报》第2期发画5幅，徐恩存撰文评介。

128. 在香港《艺术界》上发画一组，伯安撰文《太行情思》。

129. 与省文联的朋友一起到西部采风，中途下车，独自前往甘南藏族聚居区。

130. 大画草图反复修改后，画成小样看效果。

131. 责编《现代花鸟画库》获黄河流域九省区美术出版社“金牛奖”一等奖。

132. 一台商通过朋友关系，登门求画，以为大陆人人穷志短都会求他，所到之处，一片谄声。于是趾高气扬，欲以每幅500元订500幅画，安拒。妻怒，怪安不肯为家庭经济状况稍作牺牲。安思考一夜，答妻：（1）台商气焰十分嚣张，无法忍受，即使所许25万在当时月入几百元的我们看来是座金山，也不行，我自有我的尊严在。（2）家虽不富，但无饥寒之忧，不必为眼前吊着的一块红萝卜折腰。（3）最最重要的是，以安之认真，500幅小品需画两年，时间耽误不起。况且两年小品画下来，手必定画坏，习惯了轻松飘逸的小品画技法，很难再回到创作大画所需的、李伯安独创的独特的新型水墨画语言中来。而单纯靠传统纯粹的中国水墨画技法无论如何也表现不出来大题材大场面大制作所需的强度、力度、震撼力和厚重感效果的。几年小品画、商品画画下来，大画创作绝对会受到毁灭性破坏。孰去孰从，让妻决定。

是钱重要，还是事业重要？自然毋庸置疑！

妻哑然。

伯安兴冲冲不失时机立即表扬，张黛虽小事上胡搅蛮缠然大事不糊涂。

133. 当年夏，王勤、复兴和刘善传3人一同赴郑，再次与安一同敲定与西部基夫合作之事。伯安花黄河，复兴画长江。口头约定作画内容和题材自定。画完后，作品由西部基夫收藏，并长期陈列于日本新建圆形美术馆中。其间，由西部资助生活费，以使画家免受饥寒之苦，让画家无后顾之忧，好全心全意创作。伯安备受鼓舞。然张黛注意的是，无论是西部还是其代理人，自始至终从未提过合约合同，或是报酬协议之类的事，虽表面所谈甚欢，但却无片言只语落实到白纸黑字上，换言之，本质上，此事虽然说得热闹，但事实上却对双方毫无约束力，张黛学历史，对日本人狡诈认识入骨三分，十分警觉，虽看透，却装傻，我们需要先把事情干起来再说。日本人怕吃亏，伯安更怕吃亏，心血之作岂能轻易与人，日人如反悔，那就正中下怀，日人如履口头之约，也还算一件好事，进退皆宜。日人太过精明，反使人无后顾之忧。仅资助而已和资助贫困学子性质无异，不必过于当真。而资助之金，张黛从未花过一分钱，随时准备毁约还账。直至伯安去世后方拿出办事，原先看来可观之钱，由于通货膨胀早已不值一提。然可惜西部壮志未酬身先亡，3 年后去世。不管如何，他总是为这幅画出了钱，出了力，也付出不少感情，野心（这里指志气）不小，很值得感谢与赞赏。虽精了些，但不失为一个好人，愿西部在天之灵安息，一路走好。

134. 当年夏末，伯安单枪匹马，又赴甘南，收集创作资料。此次西行的照相机也是西部所赠。睹物思人，倍觉任重。

1991 年（47 岁）

135. 当年，伯安整理了他二次西行和在各种图书展销会上所购有关藏族群众的画册和影集，正式租用省地矿厅招待所两间废弃教室开始创作大画第一部分，即生活在黄河之源、巴颜喀拉山脚下的藏族群众朝拜场面。《圣山之灵》的人物部分（高 1 米 88，长 6 米）。因历时 3 年，资料准备工作充足，思想酝酿更是充分，因此进展十分顺利，历 3 月而成。朋友们去观看，个个震惊不已，大为振奋。

次年，西部携其美国妻子来桂林，又一次口头敲定此事，又一次不提黑字白纸，安专赴桂林与之相聚。西部赠复兴与安座钟各一。

此次，伯安携已画好大画第一部分《圣山之灵》彩色照片前往，众人大为震惊。振奋之下，西部将之带回日本，被日本大画家东山魁夷的学生一口否决，他言之凿凿十分坚决地认定，中国人画不出这样的画！

136. 其间，西部每年补助伯安些许，以助伯安安心作画。其中人以人民币付之，3 年如一，而日元当年由于美国施压，升值极快，付款与所言不和，且中人言语中含糊表示，此款由他而出，要求伯安将已画好之画交付于他，安妻疑其有诈，嘱安赴桂定须将话问个明白，决不能再如此含糊不清。钱是小事，然画是大事，万万不可轻易上当。如此款来历不明，则要求安坚决断然退回。安闻钱由中人出，立刻决定拒绝来往，中人被逼无奈，只好明确表态自己仅为西部雇员，每次送款均由西部打入其工资卡，然后由他代西部转交伯安，钱与中人本人毫无关系，他仅仅是为西部办事而已，而所画作品，所有权和一切权力均归画家本人所有。弄清原由，话说清楚，理顺关系，伯安方才罢休。然复兴大作几十米山水画已被要走，难以追回。惜之。几月后，西部去世，双方关于作品，竟无丝毫后患。

137. 第二次到河大美术系举办个展和讲学活动。

138. 首次参加中国画研究院在北京举办的全国人物画学术研讨会。

139. 作品《日出）参加在日本的巡回展。

140. 作品《日出》入选在法国大宫殿举办的法国秋季沙龙展。

141. 论文《我说艺术语言的个性化》发表于《郑州晚报》11 月 26 日第 5 版。

142. 作品《老窑》参加河南省第二届中国人物画展并获一等奖。

143. 作品 3 幅刊于 12 月第 4 辑《国画世界》。

144. 作品《老窑》《姥姥们》入选天津美术出版社编《当代中国画探索佳作选》。

145. 责编《周俊杰书法作品集》获省首届文艺奖。

146. 责编《花鸟画库》获 1989 年—1990 年豫版优秀图书二等奖。

147. 责编《儿童绘画图典》获全国首届优生优育优秀奖。

148. 本着无功不受禄和吃人嘴短、拿人手短的原则，以及男人在红灯区的劣根性，伯安坚决拒绝了西部基夫的赴日邀请。

1992 年（48 岁）

149.《开光大典》素描稿经朋友劝说，拍照留下。

150. 在《现代人物画库》中，选入画作 5 幅。

151. 在河北美术出版社出版的《中国画人物》一书中，发画 5 幅，撰文《情溢太行》。

152. 为防小恩小惠丧志，再次拒绝西部基夫赴日考察的邀请。

153. 责编《现代花鸟画库》获豫版图书优秀奖。

1993 年（49 岁）

154. 经刘勃舒提名，参加在西安举办的中国人物画研讨会。

155. 参加在中南海举办的庆祝毛泽东百年诞辰百名画家笔会。

156. 在《中国画研究》第 9 辑上发画 16 幅，并撰文《一点感受》，白德松、郭瑞三撰文《劳动者神圣的歌者》。

157. 第三次拒绝西部基夫赴日考察邀请。

158. 小论文《重意与尚形》发表在《河南日报》2 月 1 日第 7 版。

159. 其间复兴曾专程来郑，与伯安商议，担心日人不讲信用，口头之约毫无约束之力，随时作罢该如何？日人所付寥寥，而我们所付的是几年心血，万一作罢，我方岂不太亏？伯安毫不在意。无正式契约，束缚不了日本人，也照样束缚不了我们，只要作品过硬，怕什么？

160. 责编《现代人物画库》获第四届“金牛奖”一等奖。

161. 脑子发昏现象日益严重。虽摆脱不了情面，但已很少再接插图。

162. 儿子李飒考入河南大学美术系。

163. 西部基夫患癌医治无效病故。

1994 年（50 岁）

164. 颈椎病确诊，并日益严重。

165. 画室挪至人民出版社新分房子 27 平方米的长方形客厅。

166. 带着创作中的问题，再次赴甘南采风。时伯安丝毫不考虑其实也并不担心大画出路，强烈的创作欲望和火山爆发般的满腔激情，使他忘记了世上的一切。他只有一个愿望，在有生之年，完成大画。因为有不止一个朋友预言他活不长。他并不在意，义无反顾，开始了大画第二部分《开光大典》的创作。其实，他心里清楚，他在和死神抢时间。杭州刘国辉含蓄地劝他，尽早放下一切好好休养，他的一个在《拖拉机报》的老朋友，告诉他根据面相他活不到 60 岁，他的一个天津的朋友陈玉圃告诉他，他时间不多了。他却很高兴离 60 岁还有几年时间，画完大画的时间应该够了。

167. 被省书画院聘为院外画师，聘期三年。

168.《观荷图》参加粤港澳书画家邀请展。

169. 国画《圣土》入选八届全国美展，反响平平。

170. 大脑供血不足日益严重，常有昏厥现象，妻劝其手术治疗，他却怕死在手术台上，画尚未成，如何闭眼？又怕手术成功医嘱不准画画，所以，我行我素，拒不手术。

171. 中国美协主席、中国人民解放军艺术学院美术系系主任刘大为曾邀请伯安至军艺办个展和讲学，可伯安心怯没去。此时，他正在画大画，心无旁骛，也实在无暇分身。

1995 年（51 岁）

172. 省书画院一副院长至安宅，与安促膝侃谈，约定次年办邀请展，安应。1996 年，长与另一友人有隙，安居中难做人。布展时，安先挂上长卷一段，遍视展厅，觉太显眼，遂取下，返家取两幅肖像换上，方觉心安。

173. 乙丙介绍伯安结识了冯骥才，冯一开始以为乙丙在帮一个朋友的忙，而看了大画的《圣山之灵》和《天路》两部分画稿的彩照，震撼不已，方知乙丙是在帮一个纯粹的画家。为让伯安专心作画，冯保证画作完工后，一切后期如画展、画册都由他负责。并立即在其主编的《艺术家》上中心页发表大画。为表达哺育中华民族的母亲河黄河走出巴颜喀拉山、走向大海、走向世界的决心，经乙丙提议，伯安同意，正式定名为《走出巴颜喀拉》，以前议论过的“大河上下”“大河之源”“河魂”“藏魂”“大画”等名字全部弃用。不过，平时大家仍以“大画”唤之，如唤人之乳名。

174. 经冯骥才力荐，在其主编的《艺术家》杂志第1期中心页发表《圣山之灵》和《天路》两段局部及乙丙文章《身家性命水墨中》。

175. 作品《转经》入选《中国书画名家作品选集》。

176. 在《圣山之灵》前面加了一段7米长的序曲，将完成的30米《天路》卷起放下，从头画起。

177. 完成《哈达》部分。

178. 参加在无锡举办的中国人物画研讨会。

179. 责编《现代人物画库》获“金牛奖”一等奖。

180. 为改稿重画方便，做过稿台一架。

181. 《开光大典》伯安先后画了5遍，均不满意，苦恼之下，他扛起背包，最后一次走向藏族聚居区。其间，曾得了感冒，十分危险。然从甘南归来后，经乙丙提议，翻阅老祖宗的《八十七神仙卷》，大受启发，将雕塑的刻纹和版画的刻线融入国画的线条中，才比较满意。此段画至少画了6遍。临终前画板上仍有仅几人落墨的第7稿。并从初稿的5米发展到19米。至今，尚在其他画展上见到画家们截取此画些许片段，作为己新作并获奖。

182. 安感阿炳身世，极喜《二泉映月》，后听贝多芬《命运》，极感振奋。尤其是对贝多芬愤而对公爵的一席话，感奋不已。你之所以为公爵，不过是因为你的出身，而我之所以为贝多芬，是因为我自己。公爵过去有，现在有，将来还会有，而贝多芬只有我一个。深有同感。

1996年（52岁）

183. 《开光大典》2、3、4、5稿均不理想，留下6稿。

184. 完成《朝圣》《哈达》《藏戏》3部分初稿。

185. 在《中国画研究》第13辑上发表短文《生活的认知》，发画两幅。

186. 《高僧修身图）获“中国佛教文化书画大展”三等奖。

187. 儿子李飒河大毕业后，到西安美院借读。

1997年（53岁）

188. 安因出身、学历、母病等问题，经历坎坷。对出自下层贫民，常怀悲悯之心。一次看电影晚归，见影院前看车老人，十分不忍，妻训其收入其实根本和看车老人不能相比，人家挣得比我们多多了。拽其走好远，他甩手回头，仍将其手套脱下，留给老人。

189. 夫妇常做白日梦，相约大画完工后赴法卢浮宫和俄罗斯看美术馆。生前虽不成，死后此愿却由儿超额完成。儿常周游世界自得其乐，十分潇洒，父心安否？

190. 安去世前十分异常，表现常常出人意料。人之将死，其言也善，对工作对朋友对家人均表现出无限的不舍和留恋。

191. 看球赛时嘱妻在自己死后仍要打开电视，让自己面对，仍要让自己看球赛。

192. 将所画作品放在何处一一交代清楚。

193. 5月1日给所有亲朋打电话，絮絮叨叨不已。

最诡异的是，去世后送焚化炉时，直

到第3次才送进去。

194. 完成《劳作》《歇息》《赛马》《玛尼堆》4段。

195. 责编（合作）《中国牡丹》一书获省优秀图书一等奖。

196. 责编《逸品十家》获七届”金牛奖”一等奖。

197. 责编《李剑晨画集》获七届“金牛奖”二等奖。

198. 责编《狂歌当哭——忆石鲁》获七届“金牛奖”二等奖。

199. 5月，收学生杨海峰。

200. 9月，儿子李飒到中央美院进修。

1998年（54岁）

201. 完成《劳作》第2稿、《歇息》第2稿。

202. 完成《牦牛》炭笔勾图（长6米）。

加快作画步伐，计划年底全部完成。

203. 5月2日上年10点—11点，心血耗尽，倒在画室门口。

画板上，是尚未完成的《开光大典》前半段第7稿，长7米的画稿上，仅有几人落墨……

妻黛闻讯匆匆赶去，握伯安手，指尖已凉。

204. 1998年5月8日上年8时，遗体在郑州市火葬场火化。遗体两次从火炉中推进又无故退出，直至第三次，方顺利进炉。伯安是在和大家告别吧？

李飒　搜集整理

2000年至2018年秋从京至郑

飒按：18年前，在整理父亲李伯安年表时，资料极缺，仅凭平时与父母交谈的记忆，有些想当然。此次整理时，已有了几份十分关键人物的关键回忆，应该比较确切。尚缺和日本人西部基夫打交道时亲身经历者的第一手资料的回忆录。幸好还存有几封信，聊以自慰，憾之。虽如此，但蛛丝马迹，草灰蛇线，终有迹可查，当亦会有些残景留存于有心之后人。此文曾参阅李自强、丘光正、乙丙、徐觉伟、豁志、陈钰铭、段正渠、徐小龙、陈应麟、谢志高、杨振熙、黄思源、张黛、李伯英等人回忆文章整理而成。

2001年2月初撰，载《逝者如斯——画家李伯安资料集》中153页。此次为出版资料续集，于2019年6月重新修订

（作者系北京服装学院教师，李伯安之子）

河南博物院　李伯安艺术研讨会

四、访谈及报告

李伯安走了
带出一片辉煌，留下诸多沉思

——中央电视台记者对乙丙的访谈

2001 年 10 月 25 日。画家、编审乙丙寓所。中央电视台 10 频道《讲述》专栏编辑杨颖就画家李伯安和他的水墨人物长卷《走出巴颜喀拉》采访了乙丙先生。

杨：我们最近计划做一档郭志全教授的节目，可他非常激动地告诉我，说介绍他不如先介绍李伯安，李伯安是一个非常伟大的画家，是中华民族的骄傲。李伯安生前没有办过画展，也没有出过画集，连一本小册子也没有。他去世后，是囊括中国画坛大半精英的 146 位画家慷慨捐画 150 多幅，共同襄助他出版了画集，举办了画展。这让我很感动，很激动，想为李伯安先生做些事情。我看很多文章里都提到您是李伯安先生的挚友，希望您能谈谈这件事情。

乙：是挚友之一。李伯安生前因为他的坦城、谦恭和高超的画艺赢得了很多朋友，河南的、北京的，全国都有。是在北京的几位河南朋友，像陈钰铭、王颖生、张江舟、徐恩存、田黎明，还有唐勇力他们挑头带上我们几个共同发起了这个事情，为李伯安化缘。这年头人情薄，大家的画又很值钱，会结个什么果，大家心里都没数。听钰铭说，开始时有点凉，稀稀拉拉，没几个人寄画。没想到快到期限时竟会蜂拥而至，画又多又好。不少朋友还写了信，披肝沥胆，感人至深。真没想到这个事情会办得这么好。人间自有真情在。应该说是李伯安的人格魅力促成了这件事情。全国的画家为一个画家兑画筹款出画册、办画展，中国美术史上不曾有过，世界美术史上也不曾有过。

伯安去世后的这两三年，伯安的事情，家乡的朋友们一直在做。洛阳的、郑州的都做了很多工作。像韩学中、张明泽、王澄、弓胜元、孙广举、周鸿俊、马国强、方照华、刘杰、杨振熙等，还有我，有时候还能写点纪念文字署上自己的名字，研讨会上发发言，电视上露露面。而像黄天奇、刘永池等一大帮朋友，一直在为伯安的画展极其难做的后勤和布展工作奔忙，也没有他们露脸的时候，我觉得这些朋友更为可敬。当然还有李伯安的夫人张黛，她是个颇具胆识的编辑，现在退了，专心致志地做李伯安的事情，没有她，李伯安的事情不可能推到如今的这个程度。

现在，党和政府的介入使李伯安的推出有了更好的条件。在此之前的民间运作应该说可以告一段落了。

推出伯安，是早晚的事。东西摆在那儿，有识之士不能不为所动，中国美术史也不能不为所动。推出伯安，更是时代的需要，民族的需要，中国画坛的需要。但这类事情在现实的中国往往不易做好。人云亦云，层层加码，如今的李伯安已经远远走出了过去的默默无闻而变得光芒四射了。作为他的朋友，他的朋友们，在终于盼来了这一天的时候，本应高兴的心却有些忐忑不安。有些东西我不知道是不是变了味。我常想，这些东西是那个苦行僧般的伯安兄弟所梦寐以求的吗？不知他九泉有知心里是什么滋味。如何认识伯安，是个学问，是个大学问。既然是学问，就需要一个科学的态度，要花大力气下大功夫进行认真的具体的总结、研究。不能浅尝辄止，继而用我们过去十分习惯的那种搞运动的方式把李伯安也运动了进去。要支持对于李伯安创作思想和创作实践的认真研究，要创造这样的条件，这样的氛围。李伯安的精神，李伯安创作是我们民族弥足珍贵的精神财富，它需要一个安顿的地方，需要一个精神家园，以便让它生根发芽、健康成长乃至开花结果。我想说，目前对李伯安的研究，才刚刚起了个头，还远远不够。对一个苦苦求索了20多年的大画家，我们需要真诚地去面对，要沉下心去认真去做。不能为了某种需要，哄哄一阵子，随后就一阵风似的飘走了。说句刻薄的话，如果生前的李伯安能有他如今两三成的关注，那该多好哇，他会有一个大一点的画室，他会得到稍好一点的关照，也不用再啃馒头喝开水，踩着屎尿遍地的砖块上厕所了。

这使我蓦然想起了凡·高，这位人类文明史的台柱之一。生前他的画被骂得狗屁不如，他贫病交加，孤苦难耐，最后饮弹西归。如今他的画已经卖到几千万美元一幅。当那些大亨们把凡·高爆炒于股掌之上时候，我分明看到了人类的残酷与艺术家的可怜。如果凡·高生前能有他如今一幅画价的百万分之一，那他将是何等的幸福呵。当然，李伯安比凡·高要幸福多了，起码衣食无忧。说心里话，我很矛盾。我心中的伯安已经分身为二。眼前的这一个，高了，大了，也渐渐远了，已经看不真切了。我想念原本的那一个，依旧是那样文弱，那样谦恭，那样善良，那样坦诚，那样执着；依旧是我的朋友，我的兄弟。

杨：李伯安在他生命的最后10年，投入了他的全部感情和全部生命创作了水墨人物长卷《走出巴颜喀拉》。刚才我们看了，确乎是惊天地泣鬼神，领受震撼的同时让人浮想联翩。请您谈谈他这幅画的创作情况。

乙：借贾岛一句诗，“十年磨一剑”。贾岛是个苦吟派，“两字三年得，一吟双泪流”，李伯安也是苦吟派，“语不惊人死不休”。一个“磨”字何等生动，只是李伯安浇注的不是水而是心血，是生命。从1988年到甘南体验生活收集素材到1998年倒在画前，整整10年。1988年，当时国内唯一的一家国画专业杂志《迎春花》（后改为《国画家》）的主编杜滋岭慧眼识珠，发表了李伯安的一组国画人物。评介文章《苟日新　日日新　又日新》是我写的，首次介绍了李伯安在国画人物创作和艺术语言的探索中所获得的让人刮目相待的艺术成就。我现在的看法依然是十多年前的那样的看法，基本上变化不大。画作发表以后，在圈内引起了强烈的反响。杜滋龄给李伯安的这次机会，毫不夸张地说，是里程碑式的，影响了李伯安整个的一生。四川美院国画系主任白德松看过《迎春花》发表的李伯安的作品后非常激动，写信问杜滋岭“李伯安是何许人”，杜说“是河南美术出版社的一位编辑”，白当即与李伯安联系，恳请他到四川美院讲学并举办作品观摩展。1989年，李伯安应约赴四川美院举办作品观摩展，异乎寻常的成功，整个学院都轰动了。就在展览将要撤展的那天下午，来了一位重要的客人——日本企业家西部基夫先生的代理人王勤先生。西部基夫先生打算在日本建一座亚洲最大的水墨美术馆，计划在一楼展厅辟出60米的展线，永久陈列一幅堪称罕世之作的水墨人物长卷。王勤来中国的任务，就是为西部基夫先生寻觅一位能够胜任这件作品的水墨人物画家。可惜他转了大半个中国依旧两手空空。当他一进入李伯安观摩展的展厅，立刻闪现出奇异的震惊，他终于找到了梦寐以求的水墨人物画家。当下即与李伯安说妥，后来又经西部基夫先生敲定，于是李伯安就开始了为西部基夫先生的水墨美术馆创作60米水墨人物长卷的艰难跋涉。他把从1988年开始的大幅人物创作的构想纳入了这一现实的轨道。原先约定，美术馆4年建成，伯安的人物长卷4年完成，开馆之日，画作问世。但天有不测风云，那是后话。

杨：李伯安先生作为一个炎黄子孙，能在东邻日本有这样的礼遇，他激动吗？他有什么想法？

乙：他当然激动。终于有机会施展自己的抱负谁不激动。不过李伯安丝毫没有时下有些人的那种奴颜媚骨，他不卑不亢。创作期间，西部基夫曾3次邀请他赴日考察他都谢绝了。接受西部基夫的任务之后，我们曾经在一儿闲扯过。他提到两件事：一是中国的近现代美术是借助于日本起步的；一是日本有一组赤松俊子夫妇创作的水墨人物长卷《原子弹灾难图》。这是一组世界级的水墨人物长卷，画的是美国在日本投下原子弹后那种惨烈的场景，活活的一个人间地狱。在世界各地巡回展出过，有过很高的评价，很高的声誉。它画高1.77米多一点，画了14段，每段3米多，可谓煌煌巨制。李伯安的水墨人物长卷的高度是1.88米……

杨：他是不是想和《原子弹灾难图》比高下？

乙：他不敢，或者他不敢说。在他眼里，《原子弹灾难图》是举世公认的经典之作，赤松俊子夫妇都是大师级的人物，是他仰望的北斗。当然我想要是有一天他的作品能和《原子弹灾难图》挂在一起——这种可能性极大，因为日本很小，西部基夫要建的水墨美术馆又很大，两件艺术品又都是水墨人物长卷——我想不管是作为一个中国人或是作为中国人画的水墨人物长卷，他都不想掉价！这只是我的揣摩，伯安从来都没有这方面的豪言壮语。当他已经完成的部分作品的画照转到日本时，东山魁夷的得意门生看后竟惊愕得语无伦次，说：“中国人画不出这样的画！”消息传来，李伯安夜不能寐。我看他很少有那样的激动，仿佛一团火在胸中燃烧。他为作为一个中国人，一个炎黄子孙而深深地自豪。翻翻近现代史，中国人在日本人面前能够如此扬眉吐气者能有几遭？老实说，当他1988年开始酝酿画大幅水墨人物长卷时，并没有一个明晰的轮廓，只是他仰慕藏族聚居区的原始与苍茫，藏胞的神奇与剽悍，选择这类题材会使他已经形成的画风得到充分的张扬，得到淋漓尽致的发挥。而当他接受日本人的这份订单之后，尽管当初对自己的水墨人物长卷还没有一个具体的安排，但从宏观上有两个字是一直萦绕心头的，那就是“中国”。作为一个中国人，他要在日本国展现“中国”。当然也展现“李伯安”。看了他的《走出巴颜喀拉》，你体味到了吗？那浩浩荡荡的队列，那排山倒海的阵势，分明是一座座盘亘于九州大地上的铜墙铁壁。凝神画面，冥冥间你的脑海中会幻化出两个醒目的大字——“中国”！继而你就会牢牢地记住“李伯安”。

杨：确实如此。刚才当我们伫立画前的时候，真有些热血沸腾。一个民族，需要这样的东西。

乙：一个民族，尤其是像中华民族这样大的民族，在世界上当然需要有自己的声音。政治的，经济的，军事的，体育的，文化的……在文化上，李伯安的《走出巴颜喀拉》就是我们中华民族的黄钟大吕。就像美国的《拉什莫尔国家纪念碑》《自由女神》、法国的《自由神引导人民》、俄罗斯的《沙布洛什人答苏丹王的信》……

一部中国美术史，如果我们只有米南宫们的空蒙、倪云林们的萧疏、董其昌们的儒雅、郑板桥们的清奇……还不够，还远远不够。还必须有范宽们的刚健沉雄，浩然大气；还必须有张择端们的源于生活，再造红尘。否则一部美术史仿佛没有筋骨，缺乏元气，必将瘫软于地。李伯安的《走出巴颜喀拉》和我们的其他这类作品一起共同构成了中国近现代美术史的筋骨。我想说，当目前西方强势文化正在铺天盖地漫开的时候，正在威胁和消解着我们民族文化发展的时候，我们每个有责任心的艺术家的脑海中是不是应该更清醒地勾画出“中国”这两个字呢？

杨：您反复提到“中国”，让人很感动。请您谈谈李伯安的《走出巴颜喀拉》是如何体现“中国”的？

乙：说起“中国”，人们首先想到的一是中华民族，一是黄河文明，二位一体。巴颜喀拉是中华民族的圣山，从这里走出了黄河，走出了黄河文明，继而走向大海，走向世界。李伯安的《走出巴颜喀拉》是以中华民族的母亲河——黄河为构思依托，用群像式的构架，让代表中华民族的汉、满、蒙古、回、藏各族百姓拥黄河而前行，九曲连环，一泻千里，归入大海。河源的藏胞部分画出的几段异常出色。可惜此后他的身体时好时坏，再也无力走出圣山巴颜喀拉。几乎所有的画家一旦与藏胞接触，其神秘、原始与率真使他们殊难脱身，李伯安更是如此。在这种情势下，他觉得只画藏胞还力所能及；只画藏族一样能体现雄浑博大、艰苦卓绝的民族精神。他通过一组组苍茫凝重的艺术形象和浩然大气的节奏安排，寄寓了大河东流去的万古豪情，彪扬了中华民族赖以生存、发展并能够骄傲地屹立于世界民族之林的黄河文明。它高昂的立意、恢宏的气象和精湛的刻画使它可以毫无愧色地跻身于中国人物画经典作品之列。

杨：我们常说“文如其人”“画如其人”。李伯安是一个文弱书生，而他却锻造了惊天地、泣鬼神的永恒的震撼，您作为他的一个知根知底的朋友，如何去理解这一奇特的文化现象？

乙：一句话，他是“外柔内刚”。外柔，大家都见了，文弱，腼腆，谦恭，真挚，甚至胆小，怕事。有时候一肚子委屈，外面受气，憋着；里面受气，也憋着。但他的内心的确有极其强悍的一面。他心血来潮可以拍案而起，不顾性命。他认准一个事，就会义无反顾，九死而不悔。我要说李伯安会当众挥拳头打人，谁也不会相信。20年前一位老编辑借职务之便开美术班，玩弄少女。公安局抓他那天，李伯安一见他就霍地怒从心头起，满脸涨红，不顾一切地上去就是几拳。大家一下愣住了，这就是那个平时被人戏称“大姑娘”的李编辑吗？不错，这就是李伯安。再举一个小例子：他几次到藏族聚居区，都是只身前往，跋山涉水，风餐露宿，去体验原始，体验蛮荒，体验剽悍，这需要何等的胆量！即便是一个彪形大汉也需要掂量几掂量。而他回来后却轻松地说：“不会有什么危险，我带着几盒烟，一见谁就先让烟，我待人家好，人家也待我好。”“再说我一个人自由，能把自己融进去，能更好地体味。人多了像观光，味就变了。”

杨：画画的人能做到物我两融那是很高的境界，李伯安做到了。他以羸弱之躯，10年拼一幅画，工程量之浩大难以想象。您说，是什么力量支撑着他，使他能够坚忍不拔地勇往直前？

乙：李伯安这一辈子，很难说他幸福，

也很难说他不幸福。从记事起是狗崽子，不敢出门，见了人得溜着墙根儿走。很多路都给堵死了，仿佛画画这条路还可以走。首先，画画可以养家。最困难的时候他走村串户给人画像，给报刊画插图，能够换回柴米油盐，使家中不致断炊。再者，画画可以使他尝到人的滋味。画好了，有人求，有人称道，那种滋味不身在其中很难体味。最难得的，画画可以给他幸福。在这个王国里，他是主宰，他可以叱咤风云，可以指点江山，一切他说了算。而走出这个王国，他是孙子，是二等公民。自古华山一条路，既然走了，就想走到顶，就想登高远望，看看世界有多大。六七十年代，像我们这些人对俄罗斯的油画是顶礼膜拜的，那时候也只知道俄罗斯。看到列宾的《沙布洛什人答苏丹王的信》，苏里柯夫的《近卫军临刑的早晨》这些经典之作，即使是印刷品，也让人如参北斗。伯安就常脱口而出：一辈子能弄张这，死也值。

就像司马迁在《报任安书》中所记述的，历史上的一些大人物像孔子、屈原、左丘明、孙膑、韩非……都是因为情意郁结，无路可走，才一头扎到书斋中，驰骋纵横，得以彪扬自我，终而名垂千古。李伯安的道路也有点像。在自我的王国里，他可以让自己的意志和才情得到充分的张扬和淋漓尽致的发挥，他才能享受到从来没有过的幸福，所以他才能九死而不悔。

在他创作《走出巴颜喀拉》的时候，社会环境已经有了根本的改善，使他的创作意志能够得以基本的施展。可惜他的身体时好时坏，严重的颈椎病和甲亢，导致脑部缺血，常使他苦不堪言。更没想到正值创作在困境中艰难行进时，1994 年西部基夫先生突然去世，这无异于雪上加霜，对伯安的打击可想而知了。1995 年，我请冯骥才先生帮助他。冯的热情与真挚使他深受感动。冯在他主编的《艺术家》上对李伯安做了专题介绍，画发表在中心插页，文章是我写的，《身家性命水墨中》。冯还说在李伯安的长卷完成之后，要以中国文联的名义在中国美术馆为他搞个展，这更让李伯安铭刻于心，终生感激。李伯安以羸弱之躯，抱病跋涉。后两年他只担心一个事，怕画不完。他几次给我念叨，画完了，到那边也心静了。所以后两年我根本不敢跟他谈画画的事，也从不给他的画提意见。我只是想办法找人治他的颈椎病，帮他锻炼身体。无奈他连锻炼身体都无心认真去做，无奈他更是一个人住在画室，只要能够爬起来，他就会毫无顾及地一头扎进他的王国里，那里有无穷的诱惑，无边的幸福。我在一篇文章中曾写道：他画得很苦，苦得不堪为外人道；他画得也很甜，甜得无法为外人道。

杨：很让人感动。几乎所有的人都想长寿。文艺家们除了自己长寿，还想让自己的作品长寿。我看到不少评价李伯安作品的文章，都使用了“永恒”这个词儿。请您谈谈，李伯安想过这个事吗？如何才能让自己的作品长寿？

乙：这个题目太大，我只能谈谈感受。时间是最权威的评判员，“永恒”不“永恒”，只有时间才能做出最后的裁决。几乎所有的创作家，都希望自己的作品能够多存世几年，十年，几十年，几百年，乃至永恒。我跟伯安有一段时间常常议论这个话题。我与伯安“文革”时候都画主席像。那年头，会这一手太吃香了。到处请，到处画。有一个现象，它使我们在后来的议论中一下子悟到了一个真谛。当时画主席像，都是时间紧、任务急。刚刚砌好墙泥好石灰就得动手画。谁知画好后不出一个月就开始变颜色；再过不久，就开始剥落；几年之后，连墙也扒了。那铺天盖地而来的阵势，那似乎要“永恒”的阵势便一阵风似的似飘走了。想想，这到底是为什么？画变色剥落是因为墙没干透，基础不好；后来连墙也扒了，那是因为这个事的基础不好，存不下去。总而言之，都是因为基础不好。一件艺术作品，如何才能使它有一个好的基础呢？首先是这个基础应该由一些稳定的因素所构成，而那些容易变化的不够稳定的因素一定要排除在外。想想我们所熟知的一些艺术作品，其精神基础的稳固与否确实是它能否长寿的关键性前提。对此我们曾有“三远三近”的切磋，伯安深有感触，并在自己的创作中躬身实践。譬如离权势远一点，离文化近一点。权势极富时限性，三五年就是一番景象；而文化则相对恒远，虽历尽风雨而光采依旧。“大江东去，浪淘尽千古风流人物；故垒西边，人道是三国周郎赤壁。”那一拨儿一拨儿的风流人物仿佛就是变幻的权势，随着时间的流逝都飘走了；唯有那周郎赤壁能够天长地久，那就是文化，它在提醒人们有这样一段故事。当然，文化中良莠混杂，吸收其精华剔除其糟粕，使文艺作品能够清心提神是天经地义的。吸取什么样的文化也是创作家品位高下的一个重要标志。文化与精神含量是文艺作品极其重要的生命要素。

再譬如，离时尚远一点，离个性近一点。时尚也是个极具时限性的东西，像一阵风，来得快，走得也快。像美国的乡土画家安得鲁·怀斯就是个好样的。当现代派风风火火的时候，他一点不为所动，依然全神贯注地画他的家乡小镇风光，不少弄潮者骂他土、保守，他全当耳旁风。二三十年后现代派无可奈何花落去的时候，怀斯的作品却越来越绽放出诱人的光彩。就因为他不为时尚所动而独具小镇风采和怀斯个性。创作之道，求异存同当是它的第一要义。李伯安的水墨人物创作就不为时尚所动，极其固执地在走自己的路。借徐悲鸿先生的话说，“独持偏见，一意孤行”。皇城根儿流行斗蛐蛐，他不为所动；上海滩流行拉洋片，他也不为所动。当然不管什么地方有心态，又善于吸收消化，20世纪80年代中期已经颇为鲜明地形成了自己融汇中西雄强苍劲的绘画风格。

杨：我看过一些材料，李伯安并没受到太多的专业训练，他的西画基础为什么那样坚实？刚才看了他的插画，真好，听你说他大概画了两千幅插图，真不得了。有两千幅插图垫底，才使他有超凡的能力和足够的底气从事他的大创作。

乙：翻翻美术史，大师们很多都没有什么学历。李伯安在郑州艺术专科学校学过两年工艺美术，也都是一些基础性的东西。他在班上的成绩也并不突出，倒是家境的清寒使他只好动用他全部的这点本钱为了生活去艰苦奋斗。好在他热爱画画，好在他知道上进，好在他在最困难的时候碰到了李自强先生这样的好人艺术家，为他提供了一般画家所渴望所羡慕的种种条件。开始为李自强主管美术的报刊画插图，应该说是李伯安创作生涯的真正起步。客观地说，没有李自强，就没有后来的李伯安。李伯安调到郑州之后，由于跻身于出版界，发表作品的机会也就更多了。他光为我负责美编工作的几个刊物10多年来就画了近千幅插图。从洛阳到郑州的20年报刊插图生涯，大约画了2000幅插图，使他成了个非常优秀的插图画家。由于阅读了大量的文学作品，并且直接参与了这些作品的二度创作，大大地开阔了他的文化视野，丰厚了他的学养。而插图创作本身，更使他得到了得天独厚的锻炼。从形象的塑造，线的锤炼，人物的组合，到黑白灰的调度，节奏的安排，都得到了全面的、质的提升。这为他后来创作《走出巴颜喀拉》奠定了颇为坚实的思想基础和技术基础。他认真研究、临摹过苏联《星火画报》杂志插图，在他的国画人物创作中，很多地方可以看到苏联插图的影子。

不少画家，他们在形象塑造、笔墨功夫，甚至在眼界、气度上，并不在李伯安之下，甚至比李伯安还要厉害，而他们并没有创作出什么影响深远的大东西，除了创作观念之外还有很关键的一条，就是他们还缺乏驾驭大创作的能力和底气。你是个班长，可以指挥几个人；你是个排长，可以指挥几十个人；你是个营长，可以指挥几百个人；你是个军长，是个统帅就可以指挥千军万马。韩信点兵，多多益善。但不是什么人都可以成为韩信的。起码他需要有受胯下之辱的肚量，需要有超凡拔俗的胆识。李伯安对于他的水墨人物长卷《走出巴颜喀拉》非凡的驾驭能力，首先是从20多年的插图生涯中得到了极好的锻炼。他同时又从雕塑、油画、版画中吸收了很多有益的营养，加上他原来学的工艺美术，具有相当的设计能力，几个方面交汇融合，使他对他的水墨人物长卷的驾驭方面已臻化境。即便抽掉了形象的巨大力量，仅就旋律的运构、神韵的营造、节奏的把握、黑白灰的调度等这些抽象的成分，依然能够惊天动地，气象非凡。他在这方面所动的脑筋，所消耗的精力，所承受的煎熬，决不在塑造人物形象本身之下。冷静地说，就这方面的能力而言，能和李伯安比肩的画家实在不多。而他在这方面的成就还远远没有受到理论家的关注。

李伯安的西画基础，除了他在学校时的那一点基本知识之外，主要是在以后的生活与工作中锻炼而来的。我们那个年代，能接触到的外国艺术家，也就那么几个；最熟悉的如列宾、苏里柯夫、列维坦、弗鲁贝尔、巴巴、珂勒惠支、罗丹、布德尔……可贵的是，李伯安除了自己画油画，还能在修炼自己的国画语言时，从这些大师们的经典之作中吸取不少有益的营养，成就了自己的国画人物大作。他在这方面的实践，是很值得称道的。

杨：“洋为中用”在艺术创作中一直是一个很大的课题。现当代的很多艺术家在这方面做出了很多努力，取得了很大成绩。李伯安当然是这当中很出色的一员。您了解得比较具体，可以说说这方面的情况。

乙：李伯安的水墨人物长卷选择了一个彪扬民族精神这样一个高昂的主题，自然需要营造一个恢宏磅礴的大气势。要完成这样一个任务，用传统的那一套笔墨功夫，那样一种语言，根本无能为力。他决心在保留国画最基本的笔墨特征的大前提下，在诸位师长为之奋斗的大基础上，更多地从长于表现厚重题材的外来艺术中汲取有益的营养，调遣一切手段为我所用，以期促成他所梦寐以求的那种惊天动地的大效果。

对西方艺术的吸收、借鉴历来有两种态度：一个叫“欧化”，一个叫“化欧”，差之前后，谬以千里。“欧化”，相对简单，搬来就是，颇有些“殖民地”色彩；“化欧”，真不简单，真不容易。它需要很开阔的文化视野，很高的胆识，很强的自立意识，很好的消化功能，很艰苦的实验过程。李伯安是一位“化欧”的大实践家。20世纪以来，在艺术领域献身“化欧”的仁人志士不可胜数，而如李伯安获得如此重大的突破者，仍然屈指可数。

“化欧”的“化”是门大学问；既然是“国画”，祖宗留给我们的毛笔宣纸以线造型这些标志性的特征不可动摇。就像一个国家，主权必须牢牢把握。在这个大前提下，任情吐纳。画画的人都知道，一个得体的观察方法，必将使他紧随其后的表现过程如鱼得水。李伯安较之一般画家的高明之处在于，他在发现别的艺术门类中“有利可图”的对象时，一开始就是用国画中笔墨的触觉去扫描、去触摸这些“猎物”的。前几年他在中国美术馆见到罗丹的雕塑《巴尔扎克》时，激动得难以自制，但他的感受却迥异于所有参观者。李伯安曾经写过一段文字，这样记述了他的感受：“那件裹实巴尔扎克身躯的睡袍，据说是艺术家几经处理才做成的，它使形体凝练、厚实，造成的动势美自不必多说，单是在塑造这件睡袍时，那从脖颈一泻而下的大幅度推泥，从气势上给人的感染，就像是‘写’出来的，像是艺术家沉入一种心绪之中，以长锋饱墨在自己的世界里纵情挥毫。那指痕的律动，显示着长线是多么美，使人能体验到在点画的运行中那凝入笔端的力度与弹性，似或有墨渍的渗化……这是‘写’来的雕塑，是大师用刀在作泼墨大写。这些用刀‘写’出来的笔意，与用毛笔勾画的柔韧、含蓄的线和由此产生的笔墨情韵，从概念和视觉都是如此不同，但它们所包含的意蕴、情感和律动是相似的。随着岁月的磨砺，沟通不同艺术形式之间的这条通道会不断扩大，在这条通道里去寻找，去探索，在你来我往中丰富自身的新内涵，可以说是有益的。”（李伯安：《情溢太行》）这种独特的笔墨开道、意识先行的观察方法和思维方法，帮助他成功地把他认为“有利可图”的东西，“化”入他的笔墨世界。我曾约他画过一幅雨果的肖像，没想到他会用水墨来画，是参照罗丹的雕塑《雨果》画的，用笔豪阔，形象生动。显然他在用笔墨消化罗丹。罗丹雕塑的雄浑博大与苍茫凝重，曾让李伯安顶礼膜拜。他对《巴尔扎克》《加莱义民》《雨果》《欧米哀尔》《地狱之门》等罗丹的经典之做都作过深入的探讨，对他的影响是显而易见的。20世纪90年代中期，李伯安为了配合和充实人物长卷的创作画了一批藏族群众水墨肖像，大气磅礴，如山似海。笔墨之狂放，形象之传神，让人叹为观止。应该说这批头像受瑞典木雕家玎克赛尔·彼得森的影响很大。彼得森仅用锯子、斧头和凿子所做的木雕头像，高度洗练、狂放有力而又非常传神。放达、有力、传神是李伯安从彼得森那儿取得的真经。珂勒惠支是李伯安十分敬仰的艺术大师，她作品中鼓荡着的浩然正气和大开大合的黑白构成，以及那些反抗者极其生动的带有经典色彩的形象塑造，都为李伯安作品中强大的生命力和震撼人心的气质注入了某种决定性基因。

李伯安非常崇拜罗马尼亚油画家科·巴巴。巴巴有一句话说可以让他受用终身：“一个艺术家和画家的敌人，是一个自认为内行的、有能力的人。艺术家、画家的最大敌人是轻松……”巴巴对艺术创作一丝不苟，精益求精，完成一件作品常常要花几年功夫，经过几十次的修改。在这一点上，李伯安与他简直如出一辙。巴巴的人物形象在性格刻画上远远超出一般画家。他力求创作出富于表现力的形象，舍弃琐碎细节的描绘，用酣畅豪放的大笔触塑造人物，达到了高度的概括。在面部的刻画上，他不追求一般画家往往认为最能表达感情的眼睛的精细描绘。他说要力求把眼神而不是把眼睛本身画在脸上。眼神的描绘当是巴巴的一绝：仿佛是漫不经心地轻轻一抹，便十分准确地刻画出那一双极为传神的眼睛。惨淡经营而不露痕迹，这就是大师与一般画家的差别。应该说，李伯安相当到位地接过了巴巴的这一招；巴巴主张“绘画作品首先应引起联想，要少加描绘”，确乎是经典之论。还有一点，就是支撑巴巴画面的、宽而有力的、把轮廓线或明暗交界线与阴影合二为一的重线，也被李伯安吸收消化，使他的画面也像巴巴一样，产生了十分强烈的明暗对比，达成了一种个性鲜明的特殊的艺术效果。

当然，要把五彩世界“化”入水墨天地，要把立体的三维景象“化”入平面的二维乾坤，直如蜀道之难矣！在这个过程中，观念的乃至笔墨的反复拼杀、磨合是必由之路。不是厚此薄彼，就是厚彼薄此。“度”的把握，语言的融会常常是“为伊消得人憔悴”。看着他早期的一些人物肖像，多是囿于对象的真实而面面俱到，说得刻薄一点，“奴画”而已。尽管张彦远在1000多年前就提出“不患不了而患于了”，主张“不了了之”，但具体的如何“了之”，最终还是受了巴巴、珂勒惠支和彼得森等人的点化才大见长进。《走出巴颜喀拉》先后画了10年，这10年中，李伯安在“化”的征途中艰难跋涉，语言风格上有所衍进是在情理之中的。开始阶段他一直难以超越光影、体积和色彩的障碍。后来，在锲而不舍的反复磨炼中，他终于很不容易地克服和超越了心理的和语言的某些障碍，得以在他的水墨世界中自由自在地畅想遨游。

在国画人物的创作中实践“洋为中用”是个大课题。徐悲鸿、蒋兆和诸位前贤以他们的大智大勇在荆棘丛生的地方辟出一条路来。后来的不少同志又为此拼杀多年，终于略见眉目。应该说李伯安是在学习和掌握了这些成就的基础之上又艰难地往前走了一步。国画人物创作的路子未来会是什么样子，我说不了，但有一点可以肯定：以写实为基础中西合璧的水墨人物依然是非常重要的一路，李伯安的探索和实践，起码在这一路上为我们提供了一个极其珍贵的实践参照。

杨：我看李伯安的画，除了总体的震撼之外，最感人的，还是他那些用中西合璧的手法塑造的那些可触可摸的艺术形象。好久没有见过这么多让人激动不已的艺术形象了。

乙：是呀，看了李伯安的画，一个常识性的问题更加清晰明朗。一件绘画作品最终感人的到底是什么？是立意的高远？是笔墨的精湛？是章法的新奇？都是，又都不是。说到底是这些因素簇拥下的形象的力量——那些能够反映时代精神的、有力度的、有意味的、生动感人的艺术形象所发生出的精神能量。这些形象或刚劲，或柔媚，或生辣，或清纯，或沧桑，或浑若天成毫发毕现，或去尽矫饰唯留真髓……正是这千千万万个足以撼人心扉的艺术形象，才营构起社会主义美术的荦荦大端，才能支撑起我们新时期的美术史，使它不至于干瘪疲软。而时下，那些生动感人的艺术形象仿佛已乘黄鹤而去，留下的，唯有让人伤感的期待。强化形象意识，塑造感人的艺术形象，恐怕是国画人物创作的当务之急。只有体现时代精神的生动感人的艺术形象，才能承载相应的精神容量，以此为大要，才能铸就无愧于时代的经典之作。李伯安的成功，最重要的一点，是他从始至终牢牢抓住了这个中国人物画安身立命的根本——塑造感人的艺术形象。他在他的人物长卷《走出巴颜喀拉》中，用精湛的笔墨塑造了266个可触可摸生动感人几无雷同的艺术形象，翻翻我们的美术史，这样的画家，这样的画，屈指可数。

杨：李伯安画的是国画人物。既然是国画，当然要继承我们在民族绘画方面的优秀传统，在“洋为中用”的实践中“守住底线”，李伯安在这方面是怎么做的？

乙：李伯安国画人物艺术语言的形成，还有一个重要的因素，就是对传统的笔墨语言的继承。前已强调，他对西方艺术的吸收借鉴一直是在笔墨领先的大前提下进行的。谈起笔墨，他一直是把徐渭、八大山人、吴昌硕、黄宾虹、潘天寿等诸位前贤奉为神明的。同代的卢沉、周思聪、李世南、刘国辉等师长、朋友又常常让他由衷地称道。从他们身上，他学到不少能让他作为立身之本的东西。他尤其喜欢向年轻的朋友学习，他说这可以使他的观念和语言不至于过早地僵化、老化。他早期的一些写生和小品，笔墨灵动，神韵通达，当为上乘之作。然而客观地讲，仅就这种形态的笔墨而论，李伯安的多数作品尚不能让人拍案叫绝。李伯安在国画语言上的惊世骇俗，当然是为适应他的水墨人物长卷的需要而对国画人物语言进行的前无古人的大胆充实、丰富和创新。这期间，李伯安依然不断地向祖宗讨教。《走出巴颜喀拉》在进入第二段《开光大典》的创作后，很快就陷入了困境。用色的过于浓重与局部刻画的过于投入，使匠气泛起，严重地干扰了总体气韵和节奏的把握。这一段，反复的时间最长，五易其稿而仍不满意。后来李伯安从宋人的《八十七神仙卷》（据说是武宗元所作《朝元仙仗图》的摹本）中汲取营养，严格控制用色，以稠密错叠的线群控制画面，于统一中寻求变化。武宗元的启示使李伯安豁然开朗。从已经完成的《开光大典》的第5稿看，很明显地可以察觉到《八十七神仙卷》的影子。这很自然地使我联想到中原绘画史上人物画的三个制高点：8世纪唐代的吴道子——11世纪宋代的武宗元——20世纪现代的李伯安。武宗元是学吴道子的，《圣朝名画评》说他“学吴生笔，得其娴丽之态”。李伯安又从武宗元的画中汲取营养，成就了自己的大作。这三点的来龙去脉何其清晰。这不由使人感慨中华文化的源远流长和前景的无限开阔。

由此想到，中国人物画要想走向世界，继承传统之精华，借助现代之灵运，关注生活之本源，弘扬民族之精神，恐怕是必由之路。

杨：《走出巴颜喀拉》的10段中有不少段画了不只1稿，第二段《开光大典》展出的是第6稿。看过一些介绍文章，说李伯安是在画《开光大典》第7稿时累死的，还有些文章说是在画室门口摔死的，这是一个很重要的细节，希望您能够谈一谈。

乙：说这个事未免让人很伤感。后两年，我见他只说治病的事，不说画。他有很严重的颈椎病，曾经多次因为劳作不当，致使脑部供血不足而呈缺氧状态导致休克。无奈他一个人住在画室，只要能爬起来他就“发疯”，谁也没有办法。展出的《开光大典》是第6稿，他仍不满意，觉得在形象的刻画上还可以更为洗练，在节奏与疏密的安排上还可以更为理想，还可以从武宗元那儿掏取更多的东西，于是他决计画第7稿。1998年5月2日上午，他一口气画了4个小时，一看表，11点半了，忽然想到要回家包饺子，顾不上洗手洗脸便急匆匆地出门，一带上画室的门，因为太累了，严重的脑部缺氧使他瞬间休克，一头扑倒在地，再也没有起来。那是个离画只有3米多的地方，他满手满脸还带着《开光大典》第7稿的炭墨永远地走了。泛说他累死在画前是真实的。他是因为画得太累而休克而摔倒而致命的。没有“假如”，也无法后悔，这是“命”。我在他生前就为他写了《身家性命水墨中》那篇文章，相信早晚都会有这么一天。他死得其所，他很幸福。这样理解问题可以免去很多烦恼。

杨：李伯安先生走了，为我们留下了一笔异常宝贵的精神财富。请您谈谈李伯安和他的《走出巴颜喀拉》在中国美术史上的地位。

乙：这个题目更大，我更谈不了，这是理论家的事。我只能谈一点杂感。

李伯安

翻翻中国美术史，两宋以后的元明清几代，总感到人气不足，人烟稀少。偶尔露面，也是神鬼居多。尽管也不乏颇为出色的人物画家，但不甚景气的大局面很难改变。美术对于社会，也就像个大花瓶。回忆一下，我们画什么、怎么画，都有画谱，山水、花鸟、梅兰竹菊，唯独人没有谱。对于人，我们缺乏最基础的研究。“五四”以后，渐渐地有了一些人的位置，美术创作中也渐渐多了一些人间烟火，多了一些人生体验，继而在人物画创作中又凸现出一种使人们为之一振的民族精神，我觉得这是20世纪中国美术的一大进步。而李伯安的《走出巴颜喀拉》则是这种进步的一个最重要的标志。就它主题的高昂，气势的恢宏，形象的生动，工作量的浩大，在我们的绘画史上确乎是凤毛麟角。10年一画，1.88米高，122米长，塑造了266个生动感人无雷同的艺术形象——想一想，翻翻老底，我们有多少画可以和它挂在一起？如果论大，论水平，永乐宫壁画堪称一绝。但它画的是鬼神，又多是程式化的东西。且它是一个家族又雇了不少人完成的。而李伯安仅仅是一个人，一个人面壁十年，终于惊天动地；一个人终于奏响了中华民族的黄钟大吕，不再是啼饥号寒，不再是悲悲切切，不再是吟风弄月，不再是帝王神仙，这个意义，我想怎么说都不为过。

由于跟李伯安是多年的朋友，我的介绍，我的看法，难免会有一些感情因素。况且囿于视野与学识，难免浅陋。东西南北的朋友们，对于李伯安其人其画，说好说坏，见仁见智，只要是自己真实的看法，只要能言之成理，都应该堂堂正正地存在，都应当受到尊重。人无完人，金无足赤，李伯安和他的画自然也是这样。挑挑毛病，也可以成筐成篓。但这些并不影响他在美术史上作为一个卓然大成的伟大画家的存在。

按：2015年5月2日，是画家李伯安离开我们17周年的日子，他的挚友艺术家、评论家王乙丙也走了12年了。特发此文，以纪念这对好朋友、好兄弟。

2015年4月于郑州

（全文原载《河南画报》）

美术史不该忘记他

——受人民美术出版社委托对李伯安夫人张黛的访谈

按：5月2日，是画家李伯安离开画坛11周年纪念日，为此，本刊特发表李伯安夫人访谈录，以此怀念那个过早离开我们，却给世人留下不朽作品的艺术家。此文在此次发表时，张黛夫人做了些许增添，并更换了标题。

采访时间：2009年5月2日—5月8日

采访地点：北京望京慧谷金色家园

访谈人：沈莹　中央美术学院博士　北方工业大学艺术学院教师

被访谈人：张黛　前河南人民出版社文史编审

1. 关于李伯安（1944.7—1998.5）

沈莹（以下简称莹）：请简单谈谈李伯安的人生轨迹。

张黛（以下简称黛）：在李伯安54年的艺术生命中，有两座山很重要，一座是太行山（早期，44岁以前，他作品的主人翁大多是生活在太行山的农民），一座是巴颜喀拉山（后期，54岁以前，他画中的人物，均为生活在巴颜喀拉山山下的藏族群众)。此外，还有两座山、两座城市和一条大河与他息息相关。他出生于邙山脚下洛水（黄河支流）河畔的13朝古都洛阳；长大后学习、工作在黄河岸边有约3600年历史的古商都郑州；死后长眠于郑州与洛阳之间的中岳嵩山公墓。魂魄与少林寺（佛）的晨钟暮鼓、中岳庙（道）的林涛激浪、嵩阳古塔（佛）的拂云丽日、世界最早天文台（科）的日月星辰以及古嵩阳书院（儒）的清风明月为伴。

莹：您认为李伯安是个什么样的人？他是用生命来作画的吗？

黛：李伯安区别于其他画家的根本一点，就在于别人是将画画当职业、当事业，而李伯安则是将画画当生命。他是一个纯粹的画家，是一个为画而生、为画而死的人，是一个不计功利，只管耕耘，不问收获的人。他给我讲过王式廓为画《血衣》而累死的故事，对王式廓严谨的创作态度和离世的方式十分羡慕，常说，我将来要是也能像他那样死在创作中的画前就好了。他还讲过苏联一位画家在妻子死后一年未动画笔，直到亡妻周年，朋友寄来画具，才又重新开始画画的故事。当时，他一脸迷惘，十分不解，会不自觉地问我："什么样的悲痛能让一个画家整整一年不画画？反正我做不到！"李伯安从他15岁负笈到郑州艺术学院学画至他离世，他的手，一天也没离开过画笔。他的生命一天天融入他的作品中，直至全部。1990年后，日益严重的颈椎病常使他突然晕倒。因为我社曾有人在北京做过此类手术，且效果不错，我劝他去做手术，他置之不理。斥之曰：术败，不能画画，生不如死；术成，为保安全，行动多有禁忌，影响大画，孰不能忍，大画完成前，一切免谈！在治病和画画之间，他理所当然选择画画！此时，洛阳一位老朋友曾为他相面，断言他活不过60岁。然而，他却十分高兴。他认为，老天给他留下画完这幅大画的时间够了，他很满足。但他没想到的是，时间不够！他仅活了54岁，离他计划完成大画的时间整整少了6年。天津的一位画家朋友在他去世前一年曾告诉他，他时间不多了，但他不信。杭州一位画家朋友更是殷切交代他放下一切，好好休养，但这一切只是使他更有了紧迫感，他更是加紧了绘画的步伐。在中国美术馆的遗作展上，天津的朋友沉痛地告诉我"不幸言中"。

莹：请谈谈李伯安的外柔内刚。

黛：伯安清秀温婉，性格温和，但也有例外。1989年，一台商登门订画，拟定500幅农村生活小品，每幅500元（当时我们每月工资也就百元左右，李伯安去世的1998年，我们每人每月收入才有了1000多元)，伯安一口回绝，我十分生气，认为他太不顾家。就不能先把钱挣了，有了经济基础，而后再好好搞创作吗？伯安缓缓对我说，台商趾高气扬，一副救世主状，其嚣张气焰，自己心理上无法承受；如接受需画两年，时间耽误不起；更可怕的是，画完500幅小品后，肯定把手画坏。为迎合市场，会习惯于流程化、工艺化、小品化、公式化。看似飘逸潇洒，实则满纸匠气，把艺术品变成工艺品。画惯市场画的手，很难再回到大画所需的创新独特的绘画语言上来，这才是最要命的。面对伯安的解释，我无言以对。对于伯安，无论是钱还是病都必须为大画让路，顺之则柔，逆之则刚。

莹：李伯安是在"文革"期间成长起来的吗？是靠画插图起家吗？

黛：是的。在10年"文革"中李伯安干了5件事：（1）学习苏联油画；（2）参加市创作组；（3）进出版社；（4）学中国画；（5）多次进太行山。

三年困难时期，李伯安所在学校郑州艺术学院停办，生计无着，靠为《洛阳日报》、《支部生活》等报刊画插图为生，极大锻炼了他的绘画技巧。1969 年，李伯安的恩师李自强全家被下放到洛阳龙门的西山寺沟（后转裴村）。伯安每隔两天就骑车跑几十里山路去一趟，和李自强一起整理当时苏联出版的《星火》画报，常常痴迷于苏联油画而不顾吃饭。其中，列宾的《沙布洛什人答苏丹王的信》整整画了 13 年，这在李伯安稚气未消的心灵上引起极大的震撼，他因此懂得了艺术的艰辛和为艺术的献身精神。一次，他过于沉迷其中，以至于对同来的伙伴郭友昭说："咱们这一辈子，如果也能画出这样的画流传于世，就不虚此生了。"

为歌颂"文革"的伟大成果，中央决定搞全国美展。于是，各省、市纷纷成立了美术创作组。1971 年和 1973 年，他两次参加市美术创作组，并担纲重点选题《毛主席给洛阳前线指挥的一封信》（油画，2 米×2.5 米）、《天下事》（国画，1.5 米×2 米），有幸随组赴西安、广州、北京等地观摩学习。此时，他已经常被省出版社借调，参与连环画《矿工怒火》《支农线上》，速写集《辉县人民干得好》等创作。

1975 年，正式调入省人民出版社后，创作实践的机会就更多了。当时河南的林县和辉县都是全国的明星县，又都在太行山中，林县人民打穿太行山引水灌田的红旗渠，辉县遍地开花的小工厂，成了全国的榜样。全国艺术名家纷纷来此深入生活，伯安借此结识了一大批国内名家，并多次进太行山。仅为一本《农业学大寨》速写集，伯安 1977 年一年之内进林县 3 次，足迹几乎踏遍了红旗渠的每一寸土地。

在社里，伯安也会经常接到一些突击性创作任务，如：1976 年为配合珍宝岛战役，画了《提高警惕　保卫祖国》的水粉宣传画出版。同年，为歌颂"文革"新生事物，参与国画四条屏创作并出版，负责画当时大学里的工农兵学员学成后返乡的《毕业归来》。这是他继《天下事》之后的又一次国画创作实践，这次成功尝试大大激发了他对国画的兴趣和热爱。伯安国画是跟李自强学的，而李自强的国画则是跟叶浅予学的。说起来，他也算是叶浅予的徒孙。

早期的李伯安受苏联艺术影响较大，但自 1974 年调到出版社之后，能够接触全国名家，并能看到中外各类名家名画，大大开阔了的眼界使他对东西方的艺术大家同时顶礼膜拜。除了黄宾虹、徐悲鸿、蒋兆和等人外，他对珂勒惠支、罗丹、布德尔、毕加索等西方大师也日渐崇拜。

2. 关于太行山

莹：请谈谈李伯安的太行情结。

黛：当时在出版社工作的编辑，每年每人均有一个月的创作假和进修假，因此，李伯安从 1971 年开始，得以连续 11 年每年进太行山写生。有一回，李伯安爬上山来，山顶上唯一一户人家早已主动做了他的饭，正探首等他上来，饥疲交加的伯安端起碗来，只觉喉头发紧，眼睛湿润。这里十分原始古朴的把任何来人都当作亲人的民风使李伯安深深感受到可贵的亲情。而这一切，正是他能长久保持创作热情和动力的精神源泉。一次山洪暴发，伯安落难石门村，便钻到石坎下的羊圈里，忘情地画那位神态怡然的牧羊人。又一次天黑掉队，当好友、作家侯钰鑫找到他时，他却在九峰山对着一盘大碾盘，画得如痴如醉。从敦厚朴实的太行山人身上，伯安体会到的不仅是纯朴善良，更多的是内涵的柔中带刚、坚韧不屈的中华民族的风骨。

莹：太行山对李伯安有哪些启示？

黛：在这里，他深深体会到"天人合一"最高的境界。最初，伯安用传统水墨人物画画人物的方法技巧画山民，画出画来总觉假，似敷粉涂朱的演员在画纸上定格，心中不快、深感憋闷。在山里转悠久了，忽一日顿悟，他突然意识到，人间万物皆有灵。山石与人在千百年的相偎相伴中，早已有了人气，而人与山石在天天接触中，也不由得具备了山态和石态。于是，他试探着用古水墨画中画山、画石的笔法画人物肖像，不料效果奇佳。在后来画生活在更为严酷环境中的藏族群众时，更是发展到大胆用大量焦墨入画。发展到后来，他甚至将油画的构图、版画的雕刻感、雕塑线条的力度均融入画中，形成了自己完全独特的绘画语言。这一切带来了十分强悍的画面效果。在实践中，他深深体会到，我们既不能因西画东渐而纯用西方代替水墨而变得西不西、中不中而得不偿失，也不能因怕失去水墨画的灵韵而拒绝吸收西方艺术的营养。其实，说穿了，各种艺术形式在实质上发展到顶点都是相通的。各民族的大融合，带来的是人类社会的大进步。而艺术的互相借鉴、互相学习，带来的一定是艺术的巨大飞跃和进步。只有以中国画的基本材料和基本技法为本，自然、传统、西方艺术技巧皆入画中，各取所需，皆为我用，才能为中国人物画带来勃勃生机。

莹：李伯安说过一句话，画家要让画说话。

黛：那是因为他常被我嘲笑，逼急了，就急出这句话来。其实何止这一句，别人画画轻松随意，而他画画死难死慢。《太行人》《日出》稍大些的画，他动辄三四个月，我嘲他慢，他却反驳说，你懂什么？想画快不是难事，熟能生巧多练就是了。正如老翁滴油，老妪纳鞋底，不过一个“熟”字。可要会深入，要会从表面画到内涵，要会画出其精神面貌和心理活动，要能在画上磨出画的灵魂来才难：“慢，才是本事！”而对于那些一笔一画均烂熟于心，下笔潇洒自如，一挥而就成画，千人一画，千画一人。无论什么画，捂住印章，就分不出来是谁的作品的画家们，他从心底是看不上的。只会抄袭，只会模仿的作品，初学者尚可，称艺术家和创作就未免太糟蹋这些词句了，太亵渎了。20 世纪 80 年代末，有人靠卖画发财，我挺羡慕，怪他无能。唠叨多了又憋出他一句话来：“跟人家比什么，知道吗？他们的画是卖钱的，咱的画是传世的！”别人画的是形，而李伯安画的是神，是魂，是命！

莹：请谈谈李伯安的肖像画和小品画。

黛：太行初期的肖像画、小品画，基本是用传统的笔墨语言，如：《草妞》《豆蔻年华》《才上眉头》等。但中后期，已糅进了他自己的想法，如：《秋高图》《汉子》，渐渐摆脱了大众语言而独具特色。画生活在黄河、长江、澜沧江三河之源的藏族群众时，他更是多用焦墨，少用或干脆不用颜色，使其肖像和小品特色更加突出，形象更加鲜明夺目、光彩照人而极富感染力。

3. 关于巴颜喀拉山

莹：李伯安为什么要画《走出巴颜喀拉》？

黛：原因有四：画家本人的强烈渴求；朋友们的支持鼓励；日本友人的热情资助；社会发展和时代的需要。

1988 年，已有了 20 多年学画的铺垫积累，又有了 10 多年太行人物创作的艺术实践，此时，44 岁的李伯安无论是绘画的功力技巧还是艺术的品位修养；无论是他饱览古今中外大师作品、接受国内外名家熏陶后的眼界胸襟，还是其不可遏止的创作欲望和激情，都已达到顶点，喷薄欲出。而“文革”后改革开放的大好形势，全国关于真理标准的大讨论，肯定了实践是检验真理的唯一标准等新气象，更是为他提供了解放思想、甩开陈规、大胆创新的客观条件，他迫切渴望能画一幅大作品，能使他一展胸中抱负。

作为黄河之子，他自然而然地将目光紧紧盯住了黄河——这条生他养他哺育了中华民族的母亲河。他有一个大胆的设想，欲从黄河之源画起，沿黄河顺流而下，一直画到黄河入海口，通过对世世代代繁衍生息在黄河两岸的各族人民的宗教活动、文体歇息、劳作生活等场景的描绘，来表现我们中华民族勤劳善良、不屈不挠、一往无前积极向上的民族精神，用手中的画笔高唱一曲黄河流域的生命赞歌。此作初称“大画”，又称“大河上下”“大河之源”“黄河魂”“藏魂”，后因黄河发源于巴颜喀拉山，最终定名为《走出巴颜喀拉》，以此表现我们中华民族像黄河一样，要走向大海、走向世界，融入世界的信心和决心。然而其本意想让汉、满、蒙古、回、藏等中华56个民族共同打破几百年闭关锁国，拥黄河而走向大海，走向世界的伯安，其画笔一旦与藏胞神交，顿觉难以脱身。与挚友乙丙商量，就其身体状况，遂决定留在河源不往前走了。把往前走的任务留给后人。为此，他3次奔赴河源餐风宿露，就守在巴颜喀拉山下，就只画黄河之源的藏族，一样能体现一种精神，一样能达成一种境界。1989年，伯安应时任四川美院国画系主任白德松之邀，在四川美术学院搞个展期间，日本一颇有野心、拟建亚洲最大美术馆的企业家西部基夫，诚邀李伯安为其作画，并资助其相机及采风资金。西部基夫1994年不幸生癌去世，生前仅看到第一段《圣山之灵》的彩色复印样本。而日本绘画大师东山魁夷的一位得意弟子在看到其复印小样时，第一句话就是：“中国人画不出这样的画！”西部基夫不幸早逝，随着他的去世，美术馆及收藏口头之约均烟消云散。

中国水墨画绵延千年，至近现代如何发展，一直困惑着许多有识之士。如何走出一条既保持国粹，又兼收并蓄，符合时代要求的新型国画路子，一直是困惑国画界的一个难题。李伯安的大胆探索，正是历史的需要，时代的需要，是中国画发展至今的必然结果。

莹：请谈一下李伯安艺术的现实意义和历史意义。

黛：其一，纯粹的艺术家精神是不朽的。

《走出巴颜喀拉》是中国美术史上最富民族精神、最具震撼力的史诗性水墨人物长卷，是美术界公认的21世纪中国艺术的辉煌代表。这幅画作的问世，向世人表明，无论社会如何发展变化，无论金钱如何侵蚀人们的良心，无论艺术界如何鱼龙混杂、泥沙俱下，总会有人对艺术生死相许，甘守清贫，无怨无悔，总会有人为了心中那块圣土，前仆后继，飞蛾扑火，灰飞烟灭。

其二，李伯安用他一生的努力，创造并发展了新型国画艺术语言。

在伯安的作品中，其绘画语言，已完全打破传统绘画之藩篱而卓然自成一家。走出一条既非全传统，又非纯西化的广采博纳、西为中用的新路子，创造出了一种博大雄浑、粗壮有力、适宜于表现重大题材之新型水墨画语言。改变了中国画由于其传统文人画特征及艺术语言的历史局限，所以，在画重大题材、大作品、大场面时，缺乏深度、广度、强度、力度以及厚重度的历史。并通过自己多年的艺术实践，把中国人物画提到了一个前所未有的新高度。同时，又为后人在此基础上的进一步提高，提供了坚实的理论和实践依据，为中国画在新形势下的发展提高，做出有益的探索和贡献。

其三，李伯安艺术生命长存。

李伯安终其一生，为我们留下了不多的艺术珍品。和其他画家动辄几百几千甚至上万幅作品相比，实在是微不足道。但从水管里流出来的是水，从血管里流出的是血。这不多的百多幅画，却幅幅饱蘸心血，幅幅内含灵魂。高1.88米、长122米的水墨人物长卷，每段或长9米，或长13米，或长19米，或长6米《哈达》，他均不厌其烦，只要不满意，就毫不犹豫一遍遍推倒重来。最典型的一段《开光大典》，曾先后推到6次，一直到第7次，他从5米发展到19米，从古名画《八十七神仙卷》中得到启示，方有了突破性的飞跃和升华，直至他力竭倒在竖立的画板前时，画板上，仍是他刚刚落墨的第7稿。再比如，他在完成长卷第一部分7年后，又在人物部分前面加上了7米长的云峦，成就了此画的“灵”之所在……正是他这种对艺术精益求精、永无止境的追求大美的精神，才成就了他的艺术高峰和不朽的巨作。

狂沙吹尽始见金，真正的艺术在热闹繁华中并不显眼，但它却是真正不朽的。美术史不该忘记这样的画家和这样的作品！

莹：能谈谈李伯安作品在全国巡展时的影响吗？

黛：遗作展先后在洛阳、郑州、北京、上海、广州、深圳、西安、太原、包头、重庆各地政府大美术馆展出，一般具有以下特点：（1）观众专程从外地赶来的多，回头客多，看完后情绪激动的多。（2）大部分电视台主动自觉地拍了专题片。有河南台的《永恒的震撼》、中央台的《生命的解读》、上海台的《巴颜喀拉之魂》、广东台的《悲哉壮哉李伯安》、山西台的《绝响》、四川美院的《李伯安的国画艺术》等。（3）北京展出后，中国画研究院组织国内名家在洛阳召开了“世纪回顾——李伯安艺术研讨会”。会上，刘勃舒院长见群情激昂，遂共同上书洛阳市委、市政府，请求在洛阳建立“李伯安艺术纪念馆”。（4）增强了大家对中国画的信心，对广大青年画家产生了难以磨灭的影响。（5）400多元一本的画册，当时，很多人的工资一月才二三百元、三五百元，卖得很火，北京7天画展期间卖136本，展后，多人前往探询，上海和广州均卖出80多本。画展反响强烈，好评如潮。仅以北京、上海、广州为例。

北京的著名画家、教授吴冠中说：“李伯安是20世纪最好的画家之一。”中央美院附中老校长丁文井七天来了八次，说这是他一生中看过的无数美展中最好的一次；中国画研究院前院长刘勃舒说：“李伯安是我们这个时代的伟人，是20世纪画坛的骄傲。”中国美术家协会主席刘大为说：“在这一巨作前，你不可能不感到一种强大的终生难忘的心灵的震撼。”中国美术馆前馆长杨力舟说：“《走出巴颜喀拉》夺天功，破陈规，英名不朽，画史永存。”中国艺术研究院研究员郎绍君说：“《走出巴颜喀拉》是20世纪水墨人物的一个大写的句号，它的经验和启示，又必将迈出世纪的门槛。”中国艺术研究院前研究员刘骁纯指着《哈达》说：“这幅画无可挑剔。”前中国美术馆评论家刘曦林说：“他创造了现代中国人物画的一个峰头。”著名美术评论家翟墨说：“伯安的画属于堂堂正正的大道，是重振民族雄风，鼓荡昂扬正气的黄钟大吕。”中央美院美术评论家殷双喜说：“这不仅是民族的丰碑，也是伯安的自画像。”范迪安说：“我注意到《前言》中写的‘中国美术史不会忘记李伯安’被观众改为‘人类美术史不会忘记李伯安’，我感到，观众的心声也是我的、我们美术界大家的心声。”几十年来，孜孜将西方艺术介绍到中国来的中西方文化交流使者、美术评论家啸声先生说：“在当今世界艺坛上，如此宏伟博大、如此崇高美丽、如此充满人性、如此震撼心灵的伟大杰作，已经十分罕见。”

上海的人们称，媒体疯了。有四五十家媒体纷纷介入宣传。仅4月15日一天之内，《解放日报》和《新民晚报》两家报纸同时出了两个整版介绍画展。《新民晚报》一家连续报道六次。上海美术馆馆长方增先说这是一个非同寻常的画展。上海市市委副书记龚学平观展后激动异常，再三嘱咐执行馆长，要做工作，争取把画留在上海。美国西雅图美术馆曾联系上海美术馆，希望将画展办到美国去。留言簿上，观众沈一草写道："这是一个使我对艺术的理解和追求脱胎换骨的展览。"来自美国的宋亮写道："他可以带给画坛一个米开朗琪罗的新时代。"蔡岳云题："在李伯安的杰作面前，任何关于中国画出路的讨论都是多余的。"扬州大学教授黄耿卓专程赴沪，住了3天，去看展4次，深感"说李伯安是中国美术史上前无古人的一个巨人，真是当之无愧"。85岁的评论家邵洛羊在他的《丹青百家》一书中激动地写道："盛唐吴道子、北宋武宗元、明末陈洪绶、当代李伯安，是中国绘画史上的四根擎天柱，撑起了人物画领域的朗朗乾坤。"

广州的前广东画院副院长汤集祥说："伯安的画，用语言是表达不出来的，我感觉他就像一个神灵，是上天派他来做一件事，他做好了这件事，就又回到天上去了。广东美术馆馆长王璜生说："在大家急功近利的今天，李伯安能将一种精神力量和民族力量结合在一起，创造出史诗般的作品，令人钦佩敬仰，甚至敬畏。"一位省委处长坚定地说："广东要参与收藏竞争。"大艺术家黄永玉专程赶来，有人想带他看别的展览，他连连摇头说："我只看这一个，李伯安是替我们画家画画，中国有他一个就够了。"一位登门拜访的美国朋友哈维问他中国最优秀的画家是谁，他顺手指向客厅里一幅6尺藏族群众全身像说："是他，河南的李伯安！"冯骥才在为巡展写的贺信里说："历史一定会证明，他的作品是20世纪历史中珍贵的艺术遗产。"

以创作《西藏组画》而享誉国内外画坛的艺术家陈丹青，是李伯安生前最喜欢的青年画家之一。听说他在一次讲演中曾说过，他画的是西藏人民的生活，而李伯安画的是西藏人民的灵魂。

每次画展上都经常发生动人的故事。以上海为例。8日巩崇群等三个枣庄青年人，听到消息，连夜坐火车往上海赶，车上无座一直站到徐州；18日，一对带孩子的父母更被母亲（悲鸿弟子）逼到展厅，看后庆幸没有错过；24日，一位温州画家早上5点到美术馆，一直等到9点说，他是他们画院最后一个来的。文汇报摄影部主任徐裕根主动组织上海周围的几个城市的画院院长观展并主持讨论会进行讨论；香港水彩画研究会会长沈平买了一本资料集，在留言簿上写道："看展时，百感交集，不能自主。"书看完后"不止一次流下泪来"。

莹：我国画坛著名老艺术家刘勃舒第一次站在李伯安的画前时，曾感叹道"前无古人，后无来者"，你怎样看这句话？

黛：刘国辉曾说，李伯安的画出现在世纪之交，是偶然的，也是必然的。刘勃舒先生此言一出，更使众人皆惊。前无古人，似无争议，而后无来者，却腹诽者众。时隔17年，今天再来看这句话，我认为是对的！原因有三：

（1）诞生这幅作品的历史大环境没有了。

作品诞生于1988年—1998年。此时，大环境为10年内乱之后，百废待兴，全国人民痛定思痛、奋发图强，决心拨乱反正，大力转型，尽力为实现四个现代化奋斗。是一个不再当鸵鸟，睁眼看世界，并力图融入世界的转型期。全国各行各业，呈现一派热气腾腾、奋发向上、生机勃勃的精神状态。而有良心有道德的艺术家们却力图用手中的一支笔，用纯正的艺术去打动人民，打动世界。所以，此前此后，全国诞生出一批好作品，许多中国艺术家在美国和西方走了大运、扬了国威。而更多的艺术家却是在国内用自己的血肉默默奉献。李伯安当是其中最优秀的代表。

“黑七类”的出身，政治经济上毫无出路的现实，使李伯安度过的充满坎坷、屈辱、饥饿，但又充满理想、充满不甘，并力图做出力所能及的大事以报效祖国的赤子之心的大环境，早已一去不复返了。

斗转星移，物是人非，而今的中国和人心早已不复当年了。

（2）诞生这幅作品的淡定、宁静、超然的纯粹只为画出好作品的心态没有了。

也可以说产生这幅作品的画家的灵魂没有了。在一个人人向钱看的今天，在一个钱越来越多，良心越来越少，生存压力越来越大，汽车房子成了最高追求并代替了理想的现在，谁还能指望一个画家艺术家数十年如一年，不计名利，不计收获地付出？在校园变成了商场，挣钱代替了上课，实惠代替了爱情，交易换走了友谊，钢筋铁骨都变成了谄媚迎合，在几乎所有专业的人，甚至连多年的医生，大学教师都看在赵公元帅和关老爷（两位财神）的面上，放弃了多年奋斗的岗位，纷纷转行去投奔商人、应职销售员的今天，你还能指望谁去安安静静体验生活，去埋头苦思，去认认真真画一幅前途未卜、全无收入、尚需不断投入全部身心和血肉的作品？创作《走出巴颜喀拉》除了需要崇高的追求，火热的激情、无私的奉献精神外，尚需要——没有被金钱腐蚀丑化的心灵，没有被商品化、市场化污染的纯正艺术追求，没有被现代化毁掉的清澈明净的眼睛，没有被功利和现实打断的脊梁，更没有被现代高度科技网络所碾压的灵魂。

比如当年的出版社，每年能为所有编辑提供1个月的体验生活、进修业务时间，2个月的出差组稿和学术交流的时间。在得知伯安在画大画时，上至出版社社长黄思源，下至河南美术界多位朋友纷纷伸出援手，有求必应，各尽所能，无私帮忙。

这一切，现在还有吗？

在年轻人为房子、车子、票子、女子疲于奔命的今天，急功近利，讲究实惠的风气充斥人间的今天，你还能指望什么呢？

（3）诞生这幅作品的价值观没有了。

不同的时代，对艺术品有不同的需求。农耕时代，文人吟风弄月，也多画帝王神仙，追求的是宁静、淡泊、超然。有良心的艺术家为贫民代言，也多是啼饥号寒、悲悲切切。但当落后民族想奋起时，人们追求的是能振奋民族精神，能提亮民族底色，能敲响黄钟大吕，在给予人们美的享受的同时，催人奋发向上的作品。李伯安的作品正产生于此时。正如《巴黎圣母院》的敲钟人，他极丑的外表和极美的心灵对比给人以及其强烈的震撼，成为不朽的经典。而伯安的作品以极其朴拙甚至原始的画面，反映了源于三江之源的中华民族的精神、灵魂。他的作品因此而不朽。而现代，艺术品已完全变成了商品，艺术家被紧紧捆绑在商业化的战车上，迎合市场的作品摆脱不了媚俗、从俗、商品化的桎梏，而想摆脱这些的艺术家，却又免不了清贫、寒酸以及力不从心。没有了基本的衣食住行之保证，面对来自社会各方面的压力而只能选择低头妥协或勉强坚守。

坚守者能撑到几时？

文章憎命达。

战乱时期，悲愤出诗人，国家不幸诗家幸，反而出好作品！物资丰富时代，钱越多，欲望越多。美丽的姑娘们宁愿坐在宝马车里守着金钱哭，也不愿骑着自行车跟有情郎在一起笑。那么，自行车旁的风景还有人看到吗？人们或者希望有一片伊甸园或者希望在大笑、大哭、大闹中以躲避自己那颗骚动不安分的心。婚姻都变成房子了，青春都变成贷款了，匠画都变成金山了。

那么艺术呢？艺术品在哪儿？能激荡人心、敲击灵魂的作品在哪儿呢？

此时代是一个享乐至上娱乐至上甚至至

死的时代，一个娱乐明星的身价，远远高于科学家、艺术家，甚至政治家、企业家，这种价值观能产生伟大的作品吗？因此，关于《走出巴颜喀拉》，前无古人业已公认，后无来者诚哉斯言！伯安殁于1998年，离21世纪仅余两年，两年中，自然很难再产生一个李伯安。于20世纪而言，确乎后无来者。刘勃舒先生实有先见之明！

伯安去世11多年来，他的艺术在中国已产生了深远的影响。《南方周末》在总结中国改革开放30年的伟大成果时，将《走出巴颜喀拉》列入十大艺术品之一。中国艺术研究院、西安美术学院、山东艺术学院都有研究生将李伯安研究作为毕业论文和研究方向；在许多青年画家的作品里，都不难看到伯安的艺术思想和艺术语言正在被发扬光大。

一个仍然在高唱着《义勇军进行曲》的民族，不该忘记他的留下如此杰作的画家儿子——李伯安！

按语：《在南方周末》2002年纪念改革开放30周年的读者点评年度人物榜上，伯安虽未入正榜，却在主要推荐人物中，用大于芝麻，小于绿豆的字号，和水稻之父袁隆平紧紧相依，这令我仰天大笑。此两人均为创造者。一为精神食粮，一为物质食粮，都在为填饱中华国人的精神和肚皮披肝沥胆。我不由得要向他们致敬！再致敬！

该文选自人民美术出版社2010年出版的《中国百年百名画家》(最原始书名）画集。

李伯安画展在上海展出情况的报告

张　黛　执笔

今年（2001年）4月1日至4月26日，在上海美术馆展出的“李伯安画展”，是由中国美术家协会、中国画研究院、河南省委宣传部、河南省新闻出版局、上海美术馆5方联合主办的。这次画展，在河南省省委全力支持下，在上海市委的深切关怀下，取得了圆满的成功。画展展示了河南省已故画家李伯安的遗作精品，其成就，其影响，既是卓越的，也是深远的。如果说1999年的北京展出使中国美术界初步认识了李伯安的话，那么，上海的展出，则使李伯安其人其画走向世界成为可能。

回顾历时将近一个月的画展，总结如下：

一、画展得到了河南省的领导、上海市委的高度重视和我国美术界领导的大力支持，得到了上海美术馆的全心全意的帮助

4月6日上午，河南省委宣传部副部长王龄群同志和其他几位领导同志以及上海市委马副部长出席了开幕式，专程从北京赶来的中国画研究院院长，中国美协副主席刘勃舒先生和北京、杭州、南京、上海等地的美术界专家也出席了开幕式；中国美协常务副主席、党组书记刘大为已购了飞机票，因文化部有会议脱不开身。中国文联副主席冯骥才专门发了300字的《画展寄言》传真，为画展助阵。从业务上讲，已是美术界个人画展的最高规格。开幕式由上海美术馆执行馆长李向阳主持，由美术馆名誉馆长、70多岁的老艺术家方增先致开幕词，为上海美术馆各开幕式中的最高规格。开幕式隆重、热烈、庄严，聚集了上海的几乎所有艺术界人士以及南京、杭州部分专程赶来的美术界名流。当晚，上海电视台和东方电视台先后播放了时间不短的晚间新闻。

7日上午，上海市委主抓宣传的龚学平书记，轻车简从，携上海市文广局长叶志康，专门赶到上海美术馆看“李伯安画展”。爱才如命的龚书记看得专注仔细，如痴如醉，包括生平、前言和所有展画，看后十分感动，对馆长李向阳谈了三点。（1）他本人深深被李伯安对艺术的执着追求，被李伯安的作品中透出的大气、豪气所打动。尽管李伯安的有些作品未完成，但画家这种“十年磨一画”的精神，这种从骨子里原生的对艺术的不懈追求，不由人不感动。（2）希望上海能有艺术家像李伯安一样，能用长卷的形式，反映上海近现代史的变迁，尤其是改革开放以来的巨大变化。并跟同来的文广局长说：“李伯安画展”要好好宣传，要做专题报道，新闻部、专题部都要来。（3）对赠送上海美术馆一幅作品（《开光大典》局部，1.88米×2.15米）感到不够，应该尽量全部收藏。指示上海美术馆尽量做工作，告诉画家家人，不要走了，把画留在上海，上海窗口大，便于对外交流。

11日上午，在美术馆三楼召开的建党80周年新闻通报会上，主持会议的上海市文广局艺术总监马诎敏对记者们说：“我建议你们到二楼去，好好看看李伯安画展，看了这个画展后，你们就会知道什么叫精品，什么叫力作，什么是真正的艺术大师。”

9日、10日两天，上海市委文艺处以及其他处室的十几名处长先后来看了画展，反应十分强烈。

看到画展上人头攒动的热烈场面，以及留言簿上的观众留言，美术馆执行馆长李向阳很激动，一再表示，我们是用最好的时间、最好的场地、最优质的服务、最炽热的感情、最美好的语言来办这次画展。有几天，我们一到展馆，馆长准能来到我们身边，给我们做工作，要我们给姑娘找一个好婆家，要有地位，要有权势，还要有钱。并带我们参观了他们的监测室和画库，一再声言，他们有一流的设备和条件，有最认真的工作态度和最强烈的责任心，将画放在这里，可以完全放心。其情十分感人。

二、画展引起了空前的轰动和反响

表现在三方面：

1. 成功的李伯安艺术研讨会

4月6日下午举办的“李伯安画展艺术研讨会”座无虚席。参加会议的人们情绪十分热烈。有些事真是天意，李伯安上郑州艺术学院时的三位启蒙老师全部到场，恰恰都是上海人，他们在发言时饱含感情，声泪俱下。会上，来自南京的江苏省美协副主席范博文大声疾呼：应当成立李伯安美术学院，说李伯安的艺术可以影响中国画界几代人。来自北京的邢啸声先生多年来致力于中外美术活动的交流，对国际美术界比较熟悉。他主张应当将李伯安的艺术放在世界美术史的国际大环境中去考察、去评价。他认为，李伯安的艺术和国际大师毕加索、凡·高放在一起，绝不逊色。主张应和文化部联系，争取在2003年法国举办的“中国文化年”中，把“李伯安画展”推出去！方增先先生和刘勃舒先生分别为研讨会做了演讲和总结。会上发言踊跃，因时间关系不少人没来及发言。

2. 热烈的媒体反响

“李伯安其人其画”在上海展出，首先被感动的居然是很难被感动的媒体，是号称眼明手快的记者群。因此，画展的宣传工作涉及面之广、力度之强，涉及版面之大、之多，在一个名不见经传的普通画家群里，美术宣传领域里，均史无前例。电台、电视台、报纸、杂志，全面发动，新闻专访、报道、文章在整个画展期间始终不绝于耳。

据不完全统计，上海、杭州两地共有5个电视台播出画展新闻，有近30份报纸发了消息报道。早在3月31日画展前，《美术报》头版就发了几乎一版的文章和作品，题目是《难忘李伯安》，向全国美术界预告了画展的展出时间。仅发行量最大达130万份的《新民晚报》就发了6次有关“画展”的内容文章以及整版。《解放日报》《文汇报》却各达到3次。用整版彩页发专版介绍伯安其人其画的报纸共有6家。仅4月15日一天，就有《解放日报》（《他倒在自己作品前》）、《新民晚报》（《巴颜喀拉的不朽身影》）两家同时发整版页画刊专版，声势之大，令人大开眼界。《文汇报》［《冯骥才的（画展）寄言》］和《城市导报》（《巴颜喀拉——那第267个身影》）已在5月分别发整版彩页。另外《新闻午报》（《魂归巴颜喀拉》）《上海商报》（《他，向巴颜喀拉走去》）各在9日、10日已发了彩色画刊专版，天津《中国书画报》的文章《〈走出巴颜喀拉〉掀起黄浦波澜》以及伯安画作也已见报。上海广播电台更是连续几次播发有关画展的消息和报道。

带着深深的感动和难抑的激情宣传报道李伯安，是这次媒体宣传的第一个特点。《新民晚报》的年轻主任张坚明说：“我久久未被打动过了，但李伯安深深打动了我，为李伯安做宣传，是我心甘情愿的，如果我不这么做，我会良心不安。”《解放日报》摄影美术部主任张安朴激动地说：“我在北京住院养病时看到了中央电视台《美术星空》的专题《生命的读解》，近半个小时的观看过程中，情之激荡，庆幸无言以说，感动得无以复加，不料如今有幸在上海观其作品，我们是带着感情编发这期稿子的，见报后，这一版面还被社里评为好版面，得了奖，这真是人心所向。”《文汇报》的美术编辑杨秋实、徐政泓均投入了极大的热情。年已50岁却仍朝气蓬勃的上海电视台记者达奇珍快人快语，带着摄影师不辞劳苦，四处奔波为专题片拍素材，并特意声明这是我自己情愿的，累死活该。《城市导报》的记者王毅进为核实文章中的细节，先后4次登门采访，搜集素材。《中国日报》秦记者专程赴上海采访。电视台《新闻记者》两个小组，一直到快结束才离去。《解放日报》文艺副刊总编查志华说：“李伯安首先感动了我，不然，我不会下这么大劲。”而《文汇报》的文艺副刊总编萧关鸿更是在冯骥才的遥控指挥下，具体出任这一切的总策划。

持续时间长，是这次媒体宣传的第二个特点。宣传报道李伯安从画展开始一周前开始，至画展结束后，仍持续不断。沪杭两地的报纸早在“李伯安画展”（4月6日）开幕前，从3月31日起，4月3日、4日、5日就展开了宣传。而画展于4月26日结束后，上海电视台达奇珍仍在剪辑一个12分钟的画展专题片《巴颜喀拉之魂》，现已先后在上海电视台和上海卫视台播出，而《文汇报》和《城市导报》的专版也将在5月发出；南京电视台一再恳求我们，让冯骥才拿本子，他们愿意投资拍李伯安的电视连续剧，一再说，钱不是问题。而上海影视创作中心的著名制片人孙雪萍，则打算找一个时机带李伯安之子沿李伯安西行的路线走一遍，想先拍一个李伯安的艺术记录片。到现场看展的著名电影导演黄蜀芹也表示对李伯安很感兴趣。《书与画》杂志早在3月，《今日上海》《新闻记者》杂志在5月，分别刊载介绍伯安其人其画的文章和作品。画展结束半月后，《上海青年报》记者仍打来长途电话采访，以进一步落实细节宣传李伯安其人其画。

3. 广泛的影响面

画展虽在上海举办，但波及面不仅是江苏、浙江两省，从山东、北京、福建、安徽等地赶来许多观众；日本、韩国、美国、德国、澳大利亚都有一些人观展并留言，影响很大。杭州中国美院国画系主任刘国辉不但主动联系促成此次画展，并在开展后积极鼓励系里师生到上海观展，并规定到上海看展者，均报销宿费、路费。

画展期间，《李伯安画集》卖掉了80多本，虽不如北京画展时7天卖掉130多本，但也很可观，《逝者如斯——画家李伯安资料集》卖出200多本，中间一度脱销，还多有观众和营业员之间由于买不到书而发生争吵。由于事先考虑不周，画展在第3天才放上了一本留言簿，很快在15日留言簿已用完，第二本在画展结束时也基本用完。两本留言簿上火辣辣的留言，已说明了一切。为方便引用，只有上海的两本留言簿我编了页码。

三、李伯安上海画展的几个突出特点

1. 评价之高，前所未有

署名上海美术馆之友的刘云在留言中写道：“李伯安是继徐悲鸿之后的又一位中国人物大师，他是中国的凡·高。”（留言簿第39页）一位中国民间艺术金牌获得者名叫郑家清的画家题言：李伯安先生的画是“神画”，是“世界美术之宝”（留言簿第41页）；一位观者写道：“先生的感染力是彻骨的，不朽是您，永恒的是您的作品！”（留言簿第78页）朱怀新写道：“我也是一个画家，今年80多岁了，我看过的画展中，这是最好的一个。”沈一草写道：“这是个可以使我对艺术的理解和追求脱胎换骨的展览，李伯安先生精神永存”！”（留言簿第77页）烨子写道：“您是中国的脊梁，是世界的楷模！”马坚写道：“李伯安的画创造了中国美术的一个新时代。”吴名遂写道：“荡涤世俗，名利皆抛，是真正的人民艺术家的写照。”（留言簿第155页）王汝梁写道：“李伯安的画展宣扬了党的民族政策，应该走出国门。”（留言簿第116页）“观先生之画，读鲁迅之文。”（留言簿第95页）陈燕明写道：“李伯安画展是我所见过的最具艺术感染力与震撼力的画展之一，作者那匪夷所思的构思，气势恢弘的构图，水墨淋漓的笔触，思古探幽的韵味，直使人感叹前无古人后无来者。”韩国人柳承馥留言：“李伯安先生，独特和伟大的作品。”来自澳大利亚的享特写道：“我感到非常震惊，这是我看过的展览中最强大的最具表现力的。”一位拉着李伯安家人合影的美国女郎，用不纯熟的中国话，一直在惊呼：“不可思议！”来自美国的宋晓亮说：“他可以带给画坛一个米开朗琪罗的新时代！可惜！”（留言簿第45页）

2. 观众踊跃，激情澎湃

“李伯安画展”打破了美术馆一般来说从星期一到星期五比较冷清和一般画展上

观众情绪冷静、从容、安详的景象。美术馆始终人流不断，观众情绪十分激昂。上海美术馆副馆长陈龙说，办了那么多的画展，多少年未出现过这种热烈场面了。

76岁的陈伯泉老人写道："感谢河南省领导，你们把这样一个激动人心震撼人心的画幅送到上海展出，使我们受到很大的教育和鼓舞，我将永远把画家及其作品深深刻印在心头，鼓励自己勇敢度过人生的最后光阴。也要感谢上海市领导，把上海最精美的建筑之一分给上海美术馆，如果没有新馆，怎么也不能想象，这个非凡的画展能够完整地呈现在人们面前。"（留言簿第9页）军人宋心泰留言："我们应该向以李伯安为代表的中原人及中原艺术家学习致敬！在先生身上，闪耀着一个民族顽强向上的勇气和境界！"（留言簿第100页）

《新民晚报》2001年4月5日8版称："李伯安，一个让人一旦读了他的画作就无法忘却的名字。"《解放日报》2001年4月15日彩色画刊说："李伯安画展在上海美术馆展出，展示了李伯安生前的百米长卷巨作。丰碑式的图画，震惊了上海的观众。"85岁的上海中国画院顾问、美术评论家邵洛羊拄杖观展，边看边连连说很受感动，很受震动。特地从杭州来上海观展的中国美院国画系研究生何丽在展览馆里待了一整天，中午饭也顾不得吃，一边看，一边写下观感。她认为李伯安是艺术的殉道者，他将满腔热血泼洒在《走出巴颜喀拉》上，使这幅作品具有了不朽的生命。（《中国书画报》4月26日头版）

上海东方电视台高级导演章以谦在留言中写道："李伯安的巨作给人以震撼。《走出巴颜喀拉》是20世纪中国现代人物画的一个高峰，它的出现是半个世纪中国水墨人物发展的必然，它是李伯安用生命画出的作品，它是生命的表白，是艺术的永恒。"（留言簿第13页）华师大吴澄写道："今天我第一次体会到了艺术的魅力。"（留言簿第146页）

3. 三番五次流连忘返

和在北京中国美术馆那次画展一样，回头客多，是这次画展一个突出特色。

作家吴志光接连3天来看3次画展。他"真心希望李先生这样大气的画，这样为艺术献身的精神，更多地唤起国内画坛的艺术家，为民族文化的腾飞发展筑起一个高峰"。（留言簿第42页）

美术爱好者杨国民第一天自己看，第二天带夫人来看，心灵震惊，面对李伯安的作品他只留下两个字"可拜"。（留言簿第46页）龚史伟看了画展一周后又到美术馆"只为了再感受一下您笔下的灵魂"。（留言簿第137页）东方电视台记者姜伟在第8次观展时写下了"水墨风暴"，而在第10次来到展厅时，又一次挥笔写下了"先生不朽"四个字。就连上海美术馆的老馆长、上海美术家协会主席、东南美术界老前辈方增先也管不住自己的脚，接连5天每天都出现在展厅，并说"我每天都在打电话，要我的老朋友都来看"。而上海博物馆馆长陈燮君先后来了4次，每次都有不同的感受。

4. 画展使观众增强了对中国画的信心，并令人深思

由于前几年有人提出中国画已经"穷途末路"，在美术界引发了一场对中国画前途的争论。而李伯安的画展，使不少人增强了对中国画的信心，并对过去进行了反思。

几位同济大学学生写道："我们从来没有想到，水墨可以带来如此震撼！"（留言簿第14页）"李伯安先生的巨作使我们改变了对水墨一向柔弱的看法。"（留言簿第19页）蔡岳云先生题写："在李伯安的杰作面前，任何关于中国画出路的讨论都是

多余的。”（留言簿第32页）

在李伯安的作品前，不少人在深思。

上海美术家协会主席、著名人物画家方增先称李伯安遗作展“是一个非同寻常的画展”，上海的美术工作者能够从李伯安的作品中得到多方面的启迪。著名人物画家王宏喜教授说李伯安的成功虽然有多方面原因，但关键在于他的画作不是那种缺少生活根基、附庸风雅的产物，而是实实在在从生活中流淌出来的，是对生活的深刻感悟。上海中国画院副院长、著名人物画家韩硕说，画院这次有许多画家去美术馆看了李伯安的画展，都认为，一个画家要真正在艺术上站得住脚，有所追求，就应该守得住寂寞，不为外界的各种诱惑所左右。（《文汇报》2001年4月10日6版）

《新闻午报》2001年4月9日在专版上评价：“生命是有限的，但用生命孕育的艺术是永恒的。”

观众王树元写道：“什么是艺术家？这就是回答！”“当今有许多自称是画家，或被捧为画家的人，看了这样的画展后，是否脸红？”（留言簿第48页）北京王韧写道：“我们的心灵是否缺少了什么？画家在遥远的天空，在另一块土地上，凝视着我们。”（留言簿第59页）一个老人写道：“目前书画界的那些前卫、另类们，那些以矫情、吹捧为业的‘画家’们应该到这儿来学学笔触洗洗脑子！”（留言簿第128页）

5. 动人故事，随处可见

画展期间，观众中很多人背后有一个动人的故事，用不着刻意寻找，几乎随便拉一个人就会听到一个令人难忘的故事。8日那天，美术馆来了3位来自山东枣庄的年轻人，山东市枣庄市美协秘书长，山水画研究会会长，巩崇、唐久国、张立君因没有赶上看北京的李伯安画展，早就盼望着找机会一睹大作，看到《美术报》消息后，连夜爬上火车往上海赶，没买上坐票，一直站到徐州，一下车直奔美术馆，直到下午4点才离开；18日，有对带孩子来看的年轻夫妇说，他们的父母是徐悲鸿的弟子，老母已来看了好几次，最后逼小两口来看，并非情愿的他们来了以后，才发现实在不虚此行，深为没有错过这次画展而庆幸；上海《文汇报》摄影美术部主任徐裕根在画展期间组织了上海周围几个城市的美院院长们观展，并展开讨论，并写道：“李伯安先生的成功，是我们民族的骄傲。”深信到海外展出时，同样也会引起轰动。24日，一位从温州画院来的画家说，他是他们画院最后一个来的，下了火车赶到美术馆时才5点，一直等到9点开门才进来，进来后顿感眼睛不够用，一待就是一整天；23日，一对老夫妇相携来到展厅，其中一个是盲人，他全靠老伴的解说，用心灵在感受这幅巨作的震撼；一个白发苍苍的老妇，每天一开门就坐在展厅的电视机前，看李伯安的介绍，当她得到一个赠送的VCD光盘时，连连说，你不是送了我一个光盘，你是送了我后半辈子的依靠，我以后的日子就全靠它了。香港水彩画研究会会长，心源美术出版社社长沈平买了一本《逝者如斯》，看展时，百感交集，不能自主。书看完后，不止一次流下眼泪，说道，我们的艺术家在找观念，找突破，离现实主义愈来愈远，香港更是如此，但我仍要坚持信念，学习李伯安。

扬州大学人文学院艺术系教授黄耿卓专程赴沪观展，在上海住了3天，去美术馆4次，深感“说李伯安是中国美术史上前无古人的一个巨人，真是当之无愧”。认为《逝者如斯》是后人研究伯安的重要文献，很清楚地告诉人们，只有李伯安这样的一个人，才能画出《走出巴颜喀拉》这样的巨作。这本书使人想笑，更使人想哭。

贵州画院画家钱文观妻付汉芬来信谈道：“我流着眼泪在看每一篇文章和资料，这是一本难得的好书，我们将永远珍藏。”

并且平生第一次擅自做主，寄来了一幅丈夫的作品，希望能为李伯安尽一点微薄之力。钱文观在电话中说，李伯安美术馆如仍需筹资，只要……像这样的动人故事，在画展期间每天都在上演。

我所崇拜的著名电影女导演黄蜀芹夫妇在观展后悄悄塞给我一张写满了字的信，以抒感慨之情。

6. 影响深远，余波不断

由于上海是国际大都会，参观画展的人群中，有不少是国际友人，因此，常常会给画展带来新的机遇。4 月 16 日，美国西雅图美术馆通过上海美术馆给我们联系，希望我们将画展办到西雅图去。因为西雅图不是文化中心，又地处偏远，被我们拒绝了。14 日，一位德国教授给我们留下了传真和电话，希望我们跟他联系，他说，他愿意帮助我们早日把画展办到德国去，并保证，德国人一定会喜欢李伯安的作品，断言李伯安的艺术不仅是属于中华民族，

也应该属于世界文化艺术宝库，应该属于全人类。24 日，美籍华人黄瑞瑶先生在留言中说："感谢美术馆能为这样一个伟大的画家做回顾展，希望有机会能把这些作品带到海外。"（留言簿第96页）我们的画展26 日结束后，台湾的《中国时报》于 28 日到上海美术馆为办达利画展打前站，经朋友介绍，了解李伯安其人其画后，5 月 1 日，即通过期友和我们联系，他们已初步决定将李伯安画展办到台北去。并希望能为筹备"李伯安美术馆"做出贡献。另外，澳大利亚在悉尼的一个艺术博物馆、德国法兰克福的最大美术馆以及意大利、西班牙和日本均纷纷来电，希望尽快把"李伯安画展"办到他们那里去！

四、建立"李伯安美术馆"筹委会已势在必行

综上所述，"李伯安美术馆"筹备委员会建立的时机事实上已经成熟。早日将这块牌子打出去，将有利于我们重塑河南文化形象，有利于我们尽快尽早争取海内外友人的支持和援助，有利于更快奠定李伯安在中国美术史和世界美术史上的地位和作用，也有利于使海内外广大人士，更进一步了解我们河南省领导尊重艺术、重视文化、重视人才的崭新面貌。

由于海外频频邀请，我们希望在海外展出时能够以"李伯安美术馆"筹备委员会的名义主办"李伯安画展"。因此，急切盼望领导能尽快批复这个组织的建立。

李伯安是中原的儿子，他的根永远扎在中原这块土地上，他的作品应该是河南不可忽视的文化资源。李伯安美术馆的建立，最低的可能性估计，他最起码可以成为中外人士来河南旅游的一个重要景点。正如中国美协副主席、中国画研究院院长刘勃舒先生所说，我梦想到郑州建"李伯安纪念馆"，让全世界的美术爱好者前来朝圣。

"李伯安画展"组委会

2001 年 5 月 9 日

（作者系河南人民出版社原文史编审，李伯安夫人）

李飒给领导的报告（未发出）

李 飒

作为李伯安之子，我衷心感谢领导对我父亲的关心和支持，作为河南人，我非常感谢领导为建设新河南所做出的努力和贡献。长话短说，关于我父亲及其作品，择其要，汇报如下：

1.《走出巴颜喀拉》的历史意义和影响力

李伯安的水墨人物长卷《走出巴颜喀拉》是中国画坛最为重要的水墨史诗性作品，是公认的20世纪中国文化的辉煌代表，是中国文化现代性转型过程中的经典之作。这件作品能体现出中国文化的自信、磅礴、大气、雄浑，它虽然描绘的是西藏题材，但它真正表现的并不仅仅于此，它体现了中华民族自尊自强、生生不息的民族精神。它在吸收西方现代雕塑、油画、版画语言的基础上对中国传统的水墨绘画语言进行了大胆的创新和探索，与徐悲鸿先生的《愚公移山》《田横五百士》和蒋兆和先生的《流民图》、周思聪的《矿工图》一脉相承，将中国水墨人物画推到了一个新的高度。长卷在20世纪末的画坛横空出世，为中国画几十年的改革、创新、提高画上了一个圆满的句号。

中国改革开放30周年之际，《南方周末》评出了30年来中国最有影响力的10件美术作品，其中包括李伯安付出十年心血创作出的《走出巴颜喀拉》国画水墨长卷，其艺术成就在绘画界得到了普遍的赞誉和肯定。《南方周末》评出10位代表艺术家，水墨画家只有吴冠中先生和李伯安，吴冠中先生曾在李伯安先生画展上对其学生张森说，李伯安为“20世纪中国最重要的艺术家之一”。冯骥才先生称他为“罕世和绝代的画家”。黄永玉先生称他为“近百年来中国最伟大的画家”，并在其位于北京的住宅“万荷堂”客厅悬挂李伯安先生的6尺《藏族群众人物》以示对其的喜爱。这些评论可以充分证实在学术等方面对李伯安价值的肯定。

《走出巴颜喀拉》1999年第一次在中国美术馆展出，中央美术学院退休教授、西班牙国家艺术院特邀院士邢啸声先生在看完作品后非常感动，电话邀约法国、意大利、西班牙大使一起来看这个展览，西班牙大使因故未来，法国大使毛磊和意大利大使白龙尼都深深被这件作品打动了，法国大使毛磊随后给巴黎蓬皮杜艺术中心主席致信希望展出这件作品，但因展期数年之内已经排满而未能如愿。

上海画展时美国西雅图美术馆曾邀请我们前往，因其不是文化中心城市而未去。

俄罗斯已退休的前驻华大使罗高寿先生曾通过李氏宗亲会邀请我们赴俄罗斯圣彼得堡美术馆展出，但因为对具体联系的中间人不太了解，担心作品安全最后也未成行。

后来也还有几次赴国外展出的机会，因

各种原因都未能成行，作为家属，我们也很是遗憾，但我们也认识到了李伯安的作品所具有的在国际上的文化影响力。我们逐渐认识到，李伯安作品不是属于我们个人，甚至这个小家的，他是属于整个民族，属于我们国家的。于是，我们决定将画捐出去，依靠国家的力量、政府的力量来做好这件事。

李伯安作品在国内的展览过程：

1. 1998 年洛阳博物馆
2. 1999 年中国美术馆
3. 2001 年上海美术馆
4. 2001 年河南博物馆
5. 2002 年深圳美术馆
6. 2003 年广东美术馆
7. 2005 年山西省文联展览馆
8. 2007 年包头美术馆
9. 2008 年重庆美术馆
10. 2011 年陕西美术馆
11. 2018 年河南美术馆（纪念李伯安逝世 20 周年）

2. 李伯安《走出巴颜喀拉》对河南的意义

当下的时期是一个中国文化大发展的时期。如今，中国的经济取得了飞速的发展和巨大的成就，同时这也给中国的文化提出了新的问题和要求。中国在国际上的文化影响力与其在经济、政治上的影响力相比，显然还有所欠缺。

中国的老一辈艺术家如齐白石和一批当代艺术家（张晓刚、方力钧等）已经在国际上拥有了相当的影响力和市场价值，这是了不起的成就。他们代表了中国改革开放的态度，但也有一些不足。由于这些青年画家是被西方（主要是美国）的资本和艺术机构资助，按照西方的标准推动起来的，所以他们是单方面被西方影响，缺少文化上的“主体性”和“不卑不亢”的文化态度，因此难以具有和西方当代艺术对等和抗衡的地位，更无法在文化上与西方相互影响。

什么样的文化能够代表中国在新时期的文化形象和拥有国际上的文化影响力呢？什么样的文化能够体现中国文化在国际上的文化主体性和独立价值呢？什么样的艺术能够既体现中国文化的历史延续性又能够具有当代性，与西方对等地交流呢？

李伯安的水墨史诗长卷《走出巴颜喀拉》具有中国性（水墨）、当代性（强烈的视觉冲击）、国际性（对人性和历史的表达）的特征。从中国的文化专家、西方驻中国的大使、美术馆人员及文化学者对李伯安的作品的评价来看，这件作品具备这些特征是毫无疑问的。只是目前缺少这样国际交流的机会。

河南在全国取得的发展是有目共睹的，一个真正国际化、有影响力的大省不仅仅需要好的硬件设施，也需要真正有分量的、有重要学术价值和意义，能够代表其文化形象的艺术作品。需要把有本省艺术家创作的、伟大的、有代表性的艺术作品作为其文化品牌，而李伯安的《走出巴颜喀拉》具有这样的分量和品质。此画充分展示了中国这样一个走向现代化的国家所具有的奋发向上、雄强壮阔的精神风貌，这是不可或缺的。

一个地方的美术馆就是当地最好的文化名片，比如卢浮宫、奥赛博物馆、蓬皮杜文化中心之于巴黎的意义。而卢浮宫有三大馆藏之宝举世皆知，世界各地的人到了巴黎，基本上必去卢浮宫看这三件举世闻名的艺术作品，而巴黎作为“文化之都”也因此拥有了巨大的影响力。

大国需要重器，民族需要魂魄。世界一流的大学一定要配有世界一流的博物馆，理工科大学尤其更应注重文化艺术的修养和潜移默化的教育。

一流的博物馆需要的是一流的作品来支撑。

李伯安的《走出巴颜喀拉》有助于增

加文化分量，通过其展示将有助于提升国内和国际上的文化形象，提高文化竞争力和文化影响力。如能走出国门，必然会为中国的文化和艺术事业增添光彩。

3. 有关藏族群众美术作品的背景

西藏作品一直是绘画领域在新时期的热门题材。然而，藏族群众人物画自1949年以来，我认为，实际上经历了3个时期。（1）以粉饰生活为主。这一时期，虽然也出现了像《春到西藏》这样优秀的经典作品。但大多以歌舞、风俗、风情为主，画面上的人物敷粉涂朱、长袖飘飘，像演员在定格、在亮相。（2）以再现生活为主。“文革”以后，涌现出了以陈丹青为代表的写实派，他们第一次将真实生活中的藏族群众形象搬上了画布，使“文革”10年中看惯了红光亮美术作品的人们大吃一惊。这批画在国内无疑引起了一场地震。而此时众多国画家画的藏族群众画，由于水墨画本身的特点，效果完全不能和陈丹青们抗衡，使得陈丹青们分外耀眼，一枝独秀。（3）20世纪末李伯安作品的出现，完全改变了陈丹青们一枝独秀的局面。经李伯安创新的新型国画语言，表现力完全不次于油画、版画、雕塑，而且，作品中透出了一种掩饰不住的民族精神民族魂，使观者在画前油然而生起一种崇高感，甚至会忍不住流下眼泪。这种崇高感是空前的，是自这幅大画才开始出现的。

从再现生活到表现生活，李伯安用作品告诉人们，中国国画由此迈上了一个前人从未达到的新高峰，陈丹青先生自己在几年前曾多次在演讲中提到自己的画，他曾说我画的是藏族群众的生活，而李伯安画的是藏族群众的精神。

李伯安作品的出现，客观上会使外国友人加深对藏族群众，对中华民族的理解和热爱，使别有用心的诽谤和谣言不攻自破。

此画作客观上大大有益于民族团结。中国美术学院教授闵学林说：“其意义不亚于文成公主和松赞干布联姻。”

4. 关于李伯安作品的收藏

中国美术馆、上海美术馆、河南博物院以及广东美术馆等全国各地美术馆都曾与我们提出过李伯安作品的收藏的事宜。

中国美术馆

（1）1999年，在李伯安去世一年半时，我们在中国美术馆举办了李伯安画展，一个名不见经传的小人物居然能让美术界在京所有美术界重要人物几乎倾巢出动。大家奔走相告，当时美术馆馆长杨力舟通过各种关系要我们将画全部留下，因当时被大家鼓动，头脑发热，想建伯安美术馆，因此未成。

（2）中国美术馆每年都有和国外美术馆交换展览的机会。有一次，收藏部主任王晓梅女士在和意大利展方协商的时候，对方提出能否让李伯安先生的作品来意大利展出，王晓梅女士当时大为吃惊，回国后就立刻联系我们，后来告知我们因意大利展馆的具体条件不适合展大尺幅作品而未成。

上海美术馆

（1）2001年，李伯安作品在上海美术馆举办展览的时候，盛况空前，引起极大的社会反响，展览期间，美国西雅图美术馆提出赴美展览事宜，但因一位重要的文化界前辈考虑到西雅图美术馆不是国际文化中心城市，李伯安作品走向世界第一站的选择应当慎重，劝我们拒绝了。当时上海市委书记龚学平在看过展览后，明确指示上海美术馆一定要留下这批作品。

（2）今年10月，上海美术馆要搬迁到世博会中国馆。3月，上海美术馆邀请我们和中央美术学院退休教授、西班牙特邀国家艺术院院士邢啸声先生专程赴上海商谈李伯安作品的收藏事宜，馆长和副馆长都极为重视，表示出了对李伯安《走出巴颜喀拉》长卷的极为尊重和收藏的愿望。

广东美术馆

2003年，李伯安作品在广东美术馆展出的时候，广东省委宣传部的一位极有眼光的副部长当时也同样提出了收藏竞争并在美术馆开设专馆的要求，但我们觉得广东不是李伯安的家乡，南方文化和北方文化的差异和不同，虽然心中充满感谢，但仍婉言拒绝了他们。

河南博物院

2001年，在省领导的关注下，河南博物院向我们传达了收藏的愿望。并明确提出单辟专馆，并作为镇馆之宝。我们很感激省里领导对李伯安作品价值的重视和尊重，省里的领导还对我们家属的生活表示了关心，对此我们非常感激。河南是李伯安的家乡，是一个拥有深厚文化底蕴和历史文脉的地方，作为一个由河南的文化哺育成长，并能在全国文化界拥有重要影响力的艺术家，河南如能为李伯安建馆，李伯安的作品被河南收藏，其作品的艺术价值能够在国内外都能够得到更多的弘扬和宣传，作为家属我们是乐见其成的。

1999年底，由国家画院牵头，组织全国名国画家参加在洛阳举办的“世纪回顾——李伯安艺术研讨会”上，全体与会者联名签名上书洛阳市委，强烈要求成立李伯安纪念馆。

李伯安作品走向世界，是中国文化走向世界的一个重要组成部分。《走出巴颜喀拉》出现在世界各国的美术馆展厅内，让洋人们看到真正的中国当代艺术精品，必将会为我们带来无限的光彩和荣耀。

李飒　2012年4月3日于北京

（作者系北京服装学院教师，李伯安之子）

我别无选择

——摘冯骥才被中青社采访的片段

中国青年：你说过，你别无选择。

冯骥才：是的，我别无选择。

也曾有年轻人问我：你对成功是怎么想的？我说我确实很少想这个问题，有许多事情刚刚开始做，还有许多事情至今没有做，还没有什么成功的想法。获一个什么奖就能算作成功吗？我不这样认为。我觉得，一个人的职业和事业不是一码事儿，事业是需要境界的，而境界是谈不到什么成功不成功上面去的。

我想一个故事，一个画家的故事，在他死去之前几乎不被人们所知。那是1996年，我的一个画家朋友走过来对我说，他的一个画画的朋友非常想见我。

他领来了这个人，长得特别年轻，特别清秀（其实只比我小两三岁），我说我能不能看看他的画，他说画非常大，只能给看画的照片。他拿出照片，那是一幅关于中华民族的巨幅画，像黄河一样，从巴颜喀拉山走来，直奔向东海。画里有中华民族的精神、气魄和苦难。

然而，画面上并没有黄河，没有黄河水，甚至连黄河风景作背景的景象都没有，画的全是人物：藏族的、蒙古族的、汉族的，各民族的人物……我惊呆了，是那种深刻的程度和刚健的笔触让我惊呆了。他不间断地画着，直到我见着他的时候，已经画了 7 年了。他告诉我他觉得有些支撑不下去了。他并不富裕，也没有人去赏识他的画。一个艺术家，他的最好的创作环境是什么？就是别人能把艺术看得很尊贵。而在他的环境里，他听不到任何一个肯定他的画的声音，他也不知道自己是不是能够成功，不知道他的画是不是真的有价值。

中国青年：这对于一个艺术家来说是痛苦的，这种痛苦会让他怀疑自己，否定自己。

冯骥才：是的。我对他说：你画吧，画好了之后我给你在美术馆办画展。

我的画家朋友告诉我，从那之后他又进入了那种画的状态，一直到第 10 个年头、他的画即将完成的时候。那天，他已经画了半天了，他太累了，他从画室里走出来，突然站不住了，一头栽倒在对面的门上……

听到这个消息的时候，我的心里像是被剜去了什么似的，那是一种流血的痛惜。这个画家叫李伯安，他的这幅画，100 余米长卷，叫作《走出巴颜喀拉》。《走出巴颜喀拉》现在是一幅名画了，李伯安也无疑成了 20 世纪最好的人物画家之一。在市场经济占主导的今天，他对艺术却怀有那种虔诚的信徒般地热爱，这难道不是一个艺术家的最高境界吗？他活着的时候，活在境界里，活在艺术里，活在美里；他离开我们的时候，我们这样评价他，他就是那种——用生命去祭奠美的艺术家。

五、杂记

狂沙吹尽始见金

——《李伯安画集》重印后记

黄天奇

1990 年《李伯安画集》面世后，绝大部分都以各种形式奉送了，真正出售的，只占极少一部分。当我们终于下决心重印这部画集时，画家离开这个世界已达 7 年之久。

然而，感觉上，他似乎从来也没有离

开过我们。

在中国美术馆人山人海、几代艺术家们激动不已议论纷纷的开幕式上；在上海美术馆撼动各大媒体和民心满载感言的两本留言簿上；在广东美术馆战胜“非典”蜂涌而来的观众充满激情的脸上；在深圳美术馆中，深圳雕塑院艺术家边国强陶醉沉静热泪盈眶厌恶别人打扰的神态中；在太原山西文联大厦前，每天早晨排着队跺脚取暖焦急地等待开馆的队伍里，我分明都看到了李伯安的影子。

每次画展，都能听到画家们炽热真诚的心声。作品强烈地震撼了颗颗艺术心灵。

在郑州美术馆的画展上，著名画家史国良说：“看着这幅画，我感到他的生命在动，我觉的只有这么画画，才是真的艺术家，这么画画的人，他能不死吗？他的生命都变成画了，画成了他生命的一种延续。我们佛家讲究涅槃，艺术家也有涅槃，就是将生命融入画中永生。”中央美术学院国画系系主任田黎明说：“他生前没有资金，那时他一无所有。（捐画的人）居然有100多人是没有想到，但这100多人也说明了人心所向。”河南书法家协会副主席王澄说，“我总是认为他（为艺术）付出的最多最多，得到的却最少最少，可是我错了，他得到的也是最多最多的。”

上海美术馆副馆长陈龙对采访他的电视台记者说：“李伯安是20世纪中国最了不起的画家之一，其作品在中国的20世纪美术史上留下了光辉的一页。他的画展能在上海美术馆展出，我们感到很荣幸、很高兴。这种展览在上海是比较少见的，在全国也不多见。所以，我们用最好的时段，最好的展地，最好的布展效果，将这一画展隆重推出，相信一定会在上海美术史上留下难忘的一页。”上海中国画院副院长韩硕说：“我们上海画家的画和李伯安的画以及一些北方画家的作品比，不是水平低，而是表现了一种精神贫弱。也就是吃得太好了，生活太滋润了，在画上就表现出一种浅薄。”刘海粟美术馆馆长张培成说：“尽管现在我们很讲究形式，讲究需要一些轻松的东西，讲究艺术的多元，但这种（指李伯安画）带有艺术家责任感，反映生活，有着很大分量的作品，对于人民、对于一个国家，都还是很有必要的。”上海中国画院顾问、上海老美术评论家，85岁高龄的邵洛羊老先生在他的《丹青百家》一书里，更是热情洋溢地写道：“盛唐吴道子、北宋武宗元、明末陈洪绶、当代李伯安，是中国绘画史上的四根擎天柱，撑起了人物画领域的朗朗乾坤。”

在深圳画展上，原广东省画院副院长、老艺术家汤集祥说：“伯安的画，用语言来表达是表达不出来的，我感觉，他就像一个神灵，是上天派他下来做一件事，他做好了这件事，就又回到神灵中去了。这个画不是一般人能画的，我们心目中所要追求而没追求到的，伯安做到了。”广东画院副院长画家伍启中说：“李伯安的画融汇中西雄健苍劲，为中国美术史立下了丰功伟绩，也给我们留下了一些值得深思的问题。”专程赶来看展的广州画院70多岁老教授、岭南美术纪念馆馆长、山水画家陈经章老先生一回广州，即直奔广州美院副院长家，催其组织学生前往。并说：“这个画展太好太好，不看必定后悔！”

在广州画展上，广东美术馆馆长王璜生说：“在大家都急功近利的今天，李伯安能将一种精神力量和民族力量结合在一块，创造出史诗般的作品，令人钦佩、敬仰，甚至敬畏。”大艺术家黄永玉先生在画前留恋颇久，有人想带他去看别的展览，他一概不去，并说只看这一个。他一边观看李伯安的画，一边感叹道：“李伯安是在替我们画家画画啊，中国，有他一个就够了！”他的一位美国朋友博物馆馆长哈维·韦斯特提问谁是中国当代最伟大的画家时，先生将手指向了他大厅中一幅李伯安的藏族群众全身像回答，是河南的一位画家。广州美院雕塑系主任、老雕塑家潘鹤和他的学生家人一起，一边走一边大声评价说："李伯安，他是这个时代的稀有动物。"

山西大学美术系主任、教授赵球说："我不是搞理论的，但有个感觉，60年以来山西所有的画展，这一次是最震撼的，什么观点都不如作品有说服力，我很清楚，伯安的画是中国画。过去的画展，开幕式结束人就走了，伯安的画展不是这样。每每都令观众的心汹涌澎湃。"山西美协主席姚天沐说："李伯安的实践，解决了许多我们美术界长期争论的问题，如中国画的出路问题、学习国外的问题、笔墨问题、西化问题等。"山西人民出版社编审、美术评论家董敏说："伯安的画不是小情小趣，而是交响乐，非常宏大，他的画对我们的百年探索、困惑都有了回答……如果一个民族没有大作品，我们如何自立于世界民族之林?"评论家李锐说："李伯安的画是一种气壮山河的自信，他的艺术天才为中国画找到了一个非常高的立足点，奇特的风景是为小画家准备，而平凡的风景为大画家而存在……真是相见恨晚。"

从上海画展开始，展厅中一直在播放着中央电视台、河南电视台、四川美院制作的有关李伯安及其作品的专题片，《生命的读解》思路开阔、高屋建瓴；《永恒的震撼》朴实家常，娓娓动人；《李伯安的水墨艺术》极具专业水准，十分利于教学。以后每到一处，就会多出一部新的专题片子。像上海电视台的《巴颜喀拉之魂》、广东电视台的《悲哉壮哉李伯安》、山西电视台的《绝响》。这些片子播放之时，展厅中一片静穆。观众们在一遍遍看，一遍遍思。难怪上海媒体评价，李伯安画展是当年上海最具震撼力的画展。画展所到之处，各地媒体积极追踪报道，反响十分强烈。以上海为例，上海在开幕式当天就有两家电视台同时推出新闻。展览期间，共有7家报纸出了整版介绍李伯安画展，仅2001年4月15日这天就有《解放日报》和《新民晚报》两家同时推出图文整版。电视、广播电台、报纸、杂志共三四十家媒体争相刊载、传播，极一时之盛。

中国美术馆馆长杨力舟多次表示，愿意全部收藏这批画；上海抓宣传的副书记龚学平站在李伯安的画前，忍不住殷殷嘱咐美术馆执行馆长说，做做工作，把这画留下来！让他们别走了；广东省委一位处长按捺不住激动地讲，广东要参与收藏竞争！河南博物院多次通过省委宣传部做工作，希望把画留在院里，以作镇院之宝。

在每次画展中，载有李伯安专题的光碟和《李伯安画集》都是人们最想得到的东西。光碟因牵涉众多版权不能出售，而《画集》却又因其装帧豪华、书价昂贵使不少人望洋兴叹，空手而归。每次看到想买而又买不起书的学子，我们都感到心里难过。有感于此，重印《画集》时，我们摒弃一切华贵外表，尽力将书价降下来，以满足广大李伯安艺术爱好者所需。

李伯安说过，画家要靠画来说话。评价一个人、一件事、一幅作品，往往需要大量实践的累积和漫长时间的考验。历史长河大浪淘沙，在艺术滚滚洪流中鱼龙混杂、泥沙俱下的今天，我们不妨将心态放平和些，再放平和些，让时代作证，更让历史作证。我相信，狂沙吹尽始见金，只要是真正的艺术家，只要是真正的艺术珍品，那就一定会经受住历史的考验，必将会在中国美术史上占据他应该占据的一章。在世界美术史上占据他应该占据的一页。

李伯安画展上海组委会供稿

2005年5月2日于郑州

（作者系海燕出版社社长）

李伯安画展
即将在重庆美术馆展出

——同时举办李飒画展

由重庆市文联、重庆市美协、四川美术学院和河南省文联、河南省美协共同主办，由四川美术学院国画系、重庆美术馆协办的李伯安画展，将于2007年10月30日至2007年11月18日在重庆美术馆隆重推出。这是该画展继洛阳、郑州、北京、上海、深圳、广州、太原、包头展出之后的第9站。

18年（1989）前，李伯安曾应时任四川美术学院国画系系主任白德松先生的邀请，在川美展出他太行山时期的作品，并进行学术交流，期间，与广大川美师生结下了深厚的情谊。川美国画系据此拍摄了长达21分钟的教学片《李伯安的国画人物艺术》。李伯安则于此画展后即开始了他长达10年的长卷水墨人物画《走出巴颜喀拉》的创作。18年后的今天，李伯安之子李飒应白德松先生的学生、四川美术学院国画系系主任、重庆美术馆馆长冯斌先生之邀，携父子两人作品欣然赴渝，与川美和重庆再续前缘。

李伯安（1944—1998），河南洛阳老城人，生前为中国美术家协会会员，河南美术出版社副编审，这是个生前闻者寥寥，死后名扬天下的画家，其作品生前不为人知，死后被奉为经典。为了画好长卷作品，他曾3次奔赴河源，赴青海、到甘南，去探寻生活在河源藏族群众的古朴与浑厚，去捕捉这一古老民族的圣洁与纯净。10年中历尽艰辛，几易其稿，终于基本完成了这幅高1.88米，长122米，共分10部分的鸿篇巨制。作品气势磅礴，顶天立地，被公认为是中国20世纪中国画艺术的辉煌代表，是中国美术史上最富民族精神、最具震撼力的史诗性水墨人物长卷。

此前，该画展所到之处，不仅强烈地震撼了当地艺术家，并无一例外均波及周边地区，并迅速影响全国。在当代中国美术界不断掀起一阵阵狂涛巨澜。

李伯安去世已近10年，他的作品逐渐广为人知，在美术界影响了整整一代人，我们从当代许多青年艺术家的作品中，都可找到李伯安作品的某些特点。正如包头一位画家说："这是一幅需要人们跪着去拜读，去欣赏，去领会其精髓的作品。"

从源于生活到高于生活，从再现生活到表现生活，李伯安的国画作品，从立意、构图、笔墨技艺以及继承、开拓、创新方面都大大丰富了传统国画的内容，大大拓宽了国画的表现领域。同时，对传统的点、线、墨进行重组，使之适应于现代大题材、大作品、大场面的需要，而使观者精神一振，不由得会涌起一阵崇高感。如果说李伯安之前，多数描绘民众形象的作品（战争题材除外）表现的大多是中国人外在的纯朴、勤劳、善良的话，如果说自李伯安之前多数描绘少数民族的中国画人物画大多反映的是民族风情的话，那么，5000 年来薪火相传，生生不息，自李伯安始，现代人物画的作品中表现的更多的则是中华民族的一种精神和风骨。

此展将展出长卷《走出巴颜喀拉》以及其极富感染力和代表性的肖像作品。

在举办李伯安画展的同时，重庆美术馆也举办了李飒画展，展出了李飒近年创作的部分现代画作品。

李飒，出生于 1975 年，中央美术学院国画系硕士研究生毕业，现任职于北京服装学院。李飒虽汲取了其父吸收古今中外各家之长的特点，然其表现手法与内容却截然不同。他一直在当代绘画与传统画中苦苦寻觅着一条通道，力图用现代简洁明了、高度概括的绘画语言，用现代理念重新诠释中国古代经典作品，思维独特，另辟新径、独出心裁、别具一格。这次是他继包头个展之后的第二次展出。

创作中的李伯安

为《李伯安画集》李伯安画展筹款记

张 黛

戊寅（1998）暮春，安遽薨。讯传，各地友朋唏嘘不已，远近来吊者千余人。中有京城陈氏钰铭者，安入室弟子也。深知安家无余资，虑及安身后画集、画展事，愁萦于心。踟蹰良久，从张江舟、王颖生计，与田黎明、张道兴、刘进安等诸君，共襄义举，公推徐恩存执笔撰文，印180份，函举国水墨画画家求助。未几，作品150余幅，翩翩飞至，封封回函，字字动情。铭遂以画易款，付安妻，并与进安率摄影师两下郑州为画作摄影。由此，安画集、画展事方有望也。

此举甚得时任中国美术家协会常务副主席刘大为先生之助。

写于2002年2月，于郑州洛阳之间的嵩山公墓（9区5台）。

为伯安立碑时特撰此文以纪之

此文刻于李伯安墓碑之后

（作者系河南人民出版社原文史编审，李伯安夫人）

上海李伯安画展组委会成员表

——河南方面工作班子人员及分工

乙丙 执笔

由中共河南省委宣传部、中国美术家协会、中国画研究院、上海美术馆联合举办的“李伯安画展”4月份将在上海美术馆进行一个月的展出。为保障展出成功，经研究特组成河南方面的工作班子。凡班子成员，请于4月1日到上海美术馆（上海市南京西路325号）报到。

策划联络组：乙丙　王澄　孙荪　周鸿俊

负责：1. 与省委及有关方面的联络；2. 与画展有关的文字工作、设计工作；3. 宣传报道

布展组：张明泽　刘杰　韩学中

负责：1. 布展；2. 摄影

后勤组：黄天奇　刘永池

负责：1. 运画；2. 吃、住、行

接待组：丁中一　王彦发

负责：1. 上海方面的邀请、接待；2. 组织大学生参加开幕式

电视组：刘文清　李艺凡

负责：电视采访报道

综合组：张黛

负责：1. 编辑、出版《逝者如斯》；2. 与北京、上海方面的联络；3. 其他

（作者系李伯安挚友，美术评论家）

一位美国艺术馆馆长为李伯安研究提出的几点建议

哈维·韦斯特

哈维·韦斯特早年毕业于美国华盛顿州立大学，美术和美术史专业，获硕士学位。接着被聘为宾夕法尼亚州立大学教授。曾先后担任美国4家艺术馆馆长。曾花5年（1985—1989）时间筹备并在美举办有史以来中美第一次合作举办的集中全国一流文物，大概要空前绝后的一次大型文物展览，全名为“天子——中国皇家艺术展览”，简称“天子展览”。吸引全美观众120多万人。晚年，与其中国博士生，现为他爱妻的姚小波定居广州郊区，终生致力于为中美艺术交流奔走。

关于李伯安的研究，哈维有以下几点建议：

1. 1960—1980，1980—1990，1990至现在中国画家的主要关注点；

2. 当今中国艺术对国际社会现实派的贡献；

3. 李伯安对中国阶级斗争的看法；

4. 李伯安对极为热忱的人性画面的构图思路；

5. 李伯安作为一个画家、思想家对中国美术社会现实主义的贡献；

6. 李伯安的形式和内容之间的平衡——形状的内容；

《走出巴颜喀拉·之一·圣山之灵》（局部）

7. 李伯安对表象的超越——一道人类关系的墙；

8. 李伯安，人类关系的意义的理解。

9. 李伯安的画，一个深爱自己民众的国家的隐喻；

10. 李伯安的大课题和小课题画家的清楚和响亮的声音；

11. 李伯安与其他中国现代社会现实派；

12. 李伯安对生命的理解。

国家名片 传世画卷

——李伯安《走出巴颜喀拉》邮票设计始末

刘 钊

艺术经典《走出巴颜喀拉》是已故著名画家李伯安先生留给我们的传世画卷。这幅水墨人物长卷是20世纪中国画的一幅史诗性作品。其重要性如同中央美术学院院长范迪安先生所说：“《走出巴颜喀拉》的确是当代美术中的一部经典之作，它的意义在于用民族艺术的形式展示了中华民族的生命力量和历史命运。”中国邮政曾多次把历代中国传世画卷搬上国家名片邮票，如《唐·簪花仕女图》《五代南唐·韩熙载夜宴图》《宋·清明上河图》等，其画卷都在数米以内。如何把长122米、高1.88米的当代鸿篇巨制《走出巴颜喀拉》画卷搬上方寸邮票，确实是一个挑战，让我担当设计倍感荣幸。我同伯安兄曾是河南美术出版社的同事，他也是我的良师益友。他的虚怀若谷、广博修养和艺术才华让我敬仰。我怀着敬畏之心，在同伯安先生家人充分沟通之后，决定选用五幅画卷经典局部和画卷之六《劳作》部分，通过一版邮票形式再现气势宏伟的画卷。

该套邮票属于个性化邮票系列，是中国邮政批准发行的专用邮票。此项业务开展15年来，深受社会各界的关注，在弘扬主旋律、传承中华民族优秀文化的同时，对集邮事业的发展起到了积极的推动作用。此套邮票主图选用太阳神鸟，五幅附图笔墨厚重、神情生动，代表了李伯安先生人物画的艺术风骨，边饰选用画卷《劳作》部分，构图井然有序，造型技巧更臻完美，把中国人物画推向了历史高巅。此种版式经过特别申报，这在邮票发行史上尚属首例。邮票名称采用著名书法家王澄先生的墨宝，书风劲健刚硬，也为邮票增色不少。

该套邮票的发行，通过局部和部分画卷，向我们打开了西域那些或野性或人文的画卷，在震撼的场景、勤劳的藏族群众、神圣的仪式和众生的眼神背后，是否包含了我们尚未觉知的神圣？邮票主图商代金沙遗址出土的金箔太阳神鸟也提醒我们耐心审视这一切，或许我们会看到其中的神圣。

编者按　1998年5月2日，李伯安摔倒在自己画室的门前，再也没有起来。身后画室的墙上，挂着他呕心沥血十载却尚未完成的水墨人物画巨制《走出巴颜喀拉》。斯人、斯画，后来演绎了中国美术界一段历时很久的传奇。没有完成的《走出巴颜喀拉》在北京、上海、深圳、广州、太原、重庆、西安、洛阳、郑州等地展出过，每到一处，都交织着观众的泪水与赞美。李伯安没有走出他的巴颜喀拉，却让自己连同这幅巨制成为了一座丰碑。为纪念李伯安先生逝世20周年，河南省美术馆于2018年5月举办了“20世纪杰出的现实

主义画家——李伯安作品展"，中国邮政特别推出李伯安《走出巴颜喀拉》限量版纪念邮票，由河南省集邮分公司艺术总监刘钊担纲设计。《大河美术》对此给予深度关注和重点报道。今日刊发刘钊先生《国家名片 传世画卷》一文，以表达对李伯安先生的深切缅怀。

2018年5月2日
于郑州市金水区

黑龙江省林口林业局中学2017—2018学年高二下学期期中考试语文试题

——在作品中不朽，纪念李伯安先生

孟会祥

李伯安先生的画，是我从十几年前看到的第一眼起，就被震撼的作品。这种震撼，并没有因时间的流逝而消减。2014年5月2日，我收到好友黄天奇先生的短信，他说，这一天是伯安先生逝世十六周年纪念日。我的心一揪，一种郁结不散的压抑感攫紧了我。

李伯安先生是河南洛阳人，生于1944年，是20世纪末一位漠视功名、不求闻达、默默耕耘于国画人物之苑的艺术赤子。他广采博纳，融汇中西，大大地丰富了国画人物艺术语言的表现力。他痴情于北方老农，画风老辣而雄放。

李伯安面目清癯，身体孱弱，讷于言辞，平生不惯世路。也许，正因为如此，他的精神和才华才全部集中于艺术。他执意西行，义无反顾地画，先受知于东瀛人西部基夫。西部基夫死后，又受知于作家兼画家冯骥才。李伯安什么也不需要，只欣慰于得到鼓励，便有豪情万丈的创作激情。作为黄河之子，从1988年起，他就将目光转向黄河，用人物画来表现黄河的精神。他起初的设想是画一幅黄河自源头至入海口的长卷，然而一旦动手，方知工程过于巨大，遂将表现内容缩至仅画河源一段。他先后3次奔赴黄河之源，去探寻藏族群众生活的奥秘和风情。10年艰辛，几易其稿，终于基本完成了这幅高1.88米、长122米的长卷。由于画中的藏族群众生活在黄河之源，而黄河又发源于巴颜喀拉山，因此该画定名为《走出巴颜喀拉》。全画描绘了266个神态各异的藏族人物，分《圣山之灵》《开光大典》《朝圣》《哈达》《玛尼堆》《劳作》《歇息》《藏戏》《赛马》《天路》等10个部分。精彩绝伦的画面，犹如一曲曲气势恢宏的高原生命赞歌。一组组苍茫凝重的艺术形象和浩然大气的节奏安排，寄寓了大河东流去的万古豪情，彪扬了中华民族赖以生存、发展并能够自豪地屹立于世界民族之林的黄河文明。高昂的立意，恢宏的气象，精湛的刻画，独具个性的艺术语言，使《走出巴颜喀拉》当之无愧地跻登中国人物画经典之列。

李伯安《走出巴颜喀拉》的杰出之处，一为大，一为新。通常，中国艺术长于短章，缺少宏大叙事；长于闲逸轻灵，短于深厚壮丽。《走出巴颜喀拉》深厚的人文背景是黄河与五十六个民族吾土吾民的历史与精神。李伯安借助对藏族人物的刻画，唤醒了人们久已尘封的宗教般的情愫，庄严而又肃穆。建立在素描基础上的准确造型，与刻符、岩画、雕塑、舞蹈等原始艺术融会贯通，三代秦汉的民族血气，顿还旧观。其人物面部表情的处理细腻精到，而衣着、场景又大笔渲染，整个画面工细到极致，又写意到极致，似有笔有墨，又似无笔无墨，中西交汇，法度全新，现代美术的瑰丽，在此呈现。

不夸张地说，如此史诗般的作品，李伯安之前没有，李伯安身后至今没有。有的评论家把李伯安的《走出巴颜喀拉》与蒋兆和的《流民图》相提并论，它当之无愧。

1998年5月2日，李伯安猝然倒在这幅长卷之前。像《红楼梦》伟大的残缺一样，《走出巴颜喀拉》的第10部分有些只是草稿。为了心中的艺术，李伯安把自己完完全全融进了巴颜喀拉那漫天皆白寥廓无垠的圣境……想李伯安先生一生郁郁，乐荣有限，而天地不仁，偏偏不假其年！在世之时，魂牵梦萦的是画；撒手之际，恋恋不舍的也是画。他将灵魂熔铸于画中，升华于画中，他也在作品中不朽！

冯骥才这样评价他："在中国画令人肃然起敬的高度上，站着一个巨人。今天的人更多是认定他的艺术成就，而将来的人一定会更加看重他的历史功绩。因为只有后世之人，才能感受到这种深远而永恒的震撼。"

（选自《名人传记》2014年第09期）

4. 下列对材料有关内容的分析和概括，不恰当的一项是（　）

A. 本文的主标题是"在作品中不朽"。作者所谓的"不朽"，既是指李伯安的高洁品质不朽，也是指李伯安崇高的艺术追求和伟大的艺术成就、历史功绩不朽。

B. 第一段，作者叙述了自己的两次心灵波澜：一是初看李伯安画时的"震撼"，一是接到朋友关于李伯安逝世纪念日的短信时的"压抑"。前后对比，突显李伯安对自己的影响。

C. 第二、第三两段，概述李伯安的艺术人生。这两段既写及他超拔出尘的为人，也写及他在绘画上的经历、际遇、风格，点明他昂扬的创作激情和崇高的艺术追求。

D. 文末，作者直接引用了冯骥才对李伯安的评价。这一是因为冯骥才是李伯安的知音；二是因为冯骥才对李伯安的评价与前文内容相契合，与作者自己对李伯安评价很近似。

试题分析：此题考核信息筛选和整合能力，答题时要求明确具体的考核的要点，找准文章的对应位置，然后结合文章内容逐个判断正误，题中B项，"前后对比，突显李伯安对自己的影响"误解文意。初看李伯安画时的"震撼"，是表达对传主的钦佩；接到朋友短信时的"压抑"，是因为感到纪念李伯安的声音太微弱，觉得自己有责任发声纪念李伯安。写两次心灵波澜，是要交代写作缘由。

5. 下列对材料有关内容的分析和概括，最恰当的一项是（　）

A. 李伯安从1988年起，他就将目光转向黄河，用人物画来表现黄河的精神。他起初的设想是画一幅黄河自源头至入海口的长卷，然而一旦动手，方知工程过于巨大，遂将表现内容缩至仅画河源一段，成为一个遗憾。

B. 李伯安是20世纪末一位漠视功名、不求闻达、默默耕耘于国画人物之苑的艺术赤子。他面目清癯，身体孱弱，讷于言辞，平生不惯世路。正因为如此，他的精神和才华才全部集中于艺术。

C.《走出巴颜喀拉》寄寓了大河东流去的万古豪情，彪扬了中华民族赖以生存、发展并能够自豪地屹立于世界民族之林的黄河文明，当之无愧地跻登中国人物画经典之列。

D.《走出巴颜喀拉》深厚的人文背景是黄河与五十六个民族吾土吾民的历史与精神。说明了中国艺术长于短章，缺少宏大叙事；长于闲逸轻灵，短于深厚壮丽。

试题分析：此题考核信息筛选和整合能力，答题时要求明确具体的考核的要点，找准文章的对应位置，然后结合文章内容逐个判断正误，题中A项，“成为一个遗憾”无中生有。B项，表述不准确，原文是“也许，正因为如此，他的精神和才华才全部集中于艺术。”D项，曲解文意，原文是强调李伯安作品的特点突破了中国艺术缺少宏大叙事、短于深厚壮丽的局限。

6. 为什么说李伯安的画作《走出巴颜喀拉》是“史诗般的作品”？

答案及解析：

知识点：现代文阅读

4. B　　5. C

6. ①立意高昂：体现黄河与五十六个民族的历史和精神，寄寓大河东流去的万古豪情，彪扬中华民族赖以生存、发展并能够自豪地屹立于世界民族之林的黄河文明。

②气象恢宏，大气磅礴：鸿篇巨制，人物众多，分十大部分，一组组艺术形象苍茫凝重，节奏浩然大气。

③艺术手法丰富多彩：原始艺术与现代艺术融合，中西交汇；或细腻精到，或大笔渲染；既工细到极致，又写意到极致。

试题分析：这是一道考核归纳内容要点的题目，答题时根据题目的要求先筛选主要的信息，然后对筛选的信息按照不同的角度进行整合，此题要求概括说明李伯安的画作《走出巴颜喀拉》是“史诗般的作品”的原因，注意根据文中的重点句子“全画描绘了266个神态各异的藏族人物……寄寓了大河东流去的万古豪情，彪扬了中华民族赖以生存、发展并能够自豪地屹立于世界民族之林的黄河文明。高昂的立意，恢宏的气象，精湛的刻画，独具个性的艺术语言，使《走出巴颜喀拉》当之无愧地跻登中国人物画经典之列”“《走出巴颜喀拉》深厚的人文背景是黄河与五十六个民族吾土吾民的历史与精神”“其人物面部表情的处理细腻精到，而衣着、场景又大笔渲染，整个画面工细到极致，又写意到极致，似有笔有墨，又似无笔无墨，中西交汇，法度全新，现代美术的瑰丽，在此呈现”概括答题要点。

点睛：这是一道考核归纳内容要点的题目，答题时根据题目的要求先筛选主要的信息，然后对筛选的信息按照不同的角度进行整合，筛选和整合时注意区分是局部还是综合信息筛选，然后找到具体的答题区位，摘取关键词语作答，重点注意相关段落的段首句和段尾句。

《水墨人物群像·太行人》（238cm × 160cm　1984年）

寻找李伯安

——这是一个尚未来得及实施的拍片草案

李艺凡

序

10年前，一位名不见经传的中原画家的不幸早逝，意外地引起了中国画坛的极度震惊。他的遗作展被称为“非同寻常的画展”“当之无愧的经典”，他的作品被称为不仅感动着美术界的同道，也感动着无数的普通观众，而“精神”这一在当代日益显得陈旧过时、落伍的词汇，在他的作品中却令人每时每刻、无处不在地感受着。他究竟是个什么样的人呢？他作品中透出的究竟是什么样的震撼力呢？让我们寻找李伯安、寻找他一生的踪迹。

一、洛阳（1949—1959，1962—1974）

1. 环境：

（向导：郭友昭、张昭——李伯安发小）

①李伯安出生地（已改建）。

②读书时的小学、中学。

③幼时游过泳的洛河。

④王城公园和《洛阳日报》旧址，“文革”中，李伯安曾两次加入市美术创作组，在这两个地方创作过作品。

⑤与同伴一起游过的龙门、白居易墓、白马寺。

“文革”期间，曾多次骑车至龙门，探望先后在龙门西山寺沟和裴村劳动的李自强老师，并翻看苏联《星火杂志》，曾对发小说过：“一生能够画出像列宾的《沙布洛什人答苏丹王的信》这样的传世之作就够了。”

2. 人物：

①李伯英（李伯安之姐，还有李季安，李伯安之弟等）。

②郭友昭（李伯安发小，杨学忠、李超等）。

③禄济民（李伯安工友，洛阳东风轴承厂美术积极分子）。

④黄玲（李伯安在小学代课时的同事）。

⑤王绣（李伯安画友，洛阳博物馆馆长）。

⑥高林生（李伯安通信最多的一个朋友，已过世）。

二、郑州（1959—1962，1974—1998）

1. 环境：

①郑州四十中在48年前，为郑州艺术专科学校，李伯安当年就读于此。这两年对李伯安一生至关重要。

②河南博物院旧址，“文革”期间，李伯安曾被抽调到省博物院帮助搞过几次展览。

③河南出版社大楼。李伯安一生最重要的24年在此度过。

④李伯安画室。

2. 人物：

①李自强（发现李伯安，扶持李伯安，帮助李伯安从洛阳调入河南人民出版社的恩师），本身是大书法家、版画家、国画家。

②陈天然（李伯安即将调到湖北画院时，将其留下并调入河南省书画院的恩师）。

③豁志（“文革”中与李伯安一起在市美术创作组并在出版社是同事）。

④杨振熙、黄思源（李伯安出版社的同事及好友）。

⑤陈应麟（李伯安小学时的美术教师，出版社同事）。

⑥徐小龙（李伯安好友，巩义市文化馆馆员）。

⑦徐觉伟（李伯安小学、中学及美专时同学，现为河南省工艺美校退休副教授）。

⑧刘学林、孟庆瑞（美专同学）。

三、辉县、林县（向导：杨振熙、侯钰鑫）

1. 环境：

从辉县或林县入太行山写生10余年。

红旗渠，李伯安曾画过红旗渠的许多速写。

2. 人物：

①侯钰鑫（曾与李伯安一起带北京画家进太行山写生）。

②杨振熙（曾多次与李伯安一起进太行山采风）。

四、甘南和青海（向导：张明泽、韩学中）

五、北京

1. 环境：

中央美术学院旧址，生前曾到此地考研、组稿与交友。

2. 人物：

①黄永玉（李伯安去世后的良师益友）。

②韩美林（李伯安去世后的良师益友）。

③刘大为（中国美协主席）。

④杨力舟（中国美术馆前馆长）。

⑤刘勃舒（中国画院前院长）。

⑥陈钰铭（李伯安的学生及好友）。

⑦田黎明（中央美院国画系主任，李伯安作者及好朋友）。

⑧武艺（中央美院教授，李伯安好友）。

⑨谢志高（中国国画院画家，李伯安好友）。

⑩王迎春（中国国画院画家，李伯安朋友）。

(11) 马振声（北京语言学院教授，李伯安朋友）。

(12) 毛伟（中央戏曲学院教授，李伯安同事兼好友）。

(13) 张江舟（中国国画院院长助理，李伯安学生及好友）。

(14) 王颖生（中央美院壁画系副主任，李伯安学生及好友）。

(15) 胥建国（清华美院教授，李伯安学生及好友）。

(16) 段正渠（首都师大教授）。

(17) 刘进安（首都师大教授，李伯安作者与挚友）。

六、天津

1. 环境：

天津美术学院，李伯安曾来此地组稿并交友。

2. 人物：

①冯骥才。

②杜滋龄（南开大学教授，原《迎春

花》主编，最早在杂志上全面介绍李伯安）。

③陈玉圃（南开大学艺术系教授，曾告诫李伯安多次，他命不久长，须注意，但不幸言中）。

七、成都

人物：

①白德松（四川美院原国画系主任，邀请李伯安到学院讲学及画展）。

②林木（四川美院原教授，最早一批研究李伯安的人）。

③彭先诚（四川美术院一级画师，李伯安作者兼朋友）。

八、上海

1. 环境：

上海美术馆，李伯安去世 3 周年时，曾在此办过一个极为成功的画展。

2. 人物：

①丘光正（李伯安读美专时的班主任）。

②陈龙（时任副馆长）。

③李向阳（时任执行馆长，曾亲自接待龚副书记）。

九、杭州

1. 环境：

中国美术学院。

2. 人物：

①刘国辉（时任中国美院教授、系主任，鼓励师生前往上海观展，并报销路费，此画展由他和陈龙联系，促成此事）。

②闵学林（中国美院花鸟教授，李伯安作者及好友）。

十、西安

1. 环境：

“文革”中，李伯安曾来这里观看过一个全国的画展。

2. 人物：

①李世南（李伯安的作者，敬重的画家及好友）。

②郭全忠（前陕西画院院长，李伯安的好友）。

李伯安出现在 20 世纪末的中国画坛是偶然的，也是必然的，中国画家在继承传统、发扬传统的几千年实践中以及近百年来与海外艺术的交流融合中，走到今天。

《秋高图》

千年的积淀加上百年的努力，势必会产生伟大的画家。无论是在上海，还是在西安，他们的省委副书记和副省长都分别发出过疑问。而在陕西一次重要的宣传工作会议上，他们的副省长问大家：“李伯安为什么没有出现在陕西？他明明应该是我们陕西的画家！”

而在上海美术馆宽敞的大厅中，副书记龚学平回头看看一众随行人员及执行馆长李和阳问：“我们上海为什么就没有李伯安这样的画家？”遗憾中充满着不甘，但李伯安确实是彻彻底底的河南制造出品，是地地道道的河南人，河南的画家。

长卷《走出巴颜喀拉》出现在20世纪末的黄河流域及文化深厚的中原大地，是偶然的，更是必然的，在诞生过黄帝、老子、孔子的故土上，在与武宗元的《八十七神仙卷》和张择端的《清明上河图》的类比上，尽管在表现形式及内容上有很大的不同，虽然其时间跨度过长，社会和历史背景都各有不同，但论起精神，风骨，其内涵和实质确是骨血相连一脉相承的。当然，这毫无疑问。

2007年12月于郑州

（作者系河南电视台原编导）

上海观众姜伟的两封信

姜 伟

李飒：

《狂歌当哭》已收到，谢谢！

此书我会十分珍视的，原因有三：

一、此书是伯安老师所编。

二、此书是你特意邮寄给我的，情意在。

三、还记得吗？在延安饭店的客房里，你我长谈中，我说过，在中国的内地，由于经济、战乱诸多原因，文化之事比之近代有所落后，但得地气之缘，在一段时期内，50年，100年之中总会冒出一两个光彩夺目的人物，如石鲁和伯安老师，此书又是记石鲁的，无巧不成书，书在，人已走，自古英才多磨难，这种苦难对于天才本人或亲朋是不幸的，但从另一种意义上说，对历史对民族，又是幸运的，中原正气，生生不息！

上天的旨意，我认为是这样，否则无法想象和理解伯安老师的所作所为，我的一位同事这样对我说：世纪交替之际，沉寂多时的中国画坛和中国现代美术史需要这样一个横空出世的天才来照亮整个天空，这是天意，我同意，我的双眼又涌上了泪水。

想到即，写到即，胡言乱语，不过确实是真话，足矣！

你是我的兄弟！

祝

好！

姜伟

2001年4月12日

李飒：

十五六年前，我开始较有系统地研习中国山水画，曾经疯狂临写过宋元明清名家之作，许多时候真是有点废寝忘食，一段时期以后，心里觉得光临写不是出路，要有自己的东西，但你也清楚，这谈何容易，真所谓心有余而力不足。李小山的“穷途末路”之说曾让我感到震动，随着时间和生活的变迁，总觉得用水墨已无法表述心中的全部感受，随后，各种理论纷呈，就越发困惑，一个问题多年来始终存在——人类已将告别20世纪，进入21世纪，以互联网为代表的新文化正以前所未有的侵略性、颠覆性一点点逐渐占据年轻一代人的身心，中国画，一个曾经辉煌过的名词，到底能不能在新世纪的新人类心灵深处有地位？

老实说，在“李伯安画展”之前，这个问题始终解答不了，在我心里，悲观的情绪正在扩大。我已将兴趣转到现代艺术上去，广泛接触大量的现代艺术，并认为当代涌起的大量现实问题，仅靠中国画是无法尽情表述当代人复杂多变的感觉的，现在来看，我实际上忽略了一点根本性的问题，即不管时代如何变迁，总有一些带有普遍的、终结的意义的东西。它不受时间、地域、语言等方面的影响，始终潜伏在人类的心中，或隐或现，伯安老师的作品实际上是唤醒了当代人心中那可能已麻木的那些本质性的情感，那些早已融进我们心灵和血液中的对土地、对宗教、对纯真、对生命的颂歌、崇拜和向往，它再次告诉我们：凡是具真、善、美的东西，不管何时何地，总是会打动人心的。

冯骥才先生说得好——中国画的前途，只在庸才之间才会辩论不休，在天才的笔下却是一马平川，纵横捭阖，四望无垠！

感谢伯安老师，终于在新世纪第一个春天，重新告知了我这些道理，使我终于了解：为什么中华民族虽历经磨难，但始终生生不息的理由。

中原王气今何在，但见巴颜喀拉画魂在！谁说文人软弱，背后心中却是大开大阖的气魄，精神的力量令人无法想象，我在想：可能今天赞颂伯安老师的人群中，肯定不乏像我这样想法的人。

如果要我用最简单的几个字来表达心中的感受，我想用四个字——“水墨风暴”。

写于2001年4月13日

（作者系上海市电视台编导）

按语：姜伟是一个十分特殊的观众，画展尚未开始，就几乎天天来报到，对伯安作品的热爱，绝不亚于今天的年轻的粉丝们，但他信太多，情太切，文理又太能服人，实在腾不出长篇幅载他的众多文字，无奈只好随手挑了两封最短的信附上，以飨读者。

光头李飒在美国伯安学生胥建国儿子家里做客

六、其他

部分报纸与书信集

2002年3月17日 星期日 第八版　　人民日报

时代呼唤大家力作

——画家李伯安给我们的启示

王全书

▲走出巴颜喀拉·圣山之灵（中国画·局部）　　李伯安

最近几年，画家李伯安的名字越来越响亮。越来越多的人怀着热爱甚至崇敬的心情，谈论这位当代画家和他的作品。

李伯安是河南美术出版社的一名副编审，1998年5月在他五十四岁时因颈椎病引起严重脑缺血而倒在正在创作的画作前。作为一位画家，李伯安生前名气并不大。但是，在他逝世后，却获得了殊荣。全国一百四十六位画家为李伯安捐画筹款。中国美术家协会、中国画研究院、上海美术馆和河南省有关单位共同为他在郑州美术馆、中国美术馆、上海美术馆、河南博物院举办了画展、讨论会，出版了画集。他的画作《走出巴颜喀拉》引起了轰动。

产生这种现象的原因是什么？在年长于我的李伯安"十年磨一画"的日子里，我与他有过多次接触和交谈。2000年5月和2001年9月，我又多次参观了李伯安画展，认真拜读了他的画集和有关资料。我想，原因只有一个：时代造就了李伯安；李伯安为我们这个伟大的时代，为我们这个伟大的民族奉献出了伟大的作品。

李伯安自二十世纪七十年代开始业余绘画创作，专家们把他的作品分为四个部分：太行系列、头像系列、素描手稿和长卷《走出巴颜喀拉》。他的这些画作都有独特的创造，特别是《走出巴颜喀拉》，更是一件具有深刻丰富的思想容量、高超的艺术价值的中国水墨人物画的杰作。

李伯安魂牵梦绕的是通过人物画创作，来表现他对中华民族亘古久远精神的理解和体悟，尤其是想在世界画廊上，来展现我们伟大的民族。为了完成这一使命，他最终选择了黄河。他的宏愿是创作一幅浩浩人物长卷《大河上下》，从黄河发源地一直画到黄河入海口。他用群像式的构架，让代表中华民族的汉、满、回、藏、蒙古各族百姓，拥黄河而前行，九曲回环，一泻千里，归入大海。令人万分惋惜的是，他的这个宏大的构思没有完成，只画完了黄河源头的藏族。这就是中国水墨人物画长卷《走出巴颜喀拉》。

我们通常不轻易把"伟大"一词送给一位当代艺术家，因为评判艺术的价值需要时间。但是，由于颀长、白皙、腼腆、文弱的李伯安这幅气贯长虹、大气雄强的作品，对民族精神和黄河文明的描绘而呈现出来的史诗般的光辉，绘画界几乎不约而同地达成这一共识。

一个民族，尤其像世界上人口最多的中华民族，在世界上必须有自己的声音，政治的、经济的、军事的、文化的、体育的等等。在文化上，《走出巴颜喀拉》就是我们当代中华民族的黄钟大吕。我们经常呼唤精品、力作、大作的出现，《走出巴颜喀拉》就是对这种呼唤的极好的应答。

李伯安艺术创作成功的内在依据在于他献身艺术的人格精神。

李伯安是一位以艺术为生命的艺术家。就个人遭遇而言，他不是幸运者。他早年就读的郑州艺术专科学校在六十年代三年困难时期被撤销以后，为了生计，他曾经当过建筑队的小工，卖过汽水，在小学当过代课教师，在工厂当过工人。但是，穷且益坚，不坠青云之志。底层百姓的生活经历、苦难的磨练，成为他艺术创作的底气。无论什么情况下，他都不扔下手中的画笔。他到乡村、街道，为人画像，为小报画插图。

调到出版社后，他利用一切机会提高自己的艺术水平。他无数次地深入太行山区，废寝忘食地进行写生。他试图从底层百姓身上提取中华民族的伟大精神，找到属于自己的绘画语言和影子。他还利用业余时间为报刊画二十余人物插图的机会，阅读了大量文学作品，了解时代精神的走向。

李伯安用生命的最后十年，画出了《走出巴颜喀拉》。这是一个艺术殉道者感天动地撼人心魄的历程。不朽的《走出巴颜喀拉》共有二百六十六个人物，第二百六十七个就是李伯安。李伯安因此而永垂画史。

时代呼唤大气、大度、大家、大作。李伯安的出现，使人们增强了信心：我们的文艺大军是大有希望的，我们的社会主义文艺是大有希望的。我们要努力实践江泽民同志"三个代表"的重要思想，采取更加切实有力的措施，促使更多的《走出巴颜喀拉》式的大作、精品出现，促使更多的李伯安式的文艺家出现，促进社会主义文艺事业更加繁荣。

压题照片：李伯安正在创作长卷

（本文作者系中共河南省委副书记）

▼走出巴颜喀拉（中国画·局部）　　李伯安

人民论坛

一幅巨画的启示

王泽华

河南画家李伯安为创作一幅反映中华民族风骨和精神的巨画，走遍千山万水，历时十个寒暑，呕心沥血，默默劳作，不懈追求。这幅卷高两米、长一百二十一点五米的国画人物长卷《走出巴颜喀拉》，以中华民族的母亲河——黄河为创作背景，浓墨重彩，展示出一组组神州大地生生不已的旺盛物象，一张张华夏儿女山岩刀刻般的坚毅神情……给人以强烈的心灵震撼。一九九八年五月，李伯安违累带病倒在了尚在创作的人物画卷前。去年底，这幅巨作在中国美术馆展出，引起轰动。人们为巨画的神奇魅力所吸引，为画家杰出的艺术才能所折服，为画家英年早逝而惋惜，更为李伯安的品德和情操深深地打动。

《走出巴颜喀拉》被公认为是当代绘画艺术的精品，而李伯安在「艺德」、「艺品」特别在做人的修养等方面，更堪为楷模。他的艺术追求和艺术实践给人诸多启示，从某些侧面揭示了精品生产的一些成因，值得深思。

从艺德上讲，李伯安精益求精，从不急功近利。「十年磨一画」，这种认真严谨的创作精神，是不多见的。在市场的诱惑下，现在不少文学艺术工作者变得浮躁起来。个别画家拿出的明明是粗制滥造的作品，却通过各种不正当手段，将之捧为「精品」，见利忘义，沽名钓誉。而李伯安却能在市井红尘的喧嚣中，面壁十年，甘于寂实，潜心作画。李伯安的艺术实践说明，精品的问世不仅需要才华，更需要苦苦求索的精神和脚踏实地的耕耘。

从艺术品位上讲，李伯安鄙夷不良文化倾向，安于清贫，不媚世俗，守住自己的「精神家园」。他所追求的，是刻画出我们伟大民族的风骨与灵魂。纵观科学文化艺术发展史，可以看到，一个人的艺术成就与他的思想文化修养有着密切的关系。忽略个人修养，忽视知识补充与创新精神，靠迎合低俗心理，靠钻评奖「空子」来抬高身价，是站不住脚的。精品，应像《走出巴颜喀拉》那样，源于生活又高于生活，继承传统又独创新局。正像人们可能不知道梁斌、徐光耀，但不会忘却《红旗谱》、《小兵张嘎》一样，真正的艺术精品，会随着时间的推移，愈加显示出独特的价值、魅力与光泽。

中国有句古话：「大音希声，大象无形。」这是文化先哲所揭示的艺术创作的一条重要规律。只有像李伯安这种胸襟开阔、心无俗累的人，才能将这样的精品奉献给人间，青史长存。它可以使人的思想升华，进入一个新的境界！

李伯安的成功艺术实践和他高尚的思想品德是我们学习江泽民同志「三个代表」重要论述，思考先进文化的深刻内涵，推进有中国特色社会主义文化建设的生动教材，也是一笔弥足珍贵的精神财富。

愿将此文，化作献给李伯安的一支深情的歌……

李伯安的《走出巴颜喀拉》

李伯安以10年的心血乃至付出生命创作而成的百米巨幅人物画长卷《走出巴颜喀拉》异军突起于中国画坛，其创作风格令人耳目一新。

李伯安专情于伟大崇高的民族风骨的呈现，这不仅表现在他对太行人及黄河文明的题材选择上，更表现在他因此而进行的独到的形式探索和创造上。

李伯安不满足于以阴柔优美为特色的传统中国画形式，而立足于中国意象思维和情感表现，以精神性为先导，以神写形，因心再造，把中国人物画的意象表现提升到一个新的高度。他大胆借鉴西方版画和雕塑的表现性，强化黑白冲突，注意块面对比，化多种绘画因素为结构关系，对传统笔墨进行现代形态的转化。李伯安对水墨人物画的探索给当代中国画坛以重要启示。其雄浑大气的作品回应着世纪初对汉唐雄风的呼唤，启示着21世纪自信自强的中华艺术的崛起。

朱　文

▲《走出巴颜喀拉》之一：圣山之灵（中国画局部）

地址：北京金台西路2号　电话：总编室 65091728　经理部 65092664　广告部 6509[illegible]

14

文艺报

中国作家协会主办

第143期

《〈文艺报〉创刊50周年纪念图集》正式发行

以生命为代价，十年磨一画

146位画家共筹一位艺术的[illegible]

不倒的"巴颜喀拉"

——记已故画家李伯安和他的画展

□本报记者　高小立

第十九届中国电视"飞天奖"颁奖典礼在长沙举行

第三届香港文学节开幕

承受焦虑

北京音乐厅抒发《中国豪情》

女作家赵清阁逝世

张白山逝世

《人民日报》《文艺报》等报纸刊载内容

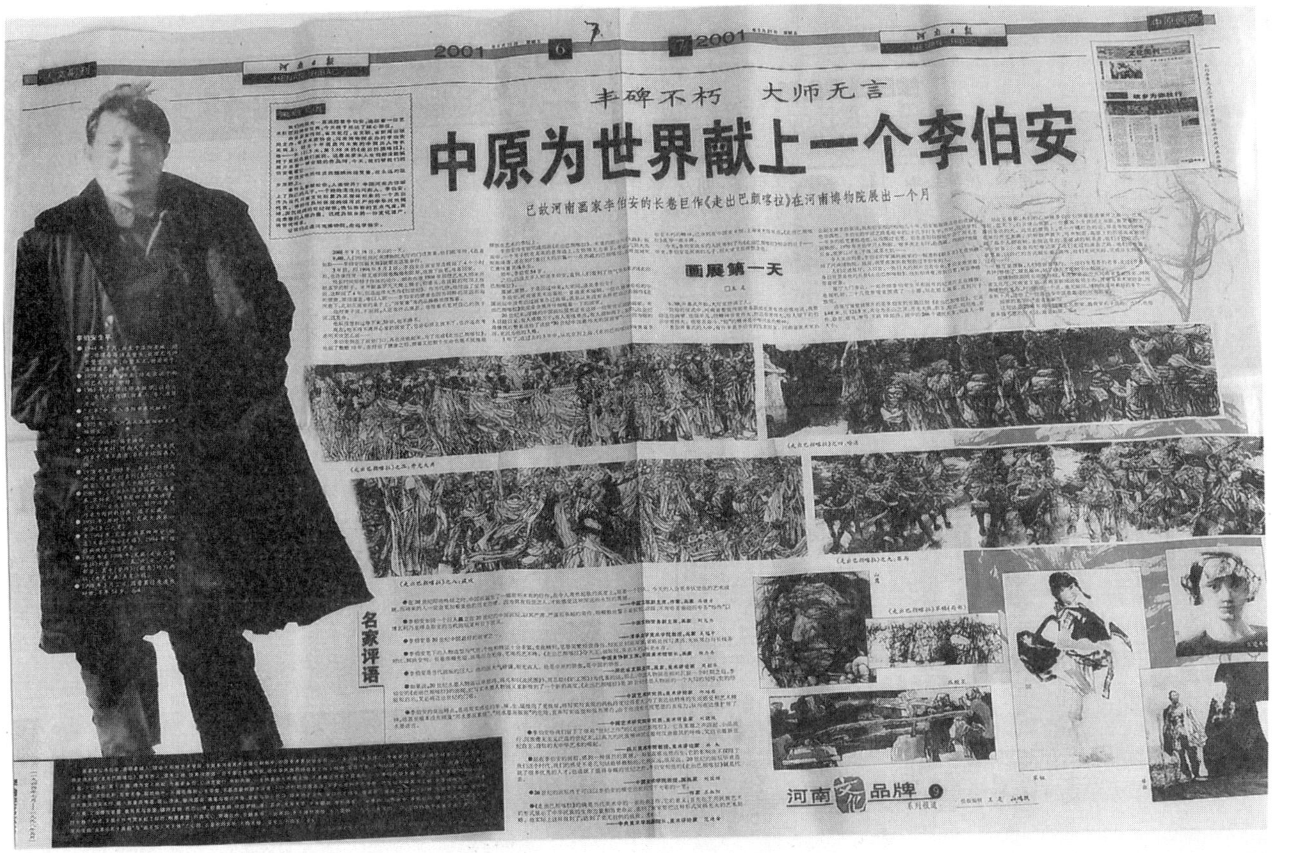
2001 6 7 2001

河南日报

丰碑不朽　大师无言

中原为世界献上一个李伯安

已故河南画家李伯安的长卷巨作《走出巴颜喀拉》在河南博物院展出一个月

画展第一天

名家评语

河南文化品牌

河南日报

文化周刊

HENAN RIBAO WENHUA ZHOUKAN

送李伯安去上海

丰碑：《走出巴颜喀拉》

李伯安　故乡为你壮行

永远的震撼

永恒的圣洁

刘勃舒访谈

河南文化品牌

18 大河报 新闻周刊

李伯安：20世纪末一位最纯粹的艺术家

在"李伯安遗作展"开幕式上的开场白

情义无价

名家评说李伯安其人其画

美术

《河南日报》《大河报》刊载内容

中国书画报

月末版

主办单位：天津美术学院 出版单位：中国书画报社 国内统一刊号：CN12—0021

二〇〇〇年三月三十日 星期四 第二十六期（总九三三期） 本期六版

顶天立地

——刘勃舒谈李伯安及其作品

永远的巴颜喀拉

4 彩色画刊

2001年4月19日 星期四

他倒在自己的作品前

——《李伯安画展》作品选刊

传真：52921331 Email:whbbh@wxjt.com.cn

笔会

对奇才李伯安的思考

■冯骥才

从太行到巴颜喀拉

■杜天俊

中国文化名家影像

China art weekly

美術報

2001年3月31日 星期六 本期32版

国内统一刊号：CN33-0071

邮发代号：31-10

国外发行代号：4773D

网址：http://art.zjdaily.com.cn

总第385期

中国美术学院 浙江日报报业集团主办

李伯安画展即将在上海举行

难忘李伯安

众家评说李伯安

共商未来

舒同作品真伪案作出终审判决

《中国书画报》《解放日报》《文汇报》《美术报》刊载内容

李伯安感动了省委书记

2001年4月8日 星期日

魂归巴颜喀拉

——记"李伯安画展"

DAHE DAILY

茶坊/专题 33

李伯安画集

在"世纪回顾——李伯安艺术研讨会"上的发言

李伯安作品中形象的力量

怀念伯安

6 文体

长篇巨作《走出巴颜喀拉》

李伯安画展将在上

山西日报 2004.4.16

文娱空间

2004年4月16日 星期五

李伯安10年绘就的百米长卷，是我国水墨人物画有史以来规模最大的巨制

震撼人心de"巴颜喀拉"

吉林日报

第十一期

藝術廣場

民族风骨 世纪巨制

——读李伯安人物画有感

速朽与不朽

一批清代书画作品被发现

中国艺术展在澳门特区举行

西部晨风 2001.7.12

8 人物读书·电视

名家评伯安

《河南工人日报》《吉林日报》《山西日报》《解放日报》《西部晨风》等刊载内容

金台艺廊

走出巴颜喀拉

——冯骥才论李伯安其人其画

初见李伯安，他可完全不像那种矮壮敦实的河南人。他清瘦，白皙，谦和，平静，绝没有京城一带年轻艺术家的咄咄逼人和看上去的高深莫测。可是，他一打开画作，忽如一阵电闪雷鸣、挟风卷雨，带着巨大的轰响，瞬息间就把我整个身子和全部心灵占有了。我看画从来都十分苛刻和挑剔，然而此刻却只有被征服、被震撼、被惊呆的感觉。这种感觉真是无法描述，更无法与眼前这位瘦弱的书生般的画家李伯安连在一起。但我很清楚，我遇到了一位罕世和绝代的画家！

当然，最强烈的震撼感受，还是置身在《走出巴颜喀拉》这百米巨作的画前。从历代画史到近世画坛，不曾见过如此的画作——它浩瀚又豪迈的整体感，它回荡其间的元气与雄风，它匪夷所思的构思，它满纸通透的灵性，以及对中华民族灵魂深刻的显现。在这里——精神的博大，文明的久远，生活的庞杂，历史的变迁，这一切我们都能有血有肉、充沛有力地感受到。它既有数千里的横向气势，又有入地三尺的纵向深度；它本真、纯朴、神秘、庄重……尤其一种虔诚感——那种对皇天后土深切热著的情感——让我们的心灵得到净化，终到飞升。我想，正是当代人，背负着几千年的历史变迁又经历了近几十年的社会动荡，对自己民族的本质才能有此透彻的领悟。然而，这样的连长篇史诗都难以放得下的庞大的内容，怎么会被一幅画全部呈现了出来？

现在我才找到伯安早逝的原故。原来他把自己的精神血肉全部融进这幅画中了！

在本世纪即将终结之时，中国画诞生了一幅前所未有的巨作。在中国的人物画令人肃然起敬的高度上，站着一个巨人。

今天的人会更多认定他的艺术成就，而将来的人一定会更加看重他的历史功绩。因为只有后世之人，才能感受到这种深远而永恒的震撼。

人民日报
市场报
99.12.4

《走出巴颜喀拉》之一：圣山之灵（局部）李伯安

上海美术馆之友 2001年

记　者：您对于上海美术创作形势的总体感觉？有什么希望？

方增先：人物画是一个很重要的领域，现代西方画人物的多，而中国画得少了，其实人物画是比较有内容可以表现的。艺术表现是离不开人的。就算画花鸟，也要体现一种拟人的情感和意趣，而画人物则更直接，表现的空间也大。

总觉得中国的人物画应该逐渐繁荣兴盛起来才好，它的衰落可能是由于在表现的难度上大了一点，没有花鸟画那样活泼、随意、契合意笔的风格。还有一个就是市场的问题。艺术与社会经济、个人收入之间是有矛盾的，要承认这一点。李伯安十年作一幅，令人敬佩，有志者事竟成。对于国家、民族，这样的大画是很需要的，也应该有更多的人去创作。

记　者：美术馆把李伯安请来，也是为了做这方面的推动吧。

方增先：有志的人应该耐得住寂寞，我认为上海会有这方面的人。

2001年8月

文化/深读　C5

本报独家专访哈维·韦斯特——

为中国艺术奔走的美国人

哈维夫妇

9月26日，艺术家哈维·韦斯特携夫人姚小波，应著名画家李伯安夫人张黛女士及河南博物院之邀，飞抵郑州。9月27日，哈维夫妇一行参观河南博物院，开始了他们的中原艺术之旅。一位来自异国的艺术家，为什么对中国的传统艺术情有独钟？带着这些问题，本报记者对哈维夫妇进行了独家专访。

缘起

“为中国艺术做点事情”

爱恋

“我和她是一个人”

哈维修复的中国古家具

赏识

“李伯安是一位伟大的画家”

艺术家哈维·韦斯特

02　大河美术　ARTS OF DAHE

《走出巴颜喀拉——圣山之灵》

逝去与永恒　画家李伯安带给我们哪些思考？

◆文/见习记者 张晗

冯骥才说，在20世纪终结之时，中国画诞生了一幅前所未有的巨作；在中国人物画令人肃然起敬的高度上，站着一个巨人。“巨人”“巨作”，如此至高评价，说的就是河南画家李伯安和他的长卷《走出巴颜喀拉》。生前一直默默无闻，甚至是谦卑、文弱的李伯安缘何创作出如此摄人心魄的经典巨作？他的作品蕴含着什么样的文化价值？在李伯安逝世20周年之际，本报聚焦李伯安及其传奇之作，回顾其艺术历程，梳理留存他带给我们的宝贵精神财富。

《走出巴颜喀拉——欢急》（局部）　李伯安作品

十年一画　铸就高峰

人生朝露　艺事千秋

大师无言　丰碑不朽

《钟馗》 80.5cm×132cm

《走出巴颜喀拉——晋马》

《人民日报》《大河美术》《郑州晚报》《上海美术馆之友》刊载内容

上海商报

2001年4月10日 星期二

他，向巴颜喀拉走去

生活画刊

《走出巴颜喀拉》之十《天路》（局部一）

8

文化视点

魂牵“巴颜喀拉”

关于巴颜喀拉

名家评论伯安其人其画

2001年5月25日 星期五

城市导报

特稿

上海大观园

1999年12月24日 星期五

文汇报

永恒的震撼

有所思

江山需要文人捧

学习四问

《新闻午报》《上海商报》《城市导报》《文汇报》刊载内容

李伯安和他的《走出巴颜喀拉》

特别报道
世纪绝唱 中原赤子
"逝者如斯——李伯安国画大展"座谈会纪要
大河报摄影部

洛阳日报 星期刊
LUOYANG DAILY WEEKLY
李伯安：跨越世纪的震撼

人物
"巴颜喀拉"崛起的背后
生活与创作
成长与性情

《河南工人日报》《大河报》《洛阳日报》《东方家庭报》刊载内容

魂系巴颜喀拉的画家李伯安

黄河之子的艰难人生

情系巴颜喀拉

丝画生命中的太行山

广州日报 2003.4.13

李伯安，倒在精神朝圣的路上

李伯安巨制遗作《走出巴颜喀拉》今日起在广东美术馆展出，展期至 4 月 20 日

李伯安造作《走出巴颜喀拉》局部。

十年心血融画中

李伯安遗作展

深圳特区报 2003年10月19日 B2版

走出巴颜喀拉

——李伯安画展赏析

南新快报 2003.4.25

不能作画，生不如死

从现实主义到表现主义

暗的画是传世的

羊城晚报 4月10日 B7版

失去了才觉得珍贵？

羊城晚报 1月20日 B4版

《广州日报》《深圳特区报》《羊城晚报》刊载内容

河南日报 中原风 | 11

万里黄河铸画魂

PAGE 10 SHANGHAI DAILY ◆ FRIDAY JANUARY 7, 20

what's on

A new voice in Chinese art

Wang Jie

"Li Bo'an's paintings should be regarded as a national treasure," said Liu Dawei, vice president of the Chinese Artist Association, after seeing the painter's works.

The National Art Gallery in Beijing, agreeing with this assessment, is now discussing with Li's family a collection of all his paintings.

Unfortunately, the accolades come too late — Li Bo'an is already dead. He remained unknown all his life, even among art experts in China.

Born in 1944 in Luoyang, central Henan Province, Li had almost sacrificed everything to pursue his art, but it was not until after his death, on May 2, 1998, that his labor began to pay off.

Viewers are immediately gripped on closer inspection of his ink-and-wash paintings, which are imbued with a monastic silence. Unlike the hackneyed motifs of traditional Chinese paintings, such as landscapes, flowers and birds, Li's works focus on people, particularly peasants in desolate areas.

His crowning achievement is a 121.5-meter-long and 2-meter-high work, "Walking from the Origin of the Yellow River." With its source on the Qinghai plateau in northwest China, the river is both a cradle of Chinese civilization and its bane, through frequent flooding. Li took great inspiration from the river and from the life and struggle of people living along it.

Insightful art critics have long held that depicting people, instead of landscapes, could touch the spiritual world in a direct and powerful way. Yet few Chinese artists seem to heed their words. As a result, the rice paper continues to be dominated by tradition.

Li's work is an exception.

"I first met him in 1995," said Feng Jicai, a best-selling author, who has written a foreword to a reproduction of Li's sketch-book. "I remember the man was quite thin and shy. It's hard to believe that he could create such powerful works."

The 266 life-sized figures in the Yellow River scroll include an old woman with a weather-beaten face praying in the wind, Tibetan pilgrims on their long journey to a shrine, and a host of other country folk.

"He did not intend to highlight the individual," said Feng. "The figures that flowed from his brush surpass time and space, and reflect a sheer beauty of life and a meditation on history."

Eschewing the delicate lines of traditional painting, he followed the technique of agglomeration used in woodcut and sculpture, combining it with sketchy brushwork and ink wash.

His works unfold a spiritual depth to the viewers, affording them endless opportunities for interpretation. There are many answers to be found in a personal dialogue with Li's art.

"Li was a rare martyr for art," lamented Feng. "In this money-oriented world, he stuck to his faith, unconcerned by material success."

This was partly the reason why Feng was keen to see Li hold his solo show and volunteered to write the introduction for the show.

"Since then, I waited and waited, but to no avail" Feng said.

"Although his death caused many regrets, his works will undoubtedly remain an eternal shock in art history."

Feeling that the artist was unfairly neglected, Feng questioned the responsibilities of the media, who paid him no attention when he was alive.

"Some artists manipulate the media to promote their works," said Feng. "They become very successful and make a fortune." But Li never cared about material gain. Feng feels that Li found the pure spirit of man and became one with it. Perhaps Li Bo'an unwittingly defined the true meaning of what it is to be a real artist.

关注 Guanzhu 中国书画报 13

李伯安 艺术家的精神

专题

2007年5月20日 星期日

纪念李伯安先生逝世9周年

8 焦作日报 副刊

从太行山到巴颜喀拉山

——忆李伯安

《河南日报》《上海日报》（英）《中国书画报》《新民晚报》《焦作日报》刊载内容

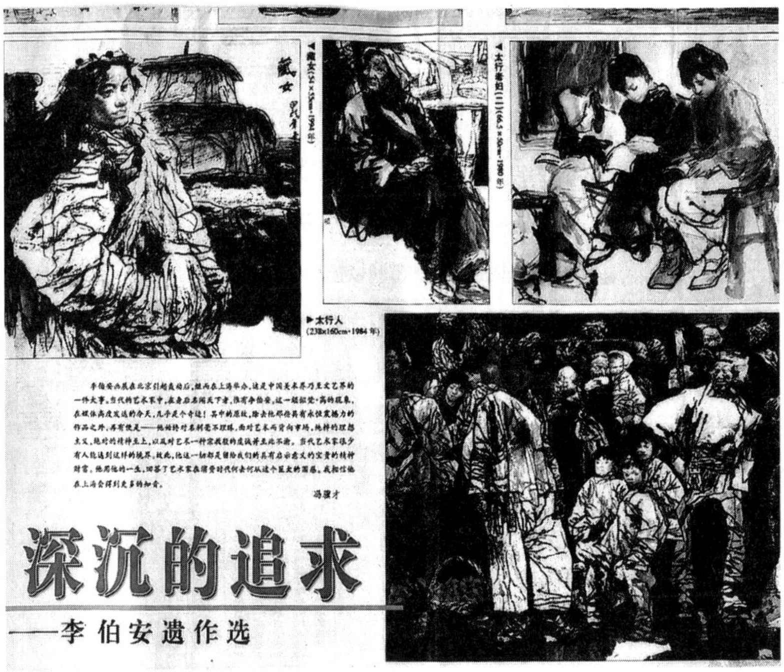

▶太行人
(238×160cm・1984年)

深沉的追求

——李伯安遗作选

冯骥才

2000年1月22日 星期六 第七版

永恒的震撼

冯骥才

（此文是作者为李伯安画集写的序言，本报有删节）

6 文汇报 文化新闻·新书摘 2001年4月10日 星期二

十年心血凝长卷 留得魂宝慰画魂

巴颜喀拉屹立不朽身影

李伯安遗作在沪展出引起美术界广泛关注

三部电视剧比拼见高低

让芭蕾走近大众

4 上海美术馆之友 2001年4月

淡泊名利的艺术赤子

——李伯安其人其画

2007年10月 专题 第十七版

李伯安与他的《走出巴颜喀拉》

李伯安画展在重庆美术馆展出

同时举办李飒画展

李飒

——一个描绘心灵的画家

书讯

李伯安画集

《文汇报》《人民日报》《书法导报》《上海美术馆之友》刊载内容

青年导报 赏读·艺术 15

李伯安与他的《走出巴颜喀拉》

洛阳晚报 本埠特稿

生命的巴颜喀拉

本世纪最伟大的国画家——李伯安

“大气磅礴，豪气逼人” “前无古人，后无来者”

李伯安画展在京引起轰动

身家性命水墨中——感悟李伯安

《李伯安画集》出版

东方家庭报 文化

张黛与李伯安的倾城之恋

思想的行程

化蛹成蝶

城的灯

《青年导报》《洛阳晚报》《东方家庭报》刊载内容

寂寞生前 名满身后

纪念已故画家李伯安

李伯安简介

李伯安画展在并举办

李伯安与梵·高现象

映山红花追开时 人物画坛怀"二李"

永恒的震撼

留言簿在娓娓诉说

人物

圣洁的生命绝唱

文体新闻

长篇巨作《走出巴颜喀拉》震撼人心

李伯安画展将在上海举行

美术副刊

民族风骨 世纪巨制

——李伯安人物画展作品选

中华民族文化的自豪

留得绚丽在人间

《三晋都市报》《杭州日报》《老人报》《浙江青年报》《山西日报》《文汇报》刊载内容

东方家庭报 文化

从太行到巴颜喀拉

——忆李伯安

作家文摘 忆文撷英

父亲的红舞鞋

——回忆我的父亲李伯安

永远的怀念

伯安先生二三事

怀念李伯安

南方周末 2002.10.24

C20 艺术

李伯安：当代画坛的一粒后悔药

著名画家李伯安8周年祭

超越时空的走出巴颜喀拉

新民晚报 2001年8月21日

力拔山兮气盖世

——李伯安的人物画

《东方家庭报》《南方周末》《作家文摘》《郑州晚报》《新民晚报》刊载内容

生命的绝唱
——纪念李伯安逝世五周年
李伯安年表
文无反顾：太行山人魂承巴颜喀拉
石破天惊：艺术赤子遗作好评如潮

李伯安与他的《走出巴颜喀拉》

从太行到巴颜喀拉
——忆李伯安
友情基金

永远的怀念
伯安先生二三事
难道不该吗

永恒的震撼
——《李伯安画集》序
民族风骨 世纪巨制
李伯安其人其画
忆昔
太行情思
父亲的红舞鞋

生命的赞歌
——《走出巴颜喀拉》简介
《走出巴颜喀拉》的魅力
怀念伯安
文娱广场

《郑州晚报》《河南日报》《河南新闻出版报》《青年导报》《南方日报》》刊载内容

新民晚报 2001年4月4日 星期三

三年前他无声地倒在巨幅画作前

“李伯安”值得看

新民晚报 2001年4月5日 星期四

“巴颜喀拉”前的不朽身影

李伯安走出巴颜喀拉

畫人剪影

楊永權

李伯安作《走出巴颜喀拉》之十（天路）

澳门日报 2003.4.10

下接 4月11日报

特别报道

巨制未完画家遽然长逝

李伯安画展给予南国观者强烈心灵震撼，其妻张焱深情回忆寄托哀思

斗室诞出大制作

没有等到喘息日

殉身艺术得其所

自我施压近乎酷

專家解讀　李伯安《走出巴颜喀拉》

香港书画报 2003年6月18日 周三 2版

人生天地

魂系巴颜喀拉

处世良言

新乡日报

《新民晚报》《羊城晚报》《澳门日报》《新乡日报》《香港书画报》刊载内容

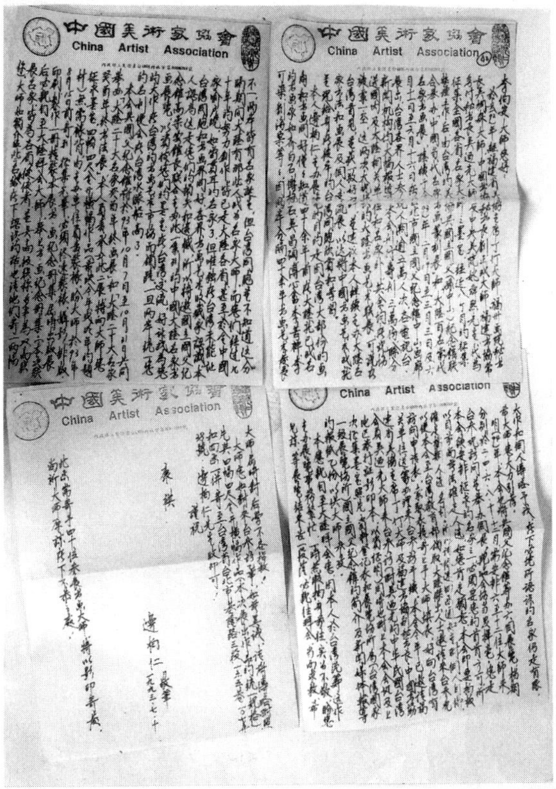

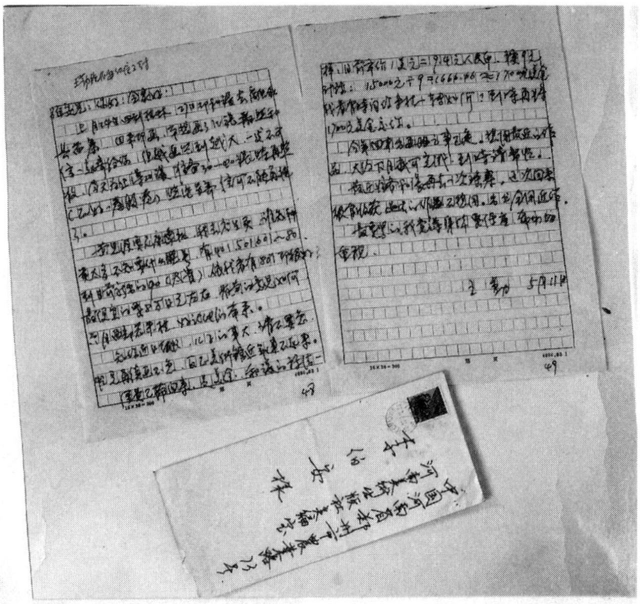

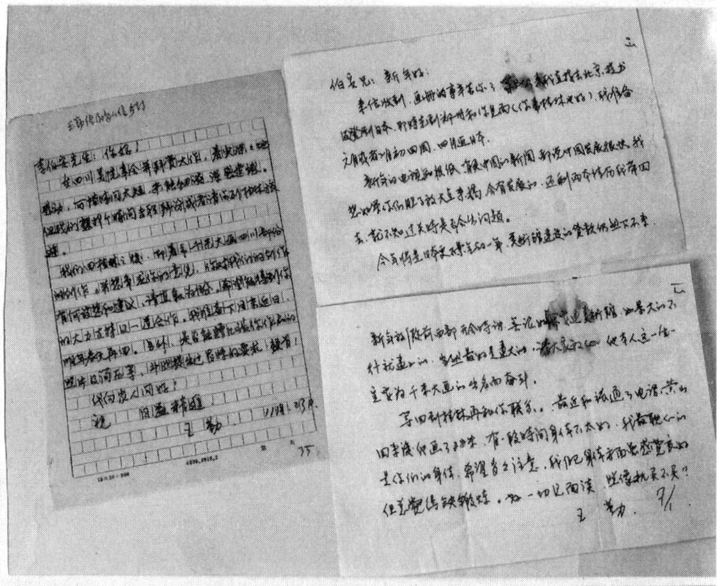

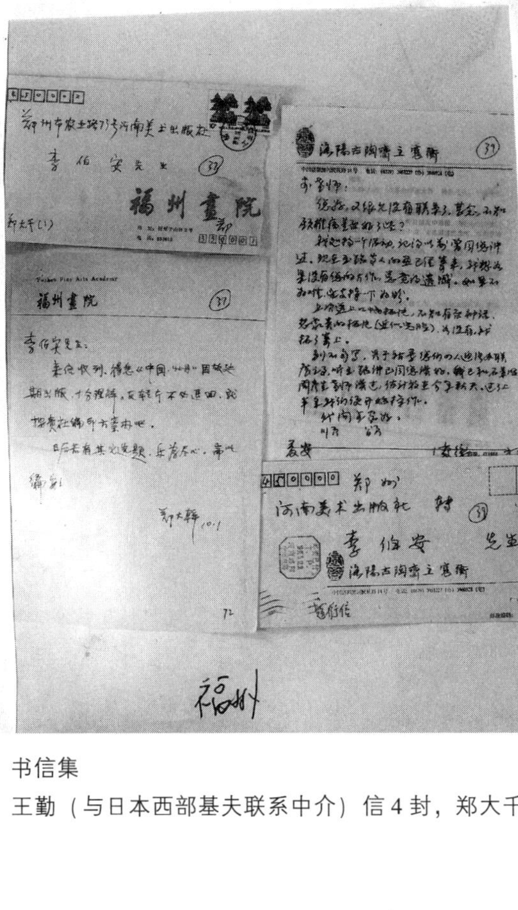

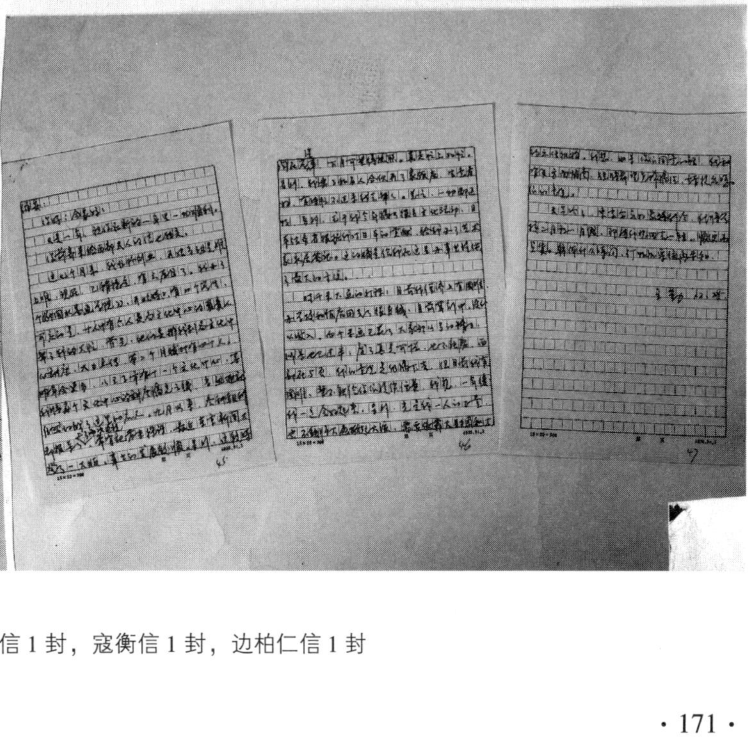

书信集

王勤（与日本西部基夫联系中介）信4封，郑大千信1封，寇衡信1封，边柏仁信1封

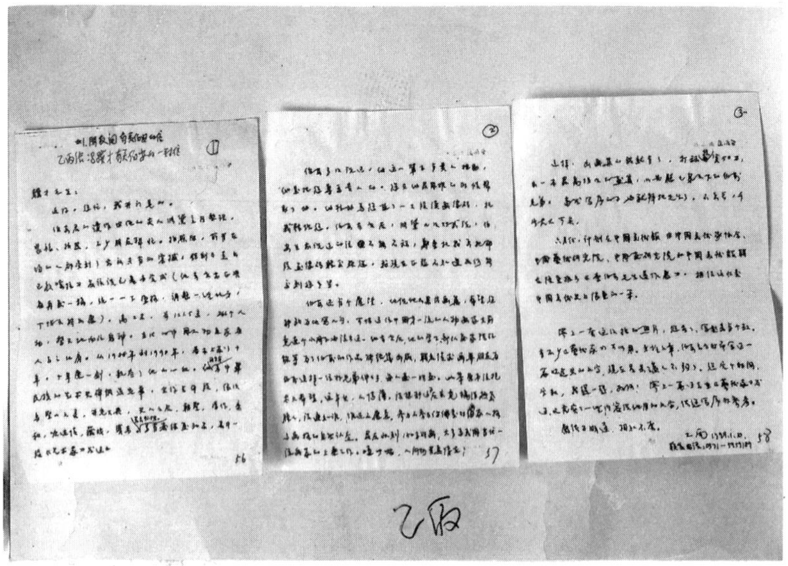

乙丙

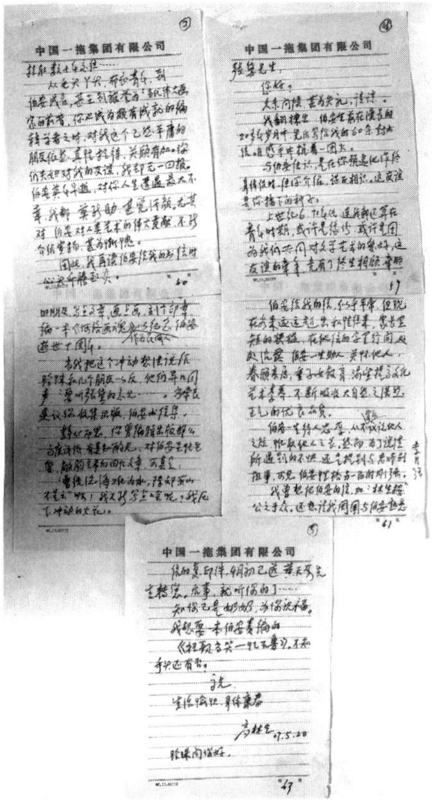

中国一拖集团有限公司

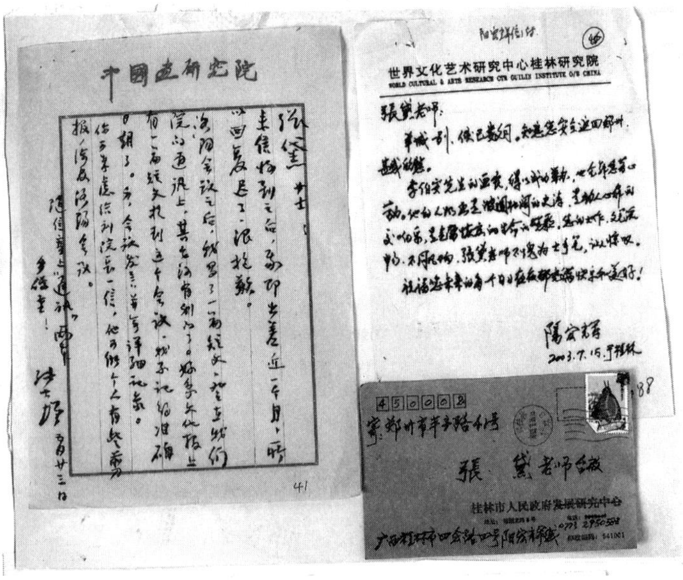

中國畫研究院

世界文化艺术研究中心桂林研究院
WORLD CULTURAL & ARTS RESEARCH CTR GUILIN INSTITUTE OF CHINA

張黛老师：

桂林市人民政府发展研究中心

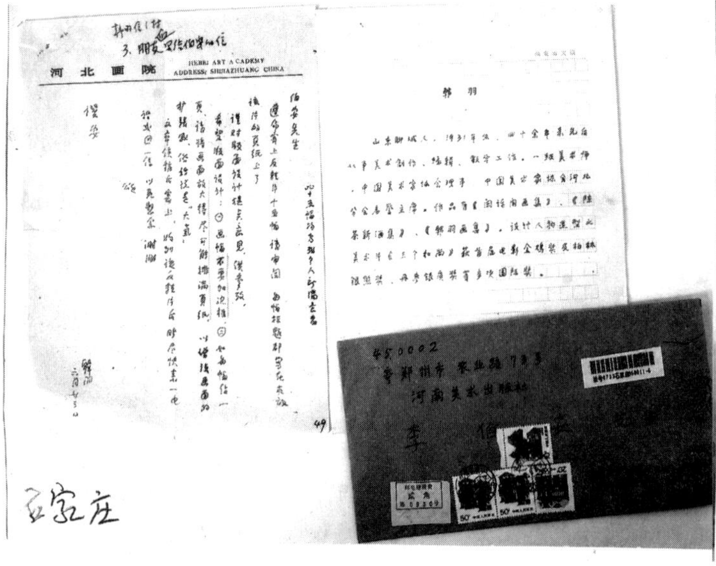

河北画院
HEBEI ART ACADEMY ADDRESS: SHIJIAZHUANG CHINA

韩羽

河南美术出版社

石家庄

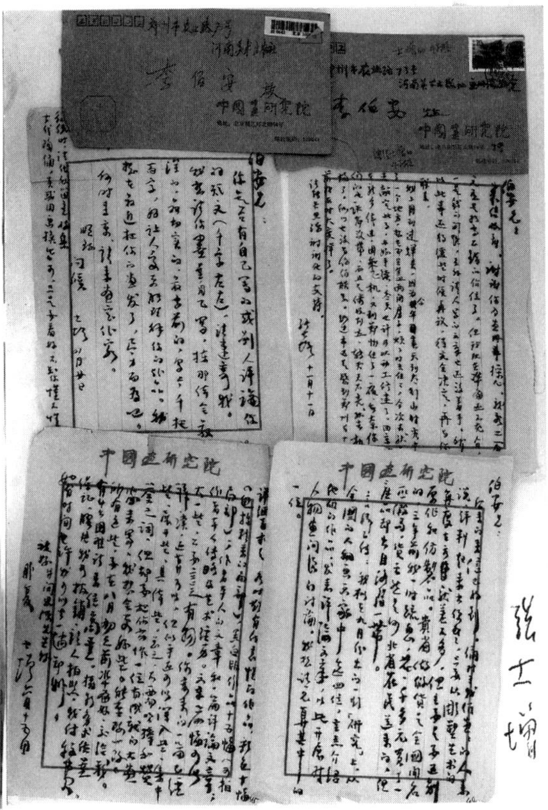

中國畫研究院

李伯安

张士增

乙丙给冯骥才关于李伯安的信，韩羽给李伯安的信，高林生信 1 封，张士增信 4 封・阳宏辉信 1 封

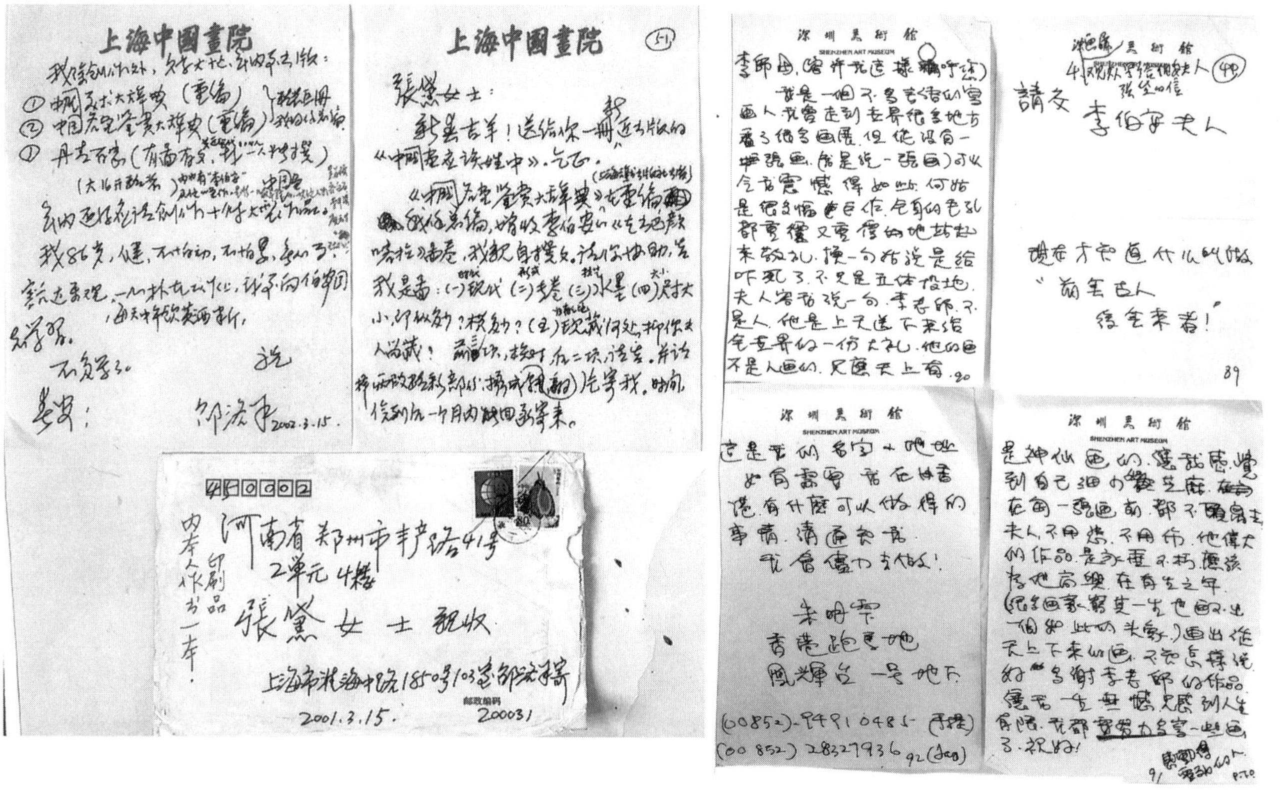

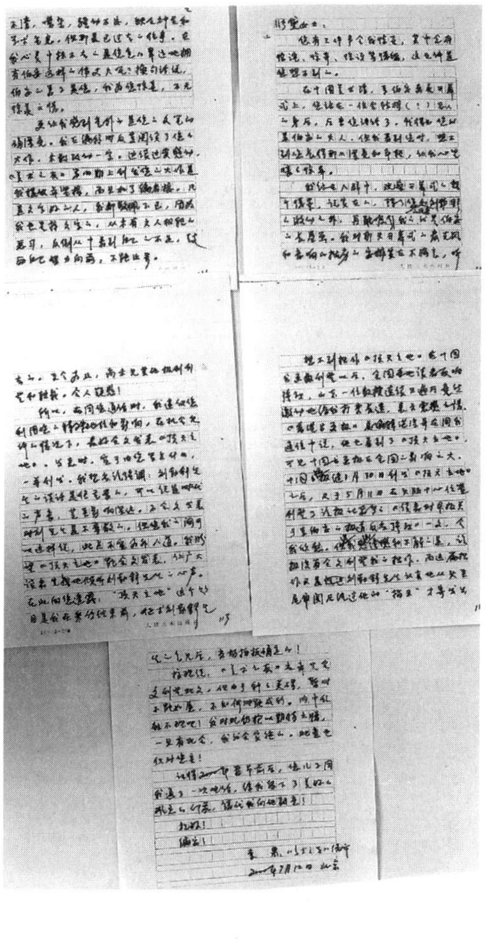

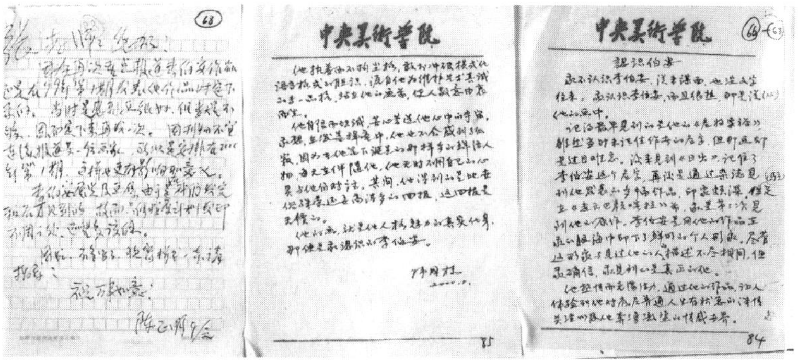

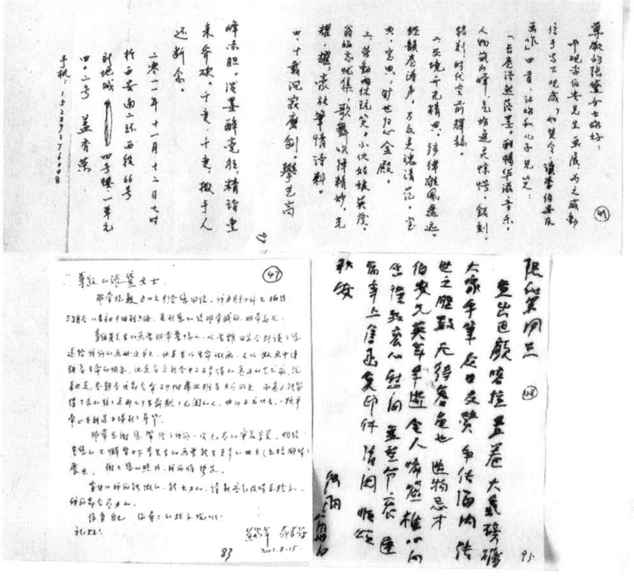

黄蜀芹夫妇、韩国臻、邵洛羊先生、朱明霞、李果、陈正明、盖秀荣（香港观众 2002 年于深圳观展后悄悄将此信塞入张黛袋中）其旅友也给张黛 1 封信

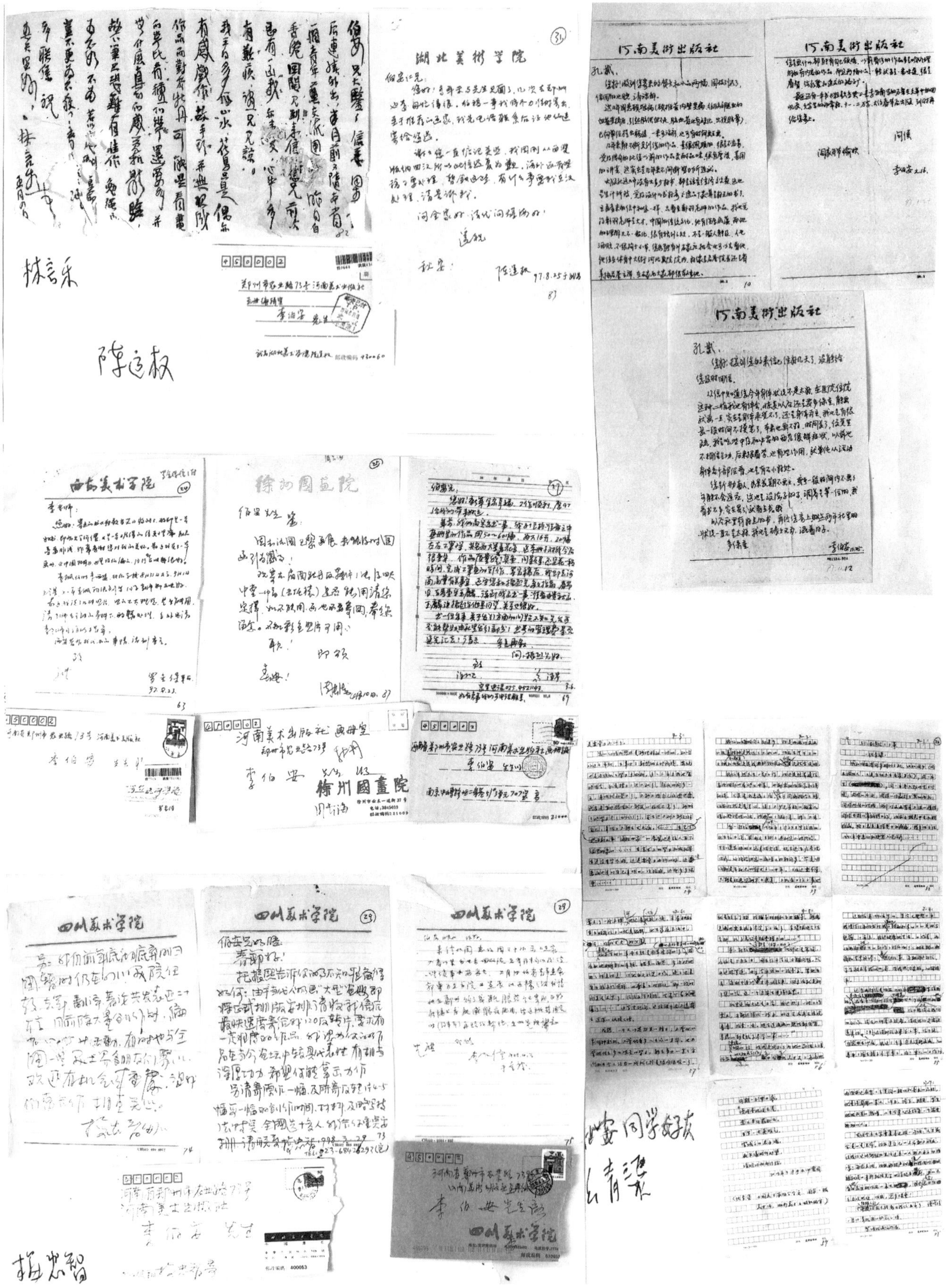

周长海信 1 封，李文信信 1 封，李伯安给孔紫信 2 封，林言乐信 1 封，陈运权信 1 封，梅忠智信 1 封，张青渠信 1 封，罗金保信 1 封

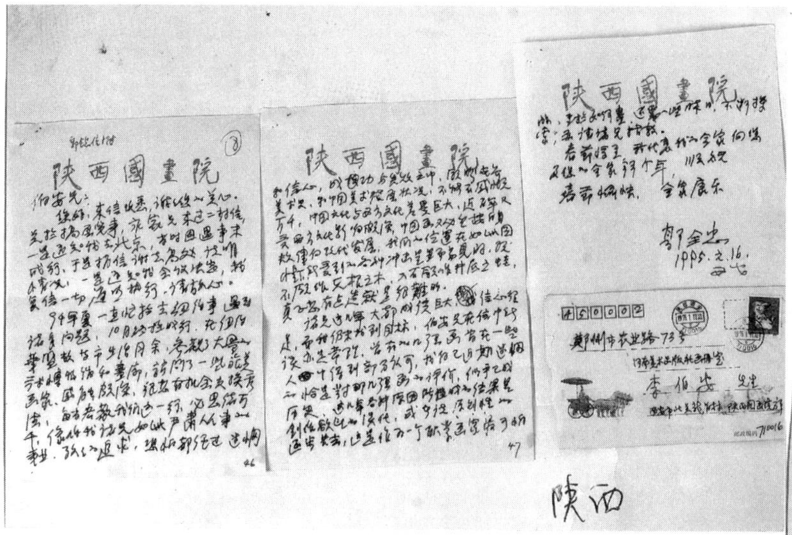

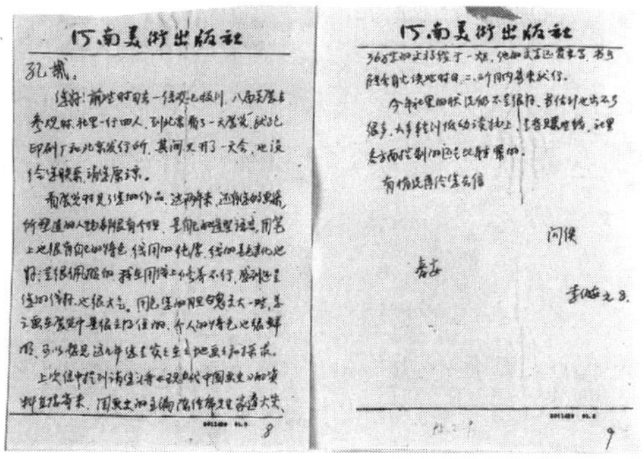

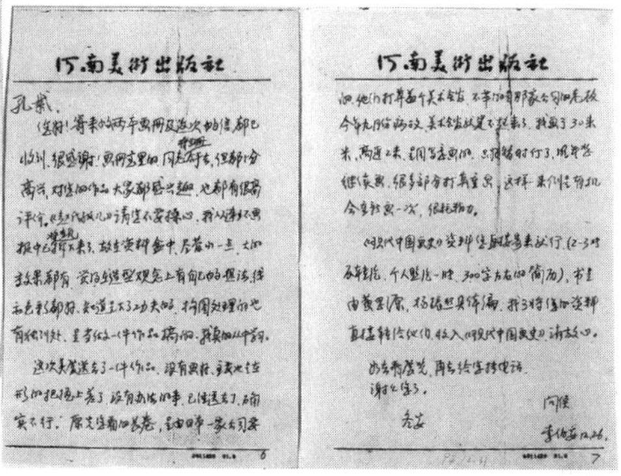

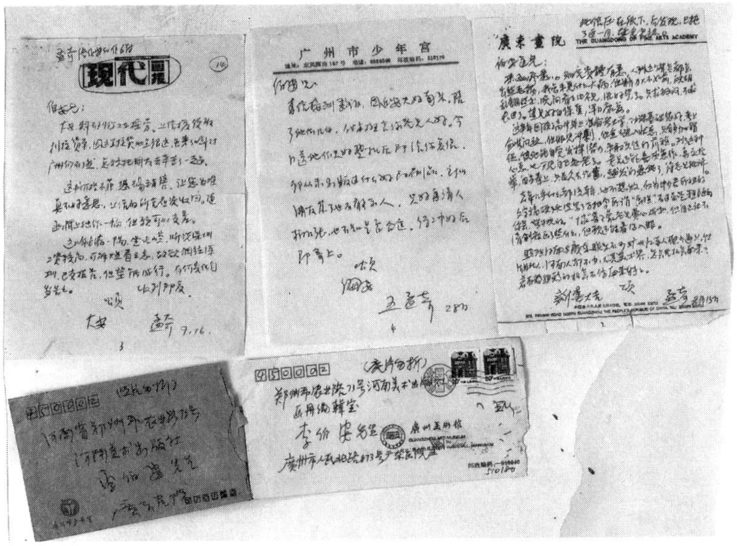

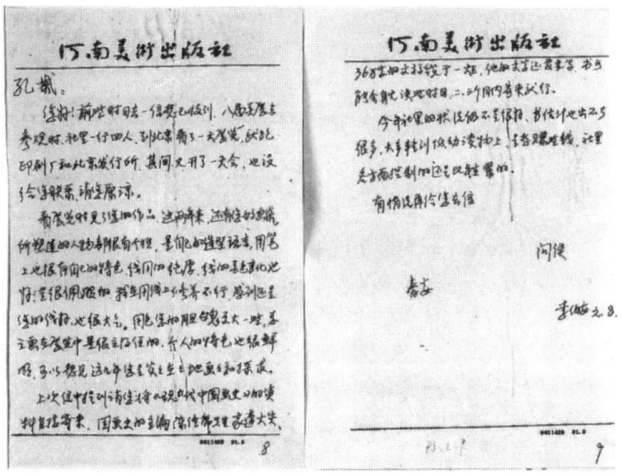

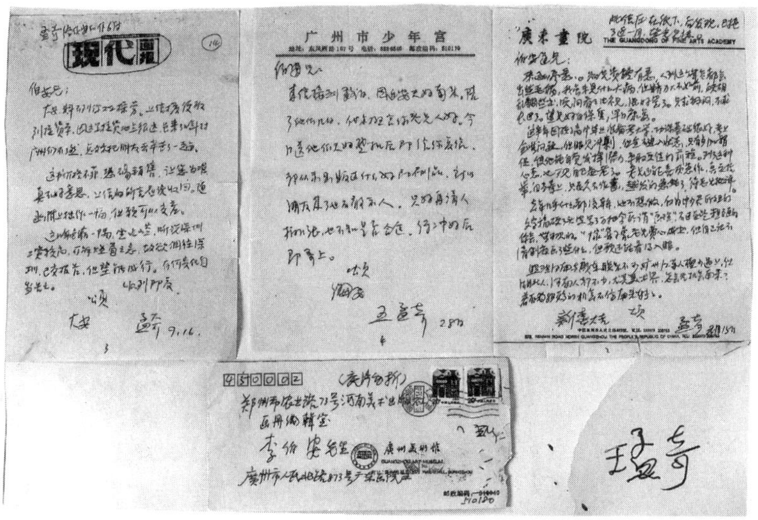

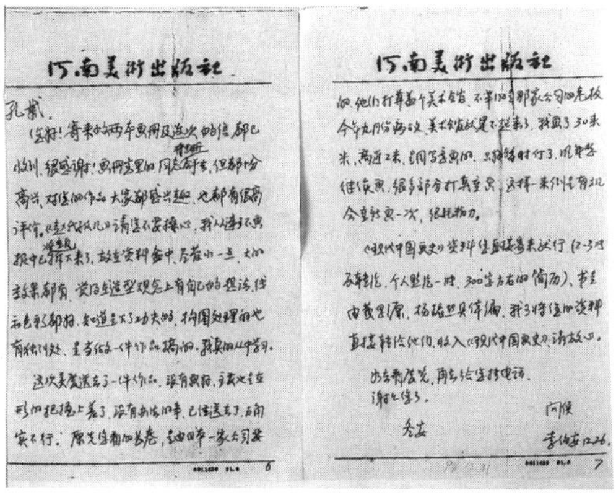

王孟奇信 6 封，郭全忠信 1 封，李伯安给孔紫的信 4 封

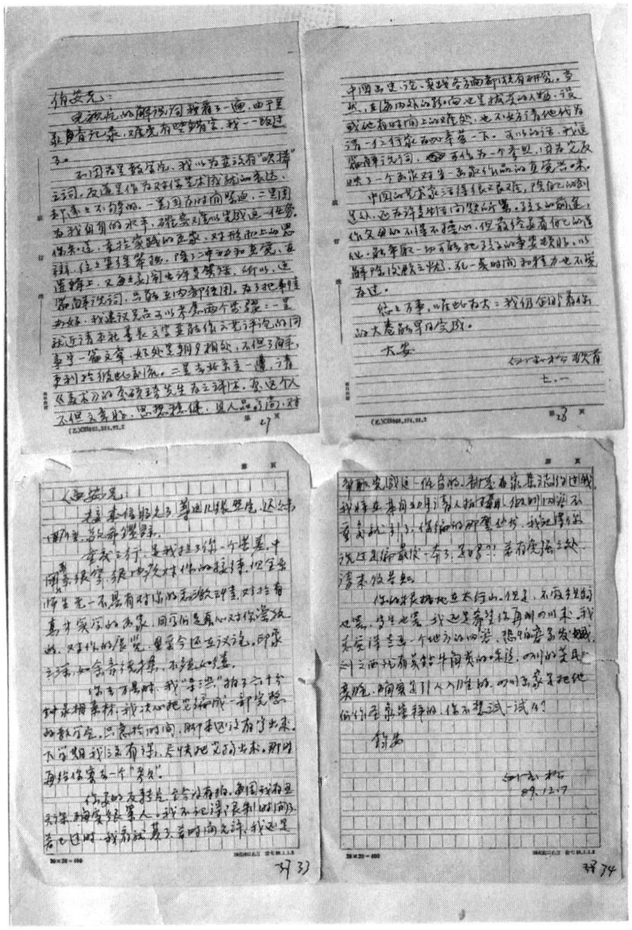

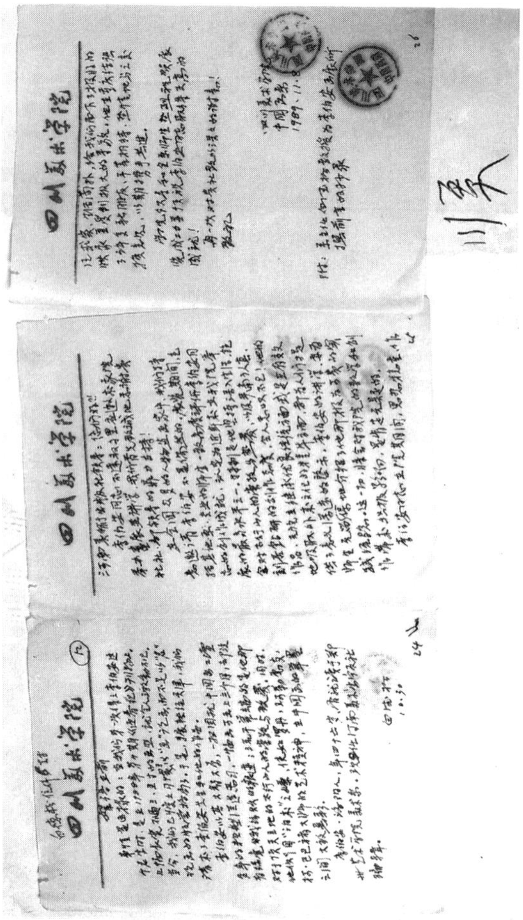

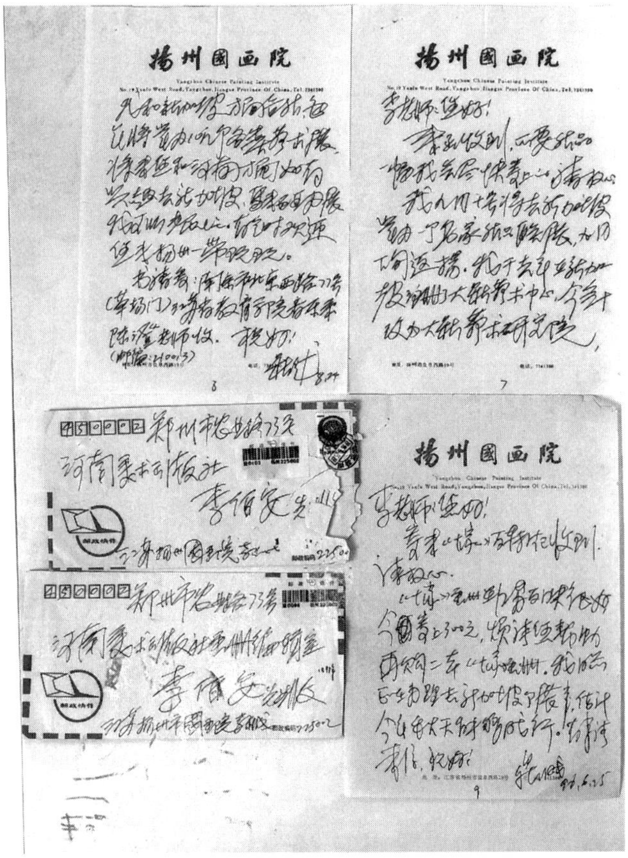

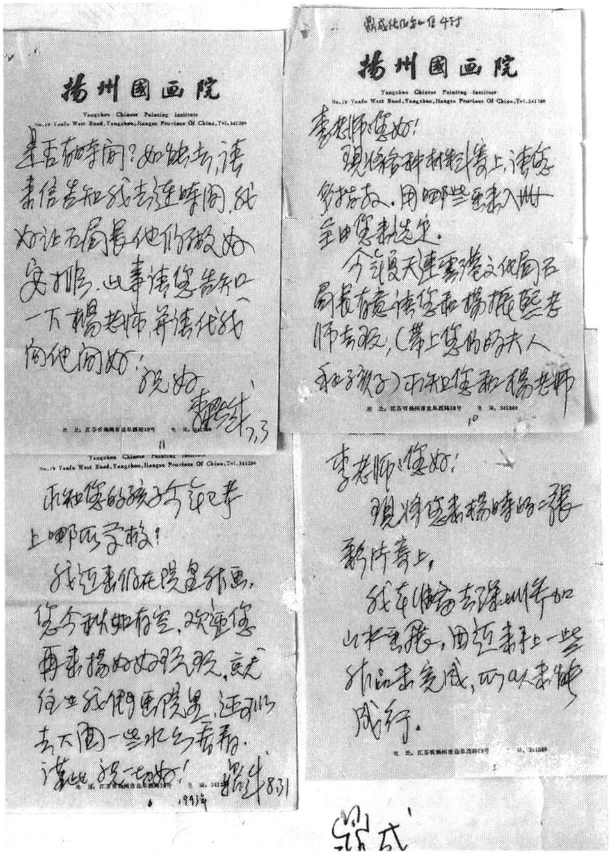

白德松信 3 封，鼎成 4 封

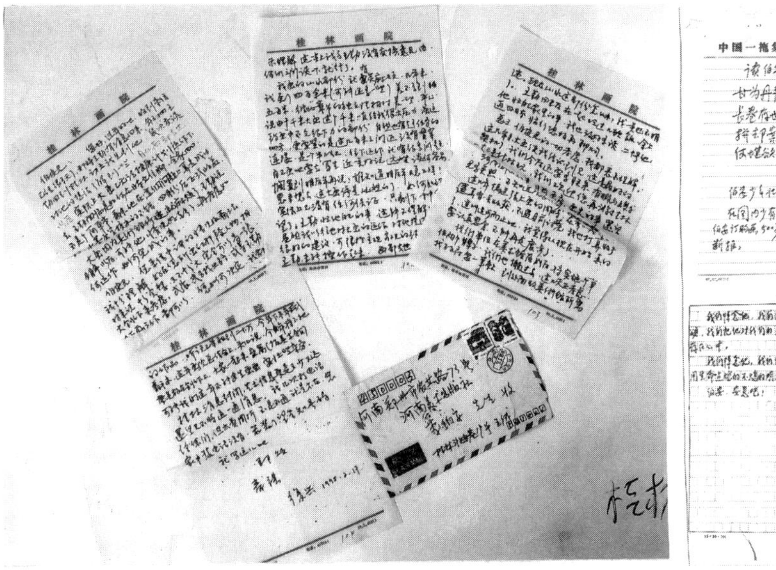

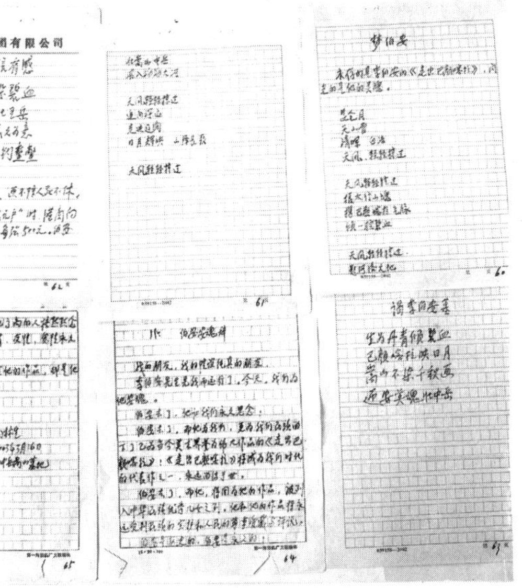

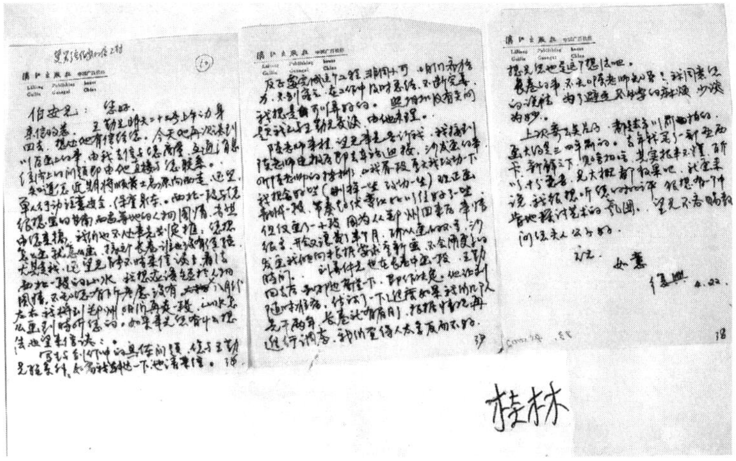

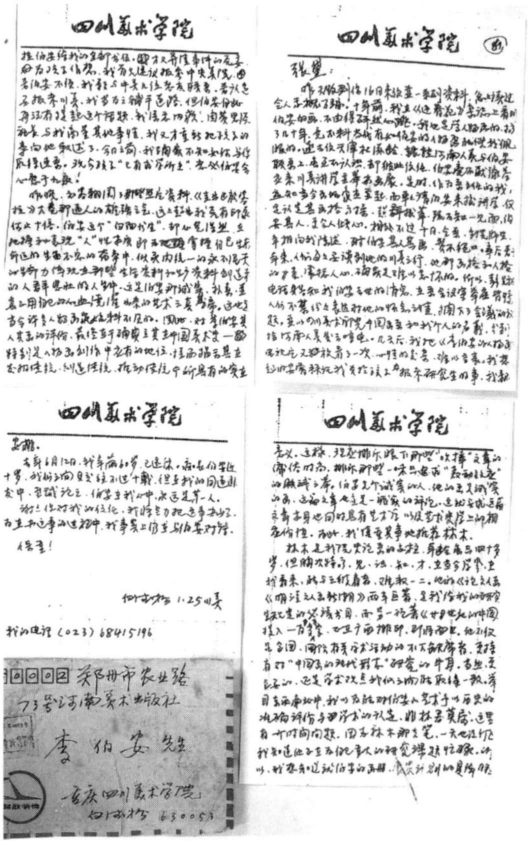

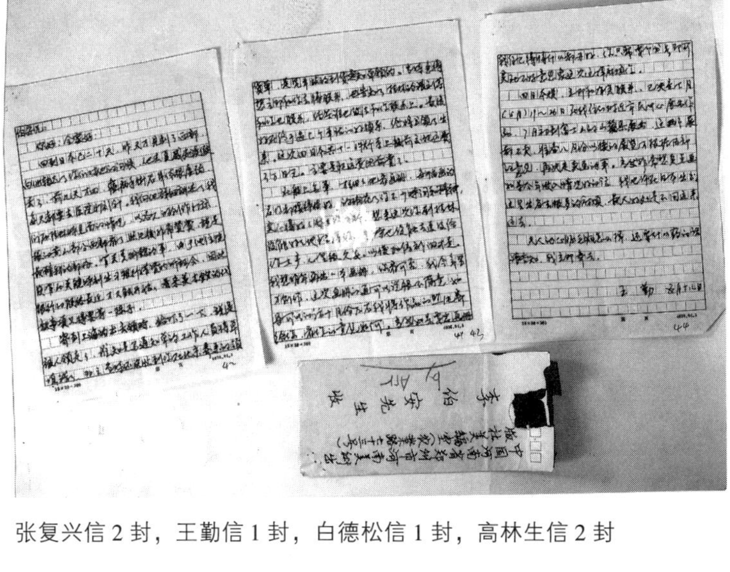

张复兴信 2 封，王勤信 1 封，白德松信 1 封，高林生信 2 封

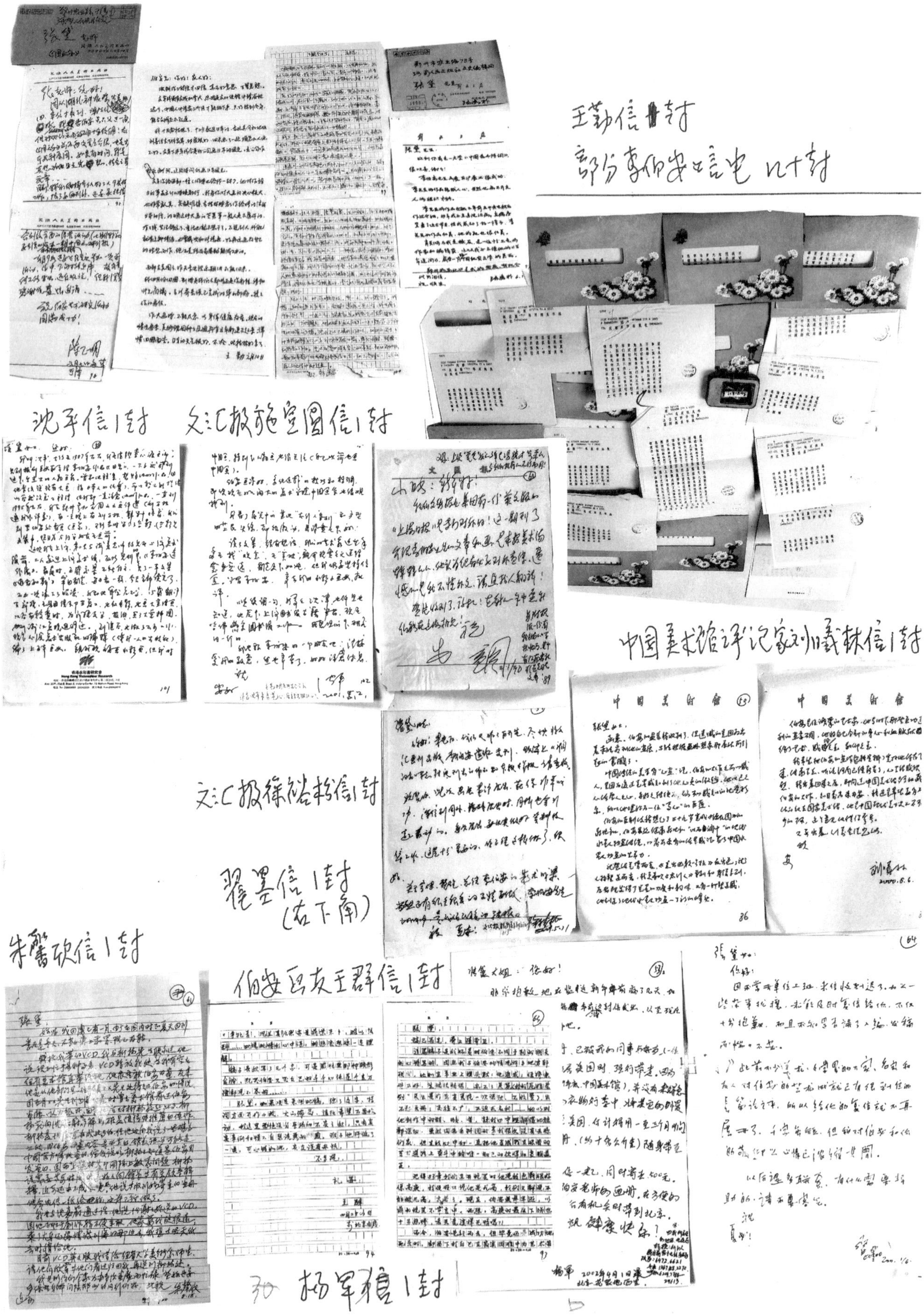

陈正明信1封，王勤信1封，上海观众吴志光信1封，《解放日报》张安朴信1封

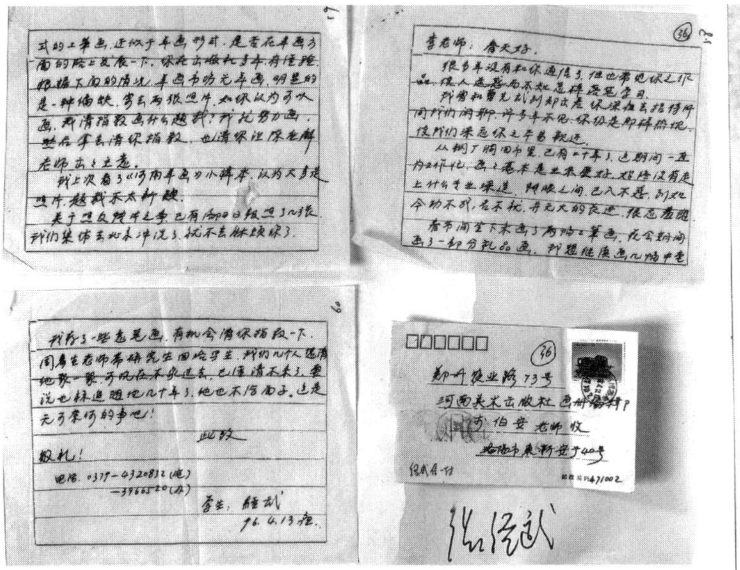

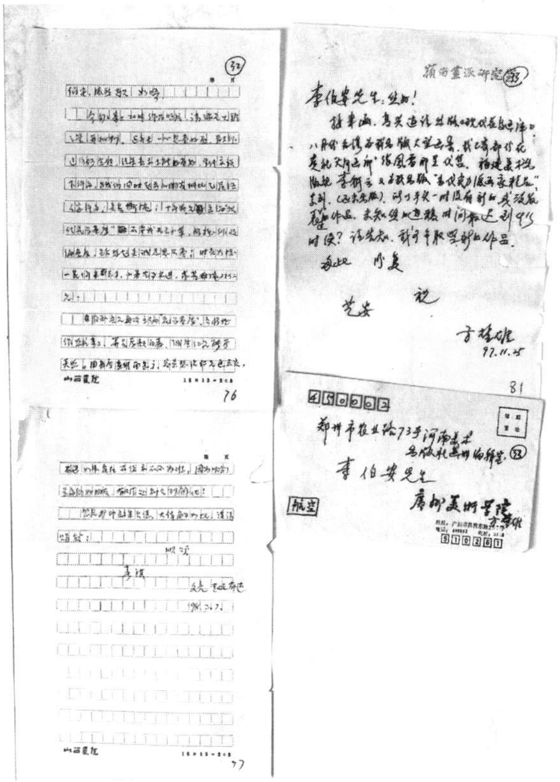

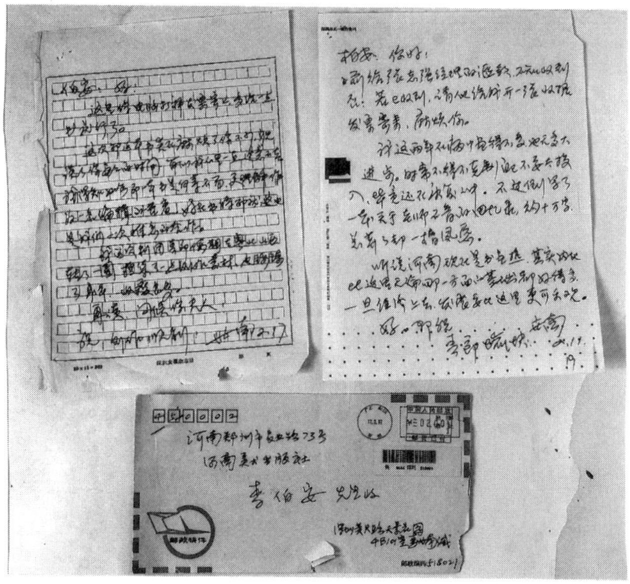

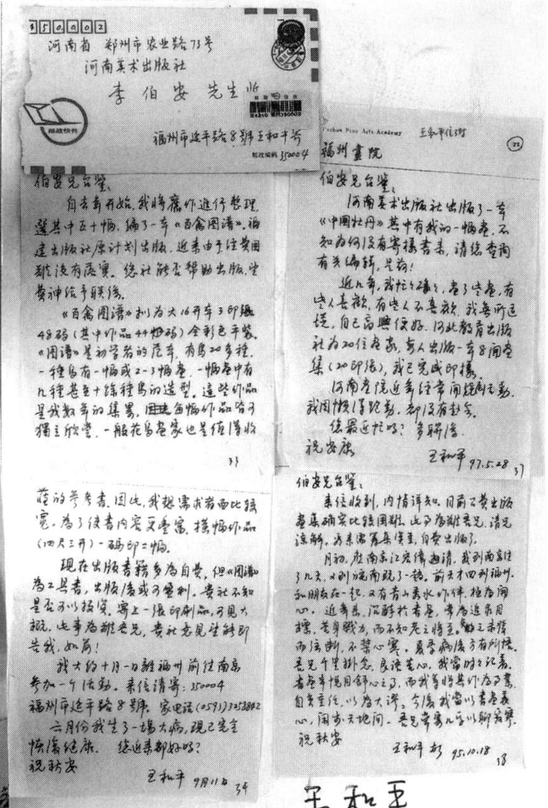

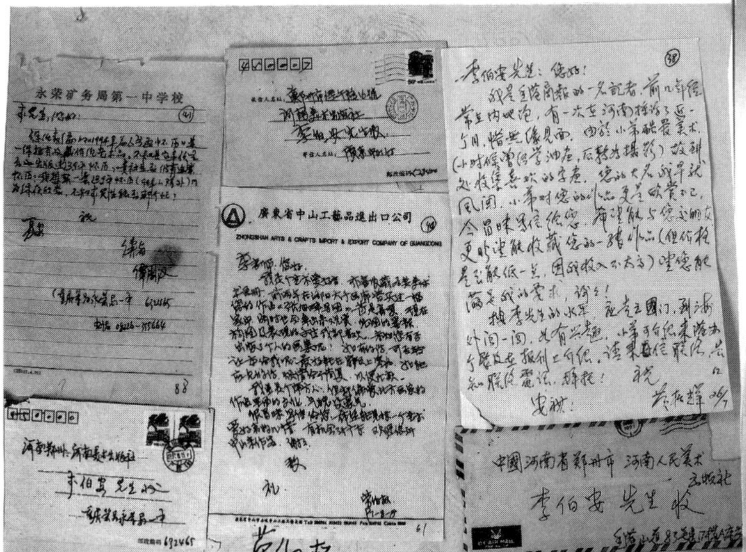

王和平信 3 封，劳伯权信 1 封，松辉信 1 封，周汉信 1 封，张经武信 1 封，文亮信 1 封，方楚雄信 1 封，李世南信 1 封

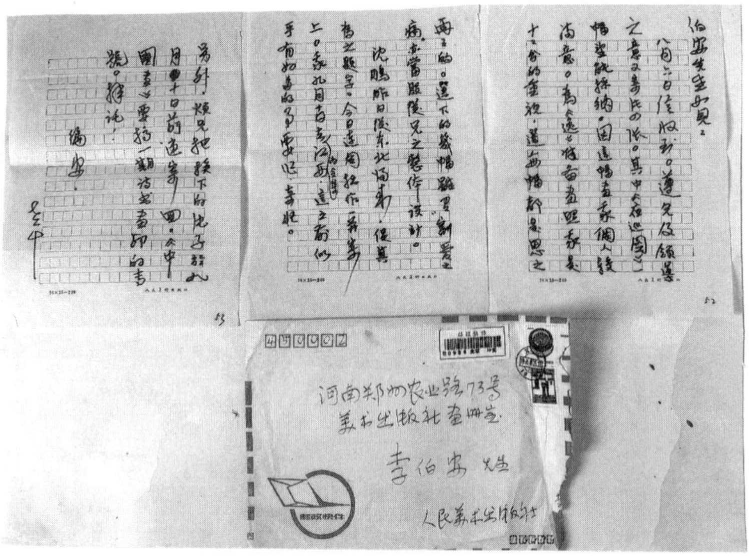

河南郑州农业路73号
美术出版社画册室
李伯安 先生
人民美术出版社

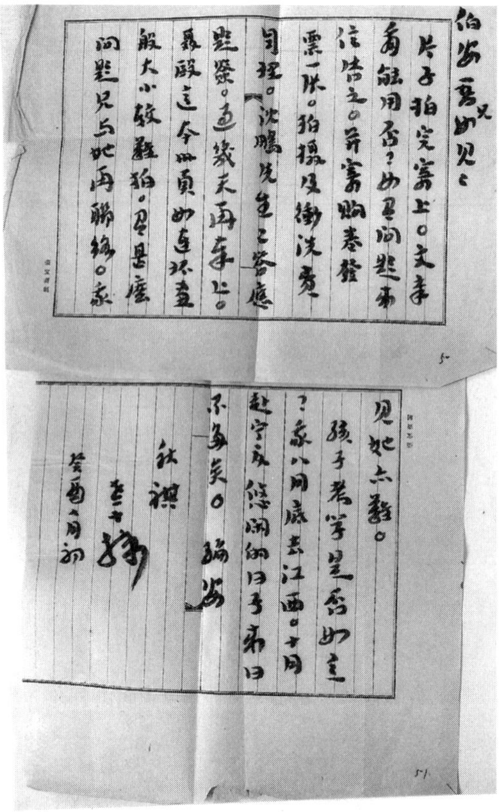

伯安吾兄如见：
片子拍完寄上。文章看能用否？如有问题来信告之。另寄购书发票一张。拍摄及冲洗费自理。沈鹏先生已答应题签。画袋未再寄上。最后这个四页如连环画般大小较难拍。有甚么问题兄与他再联络。家见她亦难。孩子考学是否如意？家八月底去江西。十月赴宁夏，悠闲的日子希日不多矣。
编安
秋祺
老十
当年八月初

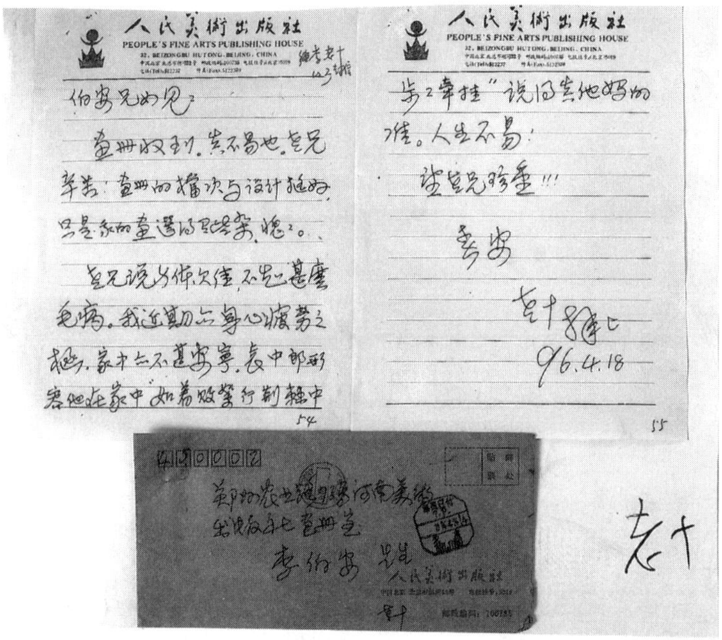

人民美術出版社
PEOPLE'S FINE ARTS PUBLISHING HOUSE
32, BEIZONGBU HUTONG, BEIJING, CHINA

伯安兄如见：
画册收到，实不易也。吾兄辛苦，画册的编次与设计挺好，只是我的画选得几张实惭愧。
吾兄说身体欠佳，不知是甚么毛病。我近期亦身心疲劳之极，家中亦不甚安宁。

步步牵挂。说句客气话的话。人生不易！
望吾兄珍重!!!
专安
老十
96.4.18

郑州农业路73号河南美术出版社画册室
李伯安 先生
人民美術出版社
老十

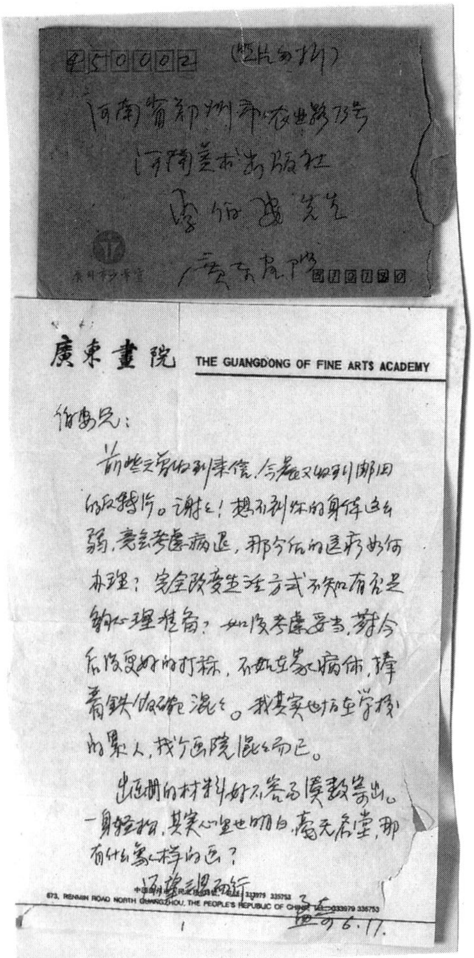

450002 (照片勿折)
河南省郑州市农业路73号
河南美术出版社
李伯安 先生
广东画院

廣東畫院 THE GUANGDONG OF FINE ARTS ACADEMY

伯安兄：
前些天曾收到来信，今春又收到邮回的照片。谢谢！想不到你的身体这么弱，竟要考虑病退，那今后的退休如何办理？完全改变生活方式不知有否足够的心理准备？如仍考虑要去，就今后仍要好好打算，不如在家病休，捧着铁饭碗混混。我其实也方在学校的累人，我在画院混混而已。
出画册的材料好不容易凑齐寄出，一身轻松，其实心里也明白，高无名堂，那有什么象样的画？
王孟奇顿首
6.11

673, RENMIN ROAD NORTH GUANGZHOU, THE PEOPLE'S REPUBLIC OF CHINA

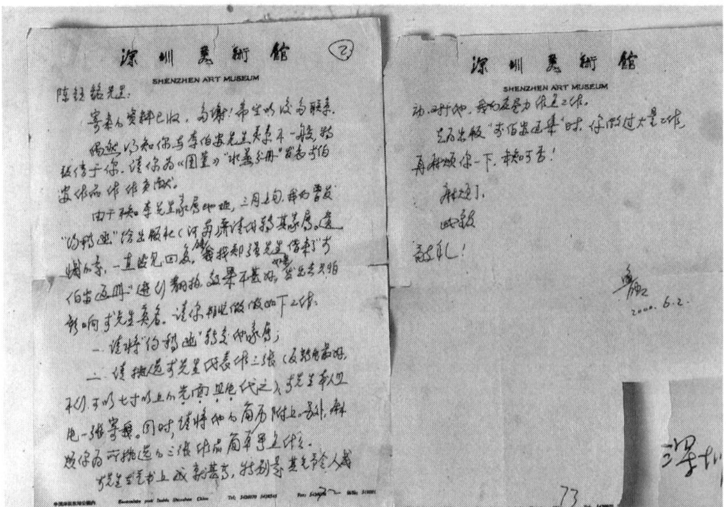

深圳美術館
SHENZHEN ART MUSEUM

陈钰铭先生：

敬礼！

鲁虹
2000.6.2

李老十信3封，王孟奇信1封，鲁虹给陈钰铭信1封

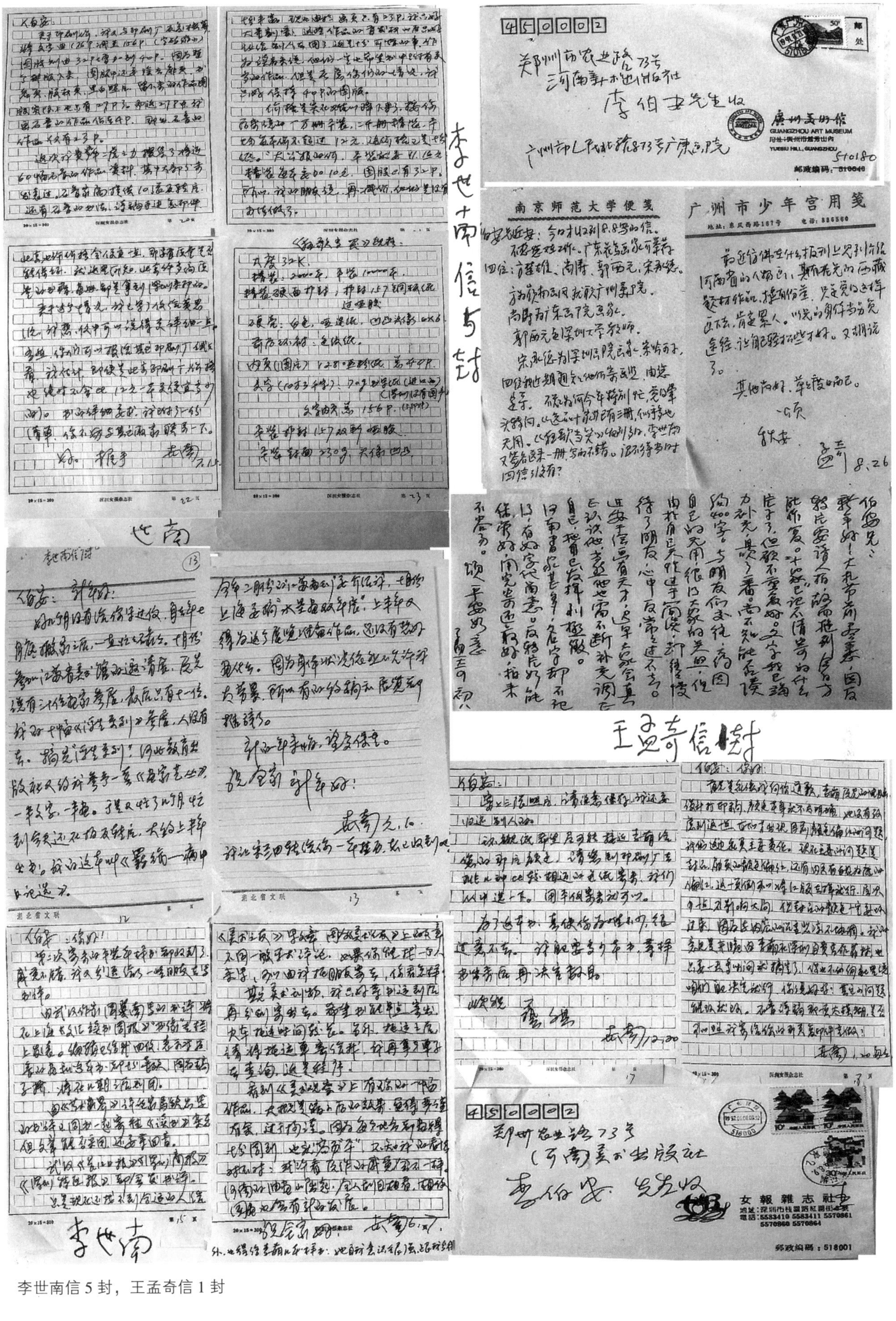

李世南信 5 封，王孟奇信 1 封

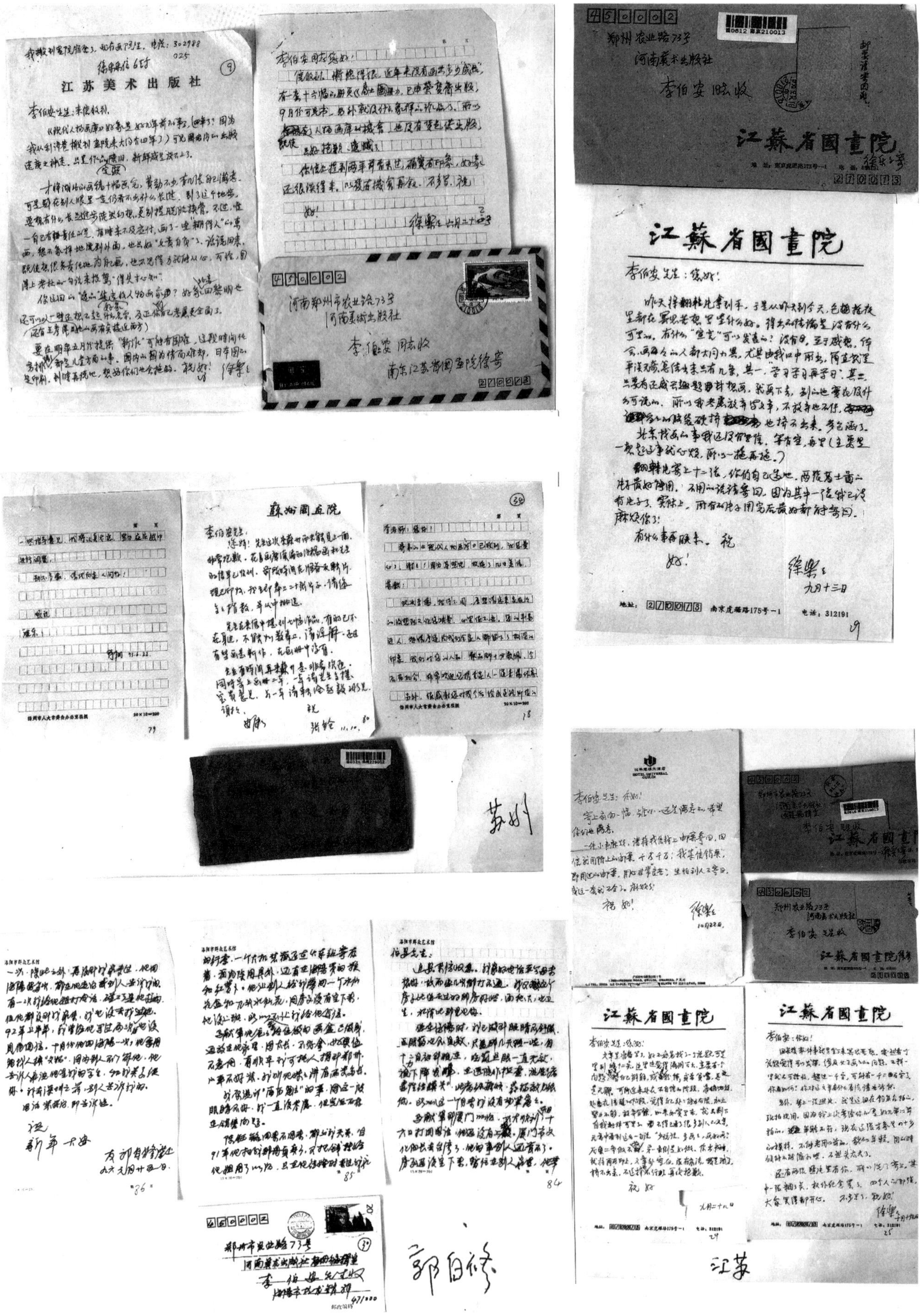

江蘇省國畫院

李伯安先生：您好！

昨天接翻転片拿到手。于是从昨天到今天，色逾整夜里都在冥思苦想写些什么好。谁知仍搞些没有什么可写的。有什么"宣言"可以发表的？没有的。至于感想，体会，画画的人都大同小异，尤其由我口中所出，简直就是平淡无奇。总结出来只有几条，其一，学习学习再学习；其二，只要有画感会越画越好。……

北京找画的事我还没有写信。等有空，再写（主要是一想起这事就心烦，所以一拖再拖。）

翻转片寄上十二张，你们自己选吧。两张底片寄上，因为其中一张已经没有片子了。实际上，所有的片子用完后最好都能寄回。麻烦你了！

有什么事再联系。祝

好！

徐乐乐

九月十三日

地址：210013 南京虎踞路175号－1　电话：312191

徐乐乐信 6 封，张铨信 1 封，舒翔信 1 封，郭自修信 1 封

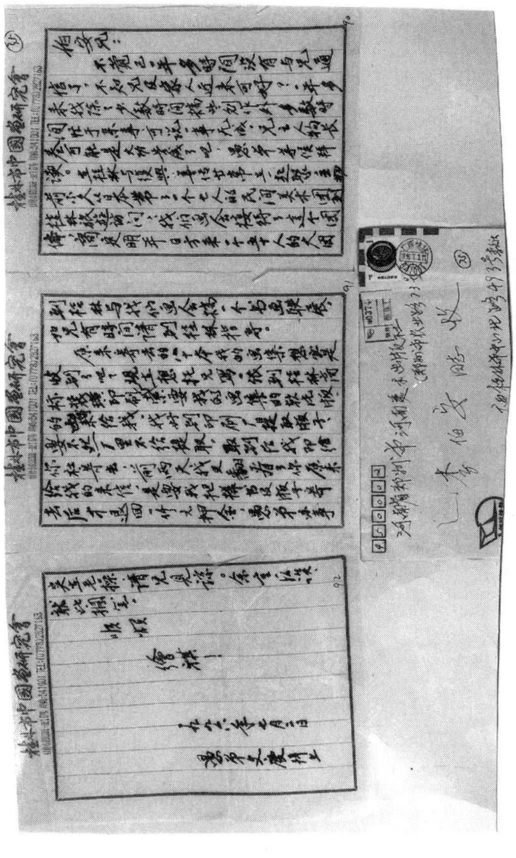

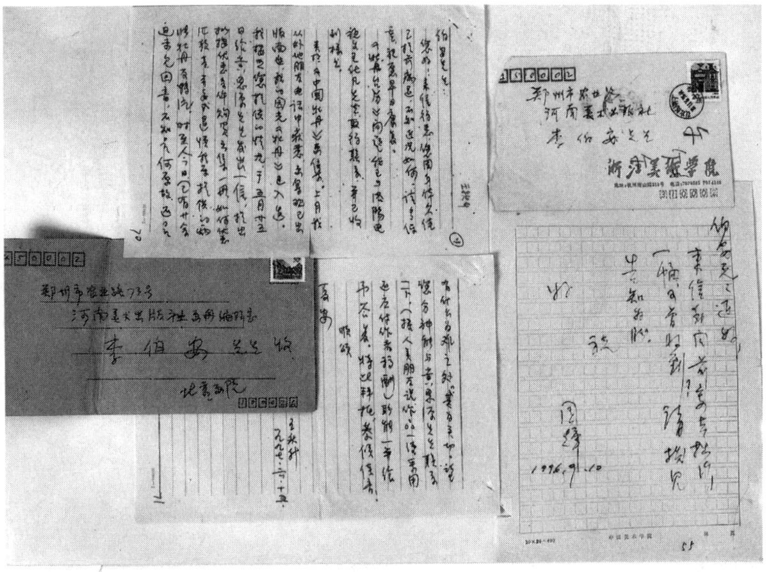

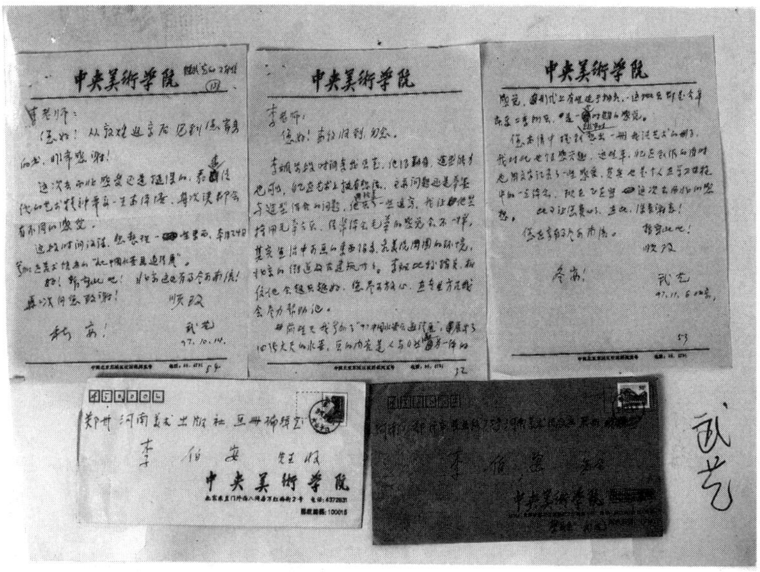

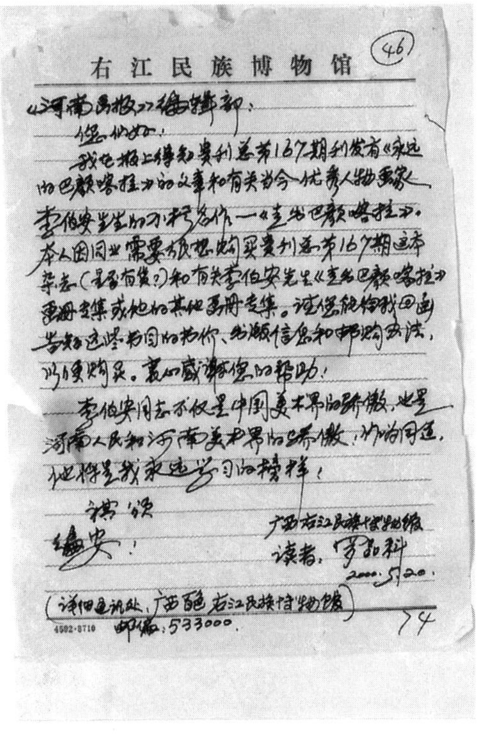
右江民族博物馆 (46)

《河南画报》编辑部：

您们好！

我也报上得知贵刊总第167期刊发有《永远的巴颜喀拉》的文章和有关当今优秀人物画家李伯安先生的力作——《走出巴颜喀拉》。本人因同业需要，很想购买贵刊总第167期这本杂志（是否有货？）和有关李伯安先生《走出巴颜喀拉》画册专集或他的其他画册专集。请您能给我回函告知这些书刊的价格、出版信息和邮购办法，以便购买。衷心感谢您的帮助！

李伯安同志不仅是中国美术界的骄傲，也是河南人民和河南美术界的骄傲，我们同道，他将是我永远学习的榜样！

祝您

编安！

广西右江民族博物馆

读者：罗品科

2000.5.20.

（详细通讯处：广西百色右江民族博物馆）

4502·8710 邮编：533000

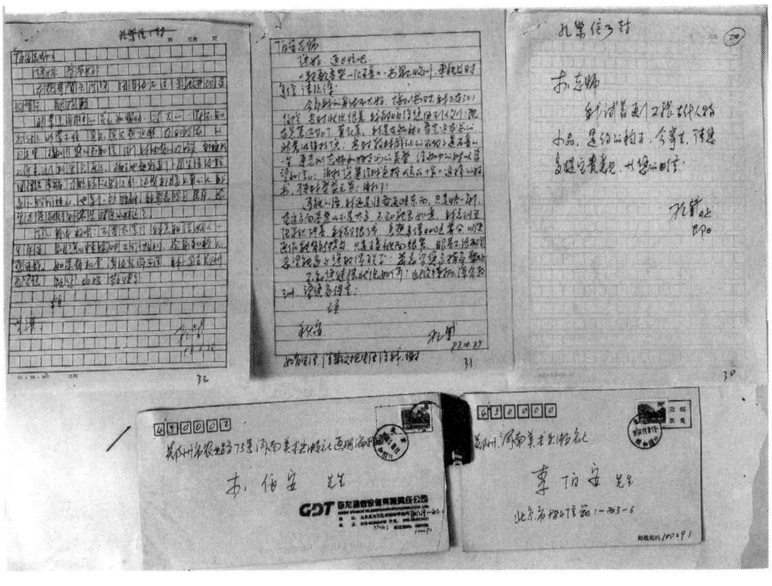

刘国辉信1封，文庆信1封，罗品科信1封，孔紫信1封，武艺信2封，庆升信1封

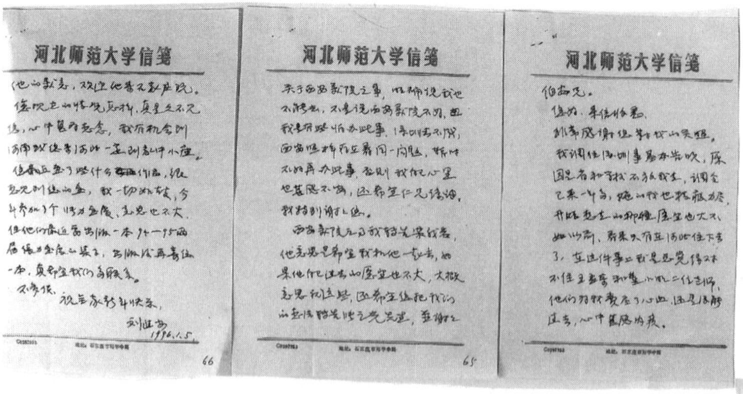

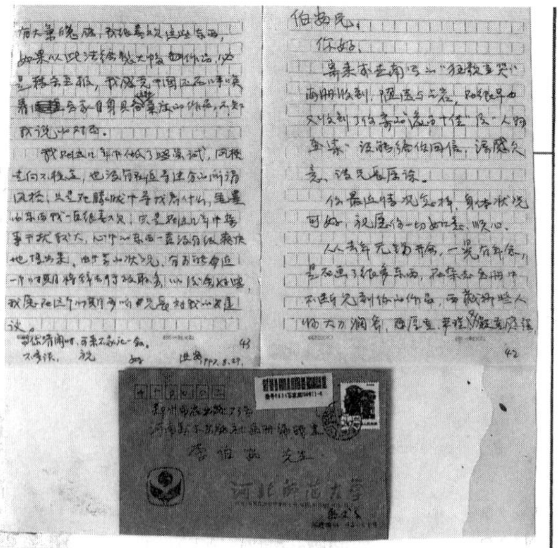

乙丙是河南省美术界公认的忠厚长者。若无他的奔走呼号嘶声呐喊，就不会有后来的~~心切，对好作品~~李伯安的广而告之。其情意之深、爱才之切，对好作品宣扬的不遗余力，每每使人思之，不禁泪下。

伽利略发现了地球自转，而哥白尼却为之宣扬而身受火刑，乙丙正是伯安的哥白尼。生前，乙丙为之参谋、策划；死后，乙丙为之大声疾呼，摇旗呐喊。未见功成身已亡，长使英雄泪沾襟。如此肝胆相照、生死相托之友，人生得一人则幸甚，何况两人都共有一文化大家冯骥才为友，幸中之幸。惜乎乙丙，痛哉乙丙。

两部基夫死后，伯安内断粮草，外无出路，大画又进展不顺，是大丈夫乙丙站了出来，摇唇鼓舌，舌灿莲花，鼓动大冯兄见李伯安。然后，才有了伯安的重振旗鼓，轻装上阵。然后，才有了大画过尽千帆后的一马平川。然后，才有了我们今天能看到的基本完成的长卷《走出巴颜喀拉》。

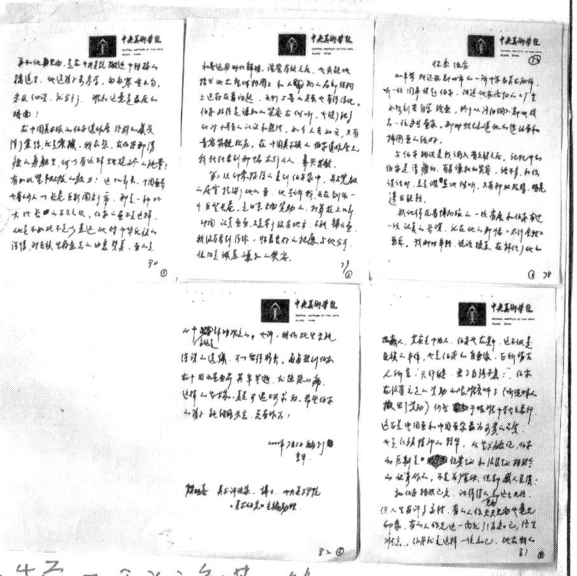

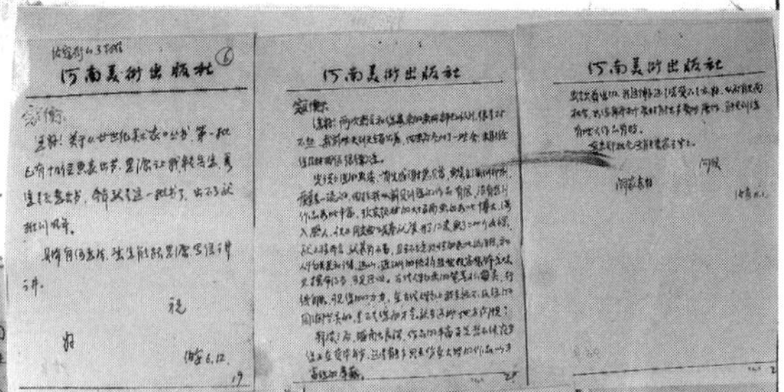

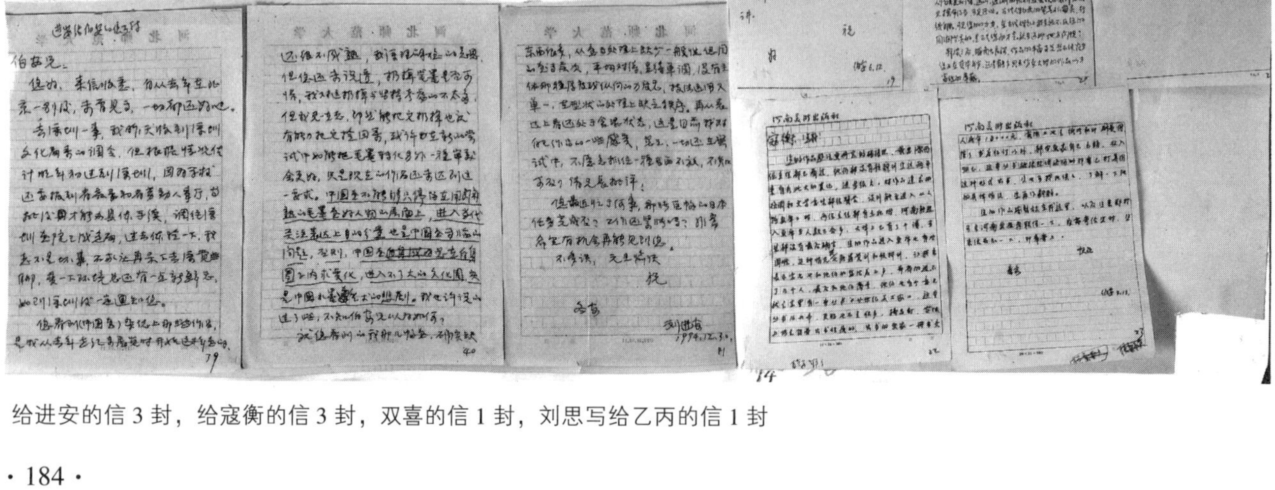

给进安的信 3 封，给寇衡的信 3 封，双喜的信 1 封，刘思写给乙丙的信 1 封

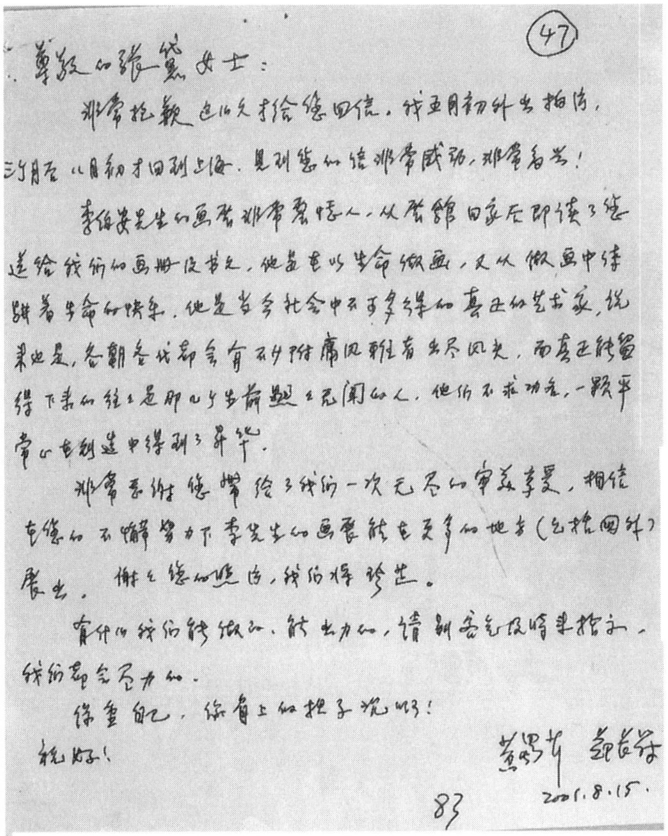

(47)

尊敬的张黛女士：

非常抱歉，这么久才给您回信。我五月初外出拍戏，三个月后八月初才回到上海。见到您的信非常感动，非常高兴！

李伯安先生的画非常感人，从宾馆回家后即读了您送给我们的画册及书文。他是用生命做画，又从做画中体现着生命的快乐。他是当今社会中不可多得的真正的艺术家。从来也是，各朝各代都会有趋炎附势附庸风雅者出尽风光，而真正能留得下来的往往是那些生前默默无闻的人。他们不求功名，一颗平常心在创造中得到了升华。

非常感谢您帮给了我们一次无尽的审美享受。相信在您的不懈努力下，李先生的画展能在更多的地方（包括国外）展出。谢谢您的赠送，我们将珍藏。

有什么我们能做的，能出力的，请到告之及时来提示。我们都会尽力的。

保重自己，你肩上的担子沉啊！

祝好！

黄蜀芹 郑长符
2001.8.15.

83

伯安兄：你好！家人好：

收到你的封信才回信，真不好意思，万望见谅。

去年我没有去成加拿大，原因是去加使馆申请签证迟了。中国人申请要三个月才能批下来，只好拖到今年，能否去成还不知道。

我十月回桂林了，十二月底返日本的。在此其间和他收到嘉德去了明清窑界，印象很好。回来画了一些，稍觉自己的画不好。去年下半年我全是在以前画日本的国画。是以前作为在酬用。这段时间的画日本风光。

去年你给西部一信，同时也给我一封了。他对你访日的事表示什么时候都行。我看你对大画的决心很大，也非常认真，实在是难得。在桂林时看了你给我的信后日本的信。的确，画这样大画的苦差事一般人是不愿干的，有了钱，生活舒适了，重活也就不想干了。不说别人，我自己就有这种情绪，也需钱用和时间，好再画画，为自己的理想而作，绝不是为了商品而画的。

西部去美国了，昨天来电话近期内不能回来。

我四月份回国，到时是我们去郑州还是你来桂，请和他见商议。另外寄来你已完成的其中部份，请你们看信。

作大画时，不能太急，以身体健康为重。现在的情况看来，美术馆闭和个展，因再有五年都画不完。请情回国后说。日本的天气很好，不冷，比桂林好多了。

王勤 2月10日

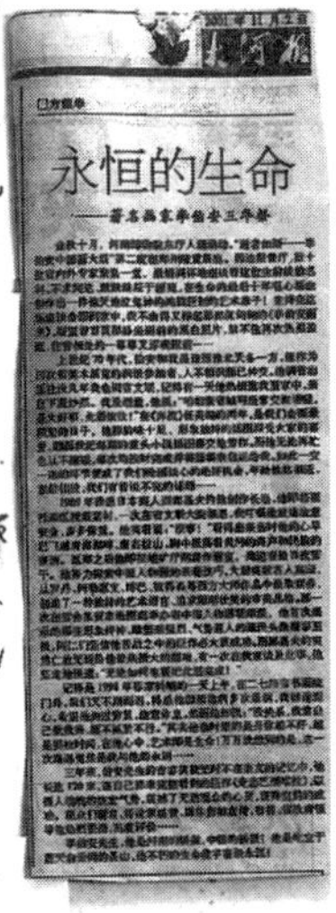

28 责任编辑 张立新
2016年6月17日

时代人物

大河文摘报

李伯安的宏愿：谱写一曲传世的藏族赞歌

在中国艺术的现代演进过程中，山水画领域的黄宾虹和李可染，花鸟画领域的齐白石和潘天寿，人物画领域的徐悲鸿和蒋兆和，以及周思聪和李少文，除了从造化、古人、民间，也从其他民族有所借鉴，进行其各自的探索。

究其原因，一则中国现代艺术在20世纪不曾达到其历史高度，二则它因种种缘故而被推到世界艺坛的边缘。所谓的"中国现代艺术"只有一副模糊不清的面目，或只给人一些假象，掩盖了上述探索的实质和成就。倘没有横空出世的人物，没有惊天动地的作品，中国现代艺术终究无法树立自己标志性的形象。

很幸运，在20世纪的最后十年，中国出现了李伯安和他的《走出巴颜喀拉》。

早在创作《日出》之前，李伯安就不止一次深入太行山区考察风土人情，收集创作素材。当地条件虽极其艰苦，但民风淳朴，百姓善良、顽强、乐观。这不但极大地感动了他，而且为其艺术创作注入了新的元素，他逐渐感到传统的绘画笔墨已不足以表达心中强烈的感受。

待到1988年他到黄河源头藏民族居住地区采风时，一种十分陌生却又似乎熟悉的感觉引发他深思。藏人的体貌和服饰、习俗和语言都与汉人不同，但其淳朴顽强的性格则并无两样。中华民族大家庭中的其他成员也莫不如此，他们都被同一种精神凝聚起来，而从地理上将他们连到一起的黄河便是这种精神最完美的象征。于是他发下宏愿，要逐一表现自巴颜喀拉山蜿蜒流出、横贯中国、东入大海的中华母亲河两岸藏、汉、回、蒙、满五族的精神风貌，为整个中华民族写真，讴歌中国精神。

李伯安深知完成这件大事业必得付出毕生精力。为此，他息影画坛，集中全部力量，默默无闻埋头苦干起来。

一曲传世的藏族赞歌

李伯安从表现大河之源的藏民族入手。在此之前，也有中国画家为藏区独特的地方色彩和风土人情所吸引，描绘藏人藏景，但他们或多或少都有猎奇之嫌和流于表面之弊。而李伯安站在赞美中华民族精神的新高度，通过对藏人生活方方面面的描绘，力图揭示他们的灵魂，把他们的本质展现给世人。这使他在出发点上就已大大超越前辈。

李伯安用笔墨画出一点八八米高、一百二十一点五米的长卷，分《圣山之灵》《开光大典》《朝圣》《哈达》《玛尼堆》《劳作》《歇息》《藏戏》《赛马》《天路》等十段，冠以《走出巴颜喀拉》的画名。

这幅略施淡彩的水墨巨作，把我们带入藏民族的精神世界。画家笔下的二百六十六个人物，是生活在虔诚信仰和艰苦生活中的男女老幼。他们在劳作中恪尽天职，于休息时充满亲情；他们敬奉神明出于至诚之心，参与圣事无比庄严肃穆；他们扮演神剧全身心投入，赛马夺魁则意气风发；他们活着有不可动摇的尊严，死后也要把灵魂托付给灵鹫……我们看到的不是物质的简陋，而是生命的壮丽；不是头脑的愚昧，而是信仰的崇高。

这是一曲对藏民族的伟大赞歌。

中国绘画史上的里程碑

中国人物画在历史上出现过顾恺之的《洛神赋图》、顾闳中的《韩熙载夜宴图》、永乐宫的壁画《朝元图》等绝世佳作。然而文人画在取得突破性成就的同时，又不可避免地产生负面影响，使那些不思进取的庸才被束缚在山水之情和花鸟之趣的狭隘题材上。这使得中国近现代艺术在修诚笔墨和妄求神韵的道路上，走进死胡同。

20世纪，一些志在振兴中国艺术的画家注意到上述弊端，重新关注人物画创作，前有徐悲鸿的《愚公移山》和蒋兆和的《流民图》，后有周思聪的《矿工图》和李少文的《九歌》组画。他们从观念到题材再到技法，都有不同的突破和创新，开拓了中国艺术的新生命。

正是在此基础上，终于诞生了李伯安的《走出巴颜喀拉》。画作不论从立意之高到构思之精，还是从篇幅之大到气势之雄，或是从笔墨之新到表现之强，都具有划时代意义，是20世纪中国艺术最伟大的作品之一，是中国绘画史上不可磨灭的里程碑。

对传统的继承与发展

李伯安的长卷正体现了中国美学中最关键的理论：传神。为了更好地突出作品的精神品格，画家又借用传统的简化甚至抽象手法，只在作品的开头《圣山之灵》和结尾《天路》以及中间个别地方如《玛尼堆》略加描绘，其余大部分都做中性背景。即使描绘背景，他也深谙阴阳相生、虚实相成的道理，让我们看到玄远而充满神性的景致。

在造型方面，李伯安大胆地将西方绘画的长处融到自己的技法之中。从他的人物头像上可以看到德国女版画家珂勒惠支的影子，从其高隆深沟的宽大衣褶上不禁想起罗丹的《巴尔扎克》……这种借鉴丰富了画家，助他将中国绘画的优秀传统推向新的发展阶段。

完全有理由说，有了李伯安的《走出巴颜喀拉》，中国绘画从昨天走到今天，中国艺术进入中国的现代。

呕心沥血的创作

1988年至1998年十年间，李伯安在数次更改小稿之后，着手创作大画。他边画边改，不断加入新的想法。例如，他经过反复思考，认为《圣山之灵》一段缺乏灵气，于是精心构思，加上七米长的序曲，从虚无缥缈中放出的灵光照到若隐若现、似有似无的幽明两界，最后落在一群转经藏妇的身上。序曲堪称全画的灵魂，与压卷《天路》中灵魂飞升而趋向崇高神圣的象征之意互为首尾，使巨作神完气足、天衣无缝，又完美体现伟大民族人性与神性的浑然一体。

他对《开光大典》一段同样一改再改，即使确定了长达十九米的第五稿，又有新的构思，便再起第六稿。可是，也正是在落墨不多的这一稿未及成形之时，画家便撒手人寰。

《开光大典》第六稿未完，从严格意义上说，《走出巴颜喀拉》同样未完，画家对另一些段落还想重画；更不用说，歌颂以黄河为象征的中国五大民族的宏愿终成遗憾……

不过，我们毕竟有了虽未完成却已如此震撼人心的《走出巴颜喀拉》！

中国杰作属于世界

李伯安生前虽已有名气，但远非中国艺坛知名人物。他去世后，由于学生、朋友等有识之士的奋力推荐，其伟大遗作终于为他在国内赢得身后的荣誉。然而，在世界范围内，他依然默默无闻。

就像米开朗琪罗的《创世纪》和《末日审判》不仅属于意大利而且属于全人类，李伯安的《走出巴颜喀拉》也同样属于全人类。

将李伯安的大作介绍给世界，是我们的责任，也是我们的荣幸。

【摘自2016年第6期《名人传记》 啸声/文】

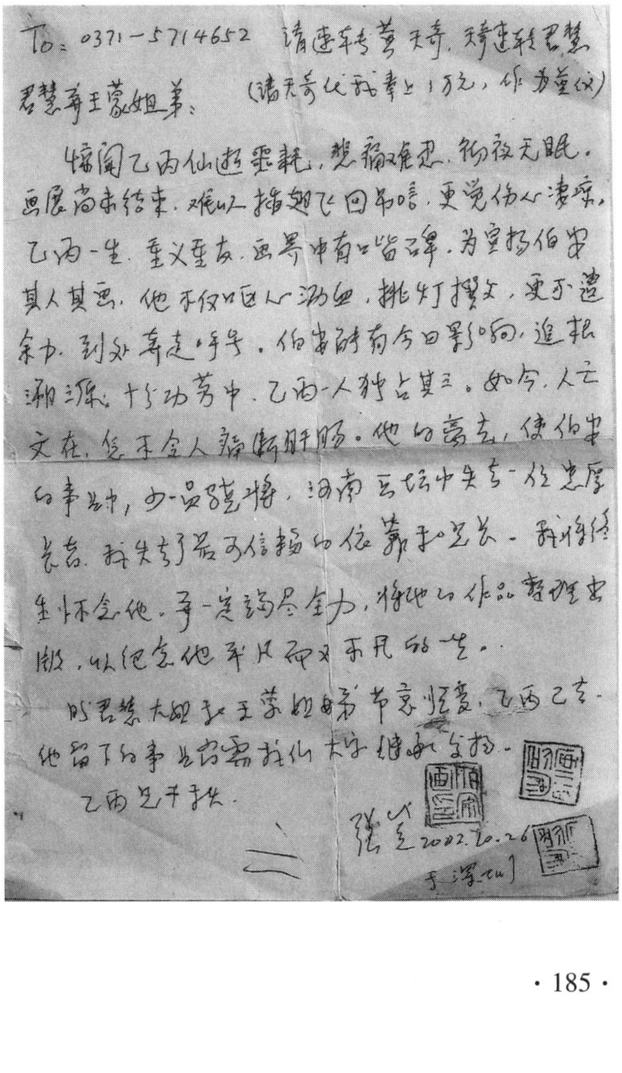

To：0371-5714652 请速转黄天奇，天奇速转君慧

君慧并王蒙姐弟：（请天奇代我奉上1万元，作为奠仪）

惊闻乙丙仙逝噩耗，悲痛难忍，彻夜无眠。画展尚未结束，难以插翅飞回郑州，更觉伤心凄凉。乙丙一生，重义重友，画界中有口皆碑。为宣扬伯安其人其画，他不仅呕心沥血，挑灯撰文，更不遗余力，到处奔走呼号。伯安能有今日影响，追根溯源，十分功劳中，乙丙一人独占其三。如今，人亡文在，怎不令人痛断肝肠。他的离去，使伯安的事业，少一员猛将，河南画坛中失去一位忠厚长者，我失去了最可信赖的依靠和兄长。我将终生怀念他。争一定竭尽全力，将他的作品整理出版，以纪念他平凡而又不凡的一生。

盼君慧大姐和王蒙姐弟节哀顺变，乙丙已去，他留下的事业容我们大家继承下去。

乙丙先生千古

张黛 2002.10.26
于深圳

黄蜀芹郑长符夫妇信 1 封，王勤信 1 封，张黛给乙丙妻信 1 封

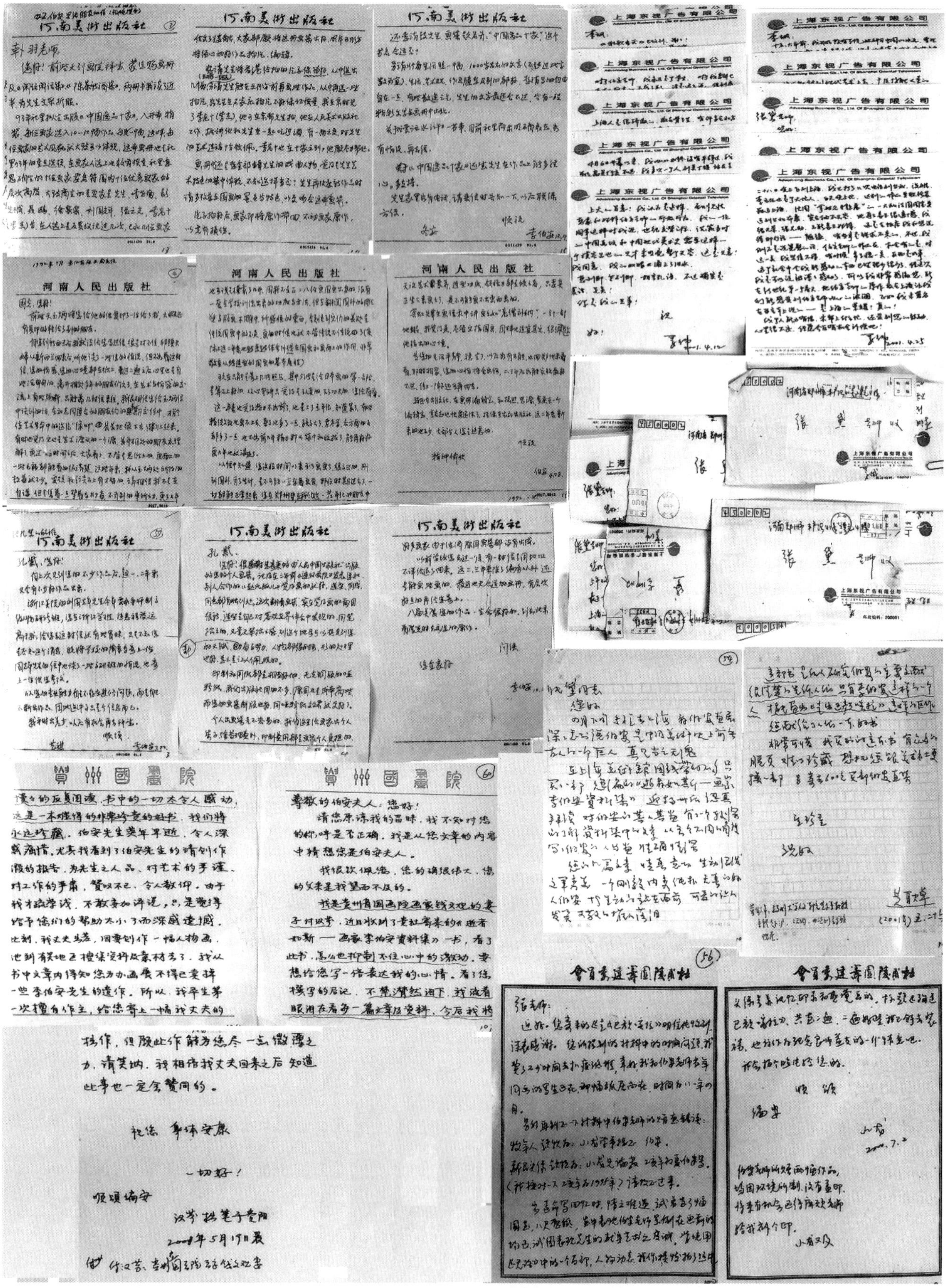

李伯安给韩羽老师信1封，给孔紫信2封，给国光信1封，耿其卓给张黛信1封，贵州画家钱文观之妻付汉芬给李伯安妻张黛信1封，姜伟写《李伯安，他是一个人在战斗》，上海观众、上海电视台姜伟来看展10多次并先后写信十几封。

生命在沉寂中逝去 艺术在绚烂中永恒

李伯安《走出巴颜喀拉》纪念邮票正式发行

永远的李伯安

《大河美术》之《永远的李伯安》作者相茹、画作者石品

4 画孔2002 年末特刊

风…

王选　吕日周　邵逸夫　吕净一　张北川　姚明

读者点评…

王选

我一定要选王选，因为这里有一个伤心的故事……

与冯锦华相比，王选是理性的，她运用的是法律的手段，依据的是法律尊重事实[illegible]。正是在这样的基础上，[illegible]取得了第一个胜利：[illegible]认定，日本政府对细菌战是负有国家责任的。王选所做的一切不论[illegible]、还是[illegible]，都永远闪耀着人性的理智与批判的光辉。她的工作应该得到更多人、更多机构的支持和帮助，因为，重新面对民族的灾难是任何这个国家中的个体永远无法回避的真实。

感谢还有王选在提醒我们那段屈辱的历史，日军侵华战争中的幸存者、能为历史作证的人越来越少了，追赔的工作越来越紧迫了！

忘记历史就意味着背叛，在这个向往和平幸福的年代，这一点尤为重要！

战争赔偿和真相问题，是一个随着时间的推移会发生变化的事。但是至少在目前这个阶段，日本是需要面对中国人民承认其所犯下的战争罪行的，而为此事业而努力的所有存有良知的人，无论是中国人，还是日本人，[illegible]

吕日周

他为政府改革提供了一种新思路[illegible]吕日周成为我们社会的有机构成之后，改革的创新精神才会有畅通的管道结出更多制度化的成果。

在他身上，我看到了崇高的人民利益至上的精神——这在我们这个价值观极度空乏的社会里，就像一剂强心剂。他虽然无法改变这个社会的基本体制，但我认为他已经在现有制度中做得最好了。

邵逸夫

邵逸夫热心推动公共事业的典范性意义在于，在尊重和保护财产的基础上的个人事业成功，并会以积极有益的形式反馈社会，从而最终推进社会公共事业的良性互动。

如果说"只要有两个王选这样的中国女人，就可以让日本沉没"（美国历史学家谢尔顿语），那么只要多一些邵逸夫这样的赤子，中国就可以腾飞！

邵逸夫用积极的态度来改变社会，而且让大家受益。谢谢邵逸夫先生为我们的社会做了那么多的好事，更为我们做出了做人的典范！

吕净一

吕净一是值得尊敬的中国的脊梁式的人物，他的遭遇说明了一个普通人在与腐败权力进行斗争时的艰辛……一个孤身奋战者的奇迹式遭遇不可能大范围复制，其英雄般的事迹更应该成为制度建设的先声。

像吕净一这样把为正义而抗争当成[illegible]但他的努力不仅能在全社会形成这样一种价值取向与认同，也进一步促进全社会有识之士的思考，促进我们的法律与制度的进一步完善。

吕净一舍得一身剐，终于把贪官拉下了马。吕净一的抗争有些悲壮，但他最终胜利了，这一胜利其实不仅属于他个人，这一胜利更是公民的胜利，是公理的胜利，是正义的彰显，是正气的激扬。

南方周末读…

一、王选　7040票
二、吕日周　5651票
三、邵逸夫　4240票
四、吕净一　4029票
五、张北川　2692票
六、姚明　[illegible]

新浪网评选结…

一、张卫星　51345票
二、张北川　[illegible]
三、王选　11662票
四、吕日周　3288票
五、姚明　3023票

其他主要…

刘丽英（原中纪委副书记，…
何海生（"反腐狂人"）
王泽钊（原青岛市二中语文…拘一格、张扬个性的教育方式…
贾宝润（河北省卢龙县法院…领导的意思定案，而被革去…
乔占祥（河北律师，状告铁道…
方舟子（知名网络作家、参文…
万延海（北京爱知行健康教…病人的爱知行动项目发起人…
葛岳琴（全国首例公开结婚…
贾赊扬（陕西咸阳保健科学…继病药物研究）
李经纬（原健力宝总裁）
[illegible]（原TCL集团[illegible]…
张瑞敏（海尔集团总裁）
黄宏生（创维集团董事局主…
鲁冠球（万向集团董事局主…
刘晓庆（知名演艺明星）
F4（台湾演艺组合）
张艺谋（知名导演）
王治郅（闯荡NBA的首个中…
宫俊鸣（中国女篮现任主教…
李伯安（身后成名的天才画…
袁隆平（中科院院士、杂交…
王安忆（作家、茅盾文学奖获…

《风云》读者点评年度人物（一）

云

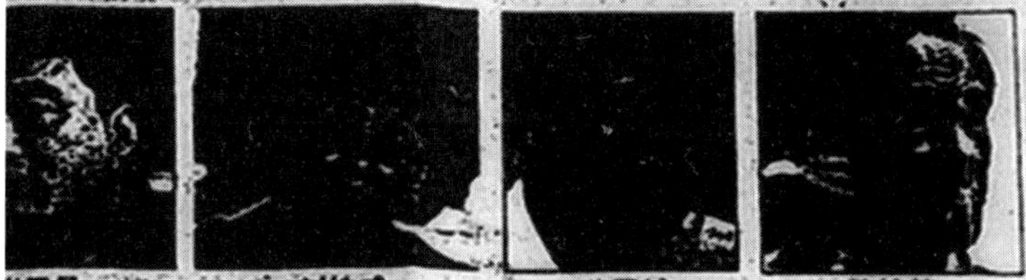

张卫星　刘姝威　茅于轼　陈培德

年度人物

评选结果

七、张卫星	2355 票
八、刘姝威	2193 票
九、茅于轼	1640 票
十、陈培德	1367 票
其他	1788 票

果（参考）

六、吕净一	1771 票
七、刘姝威	1559 票
八、邵逸夫	1549 票
九、茅于轼	1255 票
十、陈培德	645 票

荐人物

誉为低调"女包公"）

教师，自编教材，强调不
）
院长，因拒绝检察长委
长职务，赶出法院）
部铁路票价上浮行为）
网站开创者之一）
研究所所长、帮助艾滋
）
艾滋病病毒感染者）
研究所所长，独立开展艾

张北川

张北川的意义并不仅在于对同性爱的支持，而且更是对艾滋病这样一个社会问题的关注。以人性的关怀正视艾滋病问题，其意义已经上升到对生命的关注、对未来的关注。

选择张北川正是为了向全社会表明这样一些观念：人人都是平等的；人人都可以合法地行使权利；个人的合法权利不容侵犯；特别是在各个层面存在的各种各样的弱势人群不应被社会所歧视和忽略，应该被社会所接纳。只有这样的社会才是一个充满关爱和真情令人所珍惜的社会，才会是一个丰富多彩的社会。

如果说王选在为中国的历史坚持，而张北川的工作则是为了中国的将来！

姚 明

姚明在NBA，不仅是场上的明星，在场下他思路敏捷，显示出与其他球员的明星不同，是体力和脑力双优的大众明星。

姚明在NBA才60天，却像是待了6年，好评如潮。姚明在NBA的出色表现，为许多国人增添了快乐的谈资。

[illegible]，姚明正在努力实现父亲对他的这个要求，这种精神让人感觉很感动。

张卫星

认为张卫星只是散户代言人的观点是狭隘的。他的言论向散户揭示了中国股市中根本性的问题，而此前的股市其他参与各方平就认识到并熟练地娴熟运用着张卫星言论中的道理。他的言论已经改变了相当多数中国人的宏观经济思维模式，这将在未来相当长的时间内，在相当大的程度上促进中国经济健康的发展。

解决股权的分裂制度与投资者密切相关，但决不仅仅与投资者相关，而事关中国经济的振兴。张卫星事件有助于引起全社会对资本市场的关注，有助于全社会对股权分裂制度的关注，有助于解决同股同权问题，有助于加快民间资本参与中国经济的进程，有助于瓦解权贵资本对中国经济发展的把持并坐享收益的不良体制。

刘姝威

面对强大的阻力、在孤立无援情况下坚持着真理，她"指出皇帝没穿衣服"的举动，恰恰流露出了对国家、对民生的极大关注，体现出了中国知识分子普遍的韧性与良知。

"集体失语是一个民族的悲哀。"面对股市曾经存在的种种不规范，却很少有人站出来说半个"不"字。所以刘姝威的精神就更加难能可贵，因为这不是一个"蓝田"的事，而事关国家的经济是否能健康发展，事关中国的股市能否健康地运营。从这个意义上说，刘姝威的义举，是股民的大幸，也是整个中国经济的大幸。

茅于轼

茅于轼先生身体力行完全是"基于道义"的行为，[illegible]知识分子少有的实践精神。

茅于轼对经济学的解析充满着隽永、简洁的美感。我经常是从他的片言只语中产生对经济问题的深切感触。他更是一位富有人道主义和社会责任的智者。

茅于轼说过，人的任何一种物质享受都有极限，惟独在追求知识的过程得到的快乐是没有极限的，他是一个致力于追求真理的人；茅于轼年少时经历了抗战烽火的苦难，建国后被划为右派挨整，在"文革"中几乎受迫害致死，但他从来没有放弃对祖国、民族的期望与责任。

陈培德

作为政府官员，敢于揭露裁判黑幕的，陈培德可算第一人！

面对令国人深恶痛绝的"黑哨"问题，[illegible]、分阶段分别化的处理方式、必要的司法介入，深揭足球腐败的老底。这样的勇气与这样的智慧，都是非常值得赞扬和学习的。

（本专题图片除署名外由Photocome等网站提供）

《风云》读者点评年度人物（二）

三十而立

艺术 文化榜

南方周末

中国艺术30年最大的成就，就是

罗中立的《父亲》第一次以"伟人画"的尺寸表现普通农民
遭到了一些批评，作者因此在"父亲"左耳上加了圆珠笔，以显

艺术 十大作品

"彩墨系列"

作者：吴冠中　类型：水墨

吴冠中的绘画充满了最能集中反映本世纪中国艺术面貌的各种特点，即东西方艺术的汇合及杂交。

《泼水节——生命的赞歌》1979

作者：袁运生等　类型：壁画

第一次用现代派手法在北京国际机场这样的公共场所的墙壁上展示女性裸体形象，但也由此在全国引发争论，以至成为政治的风向标，认为其预示了真正意义上的改革开放。

《父亲》 1980

作者：罗中立　类型：油画

一反"文革"时期"红光亮"的虚假风格，第一次以216cm×152cm这样"伟人画"的尺寸真实地再现贫苦、沉默、任劳任怨的农民，在当时社会引起轰动，被誉为中国当代人像油画里程碑式的作品。

《西藏组画》1980

作者：陈丹青　类型：油画

西藏题材并非陈丹青的专利，但陈的《西藏组画》却将西藏题材提升到空前高度。他较早摆脱俄罗斯油画主题性创作模式的影响，以欧洲传统写实的笔法描绘藏民的日常生活。他笔下的藏民不再是载歌载舞的宣传符号，而是一种深沉、厚重的文化的载体，直接影响了'85新潮美术运动和以个性表达、批判社会为旨归的中国当代艺术的兴起。

枪击《对话》1989

作者：肖鲁　类型：行为艺术

两声枪响，直接导致1989年在中国美术馆举办的中国现代艺术展闭馆四天。将85时期当代艺术家们彷徨、四处突围的状态表现得激进而又彻底。被誉为"新潮美术的谢幕礼"，把新潮美术的"临界点"又往前推了一步。

"大批判"系列 1990

作者：王广义　类型：油画

王广义被视为中国波普艺术的标志性人物，他的"大批判"系列代表的政治波普是西方认识中国当代艺术的主要途径。

"血缘"系列 1994

作者：张晓刚　类型：油画

忧郁的"全家福"承载了过去某个时代的精神信息，更重要的是作者对家庭的回望与咀嚼。"血缘"系列用在张扬电影《向日葵》当中，恐怕是最贴近画家本意的。但观者、市场的读解大都集中于时代，这只折射出社会仍更习惯于宏观叙事，欠缺更细微思索的闲情。

《走出巴颜喀拉》1998

作者：李伯安　类型：水墨

《南方周末》2008年12月11日17版（一）

责任编辑　袁蕾　李宏宇　实习生　黄家杨　2008.12.11　C17

是搞清楚了，究竟是用"英语"与西方对话，还是该用"汉语"与西方对话……

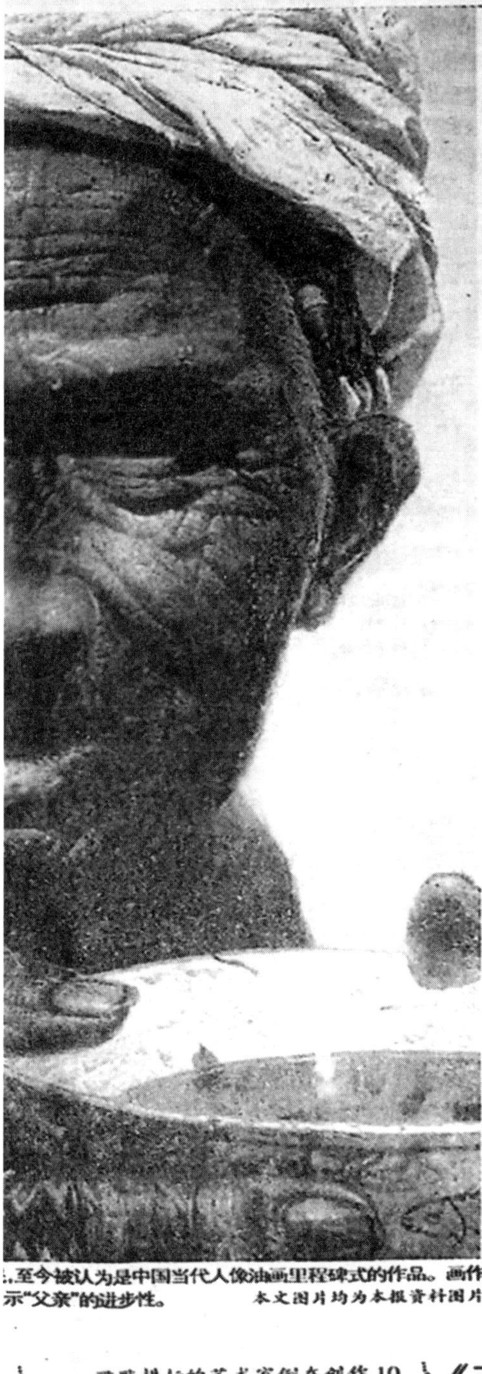

…，至今被认为是中国当代人像油画里程碑式的作品。画作…示"父亲"的进步性。　本文图片均为本报资料图片

谁是我们？

中国当代艺术30年切片

□本报记者　万　静　发自北京

可以用不同于苏联的方式了

1978年，作为"文革"后第一批大学生，20岁的张晓刚考入四川美术学院油画系。

刚入校，张晓刚以为同一级学生，水平可能差不多。安顿下来之后到各间宿舍串门，看到同学们的画，他吓了一跳。很多同学已经是有名的画家了，包括程丛林、罗中立、何多苓、高小华。

有名的画家和没名的毕业生一起学习着花大价钱买来的"艺术"——进口艺术图书。在张晓刚看来，那时期的艺术还只是在学习西方、用西方的语言结构作为工具、寻求变革的可能。

1979年10月，袁运生在北京机场创作了大型壁画《泼水节——生命的赞歌》，画面出现三位傣族少女沐浴时的裸体，在全国范围内引起争论。

反对者坚决主张修改，认为最起码要画上个裤衩。

对张晓刚而言，袁运生的意义更多是代表了现代派——不只可以公开画人体，还意味着可以用不同于苏联的艺术方式来从事创作。对热爱现代派的"另类"学生而言，这无疑是莫大的鼓舞。

这幅画甚至被当作改革开放政策的风向标。据说当时正在内地投资的霍英东，每次到北京，都会先看看这幅画到底还在不在，如果在，心里就比较踏实。

虽然邓小平公开表示过支持，最后这幅画还是被遮了起来。先是用纱帘，1982年开始"清除精神污染"后，纱帘换成了三合板。直到1990年北京亚运会，"裸女"才又露面。

"文革"结束后，艺术作品急于脱离假大空、红光亮的作风，用现实主义的绘画手法转而表现悲情、迷惘的社会现实。1979年，高小华创作了《为什么》、程丛林创作了《1968年×月×日雪》；1980年，罗中立创作《父亲》，何多苓创作《春风已经苏醒》。这些画作在全国范围内引发讨论，让"伤痕美术"和"乡土美术"一时成为中国当代艺术的"前卫"潮流。

张晓刚没赶这个潮流。他向南方周末记者回忆，自己当年的兴趣有些"另类"："我是个人主义，没有社会的集体责任感，只关心自己喜欢的那点儿花花草草，可能老师眼里就是这么看的。"

他顽固地沉浸在凡高、高更那样后印象派的氛围里，习惯用线条、色彩来表达情绪，以至面对现实主义的题材，简直无从下笔，他觉得反正画现实主义他也超不过罗中立、程丛林。毕业作品他画了一幅后印象风格作品，结果差点没通过学校评审。

幸亏，《美术》杂志编辑栗宪庭、夏航去川美看学生作品，看到了张晓刚"不入流"的作品，颇为喜欢，把它与罗中立的《父亲》一并发在《美术》杂志上。罗中立的《父亲》在封面，张晓刚的《草原组画》在封二。

▶下转第18版

孜孜耕耘的艺术家倒在创作10年仍未完成的人物长卷前，他把自己融进了"巴颜喀拉"雪原无垠的圣境。过世之后，他被誉为20世纪中国最好的画家之一，他这幅长121.5米的长卷，被称为20世纪中国人物画的巅峰之作。在金潮涌动的当下，这样苦行僧式的艺术修炼因稀缺而更显珍贵。

《三峡大移民》2002

作者：刘小东　类型：油画

对三峡这一影响千千万万中国人生活的浩大工程以及此后随之改变的人文地理环境，刘小东本质上报以知识分子的怀疑态度。在宏大背景下，刘小东关注的目光，更多投在生存其间的平凡人身上，记述不可逆转的时代中，那些微小生命的莫名心绪。

奥运焰火 2008

作者：蔡国强　类型：焰火

如果蔡国强愿意把奥运开幕式的焰火列入他2008年的作品年表，那无疑将成为他此生观看人数最多的作品——尽管对中国的电视观众来说这件作品的一部分被电脑动画给替换了。艺术成功地参与了国家一次志在必得的亮相，当然在许多另外的层面，艺术还应当有更多的作为，来更新一个国家的面貌。

《南方周末》2008年12月11日17版（二）

部分插图和连环画

选主人《奔流》1979年

选主人《奔流》1979年

《奔流》1979

乡下大伯

《奔流》 1981年

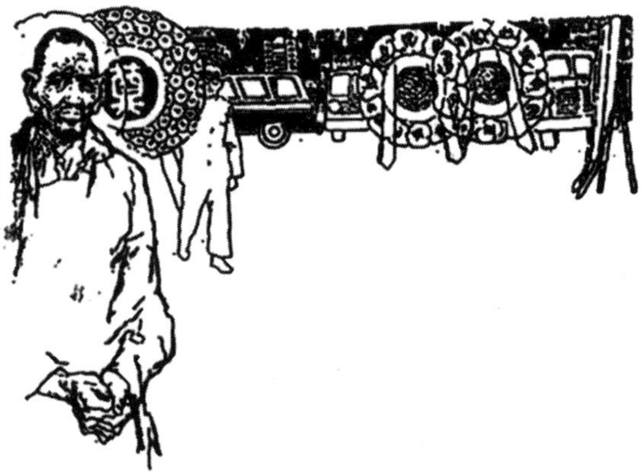

灯影婆娑 1980

黄河岸上人 《奔流》 1981

黄河岸上人 《奔流》 1981

《奔流》

《奔流》1979年—1982年

婚姻介绍所旁

1979

开山的女人 （1982）

轻雨《奔流》1981

悲欢离合 1982

昔日同窗 1982

雪谷

《名人传记》《人生与伴侣1983年》

记革命英烈宛希先

1993年

井冈山为他树丰碑

佛祖慧能二三事

今史诗，将使地天恒久

郭沫若与毛泽东的诗交
1993年

张联璧命换彩图

张伯驹与潘素夫妇 1993年

佛祖慧能二三事

《奔流》 1983年

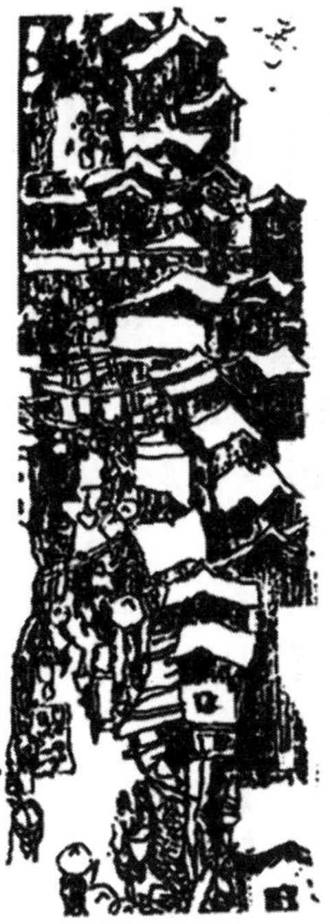

迷乱的街市

走向绿草地

《奔流》 1983年

孟书记的难题 《奔流》 1983年

秋雨绵绵时

人声渐近

《奔流》1983年—1984年

《奔流》 1983年

回浊转清

苹果绿的颜色 1984年

在那片绿林里 1984年

《奔流》1984年—1985年

九道山梁九条沟《奔流》 1984年

《奔流》 1984年

青青的苞米

春天的喜剧

鬼谷《奔流》1985年

老布

无名站记事

《奔流》1985年

《奔流》1985年

《奔流》1985年

流星在寻找失去的轨迹1985年

小偷和书记

夕照吟

三匹马

《奔流》1985年

吴三桂的皇帝梦

1985年

传奇故事1985年

凤凰山恩仇记

蒙娜丽莎的私生活　1985年

无花泉　1985年

殒落的船王岛之星

菜花香　豆花香（1985）

凤凰山恩仇记

殒落的船王岛之星

狼窝(1985)

《名人传记》《人生与伴侣》1986年

紫电．清霜《人生与伴侣》1986年

乱世狂女

——聂元梓

1986

记者．作家．共产党人

《人生与伴侣》 1986年

刘海栗　康有为　夏伊乔

1986年

萧红与萧军的悲欢离合

萧军与萧红的悲欢离合1986

萧军与萧红的悲欢离合

乱世狂女

——聂元梓1986

萧军与萧红的悲欢离合

《第13颗野草莓》《尘世男女　1986年》

尘世男女　1986年

第十三颗野草莓　1986年

尘世男女　1986年

第十三颗野草莓　1986年

10

《奔流》《莽原》1986年

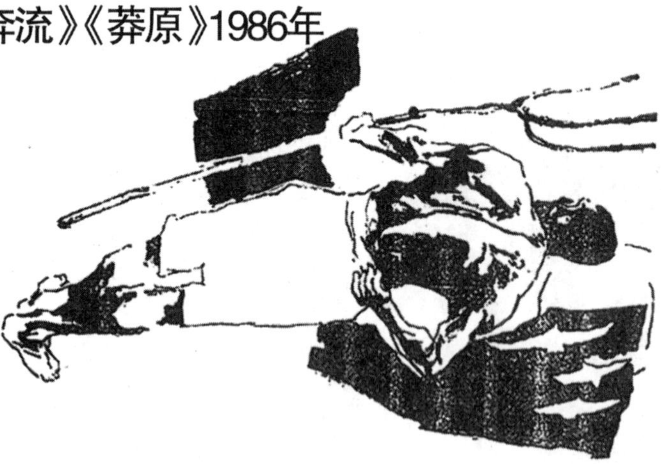

红蚂蚱 绿蚂蚱 1986年

凌水仙 1986年

喧闹的沙漠 1986年

红蚂蚱 绿蚂蚱
1986年

凌水仙 1986年

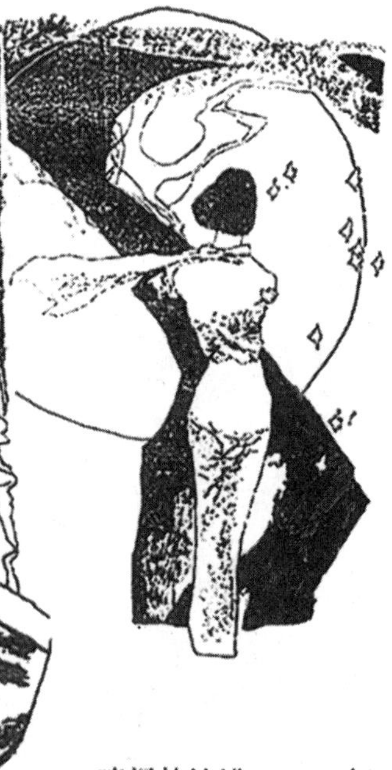

喧闹的沙漠 1986年

《奔流》《人生与伴侣》1978年

春日 1986 奔流

《返祖》奔流1987

1987年 刘海粟 康有为《人生与伴侣》

家的变奏曲

《人生与伴侣》1987年

家的变奏曲《人生与伴侣》

匡则栋前妻的自述

——记钢琴演奏家鲍蕙荞

陈诚姻缘传

《奔流》《人生与伴侣》1987年

返祖《奔流》1987年

《名人传记》《奔流》《人生与伴侣》1987年

陈诚姻缘传《人生与伴侣》1987年

《名人传记》1987年

蒯大富的罪与罚

《名人传记》1987年

暑热

《奔流》1987年

《奔流》1987年

大院

《奔流》1987年

胭脂河三章

尴尬人生 1997年

尴尬人生

尴尬人生

尴尬人生

尴尬人生 1996年

《奔流》1987年

心 的 交 错 1987年

心的交错

心的交错

心的交错
1987年

我

1987年

旧院杂记1987年

旧院杂记 1987年

《奔流》1988年

老鼠尾巴工程师

神经兮兮1988年

铁枕头

《奔流》1988年

类人猿　奔流　1988年

黑　土

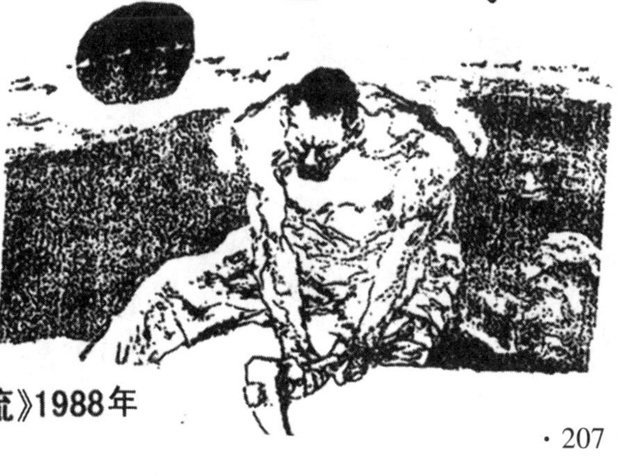

《奔流》1988年

《奔流》1988年

古塬 1988年

古塬 1988年

无碑年代 1988年

无碑年代 1988年

《奔流》《名人传记》1989年

中原浩劫《奔流》1989年

大运河之子刘绍棠

中原浩劫《奔流》1989年

大运河之子刘绍棠

大运河之子刘绍棠

1990年

《奔流》1989年

流火
1989年

干旱 《奔流》1989年

流火 1989年

不是故事《奔流》1989年

悬河 1989年

《名人传记》《奔流》1990年

刘绍棠

张治中和郭沫若的恩恩怨怨

1990年

刘绍棠

记装裱艺术家卢德银 1990年

大运河之子——刘绍棠 1990年

懦汉 奔流 1989

《传奇故事》《人生与伴侣》1991年

鹤鸾情仇记

鹤鸾情仇记

舞女、妓女与穷汉

东方谍后的哀泪

少年大侠逃婚记

亦是春光亦是愁

（溥仪与李玉琴）

1991年

《传奇故事》1987-1993
徐庭瑶官阶小传
1987年
啊，那三座孤坟
玛拉沁夫
1994年
「宁波帮」实业家 李善祥传奇
1993年
李善祥
三座孤坟
文坛千里马
著名作家玛拉沁夫
关羽与貂禅
李善祥
关羽与貂禅

《传奇故事》1992年

枯树的诞生 1992年

枯树的诞生 1992年

枯树的诞生 1992年

枯树的诞生1992年

烟市女总督

烟市女总督（1993年）

烟市女总督（1993年）

雷电下的黑手

别样生存 1987年

《传奇故事》

乱世风流情

乱世风流情

乱世风流情

乱世风流情

乱世风流情

乱世风流情

乱世风流情

关羽和貂蝉

乱世风流情

《传奇故事》1990年

开慧之死　百身莫赎　1990年

已近黄昏——杜聿明在淮海大战前夕

实业家荣德生抗战中二三事

1990年

《传奇故事》1991年

中国村姑与俄国上尉

血火情剑（1991年）

生活的真谛

生活的真谛

血火情剑（1991年）

爱在甜梦中升华

飞骑追疏

《传奇故事》1992

《名人传记》《人生与伴侣》1991-1992年

潘达微冒险安葬72烈士 1991年

毁誉参半话张钫 1991年

1992年

雪在烧 1991年

雪在烧

永恒的魔力

邵与祝

邵飘萍与祝文秀的故事

1992年

记著名作曲家刘炽

《名人传记》《人生与伴侣》1992年

银幕上的一代「名旦」

爱国报人史量才被刺纪实

辛亥赤子

——记河南义军总司令张钟端等烈士

《传奇故事》

洪峰中的奇遇

飞骑追疏

并非一桩风流案

黑天使复仇记

飞骑追疏

没有国界的爱

《名人传记》《人生与伴侣》1991-1992年

遥远的东方有一片地　　1994年

1993年

潇湘女杰陈云凤

1993年

（夏明翰之母的风采）
1993年

《名人传记》《传奇故事》《人生与伴侣》

新中国在召唤
（丁善德回国的前前后后）
1990年 名人传记

旧族 1990年

神秘的女人

神秘的女人

认爹的风波

中国村姑与俄国上尉

李伯安先生与《传奇故事》

赵小勇　整理

1985年　由画家郭自修先生引荐，李伯安先生开始为《传奇故事》画插图。所画第一套插图为《中国村姑与俄国上尉》，同年又画《黑天使复仇记》《少女，还是老虎?》（连环画）。

1986年　画《神秘的女人》《她，爱着一个盗窃犯》等。

1987年　画《乱世风流情》（长篇连载）、《洪峰中的奇遇》、《没有国界的爱》、《飞骑追疏》、《年的来历》（连环画）等。

1988年　画《爱在“甜梦”中升华》《鹤鸾情仇记》（长篇连载）《并非一桩风流案》等。

1989年　画《啊，那三座孤坟》《生活的真谛》《妓女、舞女与穷汉》《一个“偷情”的女贼》等。同年，《年的来历》获《传奇故事》首届“冰熊奖”连环画作品奖。

1990年　画《情系雨花石》《玉眼猫座钟》《东方谍后的哀泪》《少年大侠逃婚记》《雷电下的黑手》等。

1991年　伯安先生因致力于《走出巴颜喀拉》的创作，《传奇故事》杂志社美术编辑除很重要的稿件外，一般不再约请其画插图。是年，画《血火情剑》。

1993年　画《烟市女总督》。

1994年　画《关羽与貂蝉》。这是伯安先生为《传奇故事》所画的最后一套插图。

伯安先生与《传奇故事》的合作，前后整整十年，所画插图近百幅，连环画两套。伯安先生为《传奇故事》的美术工作耗费了大量的心血，他的插图和连环画作品，对于《传奇故事》整体形象的美化有着极其重要的作用。这十年中，正是《传奇故事》由创刊走向鼎盛的时期，《传奇故事》所取得的成就与伯安先生的努力是分不开的，《传奇故事》为曾经与这样一位杰出画家的合作而骄傲。为他的英名和作品永远驻留在《传奇故事》的刊史中而骄傲。我们将永远记住他。

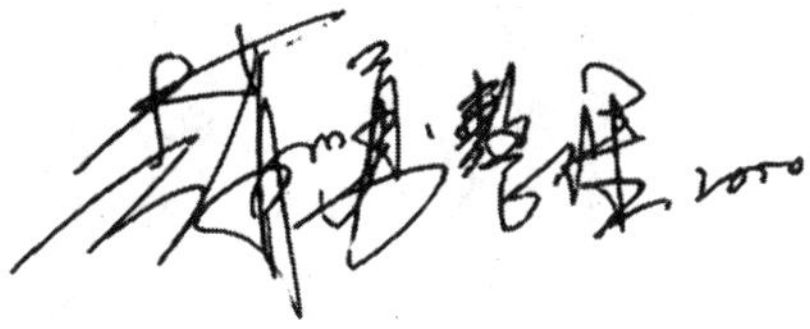

少女，还是老虎？

根据
（美）福克兰·斯道克敦
同名小说改编
绘画　李伯安

①　很多世纪以前，有一个奇怪的国王，他固执自信，不可一世。他从不需要法庭，而是用一种奇怪的方式来判决那些被指控有罪的人。

②　他有一个大竞技场，场上设置了两扇完全相同的门。当有人被告犯有某种罪行时，就必须在场上打开其中的一扇门。而这两扇门中，一扇门里是一只凶猛的老虎，另一扇门里却是一位美貌的姑娘。这样，被告的命运就被决定了：喂虎，或是做新郎。

③　今天，竞技场上挤满了人，大家又在等待着一场完全取决于天意的判决。

④　被告进来了，这是个英俊高大，仪表堂堂的青年。

⑤他因为和国王的女儿——公主相爱，不
被国王察觉，国王毫不犹豫地把女儿的
人投进了监狱，而且依照惯例判决。

此时，公主就在看台上，坐在国王的身边。她发疯般地爱着这个青年，但又无力劝阻自己的父亲，不过她尽了最大的努力，终于使自己弄清了两扇门后的秘密。

⑦ 她此刻心乱如麻，因为实际自己掌握了人的命运。她应该如何拯救他呢？让他活下去，那么他就必须和门里的那个少女结婚，而不是自己；要阻止这场婚姻，他就必须被另一扇门里的老虎撕成碎片……

⑧ 场上，青年用万分焦虑的目光向她求援：「该开哪一扇门？」不容再想下去了，公主急速地指了一下右边的那扇门。这个细小的动作除了她的情人，没有任何人能够发现。

⑨ 青年毫不疑迟，他坚定地走过去，开了那扇门。

⑩ 公正的读者，假如你就是这位堕入情网的主，你该怎样决定他的生命呢？你把你不能的情人推给谁呢？是少女，还是老虎？

这个故事本身是没有答案的，它把一个永远的谜留给了人们。

年的来历

夏春海　撰文　　李伯安　绘画

⑧ 他从春暖花开到春暖花开之间指定了一个日子，并把这个日子叫"年"，规定"年"到的时候，天下人都得吃好穿好不干活，谁不听从就叫谁死，决不留情。

⑨ "年"到了时，大家怕惹恼这位神仙，于是，把平时舍不得吃的好东西拿出来吃，把平时舍不得穿的好衣服拿出来穿，吃着好的穿着好的又不干活，都觉无聊，于是就生着法玩、耍。

⑩ 玉皇大帝爱睡觉。春暖花开时开始睡，到来年春暖花开时才醒。"年"的日子，正是他睁眼睡醒的日子。这一天，他睁眼向下那么一看，立刻大悦，当着众神的面夸奖起管地神仙。

⑪ "我以为偌大个天上就是没有能神了哩，原来还有啊。大家都向下看看，为了奖罚分明，我要他永远管地，享受人间香火，世代因袭，诸位神仙有什么意见没有？"

⑫ 大家谁心里都有一本帐，可谁也不吱声。

⑬ 玉皇大帝见诸神全不吱声，以为都无异议，十分高兴，于是又"忽忽"的睡去。

⑭ 人世间，从此有了"年"。

《祖师爷的传说》海燕出版社 1986

神农氏的传说 1986

伍子胥的传说

朱元璋的传说

罗祖 的传说

东方朔的传说

《祖师爷的传说》海燕出版社 1986

邱祖 的传说 1986

《祖师爷的传说》 海燕出版社

孙膑和庞涓的传说 1986

老郎神 的传说 1986，

《祖师爷的传说》 海燕出版社

财神爷的传说 1986

铁拐李的传说 1986

《祖师爷的传说》 海燕出版社

《祖师爷的传说》海燕出版社 1986

吴道子的传说 1986

洪拳五祖的传说 1986

蔡伦的传说 1986

火神祝融的传说 1986

邱长春的传说 1986

郑州晚报

副刊

走出巴颜喀拉的巨人

——李伯安逝世周年祭

周俊杰/文 张明泽/图

去年5月2日，当我得知挚友李伯安去世的消息后，立刻惊呆了，这位一生完全献给艺术事业、只知用笔、用墨、用色彩表现与他情牵梦萦、相濡以沫的人民和他那外表平静而内心犹如巨澜的心灵的艺术家，才仅仅54岁啊，正当艺术成熟出佳作的年龄，却默默地、突然地走了——那天他从早到中午，画了他那幅60米长、2米高的《走出巴颜喀拉》的"天葬"部分，离开了画室，正当要锁门时，突然向后倒了下去，从此，再也没有起来——他以自己的生命、以对艺术执著而痴心的追求，以及他那幅创作了10年、应该说在整个中国美术史上具有划时代意义却终未完成的巨作《走出巴颜喀拉》及其他数以百计的作品，向美术界、向文化界、向孕育了他的祖国和人民证明了他是当代中国人物画坛上的巨子，是与中外美术史上大师们相媲美而毫不逊色的巨匠——在评价当代艺术界人士时，我多年来极为谨慎地回避用这一称谓，在不乏出艺术奇才和出佳作的当代，还很少有人以如此虔诚的心和艺术家的良知如此深入地刻画出我们国家处于最平凡地位却是整个社会脊梁的人民——那经历了沧桑岁月的北方老农，那往高山绝顶运送食物、用品的挑夫，那一步一匍匐走向心目中圣地的藏族老人，以及内心充满神意、憧憬着美好未来而耕耘着眼前微薄土地的汉族及少数民族的农民，他不仅描绘了他们的形象和生活场景，而是用最真诚的心与他们对话，并进而将自己的整个心灵、整个人格融进他们的灵魂中去。你站在他的画前绝不能无动于衷，至少，我，和不少人都曾在他的画前流过泪，因为他不是在画，而是在倾诉，在用最诚挚的声音吟咏着他对人民深厚的爱。他的画整个基调是悲壮，是博大，是深沉，并充满了人性的力量。抛开城市的市俗生活，走到黄河，走到大山中，走到最底层的人民中去看一看吧，与他们对话，与他们生活，让自己的身心和灵魂与他们融为一体，从而在人民中汲取力量、汲取灵感，这样，才会更深切地体会、认识到伯安作品的深度和力度。我们当代艺术界在似繁荣的喧闹中，充满了浅薄的市井气和俚俗气，忸怩作态的古今人物，没有任何思想力度的表面热闹场景，与港台无聊的闹剧一起，充斥了我们的艺术界，那久违了的艺术思想力、宏阔而壮观的画面，那时代呼唤着浓郁情感和民族所不可征服的精神，在一个文弱书生式的艺术家笔底汩汩流出，那一幅幅画面，使我们想到了曾写出三吏、三别的诗圣杜甫，想到了俄国为农民呐喊的诗人涅克拉索夫，想到了展示欧洲农村宏伟画卷的波兰作家显克微支，想到了描写顿河哥萨克人悲壮历程的前苏联作家肖洛霍夫，是的，伯安的《走出巴颜喀拉》，足可与那些深入展示了民族魂魄的巨著并列。中国美术界几位最高权威看了他的画后，均情不自禁地表示，伯安的这幅巨作，是20世纪美术界的高峰，也是中国美术史上的高峰，前无古人，后无来者，为本世纪中国的美术事业画上了一个完美的句号，他们情不由衷地说，谁是20世纪文化上的伟人？伯安就是！他的作品先在郑州举办了短短三天预展，已引起了巨大的轰动，我相信，今年将在北京举办的展览，必将会震撼整个文艺界。

我与伯安交往已久，我的第一本作品集和书法论集，伯安均为责任编辑。他对人对事的真诚、谦和，总是能深深地感动着每个人。与他相交，不必有任何顾虑和戒备，我们老祖宗给我们留下的美德，在他身上是如此完美地体现着。他不爱多说话，没有时下艺术家们的派头，以致多年前一位外国朋友先看了他的画再接触他本人时，无论如何也不相信那苍郁深沉的画作会出自这么一位总是带着微笑、说话慢声细气、平凡得不能再平凡的艺术家之手。我清楚地记得，在他去世前几天，外地邀请我俩去参加一项活动，他拿了几张画到我办公室，歉意地说："我这几天头晕得厉害，几乎无法画画，这几张画你带去，算我一点心意吧。"哪知，这竟然是我们之间的诀别，5月2日，他又挣扎着在他倾注了十多年心血的画作前耗去了他生命的最后几个小时，终于，倒在了巴颜喀拉山下。天公啊，你为什么总是那么不公，将这么一位一生总在做好事、善事，做对社会对人民有益之事的好人收走？你要知道，他的"巴颜喀拉之路"还远远未走完，他计划的100米长卷才走了不足三分之二啊！一年来，我总是为这么一位挚友的离去心情感到特别沉重，而在为他举行追悼会的5月7日，我又因在远方讲学难以脱身，未亲自为他送行，这使我的心总像被啮咬一般。一年了，伯安的身影、音笑容貌总在我面前闪现，我知道，伯安，你舍不下你视若生命的艺术，也舍不下你那曾在生活、艺术道路上携手一起并肩走过多年的朋友们。伯安，可以告慰你的是，你的朋友们已自行筹款，为你出版了大型作品集，并将在中国美术馆为你举行大规模的作品展，你那甚至连日本东山魁夷的弟子们怀疑并惊呼中国人不可能画那么好的作品，将会展现在国人和世界人民面前。你的作品就是你的一座丰碑，它已经证明、并会随着时间的推移和对更多人的征服而继续证明：你将是当代文化艺术界的一位伟人，也是巴颜喀拉山上的一位巨人！

伯安兄，安息吧！

赛马

累死在画前的奇才

张 宇

李伯安（1944—1998），河南洛阳老城人，生前为中国美术家协会会员，河南美术出版社副编审。这是一个生前知者寥寥、死后名满天下的画家，其作品是生前不为人知，死后却被奉为经典的作品。

他在斗室里一画就是10年，完成了黄河之源藏族群众那一部分——122米长的《走出巴颜喀拉》，由于劳累过度，1998年5月2日，54岁的李伯安直至他力竭倒在竖立的画板前时，画板上仍是他刚刚落墨的第7稿……

在他生命的最后10年，他曾3次单枪匹马、徒步跋涉至甘南青藏收集素材，历尽艰辛、呕心沥血创作出《走出巴颜喀拉》这件伟大的作品。

1959年，15岁的李伯安陪一个同学去投考，结果自己意外地考取了郑州艺专。在艺专学习期间，俄国画家列宾费时13年完成的大画《沙布洛什人答苏丹王的信》使他为之倾倒，他经常说，一辈子能画这样的一张画流传于世，就不虚此生了。

他只是肄业于郑州某艺术学院的一个小画家，这个学院早在1961年因自然灾害而停办。离开郑州艺术学院，他当过建筑队的小工，卖过汽水，在小学当过代课教师，在工厂做过工。

但是，穷且益坚，不坠青云之志。不管处境多么窘迫，李伯安始终紧握手中的画笔。他到乡村、街道，为人画像，为小报画插图，通过各种形式表现自己的艺术。底层百姓的生活经历，苦难的磨炼，为他艺术的创作增加了底气。

李伯安去世以后，全国146位著名国画家慷慨捐出150幅画作，为李伯安的画展和画册筹款，随后《李伯安画集》出版，“李伯安画展”在洛阳、郑州、北京、上海和深圳陆续开幕，引起石破天惊般的轰动。长卷的横空出世，被一些专家和国画界权威人士认作是20世纪中国美术史的一个大事件，而李伯安的画作《走出巴颜喀拉》也被一些评论家认定为是一件与蒋兆和的《流民图》和周思聪的《矿工图》并驾齐驱的杰作。

为了摆脱困境，他再次西行。此时他的身体已经不行了。第四年，传来西部基夫去世的消息，这时李伯安已经四易其稿。内外交困，画家这时遇到了著名作家——冯骥才。

冯骥才盛赞他为“罕世和绝代的画家”。徘徊了四年的李伯安受到鼓励，毅然将这30米画卷卷起来，从第二段《开光大典》重新画起。

三万里黄河曲曲荡荡日夜走出巴颜喀拉
五千仞太行奇奇伟伟哪是流民哪是神仙

——杜天俊

李伯安的生命中的两座山，巴颜喀拉

是一座，太行山是另一座。从 1971 年起，李伯安连续十几年，每年都进太行山采风。

李伯安生前没有出过一本画册，没办过一次画展，无论金钱如何腐蚀人心，艺术界如何鱼龙混杂，总会有人对艺术生死相许，甘守清贫，无怨无悔。李伯安生前生活得很平常，这么伟大的艺术家在他活着时不过是出版社的一个普通编辑，这就是艺术家的纯粹，他开始了一个人的战争。

1988 年，李伯安的兴趣转移到巴颜喀拉山——黄河和长江的发源地。

从黄河之源圣山巴颜喀拉画起，通过一组组苍茫凝重的艺术形象和浩然大气的结构安排，精湛的刻画和独具个性的艺术语言跻身于经典之列。

他生活在另一个大千世界里，只有伟大的百米画卷永远在诉说着艰辛与不屈，诉说着历史，也诉说着我们的希望。

他——

把 20 世纪中国水墨人物推向了一个新高峰。

2017 年 12 月 30 日于郑州

（作者系河南省文联原主席，河南省作协原主席，作家）

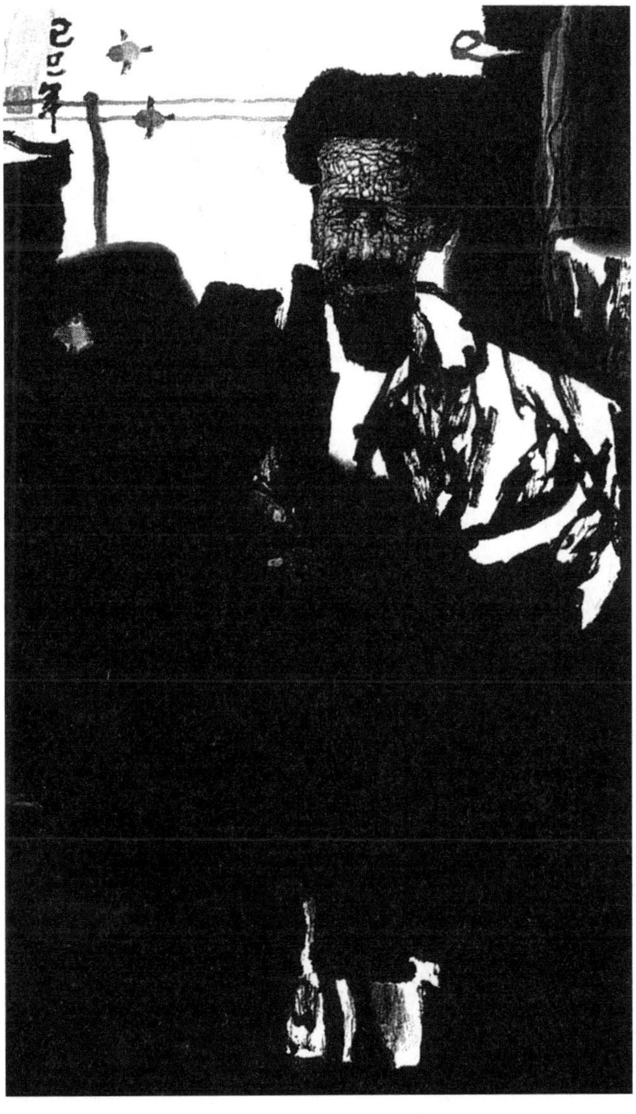

沧桑

七、清华大学李伯安捐赠作品研讨会部分发言稿

多体杂糅、气势撼人与士人的理想

——颜真卿《送裴将军诗帖》和李伯安《走出巴颜喀拉》的相似之处

李 飒

这篇文章是《开放性的视野——〈走出巴颜喀拉〉对现实主义、表现主义、浪漫主义、超现实主义、抽象艺术和中国传统线描的借鉴》的续篇，将唐代书法家颜真卿的《送裴将军诗帖》和李伯安的《走出巴颜喀拉》相互比较，多体杂糅，气势撼人和士人的理想是它们具有的共同的艺术特征。

颜真卿的艺术成就和开放性的时代背景

一、颜真卿是唐代书法家的代表。虽然中国书法史上东晋王羲之被称为“书圣”，对后世影响很大，但是颜真卿的书法影响力并不下于王羲之，而且两人存在很大的差别。王羲之儒雅纤秀，颜真卿强悍开阔，王羲之更严谨，而颜真卿更多元。唐代书法史上的大家很多，唐初四大家的褚遂良、柳公权、欧阳询、薛稷都深受王羲之的影响，但是他们的书法过于拘谨，过于遵守法度，其成就都无法超越王羲之，而颜真卿则不同。宋代大书法家黄庭坚就是这样的观点，他对颜真卿倍加赞赏：“回视欧、虞、褚、薛辈皆为法度所窘，岂如鲁公萧然出于绳墨之外。”早期颜真卿也受到王羲之的影响，比如43岁时的作品《多宝塔碑》用笔、结构、章法都非常严谨，但是后期逐渐变化，59岁时的《祭侄文稿》是颜真卿在当时为了纪念“安史之乱”中英勇作战而死去的侄子颜季明所写祭文的草稿，全文共234字，其中修改涂抹的字就多达30多处，极度悲愤，情真意切，不遵常规、动人心魄，被称为“天下第二行书”（王羲之的《兰亭集序》被称为第一行书）。而创作年代不详的《送裴将军诗帖》则是颜真卿另一幅风格极致的代表作品。盛唐时期是中国历史上文化的一个巅峰时期，诗、书、画、乐等方面涌现出大量名家，如“诗仙”李白、“诗圣”杜甫、“诗魔”白居易，书法家颜真卿、张旭、怀素，柳公权、褚遂良等，“画圣”吴道子，画家李思训父子、阎立本兄弟，文人画的开创者王维、张萱、周昉，塑圣杨惠之，音乐家李龟年等。唐朝是传统中国历史上文化最繁荣的时期，这种文化的繁荣得益于时代“开放”“多元”“包容”的政策和主张。

二、《送裴将军诗帖》，超越法度的“现代性”

《送裴将军诗帖》应该是颜真卿成熟时期的一幅重要作品，风格大胆，创作年代不详。这件作品是中国两千年书法史上极其另类之作，它的创作方法在传统历代书法名家几乎没有相似的，前无古人，后无来者，由于过于特别，所以并没有受到充分重视，但却是传统书法作品中最具“现代性”的一件作品。

《送裴将军诗帖》具有四个重要特征：

1. “多体杂糅”（也称书体杂糅）。《送裴将军诗帖》在一件书法作品中融入楷书、行书、草书等不同书体，局部字书写有篆籀用笔，一部作品包含不同书体的艺术风格，这种大胆的实践，匪夷所思，超越法度、常规和大多数人的理解，在书法史上很罕见。

多体杂糅，意味着在一件作品的创作中不是保持一种“方法”自始至终，而是不断变化，在不同的字体、方法之间来回变化，采取开放、混杂、多元、包容的态度，这种形式在中国书法史上几乎没有其他相似的例子。多体杂糅，这种一件作品中“多元”的创作方法，颇具“现代性”的特征。单一经济体系（农业经济）和封闭环境下很难产生这种文化形态，只有在复杂的经济形态（商业经济）和更开放的体系（国际体系）下才会产生这种需求。因此，多体杂糅，在2000年传统书法史上显得极为另类，只有在现当代社会充分开放和交流的环境中，在现代和当代艺术艺术当中才得到理解和大量应用。颜真卿《送裴将军诗帖》很可能是在中国传统历史上，唐代最开放的时代（国际贸易繁荣，长安有大量的胡商往来，也是当时世界上最重要的国际化大都市）所产生的一件极其另类的艺术作品，基本上也是一个孤例。

2. 去美求真。“美”在这里是指规范。书法艺术是一门很讲究规范的艺术。历代书法名家的作品，不论书法家从容还是狂放，作品中都存在很强的规范。书法史上大多数书法作品，将追求形式上的“美感”作为最主要的目标和评价标准。但《送裴将军诗帖》却反其道而行之，非为追求“美感”，而为追求“真挚”、激情与大胆实践。《送裴将军诗帖》中很多字的书写已经超越了对形式美的追求，很多字笔画、结构粗陋，毫无美感（例如文中的“跃”“雄”等字），甚至可以看作“丑陋”（像是初学写字的儿童所写），不同字之间大小、笔画粗细之间变化太大，书写歪歪斜斜，字体随意转换，完全不循章法。这种“去美”（最大限度地脱离规范）“求真”（追求真实的性情和欲望的表达）的艺术观念与传统书法史上的艺术观念并不太一致。

正像德国社会学家马克斯·韦伯在《以学术为业》一书文中所说：“一件事物……正是因为其不美、不神圣、不善，所以才为真。”求真，在作品中追求个体真实的欲望，正是现代艺术区别于传统艺术（艺术作品中具有“现代性”）的一个重要的差别。

“多体杂糅”“去美求真”，《送裴将军诗帖》的这两个特征以及其对传统规范的超越使其成为中国传统书法史上最具“现代性”的一件作品。

3. 气势撼人。中国传统艺术“书画同源”，书法与绘画的艺术风格是一致的。王羲之的《兰亭序》代表了“雅”（儒雅纤秀）；颜真卿《送裴将军诗帖》代表的了“雄”（气势撼人）。王羲之代表了秩序、规范和主流的风格，大多数后世的书法家都多模仿和遵从他的书风。因为率性，颜真卿的风格甚至显得有些“粗陋”，书画史上真正延续颜真卿风格的并不多。其气象宏伟、大开大合、笔力雄健、气势磅礴的书风后世很少有人能够比及。《送裴将军诗帖》就是这样一幅作品，它已经超出了对形式“美感”的追求，不在乎局部的得失，整篇作品有着罕见的强悍风格和雄奇书风。文人柔弱，文人也最强悍。

4. 士人的理想。

我在2009年写的文章《水墨，面对现代性的挑战》一文中提到，什么是水墨（传统文化中最重要的艺术形式），水墨（或书法）其实是“士人理想”的一种外在体现：“‘水墨’并不仅仅是指一种与特定媒材相关的艺术表现形式，它实际上是指一种价值。它是延续了两千多年的传统农业文明社会中的一个特殊的阶层——士——长期维系的一种价值体系。它代表了‘士’的阶层长期延续的一种价值理想：忧国忧民、独立的文化人格、对学术的终生追求、对超出现实之外的虚拟精神家园的永恒向往。而‘水墨’（包括中国的书法和绘画）的实质是这种价值在绘画上的表现。脱离了这种内在的价值‘水墨’形式本身并不具备独立的文化意义。”

颜真卿在“安史之乱”中挺身而出，危难之中一力担当，其文化理想对他的艺术风格起到了重要的支持作用。士人的理想，是传统书法（艺术）背后最重要的价值支撑。

20世纪初，传统中国受到“现代性”的挑战，社会和文化都面临转型。徐悲鸿、林风眠、刘海粟、蒋兆和、庞薰琴、倪宜德等一批留学海外归来的艺术家，大都主张革命性的艺术观点，1918年，年仅23岁的徐悲鸿在北京大学画法研究会演讲《中国画改良之方法》，开篇即说：“中国画学之颓败，至今已极已。”虽然这些留学生改造中国画的主张各不相同，具体艺术观点差别也比较大，但在他们的背后都有共同的价值观。他们无一例外都延续了中国文化中最重要的部分：士人的理想——忧国忧民的文化理想，这是传统文化中最核心的部分。20世纪初的中国极度羸弱，这批留学归来的艺术家都主张积极向西方学习，但是他们也具有共同的特征：图强而不自卑。

三、《走出巴颜喀拉》和《送裴将军诗帖》的相似性

我在上一篇文章《开放性的视野——〈走出巴颜喀拉〉对现实主义、表现主义、浪漫主义、超现实主义、抽象艺术和中国传统线描的借鉴》中比较详细地解释了20世纪李伯安的水墨人物长卷《走出巴颜喀拉》在一幅作品中对现代艺术艺术和传统中多种艺术风格的借鉴和运用（包括对现实主义、表现主义、浪漫主义、超现实主义、抽象艺术和中国传统线描的借鉴，上一篇文章说得比较清楚，这里不再啰唆了），这种方式在20世纪中国画史上是很少见的。这和历史上颜真卿的《送裴将军诗帖》“多体杂糅”的艺术创作方法如出一辙。李伯安虽然是用传统国画的材质（毛笔、宣纸、墨）进行创作，但他对西方和现代艺术有着强烈的探索欲望。在他的观念中并没有中西艺术的隔膜，而是对现代艺术中油画、雕塑、壁画、素描、版画、线描等不同材质和风格都认真地学习和借鉴。他在《走出巴颜喀拉》水墨长卷的创作过程中，第一段《圣山之灵》完成之后，作品获得了日本藏家（这幅作品的最初定制者）和日本艺术界的高度评价，但他并没有选择简单易行的方式，将一种艺术形式贯穿到底，而是进行了更多艺术形式的实践和杂糅，在作品中对现代艺术中的现实主义、表现主义、浪漫主义、超现实主义、抽象艺术、传统线描和水墨大写意风格都进行了实践和运用，这同颜真卿《送裴将军诗帖》的“多体杂糅”有着异曲同工之妙。正是这种开放、多元、包容的特征使得这两件作品具有内在的相似性。《走出巴颜喀拉》对多种现代艺术风格的大胆运用，也使得这件作品具有清晰的“现代性”的特征。而整个水墨人物长卷的恢弘气势，绝非为了取悦于人，而是个人的真实的生命状态与大胆想象，非有强烈的文化使命感，无以完成如此波澜壮阔，气势撼人的作品，这同样取决于作品背后的价值支撑，传统知识分子一直延续的“士人的理想”——忧国忧民的文化理想和精神的独立性。

总而言之，1. 多体杂糅——多元（对不同艺术形态、风格的吸收和借鉴，在艺术作品中保持多元文化的因素）、开放（对世界持开放性的态度）、包容（打破常规、实践和冒险的精神）；2. 气势撼人（雄奇峻拔的作品风格和文人内在强悍的性格）；3. 士人的理想（忧国忧民，这是从颜真卿

到徐悲鸿、林风眠、李伯安等历代知识分子型艺术家共同的价值支撑，对世界持开放包容的态度，图强而不自卑）是颜真卿《送裴将军诗帖》和李伯安《走出巴颜喀拉》共同具有的艺术特征。

李飒2019年8月3日于京郊罗马湖畔
（作者系北京服装学院教师、李伯安之子）

追忆恩师李伯安

胥建国

21年前，一位普通平实的画家倒在了他的画室，再也未能起来，而就从那一刻开始，他耕耘十年的巨幅画作被越来越多的人们所熟识，他，就是出生于洛阳的河南画家——李伯安。

1972年，伯安老师开始走进我的生活，那年我十岁，他28岁，他教我画画，我叫他李叔，一晃就是十年。他来我家，我母亲会给他打两个荷包蛋吃，我住他家，他做的最常吃的是鸡蛋西红柿面。往来简单，而情意益浓。他生前是否来过清华我不知道，但他对原中央工艺美院并不陌生，尤其是我90年读硕士研究生及留校到他去世八年间，他每次来北京出差办完事回郑州前，都会来学院到我那儿坐会儿，吃点便饭，有时也会喝点小酒，轻松的话语中没有寒暄，询问最多的是工艺美院的教学新理念和艺术创作新动向。

在人类浩瀚文化的角落有一种唯心的东西叫“迷信”，我从来不信，然而就在我36岁本命年那年，我生命中最重要的两个人——父亲和恩师伯安，半年里相继离我而去。真是人生无常，难以知恒远。

《走出巴颜喀拉》120米长卷如同一年的12个月份，有盛夏般的庆典，有深秋中的苍黄，有严冬里的冰寒，而缺失的就是春暖花开的融荣。寻找生的路，找寻梦的未来，也许这就是画面表现的人物不断砥砺前行的动力吧。

一个人一生不去追逐名利，是违心的话，而一位画家在身后能获得如此广泛的赞誉却实属不多。一个人能超越自我很难，但如果把个体有限而短暂的生命融入到相对恒久的江河山川，凡俗的肉身或许真的可以在人类生命体系中获得精神之不朽。亦或说，一位艺术家能在生命体征运行过程中超越自我与时空的纬度，不刻意追逐尘世的封树，那还有什么能止其高远乎？

伯安老师离去21年了，今天还有这么多人记得他，希望通过作品重新认识他，我想表象离不开他作品的魅力，但背后隐含着的，是他所历经的蹉跎，自我修炼而成的品格。

中国古代士的精神近儒而远道，不仅忧国忧民，更是透过文以载道，展现了对天下苍生的责任与情怀。《新唐书·裴行俭传》中云：“士之志远，先器识，后文艺。”古代士人如此，今艺术家也如此，要技艺之凝练必要度量、见识、文化内涵与精神境界之提升。伯安老师画已至此，想必心智亦已至此，画中由内向外呈现的就是那种文人的风骨、气节和担当。

我认识伯安老师的25年间，很少见他开怀大笑过，其内心深处埋藏的压抑都已成为难以追溯的以往。因而，如果看不到他在苦难与艰辛中，对生的体悟，对死从困惑到决然，会很难理解他作品中那浓重的笔墨和沉暗的色调所隐含的情神，很难认知那浑浊画面中处处都透着的对光明的祈盼。可以说，透过作品，他把个体生命的苦楚、煎熬、冥想和思虑，因与一个偌大群体链接，找寻到了精神、情感和生命归宿的寄托，因与一个伟大时代的融合，而跨越了不同民族的文化和信仰，展现出了中华民族追逐梦想的执着，和人类生生不息的精神内核。

《走出巴颜喀拉》画的主题是中华民族的母亲河——黄河，画幅以高度概括凝练的手法，用人物象征和隐喻的方式，超越了对河水奔涌的陈铺直叙，从人的视角展现了大河的雄浑与波澜壮阔。它即是一个时代的命题，也是一个民族觉醒后吹响的号角。就像公元227年蜀汉丞相诸葛亮，在决定北上伐魏，给后主刘禅上书的《出师表》一样，是20世纪末，中华民族面向世界发出的一篇蓄势待发的昂扬檄文，无论前方的路怎样险阻，一个觉醒了的伟大民族都会一往无前。

中国文化在汉唐之后，沉静淡雅多于奔放雄劲，艺术的程式化多于艺术的原创性。《走出巴颜喀拉》在绘画方面对中西的技艺融合，提升了中国画的层次感和厚重感。在伯安老师的笔下，由黄庭坚和怀素融汇而成的行草线条，苍黄遒劲，穿插于法国浪漫主义绘画、俄罗斯巡回画派与德国表现主义艺术之间，大刀阔斧，酣畅淋漓。画中展现的即是一种与20世纪初德国女画家珂勒惠支版画，在精神和情感上的契合，虽然阴郁沉闷，但却气息逼人，充满了坚韧和热忱，也更是心中意气如同火山迸发般能量的抒发与释放。

愿伯安老师祈盼民族崛起之火，能随着他的巨作，点燃更多人内心对生的热望，对美好未来的执着。

2019年9月6日

于清华大学艺术博物馆

（作者系中国美术家协会会员，雕塑艺术委员会委员，中国雕塑学会会员，中国雕塑专业委员会会员）

专访：21年后，感念李伯安先生

——《走出巴颜喀拉——赛马》

姬　晖

在清华大学艺术博物馆“走出巴颜喀拉——李伯安作品捐赠展”开幕之际，想起去年与伯安夫人张黛老师重逢，共同回忆往事，伯安老师的音容笑貌和猝然去世的情景还历历在目。

他至真，至善，至纯。他的作品是用生命和激情谱写的赞歌，是用仁爱书写苍生的赞歌，是用悲悯揭示人性的赞歌。一年后再次看到他的巨幅宏作心灵如同又经历了一次洗礼，震撼到心底的痛依然挥之不去……

21年，整整21年！艺术家呕心沥血十

年磨一剑铸就的120米长巨幅画作终于有了归宿，心中万分感慨。在20年间，这样杰出的艺术家和作品也几近被红尘所淹没，为世人所淡忘，实在可叹！

今日驻足画前，仍然被强烈的视觉冲击力所震撼，那是怎样激情四溢的十年，怎样呕心沥血的十年，怎样蜡烛燃尽仍不悔的十年啊！伯安先生从辽阔的中原一步步走向荒凉的青藏高原，感受着那里的蓝天，呼吸着那里的空气，体悟着那纯朴的民风，在那天高路远的朝圣中捕捉勾画出一幕幕苍凉悲怆的影像，一组组浓情厚意的画面，他把自己融入那个大河奔流的时代，把自己融化到了巴颜喀拉的山川河流之中。

那是一种饱含着浓情的大爱，一种自觉肩负民族崛起的担当。虽然他没能在有生之年走出巴颜喀拉，但通过自己用生命铸就的巨作走向世界，让悲怆幻化成力量，在凝重的悲歌中奏响了一个伟大古老民族的觉醒号角，展现出了他们迎着曙光阔步在东方地平线上的身姿。

伯安先生以其羸弱的身躯背负着沉重的行囊，历经十年的跋涉，以血汗和生命铸就了辉煌。他不仅是一位杰出的现实主义画家，更是一位将现实主义与浪漫主义完美结合，在表现主义方面取得辉煌成就的画家。斯人已去，精神永存！

时间过得真快，转眼竟有21年了！李伯安先生的雪域天路，那是一个我忘不了的展览，惊心动魄！三十四年前我曾沿青藏公路入藏，两个月艰难跋涉恍如昨日，历历在目在心。只在李先生的画前，视觉、听觉、触觉、嗅觉，曾经的感觉感受感动又都被调动了，高原的天地冰川雪峰与人、与人的精神、情感、信仰合体，李先生用他的命作他的画，通过一幅幅悲怆呼啸的大画，也通过不大的那些凝重的头像、肖像画，他与高原精神合一。

他走的太早，我强烈预感到，那些头像、肖像或许是他下一个十年所要者……可惜，没有下个十年，他走的太早了！时隔21年，我真是希望千万别用现在流行的老套路，笔墨技法、中国画西洋画来研究讨论李先生的心灵之作。研究他要在高原上，听着那里的声音，自然的声音：鹰、马、牦牛、獒、风、峰、冰河、冰川……人弄出的声音：吟诵、啸声、笑声、号角声、鼓声、悲歌、欢歌、浩歌……闻着那里的味道：草的味儿，烧牛粪的味儿，烧酥油的味儿，香火味儿，短刀的腥膻味儿，手里的糌粑味儿，一身的酒味儿……那个地方，每平方公里有多少人？0. 27个人。那里跟咱们这儿不一样，关心的事儿也不一样。有些画是专给评论家评论用的，但李先生的画不是。

李伯安老师的代表作《走出巴颜喀拉》是他在生命的最后10年完成的倾力之作。作品高1. 88米，长120米，画面所描绘的人物数量多达266人。长卷内容共分十段，分别表现了生活在黄河源头藏族群众的生活情景、宗教活动、生产娱乐的场景等十个主题，画面苍浑悲壮，笔墨苍劲洒脱，是一幅极其震撼人心的巨作。如果说当前我国文艺创作现状是“有高原缺高峰”的话，那此巨作算得上是当今中国人物绘画的高峰作品之一。

伯安老师以十年磨一剑的毅力铸就了此画的历史地位。有学者评论道：“李伯安及其作品在画史上是顶天立地的”。的确，伯安老师为此画历经了苦行僧般的修炼。十年间，他曾三次深入藏族聚居区考察，收集素材，这一过程是相当艰苦的。在创作中，他废寝忘食，对画面进行反复修改，多次推倒重来，不计时间成本，只为达到自己预期的画面效果。伯安老师真切地将世间的悲苦融入自身，再将其化作画中形象。从画面中我们可以深切地感受到，伯安老师对此画作所投入的精力，他在不知不觉中把自己也画进了作品中。

他为此作品倾尽了一切，最后甚至以生命来为看似“未完成的作品”画上了句号。当我看到第十部分的末端时，不禁打了一个冷战。这一部分画得是天葬，那面朝大地的逝者尸体，那环绕四周的秃鹰，以及那未勾墨的稿线……这一切仿佛都是冥冥之中注定着，仿佛是天命的安排，不由地令人肃敬，令人感慨万千，了哉，了哉！

逝者如斯！伯安老师虽已离去21年，但他却一直活在人们心中，他的精神一直长存着。李伯安老师的艺术之路，即一种淡泊名利之路，也是一种不随波逐流之路，一种坚定自我的艺术之路。

（作者系中国教育电视台导演，制片人）

史诗、崇高感、现代性与士人的理想

——《流民图》与《走出巴颜喀拉》的分析与比较

李　飒

2019年9月6日下午清华大学艺术博物馆举行的“李伯安捐赠作品展”研讨会上，中国美术馆展览部主任裔萼女士提出一个观点。她认为蒋兆和先生的《流民图》和李伯安先生的《走出巴颜喀拉》，分别是20世纪上下两个半期中国画最重要的两件史诗性水墨人物作品。我非常认同她的观点，并把这两件作品放在一起分析和比较，认为它们共同具有以下四个特征：史诗、崇高感、现代性和士人的理想。

一、史诗

史诗原来是指为民间传说或歌颂英雄功绩的长篇叙事诗，具有凝聚、建构民族认同的作用。20世纪中国绘画中的史诗性作品指的是拥有宏大结构，以叙事性内容为依托，强调精神性的探索，建构现代民族认同和对未来展现希望的作品。

蒋兆和先生创作于1943年的水墨人物长卷《流民图》，高2米，长27米，描绘了一百多位中国在二战中背井离乡的农民、工人、知识分子、老人、妇女、儿童等深受战争灾难之苦的人物群像。陈丹青先生不止一次撰文盛赞《流民图》的艺术价值，称其具有强烈的人道主义精神和悲天悯人的情怀，其艺术水准，在“1943年前后，中国现代美术尚在牙牙学语，竟有《流民图》画出来，独在众人之上，简直是奇迹”[1]。他称这件作品为“20世纪中国最伟大的人物画”[2]。我认同于陈丹青先生对蒋兆和先生艺术水准的评价，但有一个观点值得商榷，他认为这件作品并不是出于民族意识，而是秉承人道主义的立场。人道主义是毫无疑问的，但蒋兆和先生不只是历史的旁观者，而是历史的亲历者，他描绘的是自己的民族所遭受的苦难，感同身受，痛彻心扉，不可能没有民族主义的立场（民族主义不是洪水猛兽，今日的世界也尚未摆脱民族国家的格局。狭隘、仇外、封闭的民族主义是有害的，但开放、包容、融入世界的民族主义自有其价值。中国在现代社会转型过程中，重塑现代民族精神和文化认同难以避免）。毫无疑问，

《流民图》的艺术水准在那个时代是出类拔萃、超乎其群的。蒋兆和先生将徐悲鸿先生开启的，将西方写实人物造型和传统水墨表现相结合的方法应用得炉火纯青，达到了当时最高的程度。其艺术的理念更是对20世纪上半期中华民族所遭遇的苦难、伤痛、生灵涂炭所抱有的深切同情，以及对未来抱有殷切的期望。20世纪上半期的中国，“图存与救亡”是时代的最重要的主题。《流民图》并不是孤例，那一时期留学归来的最重要的艺术家都关注这一主题，比如徐悲鸿先生的《愚公移山》、《田横五百士》，林风眠先生的《百年数人》、《人道》、《民间》等皆是如此。整体而言，单件作品而论，《流民图》堪称20世纪上半期中国美术史上最重要、最代表性的作品，不只是艺术水准，它也最契合那个时代的精神。

李伯安先生的水墨人物长卷《走出巴颜喀拉》是20世纪下半期另一幅重要的水墨史诗性作品，它高1. 88米，总长120余米，描绘了日常生活中266个极其普通的藏族群众人物的生存状态。画面通过叙事性的描述，表现手法上融会贯通了西方现代主义各种艺术风格，给予日常生活中普通人生命的生生不息以史诗般的描述。正像中央美术学院院长范迪安先生所说，“他画得虽然是藏族群众的生活现实，但在作品中寄寓的是对整个中华民族历史命运的深切关怀，表现的是中国人抗争、希望、奋斗的生命力量”。

二、崇高感

在清华大学艺术博物馆的一层展厅里，大多数观众对李伯安先生的水墨人物长卷《走出巴颜喀拉》最直观、最强烈的印象就是“震撼”，这种“令人震撼”的效果来自艺术作品中的“崇高感”。

英国美学家爱德蒙·博克认为：崇高被定义为人类出于自我保存的激情。崇高的效果是震惊。德国哲学家康德在《判断力批判》中认为，崇高的情感是一种“否定的愉悦”，“是通过对生命力的瞬间阻碍、及紧跟而来的生命力的更为强烈的涌流之感而产生的”，即，由阻碍/否定的痛苦到涌流的愉悦/肯定。

艺术作品中的崇高感来自强烈的生命感悟、对生命的反思、突破爆发的生命能量和对自我的超越。那是一种经历生命的挫折、痛苦、顽强而最终走向的解放、舒缓和愉悦，是克服现实中的伤痛，超越生命的脆弱或人性的缺陷，而不是局限于其中，才能最终为作品带来“令人震撼”的效果。

中国古代传统艺术中缺乏崇高感的表现，传统水墨艺术主要追求的是“雅”，尽管在山水或书法艺术中有表现雄奇峻拔，高山仰止的风格，但是缺乏崇高感，因为艺术中的崇高感来自于对“人的价值”、“人的尊严”的理解和尊重，这是一种现代价值观念。蒋兆和先生和李伯安先生，皆以羸弱之躯而营造出负有“崇高感”的艺术作品。

三、现代性

德国哲学家哈贝马斯指出：“人的现代观随着信念的不同而发生了变化。此信念由科学促成，它相信知识无限进步、社会和改良无限发展。”《流民图》对现实主义方法运用得非常纯熟，并在当时其艺术水准“独在众人之上”。现实主义在西方美术史和中国美术史上都占据着极为重要的位置。透视法，作为现实主义重要的方法，在艺术史上具有极其重要的意义。它代表了科学、理性、反思和批判的精神。蒋兆和先生的《流民图》将透视法、写实的造型和传统水墨的表现形式最好地结合在了一起。20世纪下半期，随着西方现代主义和后现代主义各种艺术思潮涌入国内，国内的艺术也呈现出更加多元化的格局。李伯安先生在《走出巴颜喀拉》中对现实主义、表现主义、浪漫主义、超现实主义、抽象艺术等诸多现代主义的艺术风格皆有所借鉴和表现，并将其与传统水墨的大写意风格和传统线描风格进行了融合，呈现出一种开放性的艺术语言体系，具有更为开阔的视野（我在另一篇文章《开放性的视野——〈走出巴颜喀拉〉对现实主义、浪漫主义、表现主义、抽象艺术、超现实主义和传统线描的借鉴》有更为详细的介绍）。

四、士人的理想

孔子说："士志于道"，士（读书人）应该立志追求真理。

曾子说："士不可不弘毅，任重道远。"读书人不可不志向远大，意志坚强，因为他肩负重任，路途遥远。

蒋兆和先生的《流民图》和李伯安先生的《走出巴颜喀拉》皆怀有浓重的家国情怀，体现了传统文化中最重要的价值观念："士人的理想"。对于他们，艺术不是娱乐休闲之物，而是"文以载道"，寄托了他们"忧国忧民"的文化理想。20世纪初期，留学归来的这批艺术家，徐悲鸿、林风眠、蒋兆和、刘海粟、常书鸿、庞薰琴等，他们共同推进了中国文化的现代转型，他们也都延续着传统文化的核心：士人的理想。

1998年3月，李伯安先生世前两个月张明泽先生为他拍摄的画画中劳累休息的照片，画室狭窄简陋，他和蒋兆和先生都秉承传统文化中"士人的理想"，实践着传统文人"士志于道"的理念。

如果说作品中的"现代性"（对现代主义各种艺术风格的借鉴）意味着《流民图》和《走出巴颜喀拉》对现代主义的学习，那么"士人的理想"则是蒋兆和和李伯安理解、继承、坚持传统文化最重要的方式。

有的学者专家曾对蒋兆和先生的《流民图》创作的背景提出过异议，认为作品当时创作于敌占区，蒋兆和先生接受过日伪汉奸的大笔资助，这幅作品的创作动机有问题。但我个人认为，赞助并不决定作品的性质。《走出巴颜喀拉》在20世纪90年代也曾接受过日本企业家的资助和定件要求。但现代艺术追求的是"真"，而艺术中"真"是无法伪装的。在艺术中采取功利主义、投机取巧的方法，缺乏使命感和远大抱负的艺术家，仅靠技术是绝不可能创作出这样震撼人心的作品。《流民图》和《走出巴颜喀拉》双峰并峙，共同构成了20世纪中国人物画史上两件重要的史诗性水墨人物长卷。这两件作品都呈现出"不自卑、不仇恨、生生不息的生命力量"。

《流民图》遗失的下半段中知识分子的形象，二战中，生灵涂炭，国破家亡，但他的目光中却流露出坚定和对未来的期望。

《流民图》唯一的一次1959年在苏联展出时，苏联的艺术家将蒋兆和先生称之为"东方的伦勃朗"。《走出巴颜喀拉》也曾有数次获得赴美国、意大利、俄罗斯的展出机会，但因各种原因遗憾地错过了。中央美术学院院长范迪安先生认为："我相信，李伯安的大画展示在世界任何一个博物馆、美术馆的宽敞空间里，都不会逊色，相反，它会引起所有人视觉的兴奋和精神的共鸣。"如果以后这两幅作品能够有机会在世界不同的地方能够展出，一定会获得更多的赞誉和认同。

2019年9月11日夜李飒于罗马湖畔

（作者系北京服装学院教师，李伯安之子）

注释

［1］2018年4月22日东方头条网文章《陈丹青：蒋兆和巨作〈流民图〉，几乎被历史忘记，差点被销毁》

［2］2014年12月29日《中国文化报》文章《陈丹青：永垂不朽的〈流民图〉》

感怀伯安先生之随笔

唐　薇

时间过得真快，转眼竟有十九年了！李伯安先生的《雪域天路》，那是一个我忘不了的展览，惊心动魄！！三十四年前我曾沿青藏公路入藏，两个月艰难跋涉恍如昨日，历历在目、在心。只在李先生的画前，视觉、听觉、触觉、嗅觉，曾经的感觉、感受、感动又都被调动了，高原的天地冰川雪峰与人、与人的精神、情感、信仰合体，李先生用他的命作他的画，通过一幅幅悲怆呼啸的大画，也通过那些凝重的头像、肖像画，他与高原精神合一。他走的太早，我强烈预感到，那些头像、肖像或许是他下一个十年所要者……可惜，没有下个十年，他走的太早了！时隔19年，我真是希望千万别用现在流行的老套路、笔墨技法、中国画西洋画来研究讨论李先生的心灵之作。研究他，要在高原上，听着那里的声音，自然的声音：鹰、马、牦牛、獒、风、峰、冰河、冰川……人弄出的声音：吟诵、啸声、笑声、号角声、鼓声、悲歌、欢歌、浩歌……闻着那里的味道：草的味儿，烧牛粪的味儿，烧酥油的味儿，香火味儿，短刀的腥膻味儿，手里的糌粑味儿，一身的酒味儿……那个地方，每平方公里有多少人？0．27个人。那里跟咱们这儿不一样，关心的事儿也不一样。有些画是专给评论家评论用的，但李先生的画不是。

（作者系清华大学美术学院绘画系教授）

姬　晖

在《二十世纪杰出的现实主义画家——李伯安作品展》开幕前夕与伯安夫人张黛重逢，共同回忆往事，伯安的音容笑貌和猝然去世的情景还历历在目。他至真、至善、至纯。他的作品是用生命和激情谱写的赞歌，是用仁爱书写苍生的赞歌，是用悲悯揭示人性的赞歌。20年过后再次看到他的巨幅宏作心灵如同又经历了一次洗礼，震撼到心底的痛久久挥之不去……20年，整整20年！艺术家呕心沥血十年磨一剑铸就的120米长的巨幅画作仍然还没有一个合适的展厅可以容纳和充分展示。整整20年，这样杰出的艺术家也渐渐被红尘所淹没，实在可惜可叹！驻足画前，时时被强烈的视觉冲击力所震撼，那是怎样激情四溢的十年，怎样呕心沥血的十年，怎样蜡烛燃尽仍不悔的十年啊！伯安先生从辽阔的中原一步步走向荒凉的青藏高原，感受着那里的蓝天，呼吸着那里的空气，体悟着那纯朴的民风，在那天高路远的朝圣中捕捉并勾画出一幕幕苍凉悲怆的影像、一组组浓情厚意的画面，他把自己融入到了那个大河奔流的时代，把自己融化到了巴颜喀拉的山川河流之中。那是一种饱含着浓情的大爱，一种自觉肩负民族崛起的担当。虽然他没能在他有生之年走出巴颜喀拉，但他却通过自己用生命铸就的巨作走向世界，让悲怆幻化成力量，在凝重的悲歌中奏响了一个伟大古老民族的觉醒号角，展现出了他们迎着曙光阔步在东方地平线上的身姿。伯安先生以其羸弱的身躯背负着沉重的行囊，历经十年的跋涉，以血汗和生命铸就了辉煌。我觉得：李伯安不仅是一位杰出的现实主义画家，更是一位将现实主义与浪漫主义完美结合，在表现主义方面取得辉煌成就的画家。斯人已去，精神永存！

2017年5月10日夜

（作者系中国教育电视台导演、制片人）

黄齐成

昨日随导师胥建国老师等一同拜访李伯安先生的夫人张黛女士。今天，参加了在河南省美术馆举行的“二十世纪杰出的现实主义画家——李伯安作品展”开幕仪式。此次展览也是为了纪念李伯安先生逝世二十周年而举办的作品回顾展。展览现场展出了先生的代表作《走出巴颜喀拉》，该作品是伯安老师在他生命的最后十年完成的倾力之作。作品高1.88米，长124米，画面所描绘的人物数量多达266人；长卷内容共分十段，分别表现了生活在黄河源头藏民的生活情景、宗教活动、生产娱乐的场景等十个主题，画面苍浑悲壮，笔墨苍劲洒脱，是一幅极其震撼人心的巨作。如果说当前我国文艺创作现状是“有高原缺高峰”的话，那此巨作绝对是当今中国人物绘画的巅峰之作之一。

伯安先生以十年磨一剑的毅力铸就了此画的历史地位。有学者评论道：“李伯安及其作品在画史上是顶天立地的。”的确，伯安老师为此画历经了苦行僧般的修炼。十年间，他曾三次深入藏区考察，收集素材，这一过程是相当艰苦的。在创作中，他废寝忘食，对画面进行反复修改，多次推倒重来，不计时间成本，只为达到自己预期的画面效果。伯安先生真切地将世间的悲苦融入自身，再将其化作画中形象。他为此作品倾尽了一切，最后甚至以生命来为此看似“未完成的作品”画上了句号。

从画面中我们可以深切地感受到，伯安老师对此画作所投入的精力，他在不知不觉中把自己也画进了作品中。当我看到第十部分的末端时，不禁打了一个冷颤，忽然意识到伯安老师是在画到天葬这部分倒下的，那面朝大地的逝者尸体，那环绕四周的秃鹰，以及那未勾墨的稿线……这一切仿佛都是冥冥之中注定的，仿佛是天命的安排，不由地令人肃敬，令人感慨万千，了哉，了哉！

逝者如斯！伯安老师虽已离去20年，但他却一直活在人们心中，他的精神一直长存着。还记得几年前研究生刚入学不久，胥老师就拿着伯安老师的画册给我们讲解艺术。胥老师的艺术启蒙老师就是伯安老师，十几岁时就跟随伯安老师学画，一学就是十多年，所以他对伯安老师那份感情更是难以言表。这种亦师亦友的情谊影响了胥老师后来的艺术之路，这是一种淡泊名利之路，一种不随波逐流之路，一种坚定自我的艺术之路，这些为人、为艺的品质又传承到我们这代学生身上。所以，直到今天看完展览之后，我才深刻地认识到当年那节课的真正意义，才对伯安老师的人品、艺品有了更深的体悟，才明白了这一切也都是伯安老师艺术精神的一种传承。

走出展厅后，那种在画面前的复杂思绪久久不能平息，为画面那深沉的笔墨形象而悲伤，为英年早逝的伯安老师而惋惜，为这不可企及的巨作而生畏，同时也为当下这浮躁的社会而唏嘘……

2018年5月9日

（作者系清华大学美术学院雕塑系硕士研究生）

吴　蔚

坐在高铁上，窗外瞬间而过的场景与此刻难以平复的心情格格不入，一个是一如既往向前飞驰的高铁，一个是心灵坠落到了人间炼狱与飞升天堂的交织，横纵的交错，很不适应，可能是画展那作品的沉重让我还没缓过气来吧。

按理说，我应尊称李伯安先生为师公，因为他是我导师胥建国的启蒙老师，但毕竟素未谋面，这么叫感到有些刻意拉近距离。我没有师兄们那么幸运，三年前胥老师专程带他们到嵩山李伯安墓前祭拜过，我想这足以成为师兄们一生一次难忘的旅程，并可化为日后艺术的“信仰”，与师兄比我还不够了解这位“师公”。

此次随胥老师一同到河南郑州拜访李伯安先生的妻子张黛老师，70 岁的她，谈吐间，能感受到她依旧中气十足，说起李伯安先生的画滔滔不绝，且字句间铿锵有力，充满了对李伯安老师的怀念与敬重。言谈间使我感到，如此高的艺术价值却没有被充分的认知，很让人深感可惜。其中有几句话更是让我印象深刻：“李伯安在画画的时候，我过来喊他，他转身瞪眼看我，简直就是有深仇大恨的感觉”，“李伯安说‘谁说艺术家很长寿，每画一笔都在燃尽激情、能量、感情，这怎么能长寿?”……前一句可发现李伯安先生作画时的投入程度，后一句话可感受到他对创作的严谨态度，让自己情绪达到“最对”的那个点才下笔如神。大概是因为两个多小时的谈话我都有在高度集中去听、不断地被李伯安老师的事迹所感动所吸引的原因，所以离开张老师家里后我便开始头疼，服用了一片随身带的双氯芬酸钠缓释胶囊才稍有缓解。

次日，来到开幕式，通过昨天的了解后，更加迫切地希望看到原作，胥老师和他的好朋友、美术馆于馆长为了让我们更好的欣赏到伯安老师的作品，特意在开幕前带着我们提前一小时进入馆内观看了画展。一进展馆我第一感觉就是“震撼”，看着那鸿篇巨制，想像着作者长时间进行这样的创作，李老师却又如此的投入，平时该是怎么样的心境？那种坚持、那种坚毅。接着就是“肃然起敬”，被感动，画这样的长卷该有多大的能量才能完成如此“大力”的画作啊？看到这些悲天悯人的人物眼神中闪烁的沧桑，还有坚韧，我想这画的不仅仅是一群饱含沧桑的藏族人，画的更是近百年中华民族艰难困苦、不屈不挠、渴求奋进、不甘懦弱、寻求突破的缩影。细细品味再加上胥老师的悉心讲解，尤其是对《走出巴颜喀拉》第十部的末端部分，天葬的场景有了更深的感触，尤其是尚未画完的那无数的秃鹰在叨啄尸体的场面，让我联想到恰恰在画到此处李伯安先生脑部缺氧倒下了，再未起来，感觉心灵一下子被占有了，并且有种在天堂、地狱、人间来回穿梭的感觉。或许冥冥之中就已注定，能量提前耗尽，抑或这就是一位伟大艺术家的天命吧。

开幕式中，李伯安先生的一位生前好友在谈到伯安时，声泪俱下，泣不成声。不仅说到他孜孜不倦的追求艺术，也谈到了他格局之大却能脚踏实地，更说到了他具有很高的艺术敏锐度却不会咄咄逼人，反而为人谦和。顿时我明白了我导师平时对我们的教诲与关心，这其中也隐含着我导师从小跟着李伯安先生学画，对我导师的谆谆教诲。现在更加明白了，这源头来源于李伯安先生，那是一种精神的传承啊。如今老师带着我们去走访张黛女士、去看画展、去了解李伯安为人，剥离开形式看内容，不就是希望将这股火种传递给我们这一代，继续去发扬“李伯安精神”吗?

回来以后，我高烧 39 度并重感冒，或许是最近过于忙碌且舟车劳累，但更多的是这次看展览过于精力集中、用尽心力的原因吧，虽然如此，我仍觉得这是李伯安精神对我的一种激励信号，更愿意看作这是一次短暂的涅槃。

如果用一句话来结束这篇感想，我想说的是：“从人间，走过一趟地狱，再到天堂，最后回到人间。”

2018年5月11日

（作者系清华大学美术学院雕塑系硕士研究生）

为了不被忘却的纪念（代后记）

张　黛

伯安离开我们的时间不算长，也不算短，距今已有21年多了。

人之将死，其言亦真，我只说真话。

这些年来，在全国10大城市洛阳、北京、上海、郑州、深圳、广州、太原、包头、西安、重庆举办了10次画展，以及为纪念伯安去世20周年，2018年在河南省美术馆又一次举办的《二十世纪杰出的现实主义画家——李伯安作品展》。假如不是我狠下心来，硬着心肠，冷脸拒绝，坚决封口的话，尚不知还会有多少城市得去巡展。其实，我也有后悔拒绝去的地方，例如武汉、拉萨和新疆。大概是因为场地不合适的缘故。而意大利美术机构通过中国美术馆建议而未去成，似乎也是因为此故。至于俄国彼得堡和美国的几次错过的机缘就更是一言难尽了。

21年前，为准备中国美术馆画展，我编了一本《李伯安画集》。18年前，为上海画展做准备，我编过一本《逝者如斯——画家李伯安资料集》。一般来说，资料类书是不大有人待见的。不料此书居然大受欢迎，因装订不好一翻就散。就是这么个东西，画展上几乎都在热卖。在重庆，我想从一个负责售书的小姑娘手里，拿钱收回一本散碎的书送访友，她居然一面护书一面严辞拒绝。瞪着我的小脸上满是警觉、戒备与紧张，使我大为不解和惊诧。后来几年，手头又有了一堆乱糟糟的东西，为了不致丢失，就想再出一本续集，谁知退休后办事居然十分艰难，且我本人又奇懒无比，去街上店里找人打字，陪尽笑脸、说尽好话，足够小心，结果打出来乱七八糟，惨不忍睹，完全破坏了我想干点儿事儿的心情。索性在被索了7000多元后，回家将所有东西束之高阁，不再理会。转眼间，又过去多年，眼看年已70，来日无多，疾病缠身，老年痴呆症已初见端倪，实在拖不下去了。也曾想过两眼一闭，只管留给后人做去，但东西太乱、太杂、太碎、也太烦琐，说实话，心里也怕我死后，未必还有人会来管李伯安这些烂事，不管也真是于心不忍。我的第六感官告诉我，这已是我此生中能做的最后一件事，再稍懒些，这件事就很难做成了。恰巧清华大学拟在9月份展出伯安长卷，多年的习惯，让我觉得总得做点什么才能心安，加上原想为改善生活条件，晚年愉快，20年前买了一小套集资的150平米的房子有变故，若按房产商标准，至少得180平米，直到三五年交房后，又整整费了两年，花了近20万装修后，兴冲冲搬进去居住。无奈节俭惯了的老娘坚决不肯，她怕自己糟蹋了如此高级的好房子，然却不怕糟蹋我。僵持了2个月，我举手投降，总不能眼看着妹妹和我整天跑来跑去，并轮流值夜，白白辛苦吧。无奈，只好追随老母，又搬回老家居住。其实退一步想想，老家有99平方米，按房产商标准120平方米总有，地段极好，生活十分方便，常住人口仅我与老娘两人，也已很不错。大概上帝为惩罚我的贪心让我虽有好房，却看得见，住不得，只能望房兴叹，对着老娘一张老脸，住在都是旧家具旧家电的旧房子，惯了也满舒服。新房在闲置了10多年后，草草卖掉了事。但这家搬来搬去几经折腾，尽管十分小心，却把许多资料给折腾没了，也把我曾想精致度日的心情搞没了，每日饱食终日无所用心，得过且过，彻底放下一切，倒也自得其乐。资料也不是没留一点，但都是好的丢了，差的留下了，比如上海龚学平书记观展照，本有3张，结果好些的两张莫名其妙不见了，最差的只能看见背影的一张却留下来了。苦笑之余，却又自慰，这也许就是历史的必然，命运的必然吧。此书命运如此坎坷，岂仅是人力所为？塞翁失马，是好事抑或坏事，听天由命吧！

而伯安却不该也如此坎坷，他的为人，他的成就有目共睹，有口皆碑，翻开我编过页码的上海画展留言簿，每次都看得我热泪盈眶（以后我已不再看了），北京画展上观众将“中国”美术史不会忘记李伯安已更改成“人类”美术史不会忘记李伯安，每当想起，都禁不住心情激荡。

然一路走来，却不时传来美术界一些人对他的别有用心的议论——好人啊！其中的明褒实贬和不以为然一目了然。其实大家不知，伯安生前最讨厌的话就是“好人”。他明明希望听到人们夸他的是“好画”。而听钰铭说，居然很少有人能如此说，真是奇哉怪也。不过想想大到几十年前我们虽穷，但仍勒紧肚皮，破衣烂衫，却无私帮过的朝鲜、越南、阿尔巴尼亚，中到为人类医学做出巨大贡献的屠呦呦，小到娱乐界的吴京们，也就释然了。同行相斥，本是铁则，古今中外，概莫能外，并非你怕事躲事就能避得了的，伯安又岂能免俗。不遭人妒是庸才，反正我早已看透世事，每日坐卧由我，自在逍遥，清风朗月，云淡风轻，生死随意，由他去！

我惊讶的是，这一铁则为什么在真正的大艺术家们面前无影无踪，悲鸿先生的妻与子，悲鸿先生的小弟子刘勃舒，前中国美术馆馆长杨力舟，前上海市美术馆馆长方增先，中国美协主席刘大为，中央美院院长范迪安，中国美院教授刘国辉，四川美院白德松，艺术大师黄永玉……数不胜数。他们大多身处水墨人物画圈中，且在圈中声名显赫，德高望重，几乎每一个人都是水墨大家，但都对伯安赞不绝口。他们不是同行吗？他们的评价和赞扬又何其惊人：“前无古人”“顶天立地”“夺天工”“破陈规”“里程碑”“崇高感”“使命感”“辉煌代表”“是我们画家的代表”“代我们作画”“大写的句号”“史诗般”“交响乐”“20世纪中国最好的画家之一”“其意义堪比文成公主与松赞干布联姻”，等等，举不胜举，评价何其热烈！何其激昂！何其空前！何其震撼！这，又该何解？

思来想去，大概是由于《逝者如斯》资料集里亲友们的回忆录多了些，太过情真意切，太过实实在在，不由给人以煽情之惑，反喧宾夺去了伯安画家的真实身份，以偏概全，以致使人言不由衷，顾左右而言他，过于强调歪解了他是好人的含义。却有意无意间忽视了他作为画家的伟大贡献和他在画史上应有的历史位置。

说来也是，一个声名不显的地方业余画家，一本普普通通的纪念文集，居然搞得多少人彻夜不休，翻阅起来手不释卷。甚至一再被人称，拿起就放不下来，心情激荡，泪流不止。若不遭人挖苦讽刺几句，冷处理将其淡化、边缘化，实在也是说不过去，天理难容。

所以在这本只多了一个“续”字的《逝者如斯》中，我不想再提好人伯安，我只想提画家伯安。作为画家，他自有他的尊严和贡献，作为杰出优秀的画家，他自有他在美术史上的一席之地，无须无事生非，庸人自扰。

然而，回忆录是万万不能没有的，尤其是在伯安人生道路上起过重要作用的人的回忆，更是活的历史资料（也叫口述历史），不趁他们在世时赶紧搜集，简直就是犯罪。

因此，该书很是注意重点搜集了伯安的恩师益友、兄长李自强口述他发现伯安，帮助他，教他学画，关心他的工作和生活，亲自带他画插图，进太行山，一步步拉扯伯安成长成才的过程。在搜集李自强口述资料的同时，也搜集到了几乎与自强同时结识伯安，一起与伯安共同度过“文化大革命”，一起走过几十年的人生事业的豁志口述资料，并有幸寻访到和伯安邻居，同小学、同初中、同美专的老同学老朋友徐觉伟的回忆，甚至还有伯安上美专时的班主任的几句话。这些活资料，对研究早期的伯安，实在弥足珍贵。这些口述甚至对当年的那些社会史、文化史来说，都是填空白之作，就像那些发黄的几十年前的老照片，就像那些隐居深山，历经几十年、几百年的老房子，虽然沧桑，虽然古老，虽然破旧，但却散发着历史的厚重感，至今读来令人百感交集，那都是些活生生的20世纪60年代到90年代的活历史啊！这些文章，不仅对研究早期伯安，甚至对研究中国当代史中的美术史、生活史、教育史、文化史都有着极其重要的史料价值。十分难得。他们的口述，我几乎是原话录入并未改动。没有渲染，没有煽情，也不必煽情。即使漏掉些许也只能是真情流露，情非得已，企盼读者诸君谅解。

评介文章中有站在全球范围内给伯安定位的中央美院退休教授，曾任西班牙国家画院院士啸声的“李伯安不仅属于中国，他还属于世界，让世界人民了解李伯安，只是时间问题”，语气中充满了自信和肯定。

传记有艺术传记、文学传记、新年表各一。访谈录4篇，有冯骥才、乙丙和张黛，3个角度，各有点新意。前言由李伯安之子李飒所撰，我突发奇想通知他时，他尚在巴黎，这小子不知何故对此城情有独钟，这已是他第4次或是第5次去巴黎，大概是在圆其父生前梦想吧。奉命作文匆匆而就，半途而归，文之粗疏简陋，可想而知。可谁让他是李伯安之子呢，写前言，他责无旁贷啊。不料，此文虽显单薄浅显，却胜在角度独特，颇有见地。文贵乎于心，毕竟有从自己血管流出来的东西在。因此，在一些人云亦云、似是而非的文章中意外显得言之有物。惜乎过于直白，丝毫不讲章法。我夜半与之在微信中斗嘴，忍不住勒令他必须为文章穿靴戴帽，大概少不了会遭此子的白眼及忿忿然，那也顾不得了。

另外，此书还搜集了部分报刊上的部分反映，还有部分插图和连环画，以及伯安与朋友间通信的原稿，因篇幅有限，怕书显得太厚，生性最怕求人，极怕找人麻烦，每张插图的搜集均需找到杂志社资料室，将历年杂志搬出，一本本查看做记号，再统一复印，幸好当时我尚在岗，熟人朋友众多，均为我大开方便之门，《奔流》主编张宇直接将我做出记号的杂志交给工作人员去办，省了我的大事。甚至《传奇故事》赵小勇将一切事情办好，直接送我一叠复印好的插图，并为此写了后记。私心中，对这些朋友们实在是感谢不尽的。求人太多，不好意思，不如转而求己。事必躬亲，只好亲自上阵为插图、书信、报刊、照片画版式，一一贴图整理，多年疏懒，忽又紧张，每每工作之后，腰已直不起来。而这些18年来搜集的东西，也早已支离破碎，零乱不堪。

多少资料都丢了，然而，我却留下了《南方周末》2002年来特刊的读者点评年度人物，尽管风云人物充斥版面，李伯安3字在“其他主要推荐人物”中字大于芝麻，小于绿豆，冥冥之中却被珍而重之地奇迹般地保留下来，因为和伯安名字连在一起的是袁隆平，我对这位水稻之父满怀敬意。他和伯安一样同为中华民族的精神食粮和实物食粮奋斗终生。愿老人家幸福快乐！

我也在赶时间，想赶在我自己的老年痴呆大爆发前完成此事，我尚有93岁已患痴呆的老娘在，实不敢大意。至于不圆满处，确实无法兼顾，那是要真真切切地留给后人了。书尚未面世老娘已去，我没娘了。

伯安能有今天，不知花费了多少人的心血。与这幅大作有关，至少失去了3条生命，西部基夫（日本）、伯安和乙丙。

当年，杜滋龄来豫，匆匆浏览了河南众多的画家及其作品而决定离开时，是美术社社长黄思源强拉硬拽，把他带到了伯安家，结果双方相见恨晚，一见钟情，方才有了《迎春花》的专栏介绍。由此，引起了白德松的惊讶赞叹，方才又有了伯安作品的重庆之行。在重庆与日本友人西部基夫代理人王勤的偶遇，方才再有了为日本京都拟建的亚洲最大美术馆作画，以永久陈列其中的构想。因为给资助费的数目蹊跷，引起了安妻的怀疑，进而与中人摊牌谈判，明确了双方的真正关系——除资助费，其实完全不相干。这才避免了以后可能发生的一切纠纷。天命如此，西部不久病逝，居然毫无大画归属问题。西部基夫去世后，伯安外无经费，内无出路，一筹莫展。前路彷徨之时，其友乙丙仗义出手，把他介绍给了爱管闲事的文化学者冯骥才。按捺住心跳，为力保此画顺利完成，仅一面之交的冯骥才，主动解除了伯安的一切后顾之忧，这样大画才得以顺利进展。伯安力竭走后，在河南扛旗的是乙丙，他自觉担起了一切后事和一切宣传工作，他声嘶力竭大声疾呼，不遗余力为伯安奔走呼号，无奈天不留人。乙丙走后，伯安和大画才渐渐为世人所知，为知者膜拜，能走到今天，何其不易。在北京，扛旗的是钰铭，他和恩存、颖生、江舟等一群河南在京人群和田黎明、刘进安等一群北京朋友恳请整个中国人物画界支援……

关于大画，有8件事，需在此明确一下，否则，我怕我死了，就无人能说清楚了。

1. 李伯安实在过于幸运，他赶上了改革开放的大好时代

假如没有改革开放的大环境，伯安会有今天的成就，是十分困难、无法想象的。幸亏他赶上了整个中华民族，在历尽了300年的苦难，屈辱、抗争之后，终于迎来了我们在政治、经济、文化、科学、教育、医疗、军事等各个方面的奋发崛起、重新全面复兴的大好局面，赶上了直逼强汉盛唐的中华蒸蒸日上的昌盛国运，于是，世纪之交出现李伯安的《走出巴颜喀拉》就显得格外水到渠成、顺理成章了。时代洪流，浩浩荡荡，顺之者昌，逆之者亡，大势所趋，无可阻挡。

幸哉！伯安！

2. 令人愤愤然的长卷10段排序真相揭秘

这件事说穿了，其实就是我先稀里糊涂排出来取上名，然后又与朋友们和老师请教、商议，一步步逐渐修改而成的。

伯安骤逝，无暇伤悲，只觉后事难办，忧心忡忡。

为圆伯安遗愿，总的抓紧把画展办了，把画集出了。为赶画集出版，以使其与画展同时面世。一切都是匆匆而定，匆匆出版的。其粗疏错漏（母子俩人一样粗浅）俯拾皆是。正如挨诗所言，对大画，“似乎没什么理解和感悟”。不必“似乎”！我确实缺乏对画作充分的“考察和论证”，仅仅凭记忆，凭印象，凭平日的交流，凭自己对画作的粗浅认识编了画集，办了画展。至于说将画作“仓促而随意地拼作一起”，此言则大谬，实不敢苟同，我虽无知，但有参谋，且不止一个。虽稍显“仓促”，却并不敢十分“随意”。

其实，伯安去世前，这世上无一人见过长卷全貌。其中包括伯安自己，直至钰铭携友来郑拍照，洗出一整套6寸照片后，我才得以蹲在地上将所有照片一字排开，眼花缭乱，茫然无措。拿起一张一堆人，又拿起一张，又是一堆人。若不是拍照时我在现场，每段几张？谁先谁后？真是天知道。

不管如何，总得先把活儿干起来。就这点儿活儿，我放下单位工作，整整排了一周。犯错机会多如牛毛，常常会把段落中几张排错，又时时会张冠李戴，把甲画的照片排到乙画。需反复对比，不断调整，方得合适。等将每一部分用胶带纸连起来后，心情之激荡，无以复加。虽累，但见人就想笑。但，很快就笑不出来了。

我想，不管什么东西，总的先有个名号、次序，方能摆在人前。就是农家之子，哪怕起个大狗、二狗之名，也可对号称呼，不致错乱，及至他们长大出息了，自有浩宇、乾元之类正式名字等着。伯安画作亦是如此。各部分总得先有个名字、次序出来，否则，画集怎么出版，画展怎么摆画呢？想要得玉，总得先扔个砖头出来吧！

伯安长卷全貌，总得先正名才能说其他。即使是个错误百出的东西，得先有，才能让人提意见、建议，然后，再根据专家意见修改成形，实在是个不错的主意。《圣山之灵》排第一当无问题。《开光大典》排第二，似乎也问题不大。《朝圣》排第三就有点儿拿不大准。拿起《天路》，一眼看到其中有天葬内容，自然应排在末尾。至于中间几段怎么排，均犯点嘀咕，当初怎么排的，我已经忘了，似乎无甚变动。

排序出来后，很有点儿扬扬自得，其实，我是知道其中漏洞、差错层出不穷的，可那又如何，总得先从无到有吧，至于从低到高，到好，甚至于到精，到准，那是专家们的事，那是需要水平和时间的。水平我没有，而时间我等不起，我不过是事急从权而已。每段画面的名字也起得乱七八糟，但也总在心里自慰，留着问题，以待后人！

其实，不必后人，还是现人快，乙丙自然是第一个观众，时有哽咽中提了几条建议。1. 第一段叫圣灵不合适，圣灵是宗教上的专用名词，用错容易造成宗教上的误解，建议改为圣山之灵。2. 建议将伯安画长卷之前画的一幅单幅画《哈达》（当时并无此名）纳入长卷，以丰富长卷内容，至于尺寸稍有不合（比长卷稍高一些），不是大事。乙丙的兴奋实实在在感染了我。我又将此照寄几套予钰铭，钰铭又赠予郎绍君先生和刘骁纯先生等人，郎先生看后立刻写了一封信给我。此信载《逝者如斯——画家李伯安资料集》第150页。信中，他极其认真科学地指出了我的错误，并建议：1. 不必求全；2. 长卷可单独一册；3. 哈达情之情字不宜用，名哈达即可。4. 朝圣或改朝拜；5. 天人合一可改玛尼堆，大概劳动不美改劳作，生活不妥改歇息也都是郎先生的意思，记不清了。反正基本上采用了郎先生的意见，当然也有其他朋友的建议。

当时，我虽年已天命，但年纪不小却任性轻狂，仍坚持求全，私心很想为观众考虑，怕观众都是想一睹长卷全部成品而后快的。不会有人想少看一段、两段或几段。以至于分序就变成了今天这个样子。10段中前5段均为宗教活动，6、7段为人间俗世的劳作与歇息，8、9段为娱乐中的赛马和藏戏，第10段中的内容与前面内容各段内容的简洁重复，客观上，恰恰为大画作了一个小结，而末尾的天葬，却正好构成了生命的生死轮回而形成了天然结尾。我个人认为，这个排序及命名虽说不上完美无缺无可替代，但也很过得去，至少也算是一家之言吧。我深知我不够认真，不够科学，胡乱拼凑，但我就想这样。我知道这个样子的长卷肯定是问题多多，意见多多，况且我亦有自知之明，若非伯安，我大概连个美术爱好者都谈不上。但我有我的定心丸，留待后人！我就是要先拿出个东西竖起个靶子，让该来的都来，反正砖头总算是扔出来了。

3. 对两篇匡正文的一点感想

听说有人对长卷排序匡正，很是高兴。无论正与不正，歪与不歪，有人出来匡就是好事。何况当时有乙丙在。我自觉伯安事有他扛大旗，我只需跟在后面摇摇小旗，吆喝几声就行。不想世事难料，乙丙的突然离去，顿使我失去了依仗，不得不站出来说两句。

挨诗文在《美术》上刚出，看到笔名顿感满腹辛酸，这位为伯安哀思的朋友的几句话，何以如此难解？对乙丙言之凿凿，义正辞严对其的谬误与匡正，心里也觉大可不必，有点儿小题大做了。年轻后生们（其实也近60岁不算年轻了）敢想敢言，需要的是鼓励和支持，而不能因我们的不慎影响其情绪和积极性。而我不解之处在于文中义正辞严的3点定论。（1）且不说伯安先生早已放弃了这一主题，而且走出巴颜喀拉之题本身就存在意义上的含糊不清；（2）只有一幅长卷……（3）画最终不在于长，也不在于画外赋予怎样的高调……

我很疑惑，以此君的水准与他和伯安后期的关系，似乎虽尚有来往，但也难以参与其事，但我和乙丙均不知伯安放弃主题的事，他又从何得知？何况伯安与大冯、乙丙共同定了画名后，从未想过更改，反而兴奋莫名，可说满意之至。至于走出巴颜喀拉的含义，既是黄河走出，也是中华民族的走出，正是李伯安画此大画的根本出发点，早已定论。乙丙的文章中早已多次说明，还用得着辩吗？

再说“只有一幅长卷”更是令人禁不住哑然失笑，现在美术界有识之士谁不知道，伯安画了两幅稿子，而郎先生的有关信件早在2001年在资料集中公开发表，是张黛贪大求全，胡乱做主，硬是合三为一，将一稿分别放在首尾，中间插入二稿7段，加上画大画之前的一幅单幅画，长卷方有今貌。干干脆脆，明明白白的事情，有必要故弄玄虚吗？

至于“画最终不在于画外赋予怎样的高调”，这就更加令人莫名其妙。不可否认，的确有些画家，功夫在画外，但那绝不是伯安。长卷自在那里，是非自有公论。而后乙丙的撒胡椒面论更是真切，既理由充实，又生动有趣，且似乎更有道理。据挨诗话中所言，“精神与风骨”这种“高调”的“胡椒面”似乎可以点石成金、撒豆成兵。可惜的是，挨诗似乎忘记了（也许他根本就不知道），伯安作此画时，轻松与休闲正受吹捧，精神与风骨并非时尚（上海电视台拍的专题片《巴颜喀拉之魂》里张培成馆长的发言可为确证），且正受漠视，甚至排挤。

生活是需要风情的，但擅表现风骨的画，绝非一般风情可比，我虽不懂画，也知这是常识。否则，岂不是连催眠的《小夜曲》都可以和《义勇军进行曲》比肩了。真是何其荒唐！

诚然，夏虫不可与之语冰，与井底之蛙谈大海星辰，聊银河宇宙，哪怕是诗和远方，岂非对牛弹琴，情何以堪。尽管如此，教师出身的我，仍忍不住再说一句，有不同意见可以争论，那正是我辗转反侧梦寐以求的。但无中生有、随意上纲之类，尚盼能拿出切实证据，不可以似是而非，含糊其辞，乱扣帽子的。

4. 西部基夫几封信的莫名丢失

记不得是哪一年了，一位大报记者登门采访我有关李伯安长卷的事，我自然很是热情，拿出手头所有能拿出的一切材料给他看，其中就包括日本友人西部基夫的几封信，他提出要拿走细看，我稍犹豫了一下就答应了。

第二天，他要赶去洛阳去采访与伯安关系十分密切的高林生。我不放心，电话打通后，高林生告诉我，他并未做什么，打了个花胡哨即已离去。我隐隐觉得不对，于是从此便与报社某通话人打起了嘴官司，我要找他与他的住址却永远联系不上，后被报社告知，他仅是报社临时聘用人员而已，此君不久就正式辞职，正式杳如黄鹤。

确定受骗后，心里很是受伤，偌大年纪，也算是经过风浪，不想，竟被一小青年糊弄得团团转，真够丢人的。好在信中却无要事，仅为礼节性来往罢了，无非天气如何，景色很美，儿子考学，大画抓紧，大家保重之类，打上几声哈哈而已。只是西部一手毛笔字极见功力，居然落到一小人手中，想来总有些不甘，盼诸位引我为戒，别轻易信人，别再上当受骗。

5. 《天路》名字的由来

给伯安整理长卷照片时，方看到这幅画了3年多的30多米长卷的全貌。突然灵光一现，“天路”二字自动从脑海中蹦出，说实话，真与我无关。后遇进安，谈及此事，进安建议改为“天道”，我也的确思虑颇久，但最后仍觉天路更加亲切和接地气，所以和《开光大典》《朝圣》《赛马》《藏戏》一样一直未改，沿用至今。

6. 河南美术馆展出期间

深圳文化名人曹明求携其研究生专程赴郑，要我为他即将出版的专著签字同意，此书中予以伯安以极高的定位，并不低于刘勃舒的评价，想来是他认真研究后得出的结论。

7. 关于长卷10段画面的释文

释文现已出现不少，仅我就在两本资料中各一篇。其中一篇选自宣传折页中，当时，只是想给大家简单介绍一下，帮助大家了解这幅作品。后来山东研究生甘超存文中，河南评论家常安文中，均出现了释文。我个人比较认可的，还是啸声先生的《关于走出巴颜喀拉的10段说明》，这篇见识广博、作风严谨、文笔老辣、内容丰富，又踏踏实实下了大功夫的释文，的确不同凡响，值得一看。

8. 资料中尚有些舍不得公布，很想为后来者留下点儿小私房

如默默诉说的几部留言簿，留言簿北京展时并没有，上海展是在展出了3天后，友人觉伟提议放上的。以后的展出就较随意了，其中上海两本，为打报告引用方便，我通通看一遍后编了页码，确实令人大开眼界。其他尚留有广东两本。以及一本记不清楚，其余均不见踪影了。我想，有这几本代表也可以了，好好看看，能看得人心惊肉跳。那是真正来自广大群众的心声。

另外，上海电视台姜伟的几封信，除资料续集中选用的两封最短的外，尚余有几封长信。这小伙子个性突出，很有见地，读来有点儿意思。广东展时，幸遇几位有些世外高人风范的画家，几位对艺术的纯情、虔诚、执着，很令人动容，他们赠我一大画、一文，可惜搬家后均遍寻不见，心叹莫非这也是命？

伯安作品研究是一个需吃大苦、流大汗甚至要付出重大代价的苦差事，仅需沿伯安一生踪迹，到太行山和青海、甘南跑一趟，就会脱几层皮，或许还会付出些血肉也说不定。何况还要研究当时的历史背景、时代风貌，人们的心理变迁等，工作量极大。唯盼愿意研究者善自珍重。

长卷通过伯安学生胥建国帮助联系博物馆常务副馆长杜鹏飞，已捐赠清华大学艺术博物馆。在李伯安去世20年后，我们终于为他的重要代表作找到一个家。在这个家里，他的后期代表作《走出巴颜喀拉》有人关心，有人欣赏，有人研究，这个家有温暖，有关怀，有发展，我们母子均喜出望外，十分感谢。

感谢大冯、勃舒先生和乙丙，没有他们的不懈努力就没有伯安的今天。

深深感谢故乡河南的上至省委省政府，下至美术界每一位画家、评论家，以及新闻界的各位朋友，河南博物馆、河南省美协、河南美术馆的鼎力相助支持，正是因为这些亲人的支持和帮助，李伯安才能一直走到今天。

借此，我还要谢谢我的小妹夫黄天奇，自始至终，在伯安的事情上，他一直默默做事，从无怨言，并十分辛苦地撰写了李伯安的文学传记和画集重印后记。李飒和我对他感激不尽。

最后，我很想再次强调一句——

今天，我们来观看全部挂起来完整的《走出巴颜喀拉》长卷，不是因为李伯安是个好人（虽然他实在是一个众人公认的好人），而是因为它的确为我们画出了一些表现中华民族风骨与精神的、令人振奋、激人上进的好作品。我们应该为有李伯安这样的好画家，为所有为中国美术事业做出贡献做出牺牲的朋友们，敬上一杯，为他们痛痛快快浮一大白。

愿他们的英魂安息，愿他们在另一个世界走好。

让我们大家共同举起杯子，干杯！

2019年6月12日于郑州匆匆草就

（作者系河南人民出版社原文史编审，李伯安夫人）

李伯安夫妇合影

《走出巴颜喀拉》局部

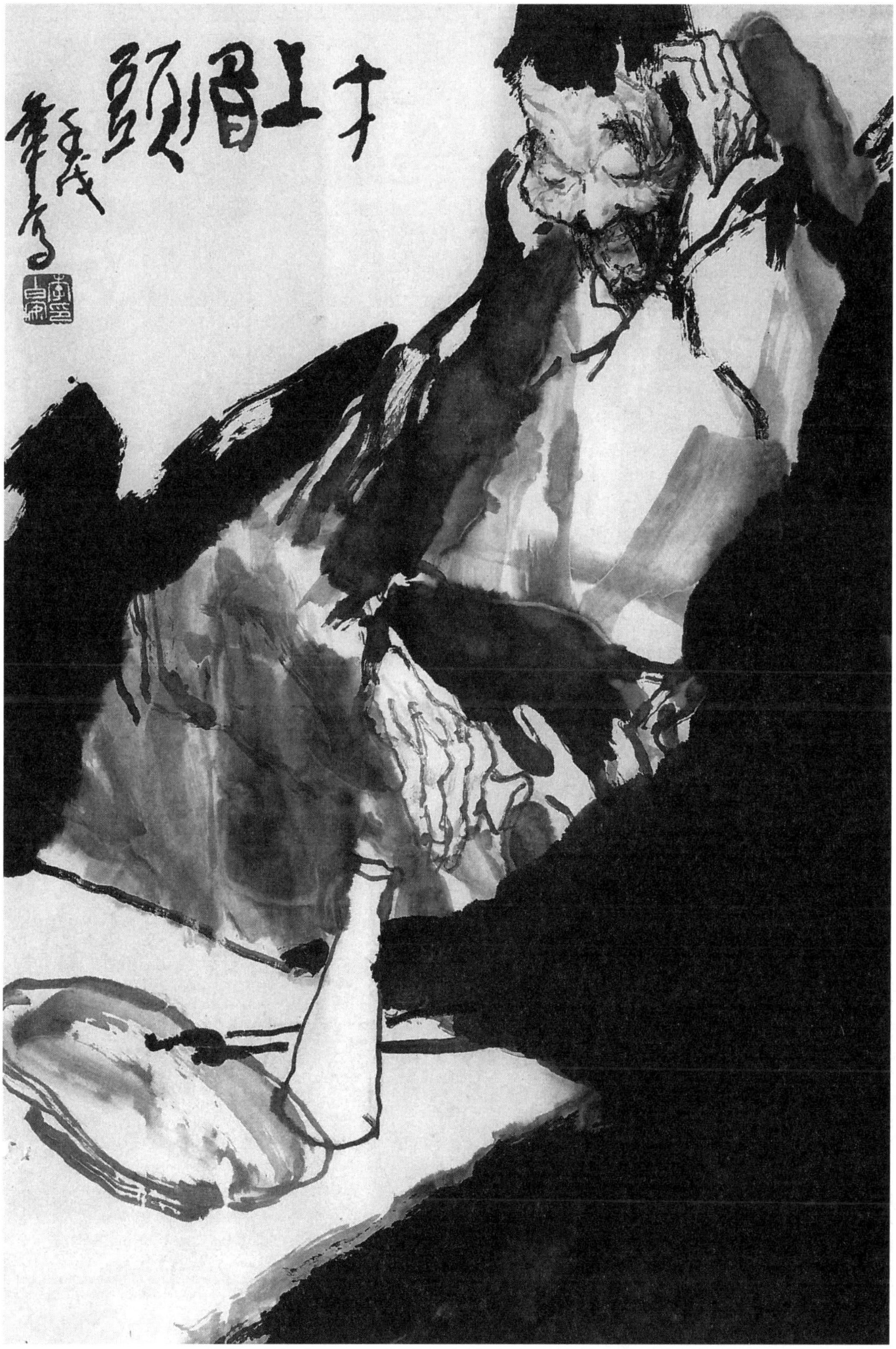

《才上眉头》（66cm×45cm，1981 年绘）

《汉子》（67cm×54cm，1986年绘）